CHARLES DE GAULLE
AU SOIR DE SA VIE

Pierre-Louis Blanc

CHARLES DE GAULLE AU SOIR DE SA VIE

Fayard

à
Brigitte (†),
Gisela, Monika, Yan-Philippe

et à
tous mes élèves de l'École nationale d'administration

Avis au lecteur

Ce livre a été écrit de 1971 à 1975. Il ne comporte donc aucune mention et ne tient aucun compte de ce qui s'est passé après cette date, en France et dans le monde.

Le lecteur doit avoir toujours présent à l'esprit que plus de quinze ans ont passé depuis sa rédaction.

Avril 1990.

Sommaire

Chapitre premier

12 novembre 1970

« Je ne veux pas de mensonge officiel sur ma tombe. »

Bismarck.

De Gaulle est mort le 9 novembre 1970 à 19 h 25. La France a appris la nouvelle le lendemain matin. Il a été enterré le 12. De ces trois jours, j'ai conservé des souvenirs d'une précision et d'une intensité que le temps n'a en rien diminuées. Une très forte émotion peut saisir l'âme à un point tel qu'elle échappe aux mécanismes de la mémoire, ou, tout au contraire, la marquer d'une empreinte que rien n'effacera plus jamais – et c'est ce qui m'est arrivé. J'éprouvais pour le Général une très vive affection. J'ai de bonnes raisons de penser qu'il m'accordait le privilège d'y répondre. Depuis septembre 1967, date de mon entrée à son cabinet, j'étais son collaborateur. A partir de l'été 1969, mes fréquentes visites à La Boisserie avaient contribué à approfondir l'admiration que je lui portais. De son côté, il m'honorait de sa confiance. Je crois pouvoir dire que nous utilisions un langage où les mots, les silences, les gestes, les regards nous permettaient de nous comprendre. Plus le temps passait à travailler à son côté, mieux je mesurais la stature d'un personnage dont la diversité me fascinait, mieux j'approfondissais la nature des rapports qui s'étaient établis entre de Gaulle et la France. L'importance du rôle qu'il avait joué depuis juin 1940 prenait un relief et une richesse qui ne cessaient de se préciser. De son vivant, j'imaginais que la date de sa mort serait vue par les historiens de l'avenir comme l'un des événements qui jalonnent le chemin de notre histoire plus que millénaire. Dès que je l'appris, à la peine de perdre un être cher, que je ressens encore aujourd'hui, s'ajouta l'impression, d'où l'inquiétude n'était pas absente, qu'une page venait d'être tournée à jamais. Nous étions arrivés à la fin d'une époque. Une nouvelle période commençait. Curieusement, d'ailleurs, une fois l'onde de choc passée, l'atmosphère qui gagna le pays me rappela les mots que le Général m'avait dits un jour, faisant allusion à sa fille Anne, et qu'il avait repris dans sa conversation avec André Malraux, venu le voir à Colombey : « La mort de ceux que l'on aimait, on y pense, après un certain temps, avec une inexplicable douceur. » Le jour de ses obsèques, cette phrase me revenait sans cesse à l'esprit. Je me sentais envahi par l'effet apaisant de cette « inexplicable douceur ».

Le 12 novembre 1970, il faisait beau sur la Haute-Marne. C'était un vendredi. Sous les rayons de soleil d'un automne clément, Colombey-les-Deux-Églises, que j'avais vu le plus souvent austère, voire sévère, lors des visites que j'y effectuais régulièrement depuis que le Général s'y était retiré, ressemblait, ce jour-là, à un village de ma Haute-Provence où la luminosité de l'arrière-été donne aux murs de pierres sèches et aux tuiles romaines la blondeur des blés à la veille de la moisson. Une impression de tristesse, de paix et de sérénité se dégageait de la foule qui avait commencé à se rassembler, dès le 11 au soir, pour accompagner à son tombeau celui qui, pour reprendre le mot de Bismarck, s'était toujours voulu « une portion de tempête ». Peu de participants pleuraient. Les croyants avaient-ils retrouvé le véritable sens de la mort, qui doit être, selon les Écritures, délivrance et résurrection? Ceux qui ne croient pas au Ciel espéraient-ils que l'homme qui ne s'inclinait jamais avait trouvé la paix dans le havre de la « déesse du Sommeil »?

Les participants s'unissaient dans le recueillement. Ils formaient un rassemblement à bien des égards révélateur. Hommes et femmes de tous âges et de toutes origines. Ruraux et citadins. Manuels et intellectuels. Présentant une étonnante variété dans les visages : burinés par les rudes tâches et le poids des ans, ou intacts encore et riches de toutes les promesses de l'adolescence. Leurs mains, si différentes, usées ou non par le travail, paraissaient toutes retrouver, venus de plus ou moins loin dans le passé, les gestes de la prière. Cette foule ne pouvait être rangée dans aucune des catégories qu'affectionne notre esprit simplificateur. Elle était, en réalité, à l'image de celui auquel elle apportait un dernier témoignage. Elle avait sa propre discipline et s'y soumettait : renonçant, pour une fois, aux détestables habitudes nationales. Personne n'essayait de se faufiler, de passer avant les autres. C'était, pour quelques heures, une victoire de la sagesse. Le vieux rêve libertaire qui, depuis les Gaulois, ne cesse de susciter le mirage d'une société sans contrainte ni discipline, mais fraternelle, se réalisait, pour quelques heures, autour du cercueil de l'homme à qui l'étrange et combien troublante anarchie de mai 1968 avait porté un coup fatal. Tout au long de cette journée, je comprenais que, pour chacun des participants, l'acceptation volontaire des règles était la meilleure manière de dire adieu à celui qui avait écrit, voilà plus de trente ans : « Sans doute, par nécessité, acceptons-nous quelquefois les consignes ; il arrive même qu'une passion nationale ou la flamme d'un grand talent nous inspirent une ardeur stupéfiante pour l'adversaire et pour nous-mêmes. Miraculeuses ressources qui nous commandent d'espérer jusque dans les pires malheurs, mais qui ne s'escomptent pas régulièrement aux échéances... »

Tout contribuait à favoriser une telle atmosphère de recueillement. La sobriété de la cérémonie. La dignité devant la mort d'une famille de soldats. L'arrivée, venant de La Boisserie, du véhicule de combat sur lequel avait été placée la dépouille mortelle du Général. Le visage grave des jeunes gens de Colombey portant le cercueil sur leurs épaules jusqu'au pied de l'autel de la vieille église.

Gilbert Pérol, à qui j'avais succédé à l'Élysée, Thierry Kaeppelin, qui avait été notre collaborateur, et moi-même étions restés à l'extérieur, près de la petite porte sur la gauche du modeste parvis. Pour avoir été responsables à la présidence de la République de l'organisation des déplacements du chef de l'État, nous nous étions placés à un endroit qui permettait de bien suivre le déroulement de la cérémonie. Le dos au mur de l'église, nous étions au contact de la foule. Par-delà les casoars des saint-cyriens, les képis des gendarmes, les drapeaux des associations locales d'anciens combattants, nous avions vue sur la place où les troupes rendaient les honneurs. Les journalistes des radios et des télévisions du monde entier étaient installés dans les maisons d'en face; ils y travaillaient dans un silence exemplaire. A droite, émergeant des drapeaux, se dressait le monument aux morts du village : une colonne blanche surmontée d'une boule. Témoignage naïf, touchant, semblable à la plupart de ceux de toutes les petites communes de France où sont gravées les listes de nos compatriotes morts de 1914 à 1918, dont le nombre suscite toujours en moi une douloureuse stupéfaction, si bien qu'on ne saurait parler à leur sujet de laideur ou d'absence de goût. A gauche, au-delà des arbres bordant la minuscule esplanade, on distinguait les frondaisons de La Boisserie, et, plus loin, à l'horizon, la ligne des forêts.

Le révérend François de Gaulle, père blanc et neveu du Général, célébrait la messe. Des haut-parleurs retransmettaient les humbles chants de la chorale de la paroisse, les prières du rituel : le *Requiem*, l'*Agnus Dei*, le *Libera me*. A un moment, l'officiant prononça ces quelques mots : « Mon Père, ne condamne pas notre frère Charles ! » Quels actes Dieu pourrait-Il reprocher à de Gaulle ? me suis-je demandé. Aujourd'hui encore, je ne saurais le dire. Lui-même aurait-il su répondre à cette question ? J'ai toutefois une certitude. Le Général espérait qu'il existe une justice. Il avait un sens aigu de sa responsabilité. Peut-être aussi souhaitait-il obtenir d'elle, au terme de sa vie d'homme, une réponse aux questions qu'il se posait sur lui-même et sur son œuvre ? Peut-être maintenant savait-il, qu'il eût regagné le royaume de Dieu ou celui de la déesse du Sommeil...

« Si Dieu me prête vie », disait-il souvent lorsqu'il me parlait de la rédaction de ses Mémoires. Une fois, il avait eu recours à une expression d'une candeur plus populaire, d'autant plus touchante et révélatrice qu'elle lui était venue d'instinct aux lèvres : « Si le bon Dieu me prête vie... » Il avait compris que j'avais noté la nuance soulignée par cette expression du visage mi-souveraine, mi-enfantine qui lui était familière lorsqu'il était allé plus loin qu'il ne voulait. Sa prière n'avait pas été exaucée. Comme Marguerite Yourcenar le dit de l'empereur Hadrien, il avait, avec précision et depuis longtemps, entrevu le « profil de sa mort ». Son père, son frère Pierre avaient été emportés brutalement par des accidents circulatoires. Il avait donc le pressentiment de pouvoir être surpris à tout moment. J'étais néanmoins persuadé – et je le suis encore aujourd'hui – qu'il en imaginait l'échéance plus lointaine. Son souhait profond était d'achever ses Mémoires. Il savait fort bien aussi que sa présence, à défaut de maintenir la totalité de sa politique, empêcherait son successeur de commettre des erreurs majeures.

Depuis l'annonce de sa mort, j'avais essayé d'imaginer ce qui avait dû se passer dans son esprit entre le moment où son aorte abdominale s'était brisée et celui où il avait perdu définitivement connaissance. Qu'avaient pu être ses derniers mots? Avant d'expirer, Richelieu avait dit : « *In manus tuas Domine* »; Bismarck : « L'Allemagne, hélas! l'Allemagne. » A défaut de mots, qu'avaient été les dernières lueurs de sa pensée? Si j'avais à formuler une hypothèse, elle comporterait à la fois l'idée de Dieu, de l'attachement national, de la tâche qui restait à accomplir, et pourrait être : « Mon Dieu! Pourquoi m'enlèves-tu déjà? » Il ne pourrait terminer ses Mémoires, dont la rédaction lui tenait tellement à cœur. Un pan de son œuvre littéraire restait donc inachevé. Plus que d'autres, je mesurais ce que nous perdions. Lorsque j'avais appris sa mort, un abîme s'était soudain ouvert dans mes affections et dans ma vie, dont je comprenais qu'il ne se comblerait jamais. J'avais pourtant ressenti une grande paix de l'âme. Pour avoir mesuré l'ampleur de sa souffrance morale depuis avril 1969, j'éprouvais quelque réconfort à la pensée qu'il avait trouvé un havre. Connaissant ses exigences en matière de comportement, d'attitude, en un mot de style, et le souci, qui ne l'avait jamais quitté, de laisser de lui une image empreinte de dignité et de fierté, j'étais gagné par une impression d'apaisement à constater que sa mort avait répondu à tout ce qu'il pouvait attendre. Homme des altitudes, elle l'avait foudroyé, lui épargnant l'épreuve d'un déclin qui lui aurait été cruel.

Bien qu'issu d'une famille très catholique, je suis agnostique. Je m'interroge sans cesse sur la nature du phénomène humain, et fort peu sur l'existence d'un « au-delà ». Pourtant, au sein de cette foule, sous le porche de l'église où se poursuivait l'office, j'espérais du fond du cœur que celui que l'on allait porter à son tombeau pouvait encore percevoir le langage de la terre et les gestes de la piété. Tout se déroulait en effet comme il aurait pu le souhaiter. Il avait d'ailleurs réglé la mise en scène de main de maître. La foule y participait. Il en aurait été heureux. Depuis la veille, tous ceux qui avaient préparé les déplacements du Général, en France et à l'étranger, étaient rassemblés à Colombey : Emmanuel Desgrées du Lou, Pierre Lefranc, Gilbert Pérol, Thierry Kaeppelin, Jean Ducret et moi-même assistions aux funérailles de De Gaulle. Pour nous, c'était aussi le dernier voyage du « Pépère ». Parmi le petit groupe de fonctionnaires de l'Élysée qui, venus des Affaires étrangères ou de l'Intérieur, assumaient la responsabilités des allées et venues de De Gaulle, nous l'appelions ainsi quand nous en parlions entre nous. Nous n'aurions pas admis que d'autres collègues de l'Élysée utilisent ce terme. Nous en aurions été choqués. Le « Pépère », c'était, pour nous, l'homme tranquille qui existait chez le Général en contrepoint du génie. L'expression caractérisait bien la simplicité de ses goûts, l'absence de tout caprice, la confiance totale dont il nous honorait, son calme au milieu des orages, sa gentillesse un peu bourrue, nullement feinte, venant du cœur.

Nous avions retrouvé dans le village tous les policiers du service des voyages officiels, dirigé par Georges Para, avec lesquels nous avions travaillé sous bien des climats et en bien des circonstances. La famille du Général, aidée par Emmanuel Desgrées du Lou, avait préparé depuis deux jours la cérémonie de l'enterrement. Chacun d'entre nous y avait aidé. La veille, j'avais longuement discuté avec Igor Barrère, l'excellent réalisateur de la télévision. Il estimait indispensable, pour assurer la retransmission de l'office religieux, de placer une caméra en face du visage de Mme de Gaulle. Je comprenais ses raisons. Je savais que c'était un homme de tact. L'idée qu'il pût y avoir un objectif situé de la sorte aurait tellement déplu au Général que je ne pouvais l'accepter. Je l'expliquai à Barrère. Il acquiesça et s'arrangea autrement. Dès le matin, avec Georges Para, nous avions fait le tour du léger dispositif mis en place pour assurer le bon déroulement de la cérémonie. Le visage de ses collaborateurs exprimait une vive émotion. Déjà la foule se massait. J'y aperçus Georges Santoni, le député-maire de ma ville natale, venu d'Apt dans la nuit. Sans rien dire, nous nous embrassâmes comme on le fait, en Provence, dans ces occasions. J'y retrouvais Étienne Dennery, le premier chef du service d'information de De Gaulle à Londres. Il avait été mon ambassadeur à Berne et à Tokyo avant de prendre la direction de la Bibliothèque nationale. Mon affection, mon estime pour lui étaient grandes. Sans se prévaloir de ses titres dans la France libre et de sa position, mêlé à la foule, il attendait le long du parcours que devait emprunter le convoi funèbre au début de l'après-midi. Il était à peine 10 heures. J'estimais que son passé lui donnait le droit d'assister à l'office dans l'église; nous l'aidâmes à escalader la barrière de sécurité et nous le conduisîmes à la petite maison qui, sur la place, face au monument aux morts, abritait depuis plusieurs années les services de sécurité.

Je m'entretins quelques instants avec les journalistes. Je les connaissais tous. Eux aussi avaient parcouru la terre dans le sillage de De Gaulle. Beaucoup étaient des adversaires. Tous étaient émus. Certains profondément. Pour eux également, une page était en train de se tourner. Ils étaient trop familiers avec les événements et les hommes pour ne pas sentir qu'ils vivaient un de ces moments comme l'on en rencontre peu dans une existence. Quelles que fussent les opinions de chacun, policiers, fonctionnaires, journalistes, nous formions depuis des années la petite communauté des « gens du voyage » qui accompagnaient partout le Général. Nous réagissions à l'unisson car, au fil des ans, des liens avaient fini par se tisser et nous nous entendions fort bien, malgré les frictions qui se produisaient parfois.

Dès le début de l'après-midi, assistés de Paul Comiti – qui, pour la journée, avait cessé ses fonctions auprès de Georges Pompidou –, Gilbert Pérol, Thierry Kaeppelin et moi-même avions assuré un discret filtrage à l'entrée de l'église. Le Général avait lui-même donné ses instructions dans son testament : « Aucun emplacement réservé pendant la cérémonie, sinon à ma famille, à mes compagnons membres de l'ordre de la Libération, au conseil municipal de Colombey. » Dans *Les chênes qu'on abat*, André Malraux les a résumées plus tard dans une formule toute de lucidité et de lyrisme : « La famille, la paroisse, l'ordre. » Comme toujours, il fallait appliquer ces dernières volontés en les adaptant. Quel étonnant rassemblement d'hommes! Beaucoup de grands noms de l'ordre de la Libération : Andé Malraux, Gilbert Grandval, Pierre Messmer, Pierre Billotte, Geoffroy de Courcel, le général Massu, René Cassin, Louis Armand, Alexandre Parodi, qui avait été mon ambassadeur à Rabat, Christian Pineau, Henry Rol-Tanguy, Alain Savary, le général Emmanuel d'Harcourt, Claude Bourdet, pour ne citer que ceux que je reconnaissais au passage. Et bien d'autres personnalités que nous avions laissées entrer sous les voûtes de la vieille église paysanne parce qu'elles nous paraissaient y avoir aussi leur place : Jean Marin, directeur de l'AFP, Jean Mauriac, de nombreux collaborateurs de De Gaulle à Matignon et à l'Élysée. J'avais essayé de trouver Alain Prate; le Général avait de l'estime pour lui; il lui savait gré de tout ce qu'il avait fait pour m'aider à rassembler les documents dont il avait besoin pour la rédaction de ses Mémoires; j'aurais aimé qu'il pût assister à la cérémonie religieuse; je ne parvins pas à le repérer dans la foule qui, devenue très dense dès la fin de la matinée, rendait difficile toute circulation dans le village.

Quelle galerie de portraits! Officiers ayant gardé la fraîcheur d'âmes des saint-cyriens; hommes de guerre; visages d'aigles aux regards d'acier tels qu'ils apparaissent dans les périodes dures où le monde se déchire; silhouettes rassurantes de pères tranquilles qui, pour avoir rencontré l'Histoire et s'être hissés à sa hauteur, étaient devenus des héros; hauts fonctionnaires ayant éprouvé tant de fierté à servir l'État sous un tel chef, malgré les obstacles du chemin et la rigueur des combats... Combien de temps faudrait-il attendre pour qu'un homme rassemble à nouveau autour de lui une telle diversité de personnages d'origines si différentes, appartenant à des groupes politiques souvent opposés et qui, dans les heures que nous vivions, partageaient la même tristesse?

Elle reflétait celle du pays. Dès l'annonce de la mort, le mercredi matin, j'avais été frappé par la force et la quasi-unanimité des réactions. Je sentais bien que, depuis le référendum d'avril 1969 qui avait entraîné son départ, l'image de De Gaulle avait encore grandi. L'accueil réservé à ses Mémoires, au début du mois d'octobre, lui en avait apporté la preuve. L'effet de surprise – et, pour une fois, le Général n'y était pour rien – avait joué à plein et agi comme un révélateur. La France pleurait un roi. Comme elle l'avait fait pour Henri IV et pour Victor Hugo. Mon grand-père paternel, un républicain de la plus pure tradition, avait assisté aux funérailles de ce dernier, et le souvenir de son récit était resté gravé dans l'univers familial. Ma fille aînée, qui n'avait pas quinze ans et pour qui de Gaulle était seulement le monsieur pour lequel je travaillais, s'était aperçue, dès l'annonce de sa mort, qu'il s'agissait d'un grand homme; avec une amie, elle avait pris le train pour venir à Colombey, où elle devait se trouver dans la foule. L'onde de choc qui avait parcouru le pays portait en elle une puissance telle que ceux que le Général appelait ses « adversaires » avaient été décontenancés, voire emportés par elle. Sans doute, pour retrouver une telle unanimité, fallait-il remonter à l'armistice du 11 novembre 1918. Mon père, qui se trouvait à ce moment-là à Paris, m'avait souvent décrit l'atmosphère de cette journée.

De Gaulle, en disparaissant, suscitait des réactions assez semblables à celles que soulève la Révolution française. A part une poignée d'irréductibles, tout le monde s'est approprié le mouvement vers la liberté qui s'amorce en 1789. Pourtant, personne ne l'arrête au même moment. Chacun a sa date ou son homme : Mirabeau, Danton, Robespierre, Marat, Gracchus Babeuf... Dès le 10 novembre au matin, chacun avait retrouvé « son » de Gaulle. Étrange peuple que le nôtre ! J'avais lu presque tous les journaux depuis le mercredi. Je serai mesuré en disant que le Général n'y avait pas eu que des amis. Devant des titres tels que « *Un deuil planétaire* », ou bien « *La mémoire du dernier homme qui fut aux dimensions du monde* » – ce qui, soit dit en passant, n'était pas très aimable pour Mao Tsé-toung –, je ne pouvais m'empêcher de me rappeler ce qu'avaient été mes impressions de peine et d'étonnement lorsque, en ma qualité de chef du service de presse de l'Élysée, je devais, à longueur de journée, prendre connaissance de tout ce qui se disait ou s'écrivait contre de Gaulle. Dès sa mort, devant la sincérité et l'ampleur de l'affliction manifestée par le pays, je pensai que Talleyrand avait raison lorsqu'il constatait : « De nos jours, il n'est pas facile de tromper longtemps. Il y a quelqu'un qui a plus d'esprit que Voltaire, plus d'esprit que Bonaparte, plus d'esprit que chacun des directeurs, que chacun des ministres présents, passés ou futurs, c'est tout le monde... » Quel étonnement de constater la force de la douleur exprimée et de se rappeler que le même pays, en avril 1969, avait de son plein gré écarté du pouvoir l'homme qu'il pleurait aujourd'hui ! Quelle amertume aussi... Je relevais, une fois de plus, que l'âme collective des peuples peut présenter les mêmes contradictions que celles des individus. A moins qu'Élie Faure n'ait eu raison lorsqu'il écrivait dans *la Découverte de l'Archipel* : « Oui ! Le peuple français est le plus intelligent de la terre. Voilà pourquoi, sans doute, il ne réfléchit jamais. »

Dans l'église, l'office se poursuivait. Il faisait toujours beau. Un fort vent soufflait. Arrachées des arbres, quelques feuilles brunies par l'automne tourbillonnaient, puis, une fois la rafale passée, tombaient avec une étrange douceur sur la foule massée dans l'espace étroit de la petite place où trois unités militaires représentaient l'armée, seul organisme officiel dont de Gaulle avait souhaité la participation : le 501ᵉ régiment de chars de Rambouillet, les fusiliers-marins de Lorient, la base aérienne de Reims. Qui, dans la foule, savait encore ce que ces unités, dont les drapeaux portaient la croix de compagnon de la Libération, évoquaient? La première avait gagné la bataille du Fezzan; la deuxième était à Bir Hakeim; la troisième était issue de l'escadrille Normandie-Niemen qui s'était battue sur le front de l'Est, côte à côte avec les Russes, contre l'armée allemande. Un étudiant québécois, poussé en avant par la foule, était parvenu jusqu'à nous. Il tenait un immense drapeau de la « Nouvelle France » : bleu et blanc, frappé des trois fleurs de lys. L'emblème claquait au vent. Je lui demandai de le rouler autour de la hampe afin que rien ne vînt déranger le recueillement de la foule, et lui suggérai d'attendre la sortie du cercueil pour le laisser flotter en hommage à de Gaulle. Par un de ces hasards singuliers qui se produisent parfois dans les cérémonies de cette nature, ce jeune Québécois s'était arrêté à côté d'un officier de l'armée des États-Unis en grand uniforme. Ce dernier, par sa distinction aristocratique, son aisance et cette assurance tranquille dans le maintien que seuls possèdent les peuples aux musculatures entraînées, représentait bien la jeunesse de son pays. Ces deux hommes, à peine sortis de l'adolescence, apportaient l'hommage complémentaire des deux composantes européennes de l'Amérique du Nord. La bouture anglo-saxonne avait pris avec une vigueur telle qu'elle avait donné vie à la plus grande puissance de l'Histoire. La nôtre, dans le terroir plus ingrat des « arpents de neige », et confrontée à un environnement hostile, courait le risque de s'étioler et de périr. Pour l'aider, de Gaulle était intervenu. Qui le ferait après lui?

Le monde entier portait le deuil. A l'Occident comme à l'Orient. De Gaulle paraissant ainsi illustrer la réflexion du philosophe chinois Tchouang-tseu qui écrivait, quatre siècles avant la naissance du Christ : « Si quelqu'un comprend que, malgré l'opposition de l'Est et de l'Ouest, l'un ne peut exister sans l'autre, alors celui-là peut être capable de comprendre la fonction des choses. » Les peuples nantis comme les plus démunis partageaient la tristesse de la France. Les Anglo-Saxons, parce qu'ils admiraient le personnage, même si sa politique les avait fortement contrariés. La Russie, pour qui de Gaulle était l'homme de la détente. Tous ceux qui voyaient en lui le héraut de l'indépendance, dans les démocraties populaires aussi bien que dans le tiers-monde. La Chine avait voulu marquer qu'elle savait gré à de Gaulle d'avoir eu la lucidité de la reconnaître en renouant des relations diplomatiques. La plus vieille nation de l'univers rendait également hommage au théoricien de la libération nationale, et, pour la première fois dans son histoire de quarante siècles, elle avait mis ses drapeaux en berne pour un chef d'État de l'Occident. A Pékin, Chou En-lai était venu présenter ses condoléances à notre ambassadeur, Étienne Manac'h, socialiste de bonne lignée que le Général estimait. Mao avait fait déposer dans le petit cimetière de Colombey une gerbe de fleurs rouges, montrant par ce geste qu'un dialogue s'était noué entre le « révolutionnaire » et le « visionnaire », tous deux hommes de guerre, d'action et de pensée.

Quel rassemblement à la messe célébrée à Notre-Dame de Paris le 12 novembre au matin ! Alors que la foule envahissait Colombey avec la force et le silence de la marée montante, j'avais suivi, dans la maison du service de sécurité dont les fenêtres donnaient sur la place, la retransmission de l'office religieux. Le monde entier était représenté dans l'île de la Cité, sous les voûtes gothiques où se célèbre tout événement d'importance pour notre pays, qu'il s'agisse de joies ou de peines. Depuis la messe solennelle célébrant la libération de Paris, le 26 août 1944, jusqu'au *Te Deum* du 11 novembre 1968, destiné à commémorer le cinquantième anniversaire de la fin de la Première Guerre mondiale, le Général y était venu bien souvent. J'aimais l'observer dans ces occasions. Le prie-

Dieu au pied de la première colonne à gauche, quand on regarde la nef à partir du chœur, paraissait toujours trop exigu pour sa grande taille. Son attitude à l'église rappelait celle des enfants de chœur d'autrefois. Comme eux, il se trouvait à l'aise dans les lieux saints et donnait une impression de recueillement et de piété. Comme chez eux aussi, je notais parfois, dans ses yeux ou dans sa façon de regarder la foule, un éclair d'espièglerie et un certain amusement. Aujourd'hui, la cérémonie était donnée en son honneur. La renommée de l'homme d'État suffisait à expliquer ce rassemblement : reine, empereur, rois, princes, présidents, chefs de gouvernement, plénipotentiaires, ambassadeurs... J'y trouvais, pour ma part, l'illustration de ce que le Général m'avait dit quinze jour plus tôt, le 27 octobre, à La Boisserie, au cours de ce qui devait être ma dernière visite.

Après le déjeuner, nous étions passés au salon. Il s'était assis, à son habitude, dans le fauteuil placé contre le mur, dos à la fenêtre, les bras posés sur les accoudoirs, le buste bien droit, dominant la pièce de sa stature de patriarche. Devant lui, la table de bridge où il faisait le soir des réussites. A sa droite, Mme de Gaulle. Je m'asseyais toujours à sa gauche, sur le grand divan de cuir qui fait face à la cheminée et au pied duquel le Général a rendu le dernier soupir. C'était la place où il aimait parler avant ou après les repas. C'est là très exactement qu'il se trouvait quand se produisit la rupture de l'aorte qui entraîna sa mort presque subite. Nous avions évoqué les détournements d'avions, les enlèvements, cette violence anonyme qui commençait à secouer le monde de ses éclairs meurtriers. Très impressionné par le fait que les diplomates en étaient victimes, il y voyait la fin d'un monde et d'un système de valeurs, une des conséquences des excessives inégalités entre les pays et les hommes, et les signes précurseurs d'une ère nouvelle. Ces premiers craquements étaient, selon lui, annonciateurs de phénomènes pour l'heure imprévisibles, mais lourds de menaces. On verrait apparaître de nouvelles formes d'affrontement que l'imagination ne pouvait encore concevoir, alors que l'analyse permettait d'en percevoir les prémices. Je traduis mal ce qu'il y avait de brûlant, de prophétique et d'angoissé dans la fresque qu'il dessinait à grands traits, à coups d'images superbes, de sa voix profonde qu'il savait adoucir et moduler à volonté. Je me souviens de la conclusion ramassée et directe : « Il faudrait, dit-il, un gouvernement mondial. » Il marqua un temps d'arrêt. A voir l'expression de ses yeux, je devinais bien ce qui lui traversait l'esprit : sa condescendance pour les « gestionnaires » responsables des affaires du monde et de notre pays; l'idée que, peut-être, un homme de sa capacité, mais plus jeune d'un demi-siècle, aurait pu prendre pour « dessein » l'unité de la planète; le sentiment aussi que l'Histoire enfante lentement et dans la douleur. Il se contenta d'ajouter : « Nous sommes loin du compte... »

Sur l'écran de télévision, je voyais une manifestation de la communauté des peuples et un signe de ce que pourrait être, un jour, son unité. Sous les voûtes d'un des plus anciens édifices de la chrétienté, les Israéliens et les Arabes se côtoyaient; les Chinois s'y trouvaient aussi, alors que leur pays ne faisait pas encore entendre sa voix aux Nations unies.

Située au centre du village, la maison du service de sécurité, qui avait gardé son allure campagnarde, servait de PC provisoire. Une salle à manger-cuisine occupait le rez-de-chaussée; lors de mes précédentes visites à Colombey, le chauffeur et moi venions toujours y boire le café du matin en attendant l'heure à laquelle le Général nous avait fixé rendez-vous. Nous bavardions avec les inspecteurs des voyages officiels, qui, après avoir assuré la sécurité de De Gaulle quand il était chef de l'État, continuaient leur mission après qu'il eut cessé ses fonctions – avec, bien évidemment, des effectifs plus réduits. Depuis le début de la retransmission de la messe, un inspecteur surveillait attentivement la cuisson d'une choucroute qui sentait bon, sur le grand poêle comme on en voyait dans les fermes d'autrefois. Cette attitude ne me choquait pas. Nous étions au cœur du pays profond; aussi proches que possible de la vie; sentant battre son pouls; conscients de sa force et de sa pérennité. L'odeur du plat rustique contribuait à renforcer l'atmosphère de simplicité et d'authenticité qui avait toujours été celle du village et que rien n'avait jusque-là altérée.

Je n'étais pas seul à regarder les images transmises par la télévision. Dans la pièce se trouvaient quatre diplomates : Geoffroy de Courcel, ambassadeur à Londres, qui avait quitté la France le 17 juin 1940 dans l'avion de De Gaulle, dont il avait été le premier aide de camp, pour devenir ensuite le premier secrétaire général de la Vᵉ République; Étienne Dennery, qui avait rejoint Londres dès 1940 pour y diriger le service d'information de la France libre, et qui avait représenté la France à Varsovie, Berne et Tokyo; René Brouillet, ambassadeur au Vatican après avoir, à deux reprises, servi au cabinet de De Gaulle, à qui il avait présenté en 1944, pour le meilleur et pour le pire, l'un de ses camarades de l'École normale supérieure, Georges Pompidou, que nous pouvions voir sur l'écran, agenouillé sur le prie-Dieu à la place que la tradition réserve au chef de l'État; Étienne Burin des Roziers, ambassadeur au Quirinal, successeur de Geoffroy de Courcel au secrétariat général de la présidence de la République, qui avait compris très tôt que de Gaulle avait un Premier ministre par trop conservateur... J'observais ces quatre hommes. Dieu, qu'ils étaient différents! Par leurs origines : deux venaient du « grand concours » des Affaires étrangères, deux de l'École normale supérieure. Par leur façon de s'habiller : deux portaient des pardessus noirs à col de velours, deux des gabardines. Par leurs manières. Pourtant, que de similitudes! Etreints par la même tristesse, partageant les mêmes souvenirs, murés dans un silence grave. C'était bien la fin d'une époque que symbolisaient ces quatre diplomates peu loquaces, regardant se dérouler sur le petit écran les images de la cérémonie de Notre-Dame. Ils en connaissaient tous les principaux acteurs, étrangers ou français. Leur métier leur avait appris l'art et les ruses de la politique. Au-delà des attitudes, ils savaient discerner les ambitions et les arrière-pensées. Sans livrer aucune de leurs réactions, ils scrutaient les visages que la caméra donnait en gros plan. Je devinais les questions qu'ils se posaient. Pour le président de la République – qui priait à la place même où le Général s'était tant de fois agenouillé –, pour les ministres – rangés dans la nef centrale –, quelle était la pente de leurs réflexions ? Peut-être donneraient-ils un jour leurs propres réponses... Mais je m'interrogeais aussi, et j'avais le sentiment d'assez bien comprendre ce qu'elles pouvaient être...

Georges Pompidou et les membres du gouvernement m'apparaissaient à la fois tristes et soulagés. Tristes, car les uns et les autres, à quelques très rares exceptions, avaient été formés par ce maître à agir et à penser qu'était de Gaulle. Bien qu'ils ne voulussent pas toujours le reconnaître, ils savaient ce qu'ils lui devaient. Moins pour les honneurs, les postes et les charges que pour le niveau de qualité auquel il les avait aidés à accéder. L'affection pour le défunt était profonde même chez ceux qui, de façon plus ou moins délibérée, avaient accéléré la retraite de celui qu'ils pleuraient. Tous comprenaient que le patrimoine national se trouvait amoindri, que le poids de la France dans le monde n'était plus le même, que l'Histoire venait de prendre un nouveau cours. Sur le fleuve encore incertain de notre avenir, une puissante digue avait craqué. Soulagés aussi : c'en était fini de ce silence autour duquel toute la vie politique se trouvait comme suspendue, et de la rédaction de ces Mémoires dont aucun d'entre eux n'avait sans doute commencé la lecture du premier tome, paru voilà quelques semaines, sans éprouver l'angoisse ressentie par le collégien qui reçoit son livret scolaire. Dissipée, la gêne qu'ils éprouvaient, lorsqu'ils gouvernaient, parlaient ou administraient, à se sentir jugés par l'un des plus lucides cerveaux politiques de notre histoire, dont ils savaient d'expérience qu'il sondait les reins et les cœurs. On en avait terminé avec une grandeur et un style qui, quoi qu'ils fissent, les ramenaient à leur taille véritable. Désormais, chacun pourrait vivre à sa mesure. On enterrait aujourd'hui l'épopée, pour laquelle il faut la puissance du souffle alliée à la générosité du cœur. Ils me rappelaient la question de Napoléon s'adressant à quelques-uns de ses proches : « Que dira-t-on, Messieurs, quand je mourrai ? – Sire, on dira : la nation a perdu le plus grand de ses hommes... les peuples ont perdu leur père... l'axe de la terre a changé. » Et l'Empereur de répondre : « Vous n'y êtes pas, Messieurs, on dira *ouf !* »

Et Georges Pompidou ? Je savais très bien ce que le Général en pensait. Tout ce qu'il lui avait écrit depuis qu'il avait quitté le pouvoir. J'avais gardé souvenir de la réflexion qu'il m'avait faite à propos du livre de Louis Vallon, *l'Anti-de Gaulle.* Comme de ce qu'il m'avait dit sur son ancien Premier ministre, voilà à peine plus de deux semaines. Le temps n'était pas encore venu d'en parler. J'attendrais. L'homme avait accédé au pouvoir dans l'ambiguïté. La mort de De Gaulle ne changeait rien à l'affaire. Il était condamné à s'y trouver enfermé. J'avais d'ailleurs le sentiment qu'elle le briserait. Au moral comme au physique. Deux jours plus tôt, n'avait-il pas donné une nouvelle preuve des procédés auxquels il avait recours pour se conférer les apparences de la légitimité, sinon par rapport au pays qui l'avait élu, du moins par rapport à de Gaulle ? L'avant-veille, dès que j'avais appris à mon bureau du Quai d'Orsay la mort du Général, j'étais revenu immédiatement à son secrétariat particulier, avenue de Breteuil, pensant y retrouver Xavier de Beaulaincourt et Emmanuel Desgrées du Lou. J'appris, en arrivant vers 9 h 45, qu'ils étaient partis dans la nuit pour Colombey. Pierre Lefranc était là, ce qui me surprit quelque peu. Presque aussitôt, le secrétaire général de l'Élysée, Michel Jobert, l'appelait. Il était clair qu'un désaccord opposait les deux hommes. Il portait sur le testament que le Général avait rédigé en 1952 et dont l'un des trois exemplaires avait été remis, à l'époque, à Georges Pompidou, en sa qualité de membre du cabinet. Pierre Lefranc me mit rapidement au courant. Il avait reçu, tôt le matin, le texte dont Philippe de Gaulle était détenteur. Vers 8 h 50, il avait eu un entretien avec Georges Pompidou. Les deux hommes avaient vérifié que la version du président de la République et celle du fils du Général, qui portaient respectivement les mentions 1 et 3, étaient bien identiques. Pierre Lefranc avait confirmé à son interlocuteur que la famille avait l'intention de rendre public ce document et qu'il n'appartenait à personne d'autre de le faire. C'était précisément sur ce point que Michel Jobert avait rappelé l'avenue de Breteuil. Sur instruction de Georges Pompidou, il avait proposé que le testament soit lu en Conseil des ministres et que la famille ne le publie pas avant. L'intention était claire. Nous comprenions qu'il fallait agir vite. L'affaire, toutefois, méritait que toutes précautions fussent prises. Pierre Lefranc appela donc à nouveau Philippe de Gaulle. Celui-ci nous confirma sans la moindre ambiguïté que sa mère et lui-même souhaitaient que le texte soit diffusé par le secrétariat privé du Général et par lui seul. Par égards vis-à-vis du chef de l'État – la suite devait nous montrer que nous avions tort –, nous décidâmes, avant de rendre public le texte, d'informer Georges Pompidou de la position de la famille. Il était 10 h 45. Pierre Lefranc appela Michel Jobert. Dès la communication terminée, je me mis immédiatement en contact avec l'Agence France-Presse. Je dictai à un rédacteur le texte du testament, précédé de la formule habituelle : « Le secrétariat du général de Gaulle communique le texte suivant »; et qui se terminait par la mention : « Le général de Gaulle a récemment confirmé qu'il n'avait rien changé aux dispositions arrêtées en 1952. » Comme je demandais à mon correspondant de relire le texte, la communication fut coupée. Je craignais que le journaliste, pressé de donner le testament, n'ait pas voulu procéder au contrôle d'usage. J'appelai Jean Marin. Puis Jean Mauriac. Celui-ci m'apprit que le texte avait bien été diffusé : en « flash » à 11 h 37; dans son intégralité à 11 h 40. Mais le service de presse de l'Élysée l'avait également distribué à peu près simultanément. C'est cette version qui devait être considérée comme officielle par l'ensemble de la presse, de *l'Humanité* au *Figaro* en passant par *le Monde*.

L'opération destinée à faire apparaître, aux yeux de l'opinion, Georges Pompidou comme l'héritier du général de Gaulle avait réussi. C'est ainsi en tout cas que je l'interprétais. Tel ou tel aspect pouvait m'avoir échappé, les événements allaient si vite. Sur le fond la situation m'apparaissait dans toute sa clarté. Le deuxième président de la Ve République avait reçu ce testament en dépôt alors qu'il était intime collaborateur du Général. Il le publiait en sa qualité de chef de l'État. Or, ce faisant, il allait délibérément à l'encontre des dernières volontés de De Gaulle, qui avait pourtant précisé : « La cérémonie sera réglée par mon fils, ma fille, mon gendre, ma belle-fille aidée par mon cabinet. » Il n'avait donc tenu aucun compte d'un souhait aussi clairement exprimé. C'était d'ailleurs bien dans la façon de faire du Général que d'avoir laissé son ancien collaborateur dépositaire d'un testament l'excluant, une fois devenu chef de l'État, de l'organisation de ses obsèques. En réalité si le problème avait été étudié dans la dignité et en accord avec la famille une solution convenable aurait pu être trouvée. Mais la présidence voulait aller vite. Il revint au chef de son service de presse, Denis Baudouin, qui avait été en 1965 l'animateur de la campagne présidentielle de Jean Lecanuet, d'assurer la diffusion du testament par lequel de Gaulle exprimait ses dernières volontés pour le déroulement de ses obsèques. Par souci de donner à l'affaire le cachet de l'authenticité, ou tout simplement pour faire vite, ce spécialiste des relations publiques avait distribué des photocopies du texte. A chacun de juger du procédé. Bien des honnêtes gens furent bernés. Les « barons » de l'UDR, qu'ils fussent à la recherche sincère d'une confirmation du bien-fondé de leur attitude de discipline, vis-à-vis de Georges Pompidou, ou en quête d'une justification, voire d'un alibi, en tirèrent immédiatement argument : « Il avait le testament », les entendait-on dire, le croyant ou feignant d'y croire.

Quoi qu'il en soit, voyant Pompidou agenouillé sur son prie-Dieu et donnant l'impression de la piété et du recueillement, je ne pouvais m'empêcher de penser au singulier destin d'un homme qui en était venu au point de ne pas respecter les dernières volontés d'un défunt.

Il est vrai que toutes ces journées avaient des aspects bien étranges. Des dispositions draconiennes avaient été prises pour qu'aucune personnalité ne pût se rendre le 18 novembre en Haute-Marne par un des avions ou des hélicoptères du parc gouvernemental. Cinq membres du cabinet, dont le Premier ministre, appartenaient à l'ordre de la Libération. Ils n'étaient pas dans la foule de Colombey. Ils auraient pourtant pu y venir à titre privé. Ils y avaient renoncé. Avaient-ils été déterminés seulement par le respect de la solidarité gouvernementale? Avaient-ils pensé que l'adieu au passé, pour prestigieux qu'il fût, ne valait pas que l'on prît des risques du côté du présent? A eux de répondre... A ce signe aussi, je comprenais que l'on sortait d'une époque et d'un système de valeurs. Parmi les membres du cabinet, il y en avait un, et pas des moindres, qui, la veille, avait décidé qu'il viendrait à Colombey le vendredi après-midi. Il s'agissait de Valéry Giscard d'Estaing. Pierre Lefranc, Jean d'Escrienne et moi le tenions de très bonne source. Tout en nous gardant de tout procès d'intention, nous fîmes le nécessaire pour que ce projet avorte. C'était mieux ainsi. La présence de ce ministre qui avait fait voter contre de Gaulle au référendum d'avril 1969, aurait pu susciter des réactions de la foule et altérer le climat de la cérémonie.

Quelles étaient aussi les pensées des étrangers réunis à Notre-Dame pour ce singulier rendez-vous organisé à la mémoire de De Gaulle, mais en l'absence de la dépouille du défunt et d'aucun membre de sa famille? Beaucoup d'entre eux connaissaient le Général depuis longtemps. C'était le cas de l'empereur d'Éthiopie, du Chah d'Iran et des Premiers ministres britanniques, venus en force. D'autres s'étaient livrés avec lui à de rudes affrontements planétaires. Nixon se rappelait-il les conseils prodigués par son hôte au Grand Trianon, en février 1969, pour faciliter l'évolution de l'affaire indochinoise, et qu'il n'avait pas encore suivis? Curieux homme, à la vérité, que ce président des États-Unis : le Général avait bien senti, et depuis longtemps, ses qualités – qu'il estimait grandes –, ses faiblesses, sa solidité et certains de ses côtés assez comédiens. La veille, d'ailleurs, Nixon n'avait-il pas envisagé de se rendre à Colombey en hélicoptère après la cérémonie de Notre-Dame ? J'avais perçu, aussi bien dans les sphères officielles que chez les proches du défunt, un moment de flottement. Or cette présence en aurait sûrement entraîné d'autres. L'atmosphère de l'adieu en aurait été altérée. Emmanuel Desgrées du Lou, Xavier de Beaulaincourt et moi-même prîmes seuls nos responsabilités et fîmes échouer ce singulier projet. A quoi rêvait Podgorny, président du Soviet suprême, le jour où l'on enterrait celui qui, mieux que Roosevelt et Churchill, bien qu'avec moins de moyens, avait tenu tête à Staline ? Et les quatre Premiers ministres d'une Grande-Bretagne que de Gaulle regrettait de voir décliner, alors qu'il éprouvait la plus vive estime et infiniment de reconnaissance pour cette vieille nation ? Il savait fort bien tout ce que le monde, la France et lui-même lui devaient. Il ressentait une réelle tristesse à la voir s'étioler. « Elle est comme en état de léthargie », m'avait-il fait remarquer un jour ; non sans ironie, il avait ajouté : « J'ai pourtant fait ce que j'ai pu pour la réveiller ! » Et le représentant d'Israël ? Son pays n'avait sans doute pas oublié que celui dont on célébrait la mémoire avait combattu pour la dignité de l'homme alors que la fumée des fours crématoires montait dans le ciel de l'Allemagne nazie. Avait-il cessé depuis lors ? Assurément, il avait pris ses distances, en 1967, à l'égard de Tel-Aviv. Il pensait d'abord à l'intérêt de la France. Il n'oubliait pas pour autant celui d'Israël. Au cours de l'été, à la suite d'un de ces incidents suivis de représailles comme il s'en produisait souvent sur les frontières nées de la guerre des Six-Jours, il m'avait dit à propos des Israéliens : « Ils sont forts ; ils ont le bras long ; je suis bien placé pour le savoir ; mais, s'ils ne changent pas radicalement leur politique, tout cela finira dans un bain de sang, et pas seulement au Proche-Orient. » Quant aux chefs d'État africains de langue française, il était facile de comprendre leur état d'âme. Ils éprouvaient une immense peine. Ils ne cherchaient pas à la dissimuler. Ils savaient que, le lendemain, ils se rendraient à Colombey ; Mme de Gaulle les recevrait à La Boisserie ; avec le chancelier Adenauer, ils seraient ainsi les seuls chefs d'État ou de gouvernement à partager ce privilège. En réalité, tous ces hommes rassemblés, de quelque région du monde qu'ils vinssent, réalisaient bien que le monde perdait l'un des plus éclairés parmi ses sages. Celui qui savait dire à chacun sa vérité, car il possédait la sûreté du regard, la clairvoyance du jugement et une inégalable expérience des événements et des hommes. Lorsque viendraient les moments de doute, ceux-là mêmes où les chemins de l'Histoire se brouillent, sur qui pourrait-on compter pour aider à découvrir la voie du salut?

De toute manière, les participants, qu'ils soient français ou étrangers, réagissaient en leur for intérieur en politiques. C'est-à-dire que jouaient en eux, plus ou moins mêlés aux sentiments, les intérêts et les calculs. C'est la raison pour laquelle le Général, en 1952, lorsqu'il avait rédigé son testament, avait écarté de son enterrement tous ceux qui assumaient le pouvoir. Pour ce qui concernait la France, il ne voulait introniser personne et déniait ainsi à qui que ce fût le droit de se réclamer de lui. Telle était la signification en quelque sorte négative de ses dernières volontés.

La liste de ceux qui étaient invités à participer n'était pas moins riche de sens. Des éléments de l'architecture sociale d'un pays, il avait retenu la cellule de base : le village, à la fois paroisse et mairie. L'armée participait parce que, en dépit de bien des drames, elle avait toujours été pour lui le prolongement de sa famille. L'ordre de la Libération portait témoignage au nom de l'Histoire. En réalité, il avait souhaité établir, par-delà la mort, un dernier contact direct avec tous ceux auxquels il s'était adressé pendant trois décennies, qu'ils fussent ou non d'accord avec lui. Là encore, la chance avait été sa compagne. Pouvait-il penser en 1952, lorsqu'il rédigeait ses dernières volontés, que la télévision connaîtrait un tel développement? Les Français, avec près d'un demi-milliard d'hommes et de femmes, avaient pu voir sur leurs écrans, voilà moins d'une heure, dans l'allée montant de La Boisserie vers la place, la lente progression de l'engin blindé de reconnaissance sur lequel avait été placée la dépouille mortelle de l'homme du 18 juin; puis l'évêque de Langres, monseigneur Attan, personnage de vitrail médiéval, accueillir le cercueil porté par les jeunes gens de Colombey. En ce moment, ils pouvaient discerner, dans l'église où des saint-cyriens – dont l'un était un Africain – montaient une garde d'honneur autour du catafalque, les voiles noirs des femmes d'une famille que j'avais eu le privilège de connaître.

La veille, c'était le 11 novembre, Maurice Couve de Murville, Pierre Lefranc, Jean d'Escrienne et moi-même étions venus à La Boisserie nous recueillir devant le cercueil du Général. Nous étions tous étreints par l'émotion. La famille relevait de la grande tradition militaire. Elle avait appris à accepter la mort d'un soldat. Sa dignité nous impressionna. Pierre Lefranc ne put retenir ses larmes. Les traits de Couve de Murville paraissaient plus tirés que jamais. Quand Mme de Gaulle lui proposa de bénir le cercueil drapé de tricolore, le dernier Premier ministre du Général, qui appartient à l'Église réformée, marqua une brève hésitation; puis il s'avança vers le rameau de buis déposé sur une petite table, le trempa dans l'eau bénite et accomplit le geste rituel. Ce que nous fîmes après lui. Avant de quitter la pièce mortuaire, nous prîmes congé de Mme de Boissieu et de Mme de Gaulle. J'étais le dernier. J'aurais voulu marquer à la veuve du Général, qui m'avait reçu souvent à La Boisserie, avec qui j'avais beaucoup parlé et qui m'était toujours apparue comme une personnalité ferme, souriante et forte, combien je partageais son deuil. Montait en moi, du plus profond de la tradition provençale, la coutume qui veut qu'on embrasse ses proches devant le cercueil d'un être cher. J'hésitai. Par pudeur. Sachant que Mme de Gaulle n'appréciait guère qu'on lui baise la main, je me contentai de la lui serrer longuement. Elle me remercia pour tout ce que j'avais fait pour son mari. Je ne l'ai plus revue depuis. Dans le vestibule, Philippe de Gaulle et Maurice Couve de Murville conversèrent un moment. Le fils de De Gaulle dit à celui qui fut le chef de la diplomatie française pendant dix ans, et Premier ministre de juin 1968 à avril 1969, toute l'affection et l'estime que son père avait pour lui : je savais très bien qu'il ne s'agissait pas de propos de circonstance. Pour la première fois, j'approchais Philippe de Gaulle, que j'avais seulement rencontré dans quelques réceptions officielles et qui ne me connaissait pas. J'étais frappé par la surprenante ressemblance avec son père : les intonations de la voix étaient les mêmes; identiques, les gestes de la main. J'aurais aimé me rendre une dernière fois dans le bureau où j'avais si souvent travaillé avec son père; en un moment pareil, je n'osai le demander.

A 15 h 50, la messe prit fin. Le soleil commençait à décliner. Le vent avait fraîchi. Les feuilles continuaient à tomber en tournoyant. Précédant le cercueil, Emmanuel Desgrées du Lou sortit de l'église. Le jeune Québécois libéra les plis du grand emblème bleu et blanc qui se mit à flotter, évoquant la devise du Québec : *Je me souviens.* Les drapeaux des régiments s'inclinèrent. Vint la famille. Il régnait toujours la même atmosphère de tristesse, de douceur et de silence. Le cortège, que je ne voyais plus, se dirigea vers le petit cimetière tout proche. Ceux qui avaient assisté à la messe dans l'église la quittaient par le portail central. André Malraux apparut le premier, plus sombre que jamais dans son pardessus noir; portant la croix de l'ordre de la Libération, dont il devait dire plus tard que le dessin évoquait dans son esprit la dalle d'un tombeau; paraissant hypnotisé par la mort de celui qui, voilà un mois à peine, lui avait dit qu'il le considérait comme un « ami génial » – et c'était bien dans la manière de De Gaulle de confier aux lecteurs de ses Mémoires des sentiments que sa réserve l'empêchait d'exprimer directement à ceux auxquels il les portait; se rappelant son dernier dialogue avec le Général; donnant libre cours à sa puissance créatrice pour en préparer le récit comme il m'avait dit, quelques jours plus tôt, qu'il l'envisageait – et j'imaginais ce que pourrait être la sublimation d'une réalité, au demeurant déjà peu ordinaire, par la force de son lyrisme. Sur la place, les compagnons, les collaborateurs du Général se serraient la main. Les événements qui s'étaient produits depuis 1940 les avaient parfois séparés après les avoir unis. Certains paraissaient porter le fardeau de leur propre déchirement. L'expression tragique du visage d'Alain Savary me frappa. Tous partageaient la même émotion. Romain Gary avait revêtu son uniforme d'officier aviateur de la France libre, devenu un peu étroit. L'auteur de *la Promesse de l'aube* aurait pu être ridicule; il ne l'était pas. Une longue attente précéda la lente procession vers le cimetière jouxtant l'église. L'atmosphère rappelait les enterrements de village, toute de recueillement et de simplicité bon enfant. Les participants se retrouvaient, entamaient des conversations. Tous les noms d'une époque étaient là, et j'éprouvais le sentiment de relire un livre d'histoire. Je notai que tous nos propos étaient au passé. Sous le soleil déclinant, les maisons du village reprenaient la couleur gris acier des pierres de l'Est. L'air pourtant gardait encore la tiédeur de la fin de l'après-midi. Je pouvais voir les arbres de La Boisserie, où j'étais venu voilà moins de deux semaines et où j'avais trouvé de Gaulle égal à lui-même, nullement marqué par le sceau annonciateur de la mort. M'approchant de la tombe où il avait rejoint sa fille Anne, une phrase de Bernanos, dans *les Chemins de la Croix-des-Ames,* me revint à l'esprit. Elle aurait pu être écrite par le Général : « Quand je serai mort, dites au doux royaume de la terre que je l'aimais plus que je n'ai jamais osé le dire. »

CHAPITRE II

La Solitude

« Dans de telles conditions, il est indifférent d'être dans un cachot ou dans un palais pour contempler le coucher du soleil. »

SCHOPENHAUER.

Je ne saurai jamais les raisons qui ont conduit le Général à faire appel à moi pour rassembler la documentation nécessaire à la rédaction de ses Mémoires et pour m'occuper, avec son éditeur, des multiples problèmes que posait la gestion de son œuvre écrite. Pour les *Mémoires de guerre*, la première de ces responsabilités avait été confiée à René Trotobas, dit Thibault, conseiller des Affaires étrangères. La seconde à Georges Pompidou, qui, après avoir appartenu jusqu'au mois de janvier 1946 au cabinet de De Gaulle, alors président du gouvernement provisoire, avait été nommé par la IVe République maître des requêtes au Conseil d'État. Je retrouvai d'ailleurs, dans les dossiers d'édition conservés soit au secrétariat particulier du Général, soit à la Librairie Plon, de nombreuses correspondances ou notes rédigées par lui, d'une clarté et d'une précision toujours remarquables. L'homme avait acquis une solide connaissance des affaires. Il défendit à cette époque les intérêts de De Gaulle en y mettant ce qu'il fallait d'intelligence et de rigueur. Si bien que, lorsque j'eus à préparer les contrats des *Mémoires d'espoir*, je pus me référer avec profit à des précédents de qualité. Il y avait également dans les dossiers quelques correspondances d'Olivier Guichard.

Pour ce qui me concerne, l'affaire se décide dès le lendemain du référendum d'avril 1969. Xavier de La Chevalerie, le dernier directeur du cabinet du général, collègue d'une finesse et d'une bonté attachantes, excellent professionnel du Quai d'Orsay, effectue une liaison à Colombey, le 30 avril, dans les jours qui suivent la démission de De Gaulle. Dès son retour, il me transmet de sa part le message suivant : « Dites à Blanc que, s'il ne part pas en poste à l'étranger, je pense à lui pour m'aider pour les Mémoires. » Je me sens très honoré de cette proposition. Sa signification est claire : le Général souhaite que je reste à Paris. Je réponds sur-le-champ à La Chevalerie que j'en accepte le principe; toutefois, il me faut auparavant en parler avec ma femme. Celle-ci, d'origine étrangère, est une personne de jugement, de cœur et de courage. Elle vient de la Suède, pays que sa pente naturelle porte vers la rigueur, voire la sévérité. Mieux que beaucoup, elle a compris combien, depuis 1958, de Gaulle a, selon le mot d'Emmanuel Berl, « déridiculisé la France ». Elle n'hésite pas une seconde : « Tu dois continuer à travailler pour le Général », me répond-elle. L'aspect familial de l'affaire étant réglé, et sans méconnaître les risques de l'entreprise pour mon avenir professionnel, quel que soit le résultat de l'élection présidentielle qui est déjà en route, je dis à La Chevalerie que le Général peut compter sur moi. Il le lui confirme lors de sa deuxième liaison à Colombey, quelques jours après. Le contrat se trouve en quelque sorte scellé par la dédicace accompagnant la photographie que l'ancien chef de l'État me fait remettre. Datée du 7 mai 1969, elle est fort brève : « Amicalement et fidèlement ». Trois mots seulement, dont le dernier signifie que notre dialogue continuera.

Aujourd'hui encore, toutes les hypothèses que je peux avancer pour expliquer le choix du Général ne me satisfont pas. Était-ce en raison de mon appartenance au corps diplomatique, la politique étrangère tenant une place privilégiée dans son activité et, partant, dans ses Mémoires? Ou bien pouvait-il penser que, ayant servi à son cabinet, j'avais de sa vie quotidienne, de la multiplicité de ses activités, de ses habitudes de travail une connaissance plus approfondie que beaucoup de mes camarades de l'Élysée? Ou encore, était-ce l'habitude que j'avais de la gestion de son œuvre littéraire, pour en avoir assuré la responsabilité à la suite de Gilbert Pérol, en liaison notamment avec Marcel Jullian? D'autres hypothèses me sont parfois venues à l'esprit. En homme du Nord qui, il faut bien le reconnaître – et on l'avait bien vu avec nos compatriotes d'Algérie –, n'établissait que difficilement le contact avec les Méridionaux, avait-il été surpris de découvrir qu'il existe parmi les Provençaux des hommes de la même lignée que la sienne en matière de réserve, de retenue et de discrétion? Je me suis aussi demandé s'il n'avait pas été touché par mon comportement lors du dernier entretien que j'avais eu avec lui à l'Élysée, le 25 avril 1969, l'avant-veille du référendum. Il venait d'enregistrer son discours dans la salle des fêtes de l'Élysée. J'étais monté dans son bureau pour régler les divers problèmes que posait la diffusion du texte de ses allocutions. Il me donne ses instructions, puis me fait part de ses impressions sur l'issue du vote. Il sait qu'il sera battu. Il me le dit sur un ton calme. Je comprends pourtant combien est grande son émotion. Il me parle des forces de la droite, une fois de plus coalisées contre lui avec celles de la gauche. Visant ces dernières, il ajoute : « Vous verrez, ils vont encore faire voter les ouvriers contre moi. » Le caractère poignant de cette souffrance maîtrisée, que j'avais déjà perçue voilà moins d'une heure lorsqu'il avait enregistré son allocution, la dignité qu'il conserve alors qu'à l'Élysée nous vivions depuis plusieurs jours dans une atmosphère de forte tension nerveuse, m'émeuvent plus que je ne le voudrais. Il commence à me faire ses adieux : « Merci, merci, Blanc, de tout ce que vous avez fait pour moi. » Je pressens que, si l'entretien continue sur ce registre, je ne pourrai pas me contenir. Sans doute le comprend-il aussi. Il se lève, me tend la main et ajoute : « Nous avons fait tout ce que nous avons pu pour le pays. » Je lui serre la main, me trouve dans l'incapacité de dire le moindre mot, et, pour ne pas éclater en larmes devant lui, quitte précipitamment son bureau, traverse en trombe le salon des aides de camp et me réfugie dans la salle du Conseil des ministres. Pourquoi dissimuler que j'y ai pleuré? Puis j'ai retrouvé mon calme. Je dirai même que je me suis senti gagné par une apaisante sérénité. Je savais que le Général, au terme d'une analyse rationnelle, ne se faisait plus d'illusions. Le stratège ne serait pas surpris par les résultats, même si, à l'évidence, l'homme devait en souffrir.

De toutes ces hypothèses, je ne saurai jamais laquelle retenir. J'espérais pouvoir poser un jour la question au Général. L'occasion ne s'est jamais présentée. Les hasards de la vie ont donc voulu que j'aie le rare privilège de continuer à voir de Gaulle après qu'il eut quitté les affaires. De juillet 1969 à octobre 1970, je vais seize fois à Colombey pour passer la journée à La Boisserie, soit que j'y accompagne des visiteurs, soit que je m'y rende seul; dans ce dernier cas, j'arrive plus tôt et repars plus tard. Tout au long de cette période, pour remplir la mission qui m'est confiée, j'ai accès à toutes les archives d'État de la Ve République et à celles, privées, du Général, notamment à ses correspondances, classées par son secrétariat particulier. Il va de soi que j'applique les règles de l'honnêteté élémentaires. J'ai accès aux documents les plus passionnants qui soient : délibérations des conseils du gouvernement; directives du chef de l'État; comptes rendus d'entretiens diplomatiques; échange de lettres avec ses Premiers ministres et bien d'autres personnalités; sans compter quelques dossiers explosifs sur lesquels bien des gens seraient surpris d'apprendre ce que je sais. Dans tout ce matériau laissé par l'Histoire qui se retire, je ne cherche que ce dont j'ai besoin pour l'auteur des Mémoires. Je ne fouille ni ne furète. Je constitue des dossiers à son intention. Une fois qu'il les a utilisés, je les reverse au fonds des archives.

J'ai avec mon interlocuteur de très longues séances de travail. Il me parle avec d'autant plus de confiance qu'il connaît ma discrétion et que je ne lui pose guère de questions, ce qu'il apprécie tout particulièrement. D'entrée de jeu, je me suis fixé un certain nombre de règles auxquelles je me tiens strictement. De tous mes entretiens avec de Gaulle, je ne prends aucune note. Je sais qu'il ne souhaite pas que l'on rapporte des propos qu'il n'a pas lui-même écrits. En effet, quels que puissent être l'effort d'attention auquel on s'astreint et la sûreté de sa mémoire, des comptes rendus rédigés *a posteriori* ne correspondent plus tout à fait à la réalité de ce qui a été réellement dit. Pour cette raison, les paroles du Général qui sont reprises dans cet ouvrage sont toujours d'une très grande brièveté. Le lecteur relèvera même que, le plus souvent, elles sont données en style indirect. (J'ai fait une seule entorse à cette règle. Le 8 septembre 1970, quelques jours après la mort de François Mauriac, je déjeune à Colombey, où sont également invités les Léon Noël. Notre hôte parle à plusieurs reprises de l'illustre écrivain. Pensant à son fils Jean, qui, en sa qualité de journaliste à l'AFP, a si souvent et si bien écrit sur de Gaulle, et pour lui marquer ma reconnaissance, je garde dans ma mémoire les phrases qui me paraissent importantes. Nul besoin de les noter au retour. Je me les répète une ou deux fois. Quelques mois après la mort du Général, je les coucherai sur le papier et les communiquerai à Jean Mauriac.) Bien entendu, au fur et à mesure que le solitaire de La Boisserie me tient des propos ou porte des jugements qui me paraissent importants ou révélateurs, je les engrange dans ma tête. Opération d'autant plus facile que, bien souvent, ils sont d'une concision lapidaire. De surcroît, le Général en a souvent fait part à mes camarades de son secrétariat particulier.

Tout au long de cette période, je ne dis rien. Je n'interviens auprès de personne. Je sais pourtant bien des choses. Notamment ce que de Gaulle pense de Georges Pompidou, de la manière dont il est arrivé au pouvoir et de la façon dont il l'exerce. Je n'en parle jamais en dehors d'un cercle restreint d'amis. Il a été élu président de la République; le peuple français l'a investi de sa confiance; rien ne doit être fait qui soit de nature à gêner son action. Je garde pourtant l'avenir ouvert. De Gaulle me parle en homme qui n'a plus de responsabilités publiques. Je n'en ai pas non plus. J'ai accepté à titre privé le travail que je fais auprès de lui. Je ne suis pas détaché par mon administration au secrétariat particulier de l'ancien président de la République. A partir du mois d'août 1969, j'assume en effet les fonctions de sous-directeur d'Asie au Quai d'Orsay. C'est une activité à plein temps que je remplis avec conscience. La seule faveur que j'ai demandée est de pouvoir me rendre une fois par mois environ à Colombey. Mon directeur, Henri Froment-Meurice, en a été d'accord; il sait très bien ce qu'est la réalité d'une situation qu'il accepte de bonne grâce. Aussi longtemps que Georges Pompidou vit, je ne me départirai pas du devoir de réserve qui s'impose à tout serviteur de l'État.

La raison d'être de ce livre n'est d'ailleurs pas de faire des révélations sur une époque difficile. Il s'en faut de beaucoup que je dispose de tous les éléments voulus. De surcroît, je n'en ai pas le goût. Mon entreprise relève d'un autre ordre. De 1967 à 1969, j'ai été le collaborateur d'un homme d'État pour qui j'éprouvais de l'admiration et de l'estime. Le hasard m'a permis de continuer à le servir après qu'il eut quitté les affaires dans les conditions que l'on sait. J'ai donc eu la possibilité de le voir sous des angles différents et de le connaître mieux, sans pour autant prétendre avoir bien délimité les amples contours de sa personnalité. Le propre du génie n'est-il pas précisément de ne se laisser réduire à aucune analyse et de permettre, à mesure que le temps s'écoule, de nouvelles interprétations? Quand je le voyais, lui parlais, passant des heures en sa compagnie, je me disais : « Pour bien des gens, cet homme est une énigme; si je peux apporter quelques éclairages sur ce qu'il a été, ma mission n'aura pas été inutile. » Je le souhaitais d'autant plus qu'à l'instar de beaucoup d'autres je n'avais cessé de m'interroger sur de Gaulle depuis que je lui avais adressé la parole pour la première fois, en juin 1967, quand j'étais venu me présenter avant de prendre mes fonctions à l'Élysée, sans savoir que je passerais plus de trois ans auprès de lui.

Inutile de dire que, le 6 juillet 1969 au matin, alors que je me rends à Colombey pour reprendre contact avec le Général – je ne l'ai pas revu depuis le référendum –, j'éprouve une joie à laquelle se mêle quelque inquiétude. Xavier de Beaulaincourt est du voyage. Sa présence m'est précieuse. La Boisserie est pour moi un territoire inconnu qu'il me faut découvrir. Je me réjouis de voir à nouveau le Général; je crains aussi de le trouver différent de l'homme que j'ai connu. L'exercice du pouvoir peut posséder les hommes à la manière de la drogue. Il crée une accoutumance. Qu'il disparaisse, et le « manque » taraude les nerfs, brise la volonté, enlève tout goût à la vie, altère la personnalité. De Gaulle avait à deux reprises sauvé son pays du désastre, il avait joué l'un des tout premiers rôles pendant trois décennies sur la scène diplomatique, infléchissant à plusieurs reprises le cours des événements mondiaux. Quelle épreuve ce devait être de se trouver exilé, par sa propre décision, il est vrai, mais aussi par l'implacable logique d'une situation d'exception, dans un petit village de la Haute-Marne, alors qu'il approchait de sa soixante-dix-neuvième année! Sans compter la manière dont les choses s'étaient passées depuis 1968 : les faiblesses des uns, l'attitude ambiguë de beaucoup, la trahison de certains. Quel drame, pour un stratège de l'envergure du Général, que d'avoir perdu une telle bataille sur un terrain qu'il avait lui-même choisi et face à ses adversaires de toujours! Comment ne pas imaginer aussi ce qu'avait dû être la nuit du référendum, l'état d'âme du visionnaire incompris et du prophète abandonné? Sans oublier son inquiétude pour l'avenir de la France. Je me demandais aussi comment il apaiserait ce besoin d'agir qui avait toujours bouillonné en lui. Je savais qu'il avait commencé ses Mémoires. L'entreprise serait-elle suffisante?

En bref, malgré tout ce que m'avaient rapporté mes camarades qui l'avaient revu à Colombey ou accompagné en Irlande – François Flohic, Emmanuel Desgrées du Lou, Xavier de La Chevalerie, Xavier de Beaulaincourt, Bernard Tricot –, je craignais que l'échec du référendum n'eût porté à la sensibilité vibrante et passionnée de cet homme un coup qui en aurait fait un vieillard amer et diminué.

Nous avons rendez-vous à midi. Nous arrivons à 11 h 55 et attendons quelques minutes au salon. A midi pile, la porte de son bureau s'ouvre. Il s'avance vers nous, nous serre la main, nous demande si nous avons fait bon voyage. Sur-le-champ, je me sens rassuré. Il est tel que je l'avais connu pendant vingt mois. Souverain, à la fois un peu distant et pourtant affectueux, dosant avec maîtrise la conscience de sa grandeur et une bienveillance qui lui est naturelle. Blessé, assurément, jusqu'aux fondements les plus secrets d'une personnalité toute en résonances subtiles. Il est clair pourtant qu'il s'est repris en main. Il domine ce déchirement qui restera présent en lui jusqu'à sa mort. Mme de Gaulle a bien exprimé l'état d'âme de son mari lorsqu'elle a dit au médecin de Bar-sur-Aube, venu constater, dans la nuit du 9 novembre 1969, le décès du Général : « Vous savez, depuis deux ans, il a tellement souffert. »

Mes premières impressions se confirment lorsque le Général me fait pénétrer dans son cabinet de travail, après avoir reçu Xavier de Beaulaincourt pour signer le courrier et régler les affaires en cours. Nous nous asseyons. Lui à son secrétaire, moi à sa gauche. Son visage est celui que les Français ont si bien connu. Il n'a plus, comme c'était souvent le cas à Paris, ce teint de cire ancienne soulignant les rides du visage, surtout au soir d'une rude journée de travail. Ses paupières, irritées par trop de lectures, me paraissent moins rougies qu'autrefois. L'air tonique de Colombey donne à ses joues, toujours rasées de près, l'éclat d'une carnation enfantine qui fait contraste avec sa chevelure de neige. Il porte, à son habitude, l'un de ses complets sombres. Bien qu'il en possède probablement beaucoup, l'on ne peut les différencier tant leur coupe est identique : veste croisée pour dissimuler l'embonpoint, larges revers, gilet boutonné haut. Leur tissu, bleu ou gris, semble toujours tiré du même coupon : des draps épais, solides, d'apparence provinciale. Il les portait sous tous les climats et dans la lourde moiteur des conférences de presse que surchauffaient les rayons des projecteurs. Il avait fallu de longs combats pour lui faire admettre d'en commander de plus légers pour ses voyages dans les pays tropicaux. Une cravate, toujours grise ou bleu foncé, fait ressortir la blancheur immaculée de sa chemise. Aucune décoration à la boutonnière. Il en allait de même lorsqu'il était au pouvoir. « On ne porte pas les insignes d'un ordre quand on le distribue soi-même », dit-il, le 28 juillet 1970, en réponse quelque peu ironique à une question de Michel Droit. Il appliquait strictement cette règle, qu'il fût en civil ou qu'il portât son uniforme de général de brigade : celui dans lequel il sera enterré, après l'avoir revêtu pour la dernière fois en France le 25 mars 1969, lors du déjeuner qu'il offrait à l'Élysée en l'honneur de la garde républicaine, et, à l'étranger, quelques jours après, le 31 mars, pour assister, à Washington, aux obsèques du général Eisenhower. Il en allait différemment dans un seul cas : lors des réceptions en tenue de soirée, le grand cordon de la Légion d'honneur, ou, plus rarement, celui du Mérite, lui barrait la poitrine; la plaque de chacun des deux ordres était épinglée au revers de son habit. En revanche, il n'a jamais porté la croix ou l'insigne de l'ordre de la Libération, à l'exception de la photographie officielle prise lors de son élection à la présidence et pour laquelle il a posé avec le collier de grand maître.

Assis dans son fauteuil, le torse droit, il en vient d'entrée de jeu à l'essentiel. Il se doute que je sais ce qu'il a dit à mes camarades venus le voir avant moi. Mais il veille toujours à ce que chacun tienne directement de lui tout ce qui a trait au fond du problème. « Le 27 avril, me dit-il en substance, la France a renoncé à être elle-même. Tout ce qui se passe maintenant n'a plus rien à voir avec ce que j'avais voulu. Il s'agit d'autre chose. Je n'interviendrai plus. Je ne suis plus – et ne me sens plus – concerné. Je rédigerai mes Mémoires. Je dirai comment je voyais les événements et jugeais les hommes. Je ne le fais pas tellement pour aujourd'hui, mais pour plus tard. » Il me parle ensuite de ce qu'il a déjà écrit, des documents qu'il souhaite consulter. Je sens très bien que notre entretien ne répond pas uniquement à ses préoccupations d'écrivain. L'attention avec laquelle il m'observe va bien au-delà de notre conversation.

Singulier regard du Général quand il voulait vraiment voir! Les yeux paraissent agrandis par l'épaisseur des verres de lunettes. La myopie les voile d'une brume légère qui, comme dans les peintures chinoises ou japonaises, adoucit les lignes sans les cacher. S'en dégage une impression de douceur, de bienveillance, de quête anxieuse et, dans le même temps, d'autorité, de perspicacité, de pénétration. Jamais je ne me suis senti ainsi mis à nu par un regard d'homme. Depuis longtemps, j'avais d'ailleurs noté qu'il n'était pas nécessaire de répondre à certains développements du Général. Il lisait au fur et à mesure la réponse sur le visage de son interlocuteur. Depuis les tranchées de la Première Guerre mondiale, il avait traversé tant d'événements dont la dureté décapait les parties molles des caractères à la manière de l'acide, il avait observé un tel échantillonnage d'êtres humains que leur déchiffrement était pour lui un exercice facile et familier. Ne dit-on pas qu'il faut avoir regardé quelques milliers de poteries chinoises pour en discerner l'âge et le véritable éclat? Une fois cette expérience acquise, toute erreur devient impossible.

Le soir, dans la voiture qui me ramenait à Paris, je m'interrogeai. Quelle était la raison de cette extrême concentration sur mes réactions au début de notre entretien? Ce qu'il m'avait dit, d'autres l'avaient entendu; quelques-uns l'écouteraient encore. Il savait que, sur le référendum perdu et sur ce qui s'était passé ensuite, nous réagissions comme lui; son départ était aussi notre défaite; nous partagions son angoisse sur les lendemains. Il cherchait donc autre chose. Quoi donc? Ne voulait-il pas, au bout du compte, vérifier auprès de chacun de nous que son image restait inaltérée, que sa stature n'était en rien diminuée par cette épreuve, que son personnage continuait d'exister avec le même relief et une présence en rien amoindrie? J'espérais qu'il avait été rassuré pour ce qui me concernait. Je l'avais trouvé identique à lui-même, et il avait dû le percevoir. A Colombey, nos rapports avaient retrouvé leur tonalité d'avant. Je ne parle pas seulement des gestes que l'on fait, des paroles qui s'échangent pour ne constituer, bien souvent, que l'apparence de la vie, mais aussi et surtout des correspondances qui s'établissent en profondeur, et par des cheminements inexpliqués, entre deux êtres. Le décor avait changé, La Boisserie se substituant à l'Élysée. La situation n'était plus la même, la solitude ayant succédé au pouvoir, l'écrivain ayant pris désormais le relais de l'homme d'action. Pourtant, de Gaulle conservait son exceptionnelle dimension. Si j'avais eu le moindre doute sur sa stature, son comportement après son départ l'aurait définitivement levé. J'avais même le sentiment qu'il en sortait grandi.

A ce propos, je voudrais être aussi clair et direct que possible. Les grands hommes ne me gênent pas. Bien au contraire. Où qu'ils se trouvent, dans la politique, l'art, la science. Plus simplement aussi dans la vie, car j'ai observé chez des gens fort humbles, menant une existence sans relief apparent, les signes indiscutables de l'authentique grandeur. Je souscris donc entièrement au jugement formulé par Hegel et repris par André Malraux dans *Les chênes qu'on abat* : « L'homme libre n'est point envieux; il admet volontiers ce qui est grand et se réjouit que cela puisse exister. » Il est vrai que, chez nous, la notion de grand homme et celle de pouvoir personnel se sont quelque peu juxtaposées. J'admets que nous avons éprouvé dans ce domaine bien des déconvenues. Je crains que nous n'en connaissions d'autres. Dès lors qu'il s'agit de parler d'un homme d'État, la politique intervient, suscitant des réactions où la sensibilité, voire la passion, peut l'emporter sur le jugement. Là encore, notre pays réagit bien souvent de façon quelque peu contradictoire. Nos républicains, c'est bien connu, aiment les rois des autres. Nos marxistes, qui, par philosophie, privilégient la classe par rapport à l'individu et s'élèvent – avec raison d'ailleurs – contre les dangers du pouvoir personnel, ont souvent cédé, reconnaissons-le, à la tentation de l'idolâtrie : celle de Lénine pendant plus d'un demi-siècle; celle de Staline et, pour certains d'entre eux, celle de Mao.

Pour ma part, je me suis toujours efforcé en ce domaine d'avoir une approche pragmatiste et de juger sur pièces. Qu'était de Gaulle pour moi avant que je sois affecté à l'Élysée en 1967? L'homme du 18 juin, bien sûr. Cet aspect du personnage relevait à mes yeux autant de la légende que de la vie politique quotidienne, car je n'avais que treize ans au début de la Seconde Guerre mondiale. Le départ de De Gaulle du pouvoir en 1946 ne m'avait pas troublé. Je n'avais pas encore vingt ans. Tout au long de la brève histoire de la IVe République, la succession de crises qui secouaient le pays me choquait profondément et j'éprouvais le sentiment que notre pays gaspillait certaines de ses cartes majeures. Pourtant, le Rassemblement du peuple français, créé par de Gaulle pour faciliter son retour au pouvoir, n'avait exercé sur moi aucun attrait. Dès le début de l'insurrection algérienne, en novembre 1954, je compris que nous allions droit au drame. Lorsque se produisirent, en mai 1958 à Alger, les graves événements qui ébranlèrent la République, je vis dans le retour de De Gaulle le seul moyen de sauver le pays du chaos. Je servais au Maroc à cette époque. J'étais donc mieux placé que d'autres pour comprendre que l'Afrique du Nord tout entière était une poudrière dont la mise à feu pouvait faire voler en éclats l'unité nationale. J'eus la conviction – elle ne s'est plus dissipée depuis, bien que les menaces aient changé de nature – que sans de Gaulle au pouvoir nous courrions un péril mortel. Mon itinéraire n'a rien que d'assez ordinaire; bien des Français l'on aussi emprunté. Au fond, ma véritable « rencontre » avec le Général se fit lorsque je lus, en 1961, ses *Mémoires de guerre*. J'étais en poste à Berne et mon ambassadeur, Étienne Dennery, m'avait prêté son exemplaire dédicacé. A ce moment-là seulement, de Gaulle commença d'exister pour moi, non plus seulement en tant que personnage historique, mais aussi comme être humain. Je découvris chez lui une richesse que je ne soupçonnais pas. Je vis se dégager des perspectives inattendues dans ce que je croyais être son caractère. Dès lors, et bien que je sache qu'il faut toujours se méfier des sortilèges de l'écriture, le personnage m'intéressa. Il n'a plus cessé de le faire depuis.

Bien entendu, appelé à l'Élysée en 1967 pour y diriger le service de presse, j'eus l'occasion, tout en servant un homme que j'admirais et une cause qui me paraissait juste, d'aller plus avant dans mon analyse. J'essayais de ne pas me laisser emporter par un enthousiasme qui n'est pas dans ma nature, et de serrer la réalité d'aussi près que possible. Je voulais avoir la certitude que je n'étais pas victime d'un effet de mirage. Mes responsabilités m'en donnaient d'ailleurs de multiples occasions, puisque j'accompagnais souvent le chef de l'État, en France ou à l'étranger. Nous étions alors dans les mois qui suivaient la guerre des Six-Jours, au cours desquels le Général avait pris les positions que l'on sait ; quelques semaines après le voyage au Québec. Or que voyais-je ? D'un côté, une grande partie des notables, des dirigeants des organisations patronales ou ouvrières, de l'intelligentsia, des secteurs entiers de la presse écrite ou parlée critiquant non seulement la politique, mais, au-delà, l'homme, avec une violence et une constance qui ne cessaient de me surprendre et, dois-je le dire, de me choquer. De l'autre, je notais, en France et à l'étranger, la présence de foules attentives et nombreuses lorsque de Gaulle y parlait, le respect qu'on lui témoignait. Je relevais les égards manifestés au chef de notre État par les hommes politiques du monde entier. Je constatais combien la presse internationale était suspendue à la moindre de ses déclarations ; dès qu'un événement se produisait dans le monde, ma ligne de téléphone se trouvait embouteillée, chacun voulant savoir ce qu'« il » pensait, ce qu'« il » allait dire ou faire.

J'avais donc la possibilité de me forger une opinion personnelle. C'est pourquoi je ne cessais d'observer, afin de vérifier que je ne me trompais pas. Je vais donner deux exemples de ce que je pourrais appeler, reprenant l'expression de Kant, la « critique de la raison pure appliquée à de Gaulle ». Dans les deux cas, il s'agit de réceptions. N'est-ce pas normal, d'ailleurs, puisque, la vie ayant voulu que je sois diplomate, celles-ci constituent un terrain d'élection pour une exacte lecture du monde... ?

La première était celle offerte à l'Élysée en l'honneur des personnalités dites des arts et lettres. Acteurs, écrivains, hommes de théâtre, sculpteurs, journalistes avaient été conviés sous les ors quelque peu désuets de la salle des fêtes. Rassemblement qui ne manquait pas d'intérêt par le nombre et la qualité des talents qui s'y côtoyaient, par la connaissance très subtile que chacun des participants avait de la hiérarchie des valeurs et de la place qu'il y tenait. Mme Gunther Sachs, plus connue sous le nom de Brigitte Bardot, avait été invitée. Le Général en avait ainsi décidé, sous la seule réserve que le carton d'invitation portât le nom d'état civil de cette célébrité, qui, à l'époque, avait pour mari le riche homme d'affaires allemand. Après avoir maintenu un certain mystère sur ses intentions, elle vint à la réception. Elle portait un ensemble qui ressemblait à un costume de hussard, ce qui lui valut la remarque du Général à André Malraux, qui, en sa qualité de ministre de la Culture, se trouvait à ses côtés pour recevoir les invités : « Veine, voilà un soldat ! » La réception avait donc, ce jour-là, deux vedettes : de Gaulle et Brigitte Bardot. Pendant les jours précédents, j'avais été harcelé de coups de téléphone. On voulait savoir si « elle » viendrait; s'il serait possible de « la » photographier lorsqu' « elle » serait présentée au Général. De telles marques d'intérêt ne trompent pas. J'attendais beaucoup de cette sorte de duel singulier. Comment les choses se passeraient-elles ? Qui retiendrait le plus l'attention ? Le général en civil ou l'actrice en uniforme d'opérette ? Le combat n'eut pas lieu. Brigitte Bardot, fine mouche, choisit délibérément de l'esquiver. Elle arriva quelques instants avant la fin des présentations et, quand le Général, après avoir accueilli ses derniers invités, pénétra dans les grands salons, elle se mit dans sa suite et le suivit tout au long de sa marche de groupe en groupe, marquant ainsi que, dans l'échelle du vedettariat, elle le situait bien audessus d'elle. Je notai au passage qu'elle appelait le Premier ministre « Georges » et qu'elle le tutoyait. La star devenue petit page, l'anecdote n'a de valeur que pour nous autres Français...

Mais j'ai vu mieux. Sur une scène plus vaste, peuplée d'acteurs autrement prestigieux. Le 31 mars 1969, à Washington, à l'issue de la cérémonie religieuse célébrée à la mémoire du général Eisenhower qui venait de mourir, le président Nixon avait invité à la Maison-Blanche les personnalités étrangères et américaines venues aux États-Unis pour rendre un dernier hommage au chef des armées alliées pendant la Seconde Guerre mondiale et à l'ancien président des États-Unis. Le Général, en uniforme, pénétra dans le premier grand salon où attendaient les invités avant d'être présentés au couple présidentiel. A son apparition, la foule réagit comme la limaille de fer aspirée par le champ de force d'un aimant. Ce fut une ruée vers le nouvel arrivé. Je me souviens que le président Bourguiba fit preuve d'une vélocité étonnante pour traverser la pièce et venir saluer celui qu'il n'avait plus rencontré depuis bien longtemps. Afin d'éviter toute attente au Général – c'était déjà un égard qui en disait long –, les responsables du protocole de la Maison-Blanche le conduisirent immédiatement pour le présenter à M. et Mme Nixon, qui recevaient leurs invités dans un petit salon. Cela fait, l'« homme du 18 juin », le camarade de combat des États-Unis contre l'Allemagne hitlérienne, le président de la Ve République se rendit dans la grande pièce d'apparat où se rassemblaient les invités après avoir salué les Nixon. A l'exception des Chinois de Pékin – ceux qui aiment comparer les cérémonies relèveront que, le 12 novembre 1970 à Notre-Dame, la Chine populaire était représentée –, s'y pressaient les représentants et envoyés de presque tous les pays du monde, qu'ils aient été alliés ou adversaires au cours de la Seconde Guerre mondiale. J'apercevais même quelques militaires non allemands arborant la Croix de fer, ce qui, je l'avoue, me donna à penser. De Gaulle, après avoir fait quelques mètres dans le salon, s'arrêta; il ne bougea plus d'un centimètre. Pendant une cinquantaine de minutes, les invités vinrent se présenter à lui; par moments même, une queue se formait; il fallut tout le métier et la présence d'esprit de Bernard Durand, notre chef du protocole, dont le Général appréciait la compétence et le caractère, pour éviter qu'on ne fît trop patienter les souverains, chefs d'État et de gouvernement, dignitaires qui attendaient leur tour, avec d'ailleurs infiniment de bonne grâce. Deux hommes seulement détalèrent dès qu'ils virent le célèbre uniforme de général de brigade, pour se réfugier dans un coin du salon où ils conversèrent quelques instants en mangeant des petits fours : un certain général Kao Ky, représentant du régime militaire du Viet-nam du Sud, qui, dans un discours, avait eu l'étrange idée de comparer de Gaulle à Hitler, et Pierre Elliott Trudeau, Premier ministre de la Fédération du Canada. Vint le moment de quitter la Maison-Blanche. Le Général avait à traverser le grand salon. La foule se comporta comme elle l'aurait fait à l'Élysée. D'un mouvement naturel, elle s'entrouvrit et se plaça sur deux files pour donner passage à l'homme qui partait en la saluant du geste de la main qui lui était familier.

Le lendemain, nous retrouvions Paris et une opinion tendue par la campagne du référendum. De ma vie, je n'oublierai la stupeur qui s'empara de moi à la lecture de la presse dont, pendant quarante-huit heures, j'avais oublié la virulence. Pourquoi de telles attaques contre un tel homme? Comment était-il possible que le malentendu eût pris une si grande dimension et se fût chargé d'autant de haine? Nous étions le 1er avril 1969. Moins d'un mois après, le peuple français écartait de la scène du monde l'un de ses acteurs les plus prestigieux. Je reconnais que, pour un pays, les grands hommes sont plus difficiles à porter que les autres; il reste que, à terme, les médiocres lui coûtent plus cher.

Telle était la situation pour la politique. Dans le domaine de la psychologie des personnages, je ne voulais pas être dupe. Dès mon arrivée à l'Élysée, j'avais constaté que les impressions suscitées en 1961 par la lecture des *Mémoires de guerre* trouvaient une confirmation quasi immédiate. A l'évidence – et, rien qu'à le voir, on en prenait une connaissance d'ordre physique –, de Gaulle *était* un grand homme. On savait que plusieurs destins s'entremêlaient en lui sans qu'il fût facile de faire la part de ce qui revenait au soldat, à l'écrivain, à l'homme d'État. Dès les premiers contacts, j'avais cru percevoir d'autres aspects que je ne parvenais pas à définir exactement et qui me paraissaient assez nouveaux par rapport à l'analyse habituelle que l'on faisait de lui. Cette impression de complexité s'était renforcée au fil des jours sans que je pusse clairement l'analyser. L'étonnant était que de Gaulle donnait toujours de lui une impression d'unité tout à la fois forte et naturelle, rappelant la formule d'Héraclite : « De la diversité naît l'harmonie. » Quels que soient mes cheminements pour aborder l'étude de son caractère, je finissais par retrouver un phénomène humain dont les richesses, souvent contradictoires, étaient pourtant fortement charpentées. Si bien que je comprenais la réflexion du peintre Lenbach, à qui avait été commandé un portrait de Bismarck : « Comment dois-je le peindre? Il me regarde avec cent paires d'yeux différents... »

Après la retraite de De Gaulle à La Boisserie s'ouvrait une période où, pour la compréhension plus approfondie que j'essayais d'en avoir, tout serait à la fois plus facile et plus malaisé. Plus facile, parce que le Général se trouvait au sommet de sa vie; les grandes perspectives de son œuvre se dégageaient clairement; j'avais accès à ses archives; il me parlait en confiance. Plus malaisé, car, comme je l'ai déjà souligné, il traversait une bien difficile épreuve. La perte du pouvoir, la trahison de certains parmi ses plus proches, le retour à la solitude, voilà de quoi détruire un homme! C'était bien ce dont j'avais eu peur lors de mon premier voyage à Colombey. J'en étais revenu entièrement rassuré. Il avait relevé le plus difficile des défis : celui de rester fidèle à ce qu'il avait souhaité être tout au long de sa vie. Il en fut ainsi jusqu'à notre dernier entretien, le 27 octobre 1970, moins de deux semaines avant son décès.

A ce propos, un problème liminaire doit être abordé. Il se résume à la très simple question : « Y a-t-il eu un fléchissement des capacités intellectuelles de De Gaulle? » Je réponds sans la moindre hésitation par la négative. Je le dis d'autant plus volontiers que je ne vois aucun déshonneur à vieillir. La nature veut que l'âge entraîne chez certains un affaiblissement progressif des facultés intellectuelles. Il n'en alla pas ainsi pour de Gaulle. Il suffisait de travailler avec lui pour s'en rendre compte. Ou de lire ce qu'il a écrit dans sa deuxième période de solitude. La qualité du style n'est-elle pas le meilleur des miroirs pour contrôler l'intégrité d'une intelligence? Je comprends que, en mai 1968, beaucoup de personnes aient pu de bonne foi se poser des questions. La période fut dure pour tout le monde. Pour de Gaulle aussi. De là à dire qu'il n'était plus égal à son personnage, qu'il avait perdu le contrôle de lui-même, le pas était facile à franchir. D'autant qu'une telle thèse en arrangeait plus d'un. Ce que j'avais vu personnellement pendant cette période m'indiquait tout ce qu'il y avait de faux et – dans bien des cas – de malintentionné dans cette argumentation. Le comportement de De Gaulle, par la suite et jusqu'à sa mort, me confirma dans mon sentiment.

Le Général savait bien que son échec au référendum d'avril 1969 ouvrait pour lui une période d'épreuves. Il connaissait, pour l'avoir éprouvé, le poids de la solitude. Il était trop soucieux de son image pour ignorer que la vieillesse – il avait parlé de « naufrage » – est une menace. D'autant plus à redouter qu'elle émousse, jusque chez les plus vigilants, la lucidité de leur regard sur eux-mêmes. Dans ce domaine, il avait pris ses précautions depuis bien longtemps; fixé des points de repère; choisi des collaborateurs dont il pensait qu'ils sauraient, en cas de besoin, faire preuve du courage indispensable pour tenir au Général, au nom de la fidélité à de Gaulle, le langage de la franchise.

Non seulement de Gaulle restait intact, mais – et n'était-ce pas la preuve qu'il possédait toujours sa capacité de définir une stratégie? – il avait, de main de maître, fixé sa ligne de conduite pour le temps qui lui restait à vivre. Il ne s'en départit jamais. Ne commettant pas la moindre erreur. Dès le lendemain du référendum d'avril 1969, il nous avait fait connaître son jeu. A la décision du peuple français lui signifiant son départ, il répondrait par le silence. Il n'interviendrait plus. Sauf si l'on présentait sous la caution de son nom une politique qu'il désapprouvait, ou si l'on touchait à la force de frappe. Sa responsabilité personnelle étant dégagée et, pour reprendre son expression, le « fil de l'épée » étant préservé, il s'en tiendrait à un mutisme total.

Il y eut deux exceptions. La première, pour féliciter Georges Pompidou de son élection à la présidence de la République. Le texte, envoyé d'Irlande, était parvenu par la poste à Xavier de La Chevalerie, qui me l'avait donné à lire la veille ou l'avant-veille du second tour de scrutin. L'ancien directeur du cabinet du Général se rendit, le 15 juin 1969 au soir, à l'immeuble du boulevard de Latour Maubourg où se trouvait le nouveau chef de l'État. Je l'y accompagnais. Pendant qu'il remettait à son destinataire le message de De Gaulle, j'attendais dans les salons. La foule des sympathisants exprimait sa joie, c'était bien normal. J'en connaissais un certain nombre. J'y apercevais aussi quelques adversaires résolus du Général. La réception avait un côté Tout-Paris et Racing Club. Peu de participants donnaient l'impression d'être des militants. L'élément populaire manquait. Ce fait me frappa. Une nouvelle période commençait. Je me sentais entièrement étranger à ce monde. Nous partîmes. Je ne pouvais m'empêcher de penser à ce que devait être, ce soir-là, l'état d'esprit de celui qui, hors du territoire national, commémorerait dans trois jours l'appel du 18 juin.

La seconde intervention eut lieu à la mort du président Nasser, à la fin de septembre 1970. Le message du Général était de quelques lignes d'une écriture superbe. Son auteur n'avait pas manifesté le souhait qu'il soit publié. Il se doutait bien qu'il ne resterait pas confidentiel. L'ambassade de la République arabe unie à Paris, comme on pouvait s'y attendre, fit le nécessaire. Par comparaison, les textes des autres chefs d'État ou de gouvernement paraissaient bien fades. le journal *le Monde* ne s'y trompa pas. Ce quotidien, comme chacun sait – et c'était d'ailleurs son droit –, s'était opposé à de Gaulle dès l'accession de l'Algérie à l'indépendance, avec une volonté de critique de plus en plus affirmée et une rigueur sans faille dans le dénigrement qui finirent par peser lourd dans l'évolution de l'opinion. Fin connaisseur en matière de style, il fit pourtant les honneurs de la première page au texte du solitaire de La Boisserie. De Gaulle avait voulu apporter le témoignage de son estime pour un homme d'État qu'il regrettait de n'avoir pu rencontrer. Ses quelques phrases s'adressaient aussi à la nation arabe, au tiers-monde, à cette communauté de souffrance et d'espoir dont il connaissait les aspirations et le drame de l'orgueil blessé. Sans doute aussi l'écrivain avait-il été heureux de saisir l'occasion de montrer qu'il n'avait pas « perdu la main » et qu'il existe, dans ce domaine, des altitudes auxquelles seuls les aigles peuvent voler.

D'avril 1969 à septembre 1970, si l'on excepte les membres de sa famille, La Boisserie reçut peu de visiteurs. Une vingtaine de personnes tout au plus, exception faite des courriers qu'Emmanuel Desgrées du Lou, Jean d'Escrienne, Xavier de Beaulaincourt et moi-même assurions une fois par semaine, à tour de rôle ou en fonction des affaires à traiter. Les personnalités reçues étaient des anciens collaborateurs particulièrement chers : Geoffroy de Courcel, Étienne Burin des Roziers, Bernard Tricot, Xavier de La Chevalerie, Jacques Foccard (ce dernier, toutefois, ne revint plus à Colombey après que Georges Pompidou l'eut nommé au secrétariat général pour les affaires africaines et malgaches, d'où il avait été écarté par M. le président du Sénat assurant l'intérim du chef de l'État); des hommes politiques qui n'avaient plus ni responsabilités ni mandat : Pierre Messmer, Maurice Couve de Murville, Jean-Marcel Jeanneney, André Malraux (le 11 décembre 1969); quelques compagnons fidèles, tels Léon Noël et Pierre Lefranc; ceux qui, à des titres divers, travaillaient à l'édition de ses œuvres et que j'accompagnais à chaque fois : François Goguel, Marcel Jullian, Michel Droit. Pour une période de dix-huit mois, le nombre des invités fut donc faible. De leurs visites filtraient peu d'indications; leur hôte leur parlait avec une très grande liberté de propos, sachant que ses interlocuteurs savaient se taire. Dans *Les chênes qu'on abat*, André Malraux a rompu la loi du silence. Le Général n'étant plus là, il estima avec raison qu'il pouvait – voire qu'il devait – faire connaître le point de vue de De Gaulle sur la politique menée par Georges Pompidou. Je peux attester que j'ai retrouvé, dans les propos sur la vie publique française rapportés par l'auteur de *la Condition humaine*, l'écho fidèle de la pensée du Général, comme dans tout ce qu'a dit et écrit son beau-frère, Jacques Vendroux.

Pendant cette période, le Général fit preuve, dans ses lettres, de la même réserve. Nous voyons tout son courrier. Il ne décachète en effet aucune des lettres qui lui sont adressées et il nous remet non fermées celles qu'il rédige, afin que nous puissions les acheminer à leur destinataire. Il en va ainsi pour celle qu'il adresse à Georges Pompidou, le 30 avril 1969, dans laquelle il précise au passage les responsabilités de ce dernier dans l'échec du référendum et lui prédit, d'une manière subtile et non dépourvue d'ironie, comme il affectionnait de le faire, qu'il sera quelque peu « gêné dans son personnage ». Dans toutes ses correspondances, rien qui ne puisse être considéré, si l'on fait la part de la courtoisie et de la bienveillance, comme une intervention, une directive, un conseil et, moins encore, une intronisation. Qu'il s'agisse de répondre à un message ou de remercier pour l'hommage d'un livre, il est clair qu'une ligne a été tracée, dès mai 1969, d'une main ferme. A ma connaissance, elle n'a jamais été franchie.

Le Général avait marqué dès le 27 avril 1969 qu'il prenait de la distance. Il l'a toujours maintenue. Dans ses rapports avec le pays, une rupture s'était produite. D'une profondeur telle qu'il n'avait pas d'autre recours que la solitude. Voilà pourquoi il avait décidé de ne plus jamais être en France pour l'anniversaire du 18 juin. En 1969, il se rendit en Irlande; en 1970, en Espagne. Il prévoyait d'aller en Chine en 1971. Voilà pourquoi il n'a jamais visité le bureau aménagé pour lui avenue de Breteuil. Il ne voulait plus apparaître en public ni tenir le moindre propos. Il ne souhaitait pas se trouver à nouveau en point de mire dans notre capitale, où il avait vécu les heures les plus intenses de sa gloire lors de la descente des Champs-Élysées, à la Libération. Il avait voulu que les urbanistes en dessinent le schéma pour l'adapter à un développement régional jusque-là anarchique et bien peu réfléchi. Pendant les dix ans qui ont été l'un des âges d'or de la diplomatie française, il en avait fait un centre qui comptait dans le monde. Il préférait en rester là.

Il retourna une seule fois dans notre capitale, incognito, pour assister à la communion de sa petite-fille Anne. Une enfant que j'avais rencontrée plusieurs fois à La Boisserie : elle donnait l'impression de sortir d'un conte d'Andersen, tellement ses cheveux étaient blonds et son teint d'une fraîcheur de pétale; j'aimais la voir parler à son grand-père; elle possédait la grâce et l'aisance des enfants scandinaves bien élevés; lui, paraissait touché par sa fraîcheur et son innocence. Lorsqu'il vint chez les Boissieu, rue de Grenelle, le Général pénétra dans l'immeuble par le garage en sous-sol, d'où il gagna l'appartement par l'ascenseur. Il se trouvait donc au cœur du VIIe arrondissement, non loin du dôme des Invalides – où il aurait pu être enterré s'il l'avait voulu. Tout près de l'École militaire et du square de Latour-Maubourg, où, avant la guerre, il s'entretint pour la dernière fois avec le maréchal Pétain. A quelques centaines de mètres de la maison de l'avenue Duquesne où il avait passé une partie de son enfance. Partageant pour quelques heures et pour la dernière fois la vie d'un quartier qui, pour bien des raisons, lui était cher et dont il se plaisait, toutes les fois qu'il le traversait, à indiquer à ceux d'entre nous qui l'accompagnaient les boutiques qui existaient déjà du temps où il était petit garçon.

Dès avril 1969, il avait retrouvé la solitude et, comme quelque vingt ans auparavant, le salutaire réconfort de la rédaction de ses Mémoires. Écrire ne supprimait pas la souffrance, mais l'aidait à la supporter. Sa volonté de fer faisait le reste. A chaque visite, cependant, je sentais bien que mon hôte vivait un drame dont la tension ne marquait jamais le moindre fléchissement. Chez lui, les préoccupations pour l'avenir du pays se faisaient jour à tout instant. Entre lui et la France s'était effectuée une telle identification que le destin national et son aventure personnelle se confondaient dans la même trame. Près de lui, je ne pouvais m'empêcher de penser à la formule espagnole, *Me duele España*, que le maréchal Lyautey, pressentant les menaces qui s'accumulaient sur notre pays dans les années 30, avait retrouvée d'instinct dans une correspondance adressée à Wladimir d'Ormesson : « Vois-tu, je me meurs de la France. » Il en allait de même pour de Gaulle. Son attachement au pays était aussi perceptible que l'est au toucher un muscle sous la peau. Qu'on se rappelle ce qu'a écrit Coqueret dans son étude sur *le Vocabulaire du général de Gaulle* : « A la question qu'on lui avait posée un jour – quels sont vos dix mots préférés ? –, Camus avait répondu : le monde, la douleur, la terre, la mère, les hommes, le désert, l'honneur, la misère, l'été, la mer. Si la même question avait été posée au général de Gaulle, on ne sait pas ce qu'il aurait répondu ; l'ordinateur, interrogé, peut nous dire que ses dix mots de prédilection, conscients ou inconscients, sont : la France, le pays, la République, l'État, le monde, le peuple, la nation, le progrès, la paix, l'avenir. » Reconnaissons que les ordinateurs n'ont pas toujours tort, puisqu'ils placent en première place deux mots quasi synonymes pour parler de l'idée nationale ; les deux qui suivent, République, État, n'en sont que le naturel prolongement.

On a beaucoup écrit sur le patriotisme du Général. Disons les choses simplement : il aimait son pays. De toute la force de son instinct, de toutes ses fibres. Je crois que l'influence de sa mère fut à cet égard décisive. Cette femme avait porté la France dans sa chair. Elle avait souffert de la perte de l'Alsace-Lorraine comme si son propre corps avait été amputé. Débordante de tendresse, d'affection, de douceur pour ses enfants, elle se cuirassait d'airain dès qu'il y allait de l'honneur national. Elle était aussi un personnage de tragédie. Certains peuvent en sourire. Parler d'archaïsme. J'estime qu'ils ont tort. Comment bâtir des sociétés sans de telles racines ? Il n'est donc pas inutile de rappeler que cet homme fut porté par une femme possédant d'aussi fortes qualités et que sa sensibilité s'en trouva à jamais marquée.

Pour de Gaulle, la France vivait. Présente à tous les instants de son existence, il poursuivait un dialogue avec elle. La mort y mit un terme, mais n'écrivait-il pas ses Mémoires pour le prolonger outre-tombe? Certains ont parlé d'amour. Pourquoi pas? A condition de prendre le terme dans son sens chrétien. Jusque dans les détails quotidiens, les réactions du Général étaient inspirées par le sentiment national. Mme de Gaulle m'avait dit un jour, au cours d'une de ces conversations que nous avions souvent lorsque son mari avait un visiteur dans son bureau, qu'elle n'aimait pas beaucoup que le Général regarde à la télévision un match de football ou de rugby. Si la France perdait, il se fâchait. Dans un premier temps, il s'en prenait à l'arbitre; puis à notre équipe; réagissant comme le public de Colombes ou du Parc. Examinant le phénomène de plus près, je relevai que l'instinct, les forces du subconscient, les réactions immédiates n'étaient pas seuls en jeu. Dans sa croyance au fait national, l'intelligence avait apporté une contribution qui n'était pas mince. L'analyse politique effectuée à froid allait dans le même sens que les réactions spontanées du cœur. Si bien que cet ensemble de passions viscérales et de réflexions inlassablement poursuivies se trouvait chez lui au carrefour de ses rêves, de ses actions, de sa politique, de ses tristesses comme de ses joies. Vivant auprès de lui, je ne pouvais pas ne pas m'en apercevoir, le ressentant peut-être mieux que d'autres, car j'avais été éduqué dans le même esprit. Mon père et ma mère m'avaient parlé un langage identique et légué le même héritage.

De Gaulle se sentait responsable devant la France. Sa passion pour le pays avait, en contrepartie, ses exigences. La fierté de l'œuvre accomplie ne levait pas chez lui tous les doutes. Sa confiance en lui ne l'empêchait pas de se poser des questions. Il n'est pas inutile, je crois, d'évoquer ici la légende du roi des Aulnes. L'ancienne ballade danoise, reprise par Goethe, me paraît avoir marqué la sensibilité du jeune Charles de Gaulle. Probablement lorsqu'il étudiait l'allemand. A ma connaissance, il y fait référence au moins deux fois dans ses discours, et à des dates éloignées. Il me l'a citée, une fois, dans nos conversations à Colombey. Il ne s'agit donc pas d'un procédé littéraire, mais d'un sujet médité à longueur de vie. Le thème – que certains connaissent – en est simple : un cavalier traverse la forêt; son fils, assis devant lui sur la selle, écoute les sortilèges des puissances du mal; le père lutte pour le maintenir éveillé; en vain, car l'enfant finit par s'abandonner aux voix maléfiques et meurt. Il s'agit donc d'une histoire d'amour et de mort où se retrouvent bien des sujets de méditation qui n'ont cessé de hanter l'adolescent devenu adulte : d'un côté, le vertige de l'abandon, l'attraction du néant, la séduction des mirages nés des forces de la nuit; de l'autre, la puissance de l'affection, la conviction des peuples du Nord que la vie doit être un combat, fût-il inutile et désespéré. La transposition s'effectue sans peine. La légende du roi des Aulnes, c'est le dialogue entre le Général et la France. Avec, au bout du chemin, la défaite et la mort. Bien entendu, c'était là la pointe la plus avancée de son pessimisme, lorsqu'il laissait libre cours à son imagination, à son lyrisme, à son incontestable penchant à désespérer. Il est vrai qu'existait aussi chez lui un autre versant : celui de l'action, de l'enthousiasme et de l'espoir. Au total, l'analyste rigoureux qu'il était savait bien qu'il avait quitté le pouvoir sur une défaite face à des ennemis de toujours, alors qu'il lui aurait fallu encore un an ou deux à la tête de l'État pour engager définitivement notre pays sur ce qu'il croyait être la bonne voie.

Si bien que je percevais chez lui une inquiétude frémissante pour l'avenir de la France. Elle différait de celle de Bismarck, qui, dans une conversation avec un ami, alors qu'il venait de quitter le pouvoir, s'était écrié : « Je ne dors pas la nuit à l'idée que cet édifice que j'ai élevé pierre par pierre, ils me l'émietteront. » Pour de Gaulle, la préoccupation était d'ordre moins personnel, et l'expression plus sereine. A la différence du bouillant chancelier prussien, il réservait aussi une plus large place à la notion de durée dans sa conception de l'Histoire, qu'il percevait davantage en termes de flux et de novation que de conservation d'un acquis. L'avenir l'inquiétait. Quelques mois avant son départ des affaires, le 27 octobre 1968, à Istanbul, sur la rive européenne du Bosphore, dans le palais de Dolmabahçe où mourut Kemal Pacha, fondateur de la Turquie moderne, il avait écrit sur le livre d'or une phrase intéressante que j'avais communiquée aux journalistes : « Atatürk pouvait mourir puisque la lumière brillait, puisque la flamme brûlait, puisque le pays était en marche. » A la lecture de ces mots, rédigés dans une ville qui avait été autrefois la capitale de l'Empire byzantin et dont le destin, du fait de la conquête ottomane, avait été aussi radicalement modifié que si elle avait été frappée d'amnésie, j'avais eu le sentiment que le Général s'interrogeait sur le destin de son œuvre une fois qu'il serait parti. Pour solide qu'elle fût, il savait qu'elle était inachevée. Parce qu'il en va toujours ainsi dans la vie des pays et des hommes, où de nouveaux obstacles se dressent toujours sur le chemin. Il était bien placé pour savoir que l'indépendance, face aux nations-colosses, aux idéologies à vocation mondiale, aux monopoles de toutes espèces, à l'évolution des techniques de la guerre, ne s'acquiert et ne se conserve qu'au prix d'un combat exténuant contre les adversaires et, éventuellement, les alliés. Qui donc, après lui, oserait dire à la Grande-Bretagne que son entrée dans le Marché commun passait par un préalable politique qui n'était autre que la conquête de sa propre indépendance ? Quel homme d'État de l'Occident aurait la force d'âme, après s'en être assuré la possibilité par la saine gestion d'une économie et d'une monnaie, de dénoncer le comportement des États-Unis en matière monétaire ? Qui soutiendrait le Québec ? Qui tendrait aux peuples de l'Est une main fraternelle et sûre ? Qui saurait parler aux nations dont la marche vers des destins meilleurs s'effectue dans le doute et la douleur ? Telles étaient les questions qu'il se posait pour la diplomatie. A l'intérieur de notre pays, les menaces lui paraissaient tout aussi considérables : le retour en force des « notables » de la droite ou de la gauche ; la reconstitution, sous des apparences nouvelles, de la « classe politique » traditionnelle ; l' « argent », dont la retenue n'est pas la vertu cardinale, à nouveau triomphant et officiellement reconnu, après avoir été maintenu pendant dix ans à l'intérieur de ses limites; une jeunesse riche de sève, mais en plein désarroi; dans les profondeurs du corps social, des forces en gestation, puissantes mais imprécises, dont il fallait faciliter la naissance. Il pensait – et il me l'avait souvent répété – que Georges Pompidou ne serait pas à la hauteur des circonstances. Il était fait pour administrer, pour conserver, nullement pour imaginer. De surcroît, pesaient sur lui de bien lourdes hypothèques. Néanmoins, en dépit de ce qui s'était passé, de Gaulle ne fit rien pour le gêner. Il lui laissa toutes ses chances. Et, en tout premier lieu, celle de se révéler en véritable homme d'État. Car il est assurément difficile de savoir à l'avance comment un être humain réagit une fois qu'il accède au pouvoir suprême. Le Général, dois-je le dire, ne nourrissait guère d'illusions, et les faits avivèrent ses craintes. Dans la dévaluation d'août 1969, il vit une faute majeure; elle créait à ses yeux une situation qui ne pourrait que difficilement se rattraper. « C'est le début de l'inflation à l'intérieur et l'affaiblissement de notre diplomatie à l'extérieur », me dit-il le 29 août 1969, alors que j'étais venu à La Boisserie au retour de mes vacances.

Qu'on n'imagine pas d'ailleurs que ce mutisme, bien que délibérément choisi, fût toujours facile pour de Gaulle et qu'il n'en souffrît pas. En février 1970, le prince Norodom Sihanouk lui avait écrit et demandait à venir le voir. De par mes fonctions au Quai d'Orsay, je savais que la situation se détériorait au Cambodge; que la position de son chef d'État devenait de jour en jour plus fragile; que sa chute mettrait fin à la paix qu'il avait pu tant bien que mal préserver en dépit des turbulences de la tourmente indochinoise. Le 12 février, j'en parle au Général. Je sais bien qu'il ne souhaite recevoir personne et qu'il me répondra par la négative. J'insiste pour qu'il reconsidère sa position. Je lui fais valoir qu'on se trouve à la veille d'un ébranlement dans cette partie du Sud-Est asiatique; le destin va y basculer; il est encore possible, en donnant d'utiles conseils au prince Sihanouk, de bloquer l'extension de la guerre. Il me regarde assez longtemps, en silence, gravement. Il ne cherche pas sa réponse. Il la connaît depuis longtemps. Il veut s'assurer que je n'ai pas abordé ce sujet sans y avoir réfléchi. « Vous avez raison, Blanc, me dit-il; au Cambodge, on va droit au drame, mais à quel titre recevoir le prince puisque je ne peux plus parler au nom de la France? En 1946, lors de la conférence de Fontainebleau, Ho Chi Minh avait demandé à me voir; j'avais également refusé. » Je comprends un peu tard que j'ai eu tort d'avoir ainsi acculé le Général à me dire qu'il ne pouvait plus parler au nom de la France. Un tel aveu lui coûtait. Il y eut un moment de silence. Pour y mettre fin, mon hôte conclut la conversation par ces quelques mots : « Le prince Norodom Sihanouk est le Cambodge comme de Gaulle a été la France... »

En réalité, à y regarder de près, il avait à sa manière repris le jeu en main. Sa défaite au référendum d'avril 1969 n'avait pas détruit sa souveraineté. Elle lui en avait seulement retiré la jouissance. A Colombey, de Gaulle n'était pas un président de la République à la retraite. Il m'apparaissait comme un roi en exil. *Le Canard enchaîné* ne s'y était d'ailleurs pas trompé. Une fois le Général parti, André Ribaud continua à publier sa rubrique « La Cour »; de Gaulle y était toujours le « Roi », et Georges Pompidou le « Régent ». De son côté, Pierre Mendès France fit, le 14 mai 1974, dans une émission de radio, un *Lapsus linguae* révélateur. Pendant la campagne présidentielle, il débattait avec le Premier ministre, Pierre Messmer, des crédits consacrés à la recherche scientifique, reprochant au gouvernement de les avoir diminués : « Il en est ainsi, ajouta-t-il, depuis la mort du général de Gaulle ». Curieuse erreur de la part d'un homme qui partageait le souci de la précision et qui aurait dû bien évidemment dire « depuis le départ du général de Gaulle »!

Étrange situation que celle du solitaire de La Boisserie! Il était en quelque sorte un prisonnier. En dehors des forêts de la Haute-Marne, où pouvait-il goûter quelque tranquillité sans qu'on le reconnût? Il en allait certes ainsi lorsqu'il assurait la responsabilité de l'État; mais, précisément, il ne l'exerçait plus. Il se taisait. Son silence, au lieu d'entraîner un phénomène d'oubli, cristallisait l'attention. Souvent, je pensais à la phrase de Chateaubriand sur Napoléon exilé à Sainte-Hélène : « Aigle, on lui donne un rocher à la pointe duquel il est demeuré au soleil jusqu'à sa mort et d'où il était vu de toute la terre. » Que de fois ai-je été approché par des hommes politiques ou par des journalistes qui souhaitaient savoir – et c'était bien normal – ce qu' « il pensait », ce qu' « il disait »! J'éludais les questions et m'efforçais d'ailleurs d'avoir le moins de contacts possible. Du moment que le Général estimait devoir ne rien dire, il allait de soi que mes camarades et moi-même n'avions qu'à nous aligner sur lui. Sauf lorsque j'étais tout à fait sûr de mes interlocuteurs; c'était le cas de Jean Marin, Jean Mauriac, Frédéric Grendel, Raymond Tournoux. Avec ma femme et mon ami Michel Ameller, ils peuvent témoigner, en cas de besoin, que tout le contenu de ce livre leur a été dit voilà bien des années.

De Gaulle ne prenait plus publiquement position. Il pesait pourtant sur le jeu politique. Il ne pouvait pas obliger le gouvernement à agir. Par la menace d'une intervention, il se trouvait en position de l'empêcher, sauf pour les décisions qui se prennent dans le secret et entrent immédiatement en vigueur; ce fut le cas de la dévaluation de 1969. Dans le domaine de la politique étrangère, il utilisa cette arme de dissuasion dont il se trouvait détenteur pour ce que nous appelions l' « affaire anglaise ». Au début de février 1970, nous nous entretenions des déclarations faites par Georges Pompidou à La Haye au sujet de l' « achèvement », du « renforcement » et de l' « élargissement » du Marché commun. Le Général n'était pas dupe : « Il va ouvrir la porte aux Anglais », me dit-il, désapprobateur. « Il ne le fera pas aussi longtemps que vous serez là », lui fis-je remarquer. Sans tristesse, avec beaucoup de sérénité et comme s'il parlait de quelqu'un d'autre, il me répondit : « Vous savez, Blanc, je ne serai pas éternel. » Il mourut en novembre 1970. Les 19 et 21 mai 1971, Georges Pompidou recevait Edward Heath. On connaît la suite.

Il va de soi que la rédaction de ses Mémoires contribuait à renforcer cette possibilité de dissuasion. Là encore, on retrouve tous les paradoxes de l'homme. Il écrivait sur le passé; c'était pour l'avenir. Tout en sachant qu'il pouvait aussi influer sur le présent. Il avait décidé avec soin les échéances pour chacun des trois tomes : fin 1970, fin 1971, fin 1972. Il pensait tenir ainsi le terrain pendant les années qui lui avaient manqué pour terminer son second septennat, remplissant de la sorte à sa façon le mandat que le peuple français lui avait donné.

Du point de vue personnel, il avait à affronter l'épreuve qui fut sans doute la plus douloureuse de sa vie. Sa souffrance morale était lourde à porter et, à tout moment, perceptible. Elle ne saurait se ramener à la nostalgie du pouvoir. Outre qu'il ne l'avait pas entièrement perdu, celui-ci ne lui était jamais apparu que comme un moyen. Elle ne s'expliquait pas non plus par l'inaction : il écrivait tous les jours quelques pages de ses Mémoires pour exposer ses intentions et son action, tout en laissant derrière lui des points de repère, tels les grands navigateurs de la Renaissance qui ont légué à leurs successeurs des cartes aux tracés imparfaits et aux coordonnées parfois incertaines, mais d'un prix inestimable pour ceux qui désiraient aller encore plus loin qu'eux dans la découverte du monde. Ni par l'approche de la mort, qui ne l'effrayait pas. Son tourment était d'ordre sentimental. Entre lui et la France une rupture s'était produite. Ce qui n'était jamais arrivé dans le passé. En 1946, il avait renoncé à gouverner; sur un faux calcul, sans doute, mais de son plein gré. En 1969, la France n'avait plus voulu de lui. Il m'avait cité un jour la phrase bien connue de Nietzsche : « Un peuple est un détour de la nature pour parvenir à six ou sept grands hommes. Oui; et ensuite pour les laisser au bord du chemin. » Il ne se berçait donc guère d'illusions. Il n'empêche que la rupture avait frappé de plein fouet une sensibilité d'un grain plus fin qu'on ne le supposait. Toute sa vie, il avait lutté pour ce qu'il estimait être l'intérêt du pays et pour donner de lui une certaine image. Il lui fallait continuer alors que venait de se briser le dialogue direct avec les Français où il puisait aide et réconfort. Tel était son dernier combat. Le plus solitaire de tous. Certes, dès le lendemain du référendum, il s'était pris en main, maîtrisant son malheur. Que d'efforts pourtant il lui fallut déployer pour ne jamais se laisser aller et pour conserver son image face aux autres et à lui-même! Jamais je n'ai noté chez lui une quelconque manifestation d'amertume, le moindre accès d'humeur ou d'acrimonie. Je dois reconnaître que, de toutes les leçons que j'ai retenues de cet homme, sa capacité de se maîtriser n'est pas la moindre. S'ajoutant à son œuvre, cet ultime combat avec lui-même, dont il avait deviné qu'il pouvait le gagner à force de volonté, apportait à ce caractère peu commun, où soufflaient toutes les tempêtes de l'esprit humain qui sont à la fois notre grandeur et notre tourment, une sérénité qui n'effaça certes jamais la blessure, mais qui lui permit d'en supporter la douleur. Et de laisser à ses contemporains l'exemple d'une parfaite dignité.

CHAPITRE III

La Méditation

« Ce qui se rapporte à la somme des conditions d'une guerre n'est pas visible à l'œil nu... On n'y peut rien comprendre sans une méditation minutieuse. »

MAO TSÉ-TOUNG, décembre 1936
(Problèmes stratégiques de la guerre révolutionnaire en Chine).

Au début de son ouvrage *le Fil de l'épée*, le jeune commandant de Gaulle avait repris la citation extraite du *Faust* de Goethe : « Au commencement était le Verbe? Non. Au commencement était l'Action. » Cette affirmation empruntée au penseur de Francfort, pendant un temps admirateur de Napoléon, correspondait bien à un versant de la personnalité du Général. Étreindre la réalité à bras-le-corps, assumer des risques, décider, tel était, selon lui, le lot de tout responsable. Les circonstances qu'il avait vécues de 1940 à 1946, la manière dont il avait organisé les pouvoirs publics à partir de 1958, l'avaient placé au centre des décisions. Il ne se déroba jamais à ses responsabilités, s'engageant à fond et toujours dans l'allégresse. L'expérience lui avait enseigné que l'Histoire n'attend pas et appartient seulement à ceux qui se révèlent capables de la saisir au passage. Homme d'action, il le fut, faisant montre d'une rare maîtrise. C'est d'ailleurs bien l'idée que ses compatriotes se faisaient de lui.

Pourtant, à le voir agir, à parler avec lui, à lire ses textes, j'étais moins impressionné par sa vitalité de « grand fauve » – encore que l'on ne pût jamais en faire abstraction, tant elle s'imposait – que par la force de sa pensée, cohérente, ferme et néanmoins toujours en mouvement, comme à l'écoute du monde. La chronologie de ses écrits fait ressortir que la réflexion a précédé l'engagement. C'est vrai de ses livres publiés dans l'entre-deux-guerres.

la Discorde chez l'ennemi, le Fil de l'épée, la France et son armée, Vers l'armée de métier ne sont pas des œuvres faciles. Elles exigèrent un effort de réflexion et d'approfondissement sur l'histoire, la stratégie, le commandement des hommes, l'évolution de la technologie. Elles annonçaient tout ce que leur auteur réalisera à partir de 1940. Il en est de même pour ses allocutions. Avant d'être prononcées, elles avaient été écrites, réécrites, inlassablement travaillées et corrigées. Pour reprendre le mot d'André Malraux, elles ont d'abord été un « monologue » de De Gaulle avec lui-même. Douloureux, difficile, au cours duquel il se soumettait à l'épreuve d'une critique systématique. Il cherchait sa propre vérité avant de se tourner vers le pays et de s'adresser à lui. Comme le résume à merveille le mot de Hoche : « La réflexion prépare, la foudre exécute. » Si bien que l'on retrouve toujours chez de Gaulle, en amont de la décision, l'effort d'une pensée qui ne se relâche jamais.

Il réfléchissait. La forme de son intelligence l'y poussait. Il supportait la solitude qui favorise la méditation. Les péripéties de la vie lui offrirent l'occasion de s'y consacrer, puisqu'il connut la forteresse et, à deux reprises, la retraite politique. N'ayant pas d'autre passion que celle de servir le pays, il lui fut relativement facile de se préserver du péril que courent les intelligences trop richement dotées : le divertissement, ou, si l'on préfère une expression moins pascalienne, l'éparpillement. Dans l'organisation de son temps, il laissait peu de place aux distractions. Quand il le pouvait, il effectuait de longues promenades dans les futaies de la Haute-Marne, ce qui ne détourne pas de la réflexion, bien au contraire ! Qu'on se rappelle le mot de Bismarck : « Mes décisions les plus importantes, je les ai prises dans la solitude de la forêt. » Ses vraies détentes, les seuls moments où il suspendait le labeur incessant d'une pensée toujours à l'affût, se limitaient aux quelques patiences qu'il faisait avant le dîner et aux instants passés devant la télévision, qu'il regardait volontiers. A la tête de l'État, il veillait à se ménager le temps nécessaire à la réflexion. Je dirai plus loin, à ce propos, la manière dont il avait organisé son temps à l'Élysée et à La Boisserie.

Comment procéder à l'étude de De Gaulle homme de pensée sans évoquer Colombey-les-Deux-Églises? Ce village joua un rôle capital dans sa vie et ne peut être dissocié de son itinéraire intellectuel. Pourquoi avait-il fait ce choix? Il m'avait dit, lors d'une de mes premières visites à La Boisserie : « Nous avions acheté cette maison car nous avions une petite fille malade. » Pour ce qui me concerne, c'est la seule allusion directe à sa fille Anne qu'il m'ait jamais faite. Tel était bien le véritable motif. De surcroît, pour un officier appelé à servir dans l'Est, dans le Nord ou à Paris, la Haute-Marne était bien située. Comme toujours, le hasard fit le reste. Et le fit bien. Dans ce village d'une rêche authenticité, il trouva le refuge où, dans le calme et le silence, rien ne devait le distraire de sa démarche fondamentale. Entre le Général et Colombey s'établit un accord dont je suppose qu'il fut immédiat. Il devint plus étroit à mesure que les années s'écoulaient, et trouva ses accents les plus forts le 12 novembre 1970. Une telle harmonie fut d'un grand secours pour le solitaire de La Boisserie. Il ne fit que quelques rares et courtes infidélités à Colombey, à l'exception bien sûr de la période de la guerre. Il y revenait aussi souvent que possible pour ses fins de semaine, et presque toujours pour ses vacances. Tel le saumon qui, après ses périples inconnus dans les océans, remonte toujours vers les lacs des montagnes où, après l'épuisant affrontement avec les cascades, il retrouve la pureté de l'eau des glaciers pour y frayer et mourir là précisément où il est né. Tel le taureau, autre prince de sang dans le monde animal, qui, dès son entrée dans l'arène, y fixe sa *querencia*, l'endroit où son instinct le conduit pour combattre jusqu'à la mort. Le hasard voulut aussi que Colombey, à l'écart des grandes voies de communication, n'exerçât aucune séduction sur les amateurs de résidences secondaires et restât fidèle à son image d'autrefois, conservant, malgré l'évolution du siècle, le rythme lent de sa vie paysanne où gestes et rites se répètent au fil des ans. Jusqu'à sa mort, le Général se sentit entouré par le respect et l'affection de ses habitants, dont il appréciait la pudeur et la réserve, et qui, aussi longtemps qu'il fut là, ne se transformèrent pas en marchands du Temple.

La Boisserie, située à l'amorce de la vallée, au bout de la crête sur laquelle sont établies les maisons de Colombey, n'apporte aucune dissonance dans la pureté quelque peu sévère du village dont elle prolonge la silhouette. Elle n'en rompt en aucune manière la ligne aux accents secs. Rien d'aimable, de charmant, de gracieux dans le style de cette vaste demeure où l'on arrive après avoir franchi la grille du parc et traversé un tout petit bois aux taillis d'un vert sombre. On y accède, il est vrai, par la façade regardant le nord : celle d'où l'on voit le village. C'est là que se trouvent les plus grands arbres de la propriété. Voilant la lumière, leur ombre assourdit quelque peu la vivacité des couleurs, sauf à l'automne où les lierres couvrant les murs les embrasent d'une immense flamme pourpre.

Dès l'entrée, la maison est accueillante et humaine. D'une simplicité de bon aloi. Au premier coup d'œil, on comprend qu'il ne s'agit pas de ce qu'il est convenu d'appeler une « résidence secondaire ». Aucun décorateur n'est intervenu. Point de meubles de prix. Peu d'œuvres d'art. Dans sa simplicité, elle est la maison d'un ménage d'officier, avec les objets accumulés au cours de sa carrière. Elle a été aménagée pour être habitée, nullement pour être vue ou montrée. Dans le hall, un escalier de bois conduit au premier étage – où je ne suis jamais monté. Au fond de l'antichambre se trouve un vestiaire; quand la porte en est entrouverte, on aperçoit, accroché contre le mur, l'immense manteau du Général, celui qu'il porte dans les très belles photos de son voyage en Irlande : étrange vêtement coupé dans une gabardine épaisse, d'une couleur sombre assez indéfinissable, mi-houppelande mi-capote. Son propriétaire y tient, comme à bien des objets qu'il utilise depuis des années : le petit cartable de cuir foncé où il range ses discours, son stylo et, j'imagine, sa trousse de toilette. Le premier salon est une pièce d'apparat dont il ne semble pas qu'elle soit souvent utilisée dans la vie quotidienne de La Boisserie. C'est là qu'a été exposé le cercueil drapé de tricolore du Général avant son inhumation. L'atmosphère du deuxième salon est plus familière, plus enveloppante. Ses murs sont presque entièrement tapissés de livres. Quelques fauteuils de cuir font face à la cheminée. Près de la fenêtre ouvrant sur le jardin se trouve le secrétaire où Mme de Gaulle passe une bonne partie de la journée. Sur les rayons les plus élevés des bibliothèques sont alignées des photographies dédicacées : celles des papes qui se sont succédé à Rome depuis la guerre, de rois, de reines, de chefs d'État; celle de Tchang Kaï-chek, fleurie d'idéogrammes, n'a pas été enlevée, malgré la rupture de 1964. Face à la galerie des hommes illustres et des grands de ce monde sont rangées, comme à la parade et en un contrepoint qui en dit long sur les affections de De Gaulle, les lampes de mineurs qui lui avaient été offertes lors de ses visites dans le Nord. Rappel révélateur de son enfance lilloise sous un ciel mouillé, des grèves, de tout un monde de luttes, d'aspirations, d'espoirs, qui avait probablement marqué l'intelligence et le cœur du petit garçon. Un jour que nous parlions d'un conflit social en cours, à propos duquel la limitation du droit de grève avait été une nouvelle fois évoquée, il m'avait dit : « Bien sûr, ces arrêts de travail sont empoisonnants; il faut bien reconnaître qu'avec les patrons que nous avions dans le passé, si les ouvriers n'avaient disposé de cette arme, ils n'auraient pas obtenu beaucoup d'augmentations de salaire. » Les lampes évoquaient aussi la peine et la souffrance des hommes pris par un métier aussi dur qu'attachant, les transformations des méthodes d'exploitation, la fermeture des puits, les douloureuses reconversions, l'amertume de cette aristocratie ouvrière à laquelle il consacra plusieurs pages dans le tome II de ses *Mémoires d'espoir*, tant il regrettait – il me l'a dit – de s'être heurté avec elle en mars 1963.

Le Général passait plusieurs heures par jour dans ce salon; on s'y réunissait pour l'apéritif avant de se rendre à la salle à manger; on y revenait après le déjeuner pour prendre le café. C'est là qu'assis devant sa table de bridge il faisait ses réussites ou regardait la télévision, bougonnant et levant les bras au ciel quand les présentateurs disaient des sottises, ce qui arrivait assez souvent. C'est là qu'il s'est effondré avant de mourir.

Quel maître de maison étonnant! Faisant les gestes qui viennent tout naturellement à un homme respectueux des autres, se montrant courtois et attentif pour ses invités, tout en affirmant sa présence de maître du jeu au centre de la scène. Il donnait aussi l'impression – à dessein – qu'il ne se trouvait pas là tout entier, que son registre avait plusieurs claviers, que, malgré les mots, les phrases, les attentions et les égards, le fleuve de sa pensée poursuivait un cours invisible et inaccessible le long de berges inconnues.

Au fond du salon, à droite lorsqu'on regarde le jardin, une porte donne accès à son cabinet de travail. Dans la géographie secrète de La Boisserie, elle marque une frontière. En deçà, la famille, les invités, tous ceux qui sont indispensables pour donner à un homme, aussi exceptionnel soit-il, la chaleur des sentiments et le réconfort de la tendresse. Au-delà, l'effort : la douloureuse élaboration des idées; la difficulté à bien les exprimer; le poids des responsabilités lorsqu'il s'agit de livrer un diagnostic sur l'état du monde et d'y engager son pays; les assauts du doute; la peur de commettre une erreur. En un mot, la solitude d'une pensée qui doit déboucher sur l'action. Tel est certes notre lot commun. Mais l'angoisse serre d'autant plus fort le cœur de l'homme d'État qu'il ne dispose d'aucun recours et jette les dés sur un tapis vert où il ne peut plus les reprendre. Dans ce cabinet de travail, il a mis la dernière main à *la France et son armée*, préparé la plupart de ses discours et conférences de presse – à l'exception bien sûr de la période de la France libre –, rédigé ses Mémoires, revu la plupart des épreuves des cinq tomes de ses *Discours et Messages*, écrit des milliers de lettres.

C'est une pièce hexagonale de dimension réduite, exposée au midi. Trois fenêtres l'éclairent. On peut y suivre, année après année, le jeu alterné des saisons. L'été, des stores de couleur rouge tamisent la lumière. Du secrétaire, où le Général m'installait à côté de lui pour travailler, l'on découvre un vaste paysage curieusement contrasté. Sur la gauche, le parc de La Boisserie – sans doute une ancienne prairie – descend en pente douce. C'est le domaine de la famille, avec, vers le haut, un tennis et un golf miniature. Partout des massifs de fleurs, des arbustes entre lesquels serpentent les chemins que le Général a si souvent parcourus. Tout y évoque les maisons de campagne du XIXe siècle ; un certain style de vie où les enfants jouent alors que leur mère cueille des fleurs. L'ensemble, dépourvu de toute affectation, dégage un charme quelque peu désuet. La terre est cultivée avec soin et dans le droit fil de notre tradition paysanne, qui, à force d'instinct et d'expérience, a fait de notre pays l'un des plus émouvants paysages ruraux du monde. Au-delà de la vallée qui s'ouvre à l'ouest s'étend, jusqu'à la ligne de l'horizon, l'immensité des forêts sur lesquelles passent parfois les nuages venant du lointain Atlantique. L'on n'y distingue aucune habitation. La nuit, rien n'y perce l'obscurité, qui paraît encore plus profonde sous un ciel étoilé. C'est un océan sans navire. Aucune impression de monotonie ne s'en dégage. De l'aube au crépuscule, la luminosité n'y est jamais la même ; les couleurs y passent, en cours d'année, de la douceur fraîche des verts du printemps aux pourpres de l'automne ; l'hiver, le linceul blanc de la neige assourdit les bruits venant du village et donne une nouvelle tonalité au silence. Ce panorama permet d'avoir une idée de notre pays en son état originel, tel que les Gaulois le défrichèrent et que le découvrirent ensuite les légions de César. Une contrée immense qui, de bois en bois et de clairière en clairière, s'étendait jusqu'à l'embouchure du Rhin : « A cette époque, notre pays avait vingt millions d'habitants, me disait souvent le Général, presque autant qu'au début des guerres de l'Empire... » Je lui répondais que certains historiens retenaient plutôt le chiffre de dix millions. Nous en discutions souvent. Chaque fois, j'étais frappé par la connaissance qu'il avait de cette période et par l'intérêt qu'il lui portait.

La grande houle des forêts facilite la réflexion comme la contemplation de l'immensité marine. L'atmosphère du bureau est toute de calme. Elle invite au recueillement et facilite la concentration. Il s'agit en fait d'une bibliothèque, car les murs sont entièrement couverts de livres. Je m'étais fixé pour règle de ne jamais chercher à en déchiffrer les titres. Il me semblait qu'agir autrement eût constitué un manquement à la discrétion. Toutefois, j'étais frappé par les reliures : sobres, solides, faites pour faciliter la consultation des ouvrages auxquels leur propriétaire se référait souvent et qui étaient les compagnons de son cheminement intellectuel. Elles ne ressemblaient pas à ces travaux d'art exécutés à grand prix pour des œuvres qu'on ne feuillette jamais. Sauf pour une trilogie de Dante, que je ne pouvais pas ne pas voir tellement elle était immense et couverte d'un cuir superbe. Je garde aujourd'hui encore un souvenir très précis de l'atmosphère de cette pièce, de sa musique intérieure. Ce cabinet aurait pu être celui d'un savant, d'un philosophe ou d'un bénédictin, hommes pour qui la raison essentielle de l'existence est la réflexion sur la vie, qu'elle prenne le chemin de la science, de la pensée ou de la foi.

L'histoire se trouve présente dans ce cabinet, mais de la manière la plus discrète et par de simples évocations : insignes de toutes les unités de la France libre épinglés sur un long ruban accroché au mur du levant ; coffret d'argent frappé de la croix de la Libération, contenant la liste de tous les compagnons membres de l'ordre, et qui, le jour des obsèques, a été déposé pendant la durée de l'office religieux sur le cercueil du Général ; cadeaux offerts par des pays auxquels il portait une particulière affection ; quelques lampes de mineurs. La famille se trouve aussi présente. Sur le secrétaire, où des fleurs cueillies dans le jardin jettent toujours une note claire, sont placées deux photographies : l'une où ses petits-enfants jouent ; l'autre où le Général est avec son frère Pierre. Enfin, sur la table appuyée contre la bibliothèque du couchant, là où le Général rangeait toute la documentation que je lui apportais pour la rédaction de ses Mémoires, un cliché de l'amiral Thierry d'Argenlieu en uniforme. Je me suis toujours demandé les raisons de cette présence. S'expliquait-elle par l'histoire, par la foi ou, plus simplement, par l'amitié? Voilà encore une interrogation sans réponse. Je m'en suis posé bien souvent lorsque je voulais sonder les mystères d'un caractère dont je percevais à tout instant l'exceptionnelle richesse, sans en cerner avec précision les contours ni en saisir tous les ressorts.

Dans cet univers d'une dizaine de mètres carrés, assis devant son secrétaire, face à un paysage dont la grandeur stimule sans distraire, le dos tourné à la porte, il perçoit le rythme immuable de la vie du village dont il interprète la plus infime pulsation et dont il apprécie la dignité des habitants. Il sait que, le moment venu, il rejoindra dans le cimetière la petite fille à laquelle le monde entier rendra, à travers lui, les honneurs réservés à une reine. Il se trouve conforté, à un point qu'on imagine mal, par la présence de Mme de Gaulle dans la pièce voisine, où elle passe une grande partie de la journée. L'on ne dira jamais assez l'importance du rôle qu'elle joua dans la vie de son mari. Je ne parle pas bien sûr de la politique, des décisions, des grandes options. Ce n'était pas son domaine. Elle sut pourtant en assumer les contreparties. Je ne sais si, avant de l'épouser, le Général lui avait dit, comme Bismarck à sa fiancée : « Lève les ancres de ton âme et prépare-toi à quitter le port familial », mais il est certain qu'elle avait accepté de suivre le destin de son mari, de lui en faciliter la réalisation, quel que fût le prix à payer. Elle était toujours à ses côtés. Mes camarades et moi avions noté que, dans les rares déplacements qu'il avait effectués sans elle, le Général n'était pas tout à fait lui-même, tant il avait besoin de sa présence. La réserve de Mme de Gaulle était un effacement conscient, voulu et accepté. Cette femme existait. A côté d'un mari d'une telle envergure, pour ne pas disparaître, il faut posséder une personnalité peu commune. C'était son cas. André Malraux, jusqu'à sa visite à Colombey en décembre 1969, voyait Mme de Gaulle telle que la presse la dépeignait et qu'il l'avait observée aux réceptions de l'Élysée. Il était revenu de La Boisserie avec un jugement bien différent. « Soudain, m'a-t-il dit, j'avais découvert la véritable dimension de son personnage et exactement mesuré la qualité de son influence. » Quelles que fussent les circonstances, elle avait su créer autour de son mari l'atmosphère de quiétude qui lui était indispensable. Elle fut l'âme du foyer. Tâche moins facile qu'on ne le croit lorsqu'une famille abrite un tel homme. Par son courage, sa gaieté – car cette femme aimait rire et ne manquait pas d'humour, sans compter qu'elle jugeait vite –, la manière qu'elle avait de toujours être là sans s'imposer – j'avais remarqué que sa présence ne modifiait en rien ni sur aucun sujet les propos que nous échangions avec son mari –, elle procura à de Gaulle l'environnement de calme qui lui permettait de réfléchir et de travailler. Entre ces deux êtres, par bien des côtés si différents, s'était établie une profonde harmonie. Le sens du devoir, l'attachement aux valeurs chrétiennes, l'acceptation des sacrifices unissaient ce couple à un point difficile à imaginer, mais très perceptible dès qu'on les voyait vivre ensemble.

Le Général eut ainsi le privilège d'être le fils et l'époux de femmes d'une exceptionnelle qualité, dotées toutes deux d'un caractère qui ne transigeait pas. Mme de Gaulle en savait bien davantage sur les pensées politiques de son mari que bien des gens n'ont tendance à le croire. Il lui appartiendra d'en parler un jour ou de le garder pour elle. Une chose est sûre : de Gaulle n'aurait pas été ce qu'il fut s'il n'avait eu auprès de lui une compagne qui avait compris qu'elle devait permettre à son mari de s'avancer sur les chemins solitaires de la méditation.

LE DON

> « *Indéfinissable splendeur de ceux qui sont destinés aux grandes entreprises...* »
>
> GUSTAVE FLAUBERT
> (parlant d'Hannibal).

La pente de certains esprits les conduit à la méditation. Celle-ci n'est pas indispensable aux chefs d'État ou aux grands capitaines. Pour nombre d'entre eux, l'instinct suffit. Il en alla sans doute ainsi avec les chefs de guerre de l'Empire des steppes, les fondateurs de la royauté française, certains de nos grands monarques et, plus près de nous, avec un homme tel que Clemenceau. Lorsque Roosevelt voulut faire entrer les États-Unis dans la Seconde Guerre mondiale, la sûreté de son intuition joua davantage que le calcul à long terme, qui lui faisait d'ailleurs défaut. La gloire de Churchill – qui, par malheur pour l'Europe, ne fut pas un visionnaire – est d'avoir refusé en 1940, du plus profond de son être, toute idée de capitulation devant l'Allemagne nazie au faîte de sa puissance. Chez d'autres magnifiques « animaux politiques » dont on discerne encore la trace laissée sur le monde, on a du mal à dessiner la ligne de partage entre ce qui revient au plan mûrement réfléchi et à la simple volonté d'agir. Est-ce à cause ou en dépit des leçons d'Aristote qu'Alexandre est allé jusqu'à l'Indus ? Le génie de Pierre le Grand peut-il se ramener à la seule vitalité d'un colosse face à des aventures dignes d'un *picaro ?* Où passe, chez Napoléon, la frontière entre le besoin impérieux de l'action et le plan longuement mûri ? A l'opposé, on pourrait essayer de dresser la liste de ceux chez qui la méditation, la pensée, la réflexion ont joué un rôle déterminant. Ce n'est pas un hasard si, le plus souvent, ils ont été, sinon toujours des écrivains, du moins des hommes qui ont écrit. Pour le passé, César, Richelieu, Bismarck, Lénine; pour notre époque, Mao Tsé-toung.

Il se peut – c'est du moins mon sentiment – que l'unité de la planète, la complexité et l'indépendance de ses problèmes, le rythme de plus en plus accéléré de son évolution et les difficultés pour s'y adapter, la menace du recours à des armes terrifiantes fassent obligation à ceux qui assument la responsabilité du pouvoir d'avoir une vision du monde qui soit globale et sans cesse réajustée. Plus qu'autrefois, il paraît difficile de conduire une action dans le domaine de la politique sans une méditation permanente sur l'état du monde. Elle peut être collective. Elle relève parfois de l'aventure individuelle. Il en alla ainsi pour de Gaulle.

Bien peu de gens, fussent-ils les plus déterminés de ses adversaires, ont mis en question la dimension exceptionnelle de ses facultés intellectuelles. Le voir prendre connaissance d'un dossier permettait d'en mesurer l'ampleur. Chaque fois, j'étais frappé par la concentration de sa pensée. L'œil se fixait sur le texte à travers la loupe des lunettes; le cerveau paraissait comme tendu; le monde extérieur semblait ne plus exister. Il en allait ainsi quelles que fussent les circonstances. Le hasard de temps parfois difficiles a voulu que j'aie vu travailler le Général dans des périodes où ses préoccupations de chef d'État étaient lourdes, l'avenir du pays étant en cause. Ce fut le cas tout au long de la crise de mai 1968; pendant la tempête monétaire de l'automne, qui en fut la conséquence; après le déclaration faite à Rome au début de 1969 par Georges Pompidou. J'ai été très proche de lui après que la France eut voulu son départ – et j'ai dit ce qu'avait été, jusqu'à sa mort, la profondeur de sa blessure. Dans toutes ces circonstances, qu'il s'agisse de lire un dossier, une note ou une lettre, j'étais toujours impressionné par la capacité qu'il avait de s'abstraire du tumulte et de maîtriser sa pensée. Il en fixait le rythme à volonté. Quand il le voulait, il lisait extrêmement vite, comme s'il photographiait d'un coup d'œil le texte qu'on lui présentait. Avant ses voyages à l'étranger, il prenait connaissance avec une rapidité surprenante des énormes dossiers soigneusement préparés par le Quai d'Orsay; tout se gravait dans son cerveau, et, le moment venu, il stupéfiait ceux qui l'accompagnaient par la mémoire qu'il en avait, tout particulièrement celle des noms propres. Parfois, au contraire, il lisait lentement : comme pour s'imprégner de la substance même du rapport ou de la lettre; en comprendre la signification cachée; en percevoir les arrière-pensées et deviner ce qu'avait voulu suggérer l'auteur. C'est dire qu'il fallait lui donner des papiers solidement écrits. Quand on avait à traiter oralement une question avec lui, il était indispensable de la lui exposer avec la plus grande clarté et une extrême concision. Si les propos que je lui tenais perdaient de leur limpidité, si la qualité de mon argumentation fléchissait, il me regardait, un peu étonné, comme s'il se trouvait soudain en face d'un personnage quasi inconnu et qui le déconcertait. Dans ma vie professionnelle, je me suis toujours efforcé d'être clair; je dois avouer que la pratique du Général m'a soumis à un redoutable entraînement.

Il possédait à fond la technique du travail gouvernemental. La supériorité de son esprit lui permettait d'exercer sur les membres du gouvernement un ascendant intellectuel qui n'a jamais fléchi. Pourtant, dans l'histoire de la République, il y eut peu de cabinets réunissant autant de ministres d'un niveau aussi relevé. Il n'est pas donné à tout le monde de pouvoir présider des conseils où siégèrent des hommes tels qu'André Malraux, Michel Debré, Georges Pompidou, Maurice Couve de Murville, Valéry Giscard d'Estaing, Edgar Faure, Louis Joxe, Edgard Pisani, Alain Peyrefitte, Jacques Chirac, sans oublier des personnalités telles que Maurice Thorez. Il les dominait jusqu'à la fascination. Tout simplement parce qu'il leur était supérieur, par sa compréhension des problèmes, aussi techniques fussent-ils, par sa capacité de diriger des discussions et par la puissance de ses synthèses. Mes fonctions me conduisaient à rencontrer le ministre de l'Information dès la fin des réunions du gouvernement. Quelques minutes avant qu'elles ne se terminent, je me rendais dans le salon des aides de camp, situé entre la salle du Conseil et le bureau du chef de l'État. La séance terminée, je voyais le Général, dont la silhouette paraissait encore plus grande lorsqu'il passait devant les fenêtres donnant sur le parc de l'Élysée, traverser le salon en silence, ayant repris son dialogue avec lui-même, dodelinant un peu de la tête. Puis le Premier ministre et les ministres sortaient à leur tour. J'aimais les observer. Dans un premier temps, ils parlaient peu, paraissant encore impressionnés par l'exercice auquel ils venaient de participer. Il fallait un certain temps avant que les conversations ne reprennent un tour normal.

Jusqu'au bout, de Gaulle n'a cessé de les étonner. Il est vrai que, dans un cerveau organisé à merveille, ordonné autour de quelques idées centrales, tout problème trouvait naturellement sa place. Il dominait la question, savait ce qu'il voulait, s'y engageait résolument. De l'analyse à la synthèse, la démarche de son esprit procédait sans à-coups. Les comptes rendus des Conseils des ministres et des conseils restreints que j'ai été amené à consulter montrent la part qu'y prenait le chef de l'État. En peu de phrases, il ramenait les questions à l'essentiel, dans un mouvement qui, selon le meilleur de la méthode classique, allait du compliqué au simple. Puis il tranchait. Pour les conseils restreints, instances où s'élabore l'action de l'exécutif, il réécrivait souvent, et toujours à chaud, le relevé des décisions. Quand le temps sera venu, les historiens qui, aux Archives nationales, se pencheront sur ces documents, pourront juger la qualité de leur style, l'importance de leur contenu, tout ce qu'ils révèlent quant à la rigueur et à la cohésion d'une pensée en action. Les spécialistes des Archives nationales – deux dames d'une grande distinction qui, à la demande du Général, avaient travaillé pendant plusieurs mois, en 1969 et 1970, au 5 de la rue de Solférino, pour y classer tous les documents de la période allant de 1958 à 1969, afin de préparer leur transfert à l'hôtel de Rohan – me confièrent, après avoir examiné toutes les pièces annotées par le Général, qu'elles n'avaient jamais vu de témoignage aussi éclatant de l'intelligence d'un homme d'État et de l'unité de sa pensée.

Une mémoire exceptionnelle donnait un surcroît d'efficacité à cette belle machine à penser où tout laissait une trace. Le Général connaissait par cœur des milliers de vers, des passages entiers des livres saints, qu'il s'agisse de la Bible, du Talmud ou du Coran. Il n'était guère de conversation qu'il n'agrémentât d'une citation. Par coquetterie, il les choisissait originales, parfois déroutantes. Il me fallait du temps pour retrouver leurs auteurs, sans pouvoir toujours y parvenir. Il se rappelait avec précision, jusque dans leurs moindres détails, ses voyages, le texte de ses discours, la teneur de ses conversations. Je m'en apercevais à tout moment, car il me demandait souvent de vérifier tel ou tel de ses souvenirs pour la rédaction de ses Mémoires. Il avait même gardé souvent à l'esprit le nom des invités à certains de ses dîners ou déjeuners, et, presque toujours, leur placement à table. Il en allait de même pour les chiffres concernant l'économie, la production, le nombre de logements construits, les augmentations de salaire. Ce qu'il avait lui-même écrit lui restait gravé dans l'esprit. Que de fois, à l'Élysée, tel ou tel journal ayant cité ses discours ou déclarations d'une manière qui lui paraissait erronée, il le signalait à Xavier de La Chevalerie ou à moi-même, nous demandant d'intervenir! Pour éviter d'effectuer une démarche à la légère, il nous fallait retrouver le texte. Ce n'était pas toujours facile, surtout lorsqu'il s'agissait de discours remontant à plusieurs années. Force est de reconnaître qu'il avait toujours raison. Il apprenait par cœur les passages de ses allocutions prononcés dans des langues étrangères. Pour l'allemand, qu'il connaissait bien, et l'espagnol, proche du français, l'obstacle n'était pas trop redoutable. En revanche, le russe, le polonais, le turc, voire le roumain exigeaient davantage d'efforts. Non seulement il devait apprendre par cœur son texte à partir de la transcription phonétique préparée par les traducteurs – et je ne connais pas, pour ma part, d'exercice plus difficile; mais il lui fallait aussi avoir une totale confiance en soi pour le réciter en public ou à la télévision sans le secours d'aucune note, acceptant le risque de s'arrêter net en cas de défaillance et de paraître ridicule. Sur ce terrain aussi, force est de constater qu'il y a eu jusqu'ici peu d'hommes publics pour suivre son exemple.

Il possédait aussi les formes plus élaborées de la mémoire. Il n'apprenait pas ses discours ou ses conférences de presse par cœur, à la manière d'une poésie. Dans ce domaine, le processus était différent et d'une plus grande complexité. Il écrivait son texte une première fois, le travaillait, l'ajustait. Il lui fallait du temps pour parvenir à la rédaction ultime, exprimant le fond de sa pensée, telle qu'elle s'était d'ailleurs précisée et enrichie tout au long de son travail d'élaboration. Cette phase terminée, tout se passait comme s'il avait monté dans son esprit un mécanisme intellectuel qu'il lui suffisait de laisser se dérouler le moment venu. D'où cette grande impression de naturel que ressentaient les auditeurs lorsqu'il s'adressait à eux directement ou par le canal de la télévision. Il ne récitait pas. Il redécouvrait, en l'exprimant, son texte. D'où, également, les différences de forme, le plus souvent mineures, que l'on pouvait noter entre le texte officiel, qui était presque toujours celui qu'il avait écrit au préalable, et ce qu'il avait effectivement dit. L'exercice exigeait une concentration peu ordinaire. Les allocutions duraient au maximum une vingtaine de minutes; les conférences de presse dépassaient bien souvent l'heure. Le Général attachait de l'importance à ces exercices nullement dépourvus de périls. Sans doute, au-delà de leur objectif politique, y cherchait-il la preuve que son cerveau ne le trahissait pas, que la vieillesse n'avait pas prise sur le mécanisme de son intelligence. L'épreuve finie, lorsque, avant de quitter la salle des fêtes où il avait enregistré une allocution ou donné une conférence de presse, il reprenait sur le bureau son dossier qu'il n'avait pas ouvert et ses lunettes dont il ne s'était pas servi, il éprouvait une satisfaction qui pouvait se lire sur son visage. J'ai la conviction que, si de

Gaulle avait été victime d'une défaillance sérieuse lors d'une conférence de presse, il aurait quitté le pouvoir. Aucun fléchissement de cette nature n'a sonné l'heure du départ. Lors de notre dernier entretien, quelques jours avant sa mort, je fus encore frappé par la précision de ses souvenirs à propos du plan de stabilisation de septembre 1963.

Quand il s'agissait de ses sentiments à l'égard des hommes ou des femmes qui l'approchèrent, je retrouvais la même sûreté dans les souvenirs qu'il en gardait. Et Dieu sait pourtant qu'il en a connus! Français ou étrangers; hommes politiques ou proches collaborateurs; partisans ou adversaires, les lignes de démarcation entre ces diverses catégories ayant fluctué au cours de trente ans d'histoire... De René Pleven à Maurice Thorez, les opinions politiques de ses ministres couvrirent tour à tour la droite et la gauche de l'éventail national; certains de ses collaborateurs devinrent des hommes politiques; certains de ses partisans l'abandonnèrent en chemin; quelques-uns de ses propres ministres le trahirent. Sur la scène du pouvoir, où il jouait le rôle principal, il ne manqua aucun des personnages : les adversaires dignes, et il y en eut; les vrais et les faux amis; les fidèles et les courtisans; les renégats et les ralliés. En terme de sentiments, il avait pu contempler le panorama de nos grandeurs comme de nos faiblesses : fidélité et trahison; caractère et lâcheté; dévouement et égoïsme; amitié et haine. Il connaissait les étranges alliages que produisent parfois les éléments contradictoires de l'âme humaine. Il enregistra tout au long de sa vie bien des abandons, voire des trahisons; des fidélités se transformèrent en haine, au point qu'il fut attenté à sa vie. Il savait bien de quoi est pétrie l'argile humaine. Il avait pressenti la plupart de ces éloignements. Je crois même qu'il prévoyait sans beaucoup d'erreurs le moment précis où la fidélité se défait et à partir duquel tous les signes s'inversent.

En dépit de tout, il gardait pourtant un souvenir précis des sentiments qu'il éprouvait avant les éloignements, les ruptures ou les drames. A l'entendre parler du Jacques

Soustelle ou du René Pleven de l'époque de la France libre, il était difficile d'imaginer qu'il y avait eu ensuite l'affaire algérienne pour le premier, le référendum d'avril 1969 pour le second. Lorsqu'il décrivait l'action de ses différents ministres, il le faisait en fonction de ce qu'ils avaient été dans l'action commune, et nullement à travers le prisme de leur comportement ultérieur. N'est-ce pas là une forme étonnante de la mémoire? Bien rare, au demeurant! Lorsque le Général parlait de Philippe Pétain, il disait toujours « le Maréchal ». Je n'ai jamais relevé à son encontre la moindre mesquinerie dans ses propos. Il savait ce que la France devait au chef militaire de la Première Guerre mondiale. Il n'oubliait pas que, jeune officier, il avait servi dans son régiment. Il reconnaissait sans la moindre réserve ce qu'il lui devait pour le début de sa carrière. Mais il affirmait aussi qu'à partir de 1938 la vieillesse avait fait son œuvre. A ses yeux, il s'agissait dès ce moment d'un homme différent, et, d'une certaine façon, irresponsable. Cette déchéance n'altérait en rien l'image que de Gaulle se faisait de lui auparavant. J'ai retenu l'exemple du prisonnier qui mourut à l'île d'Yeu parce que l'opposition entre les deux hommes, qui avait d'ailleurs commencé bien avant 1939 à propos de la conception même de notre outil militaire, prit, au cours de la Seconde Guerre mondiale, la dimension nationale et internationale que l'on sait. Je pourrais en citer bien d'autres. Je reviendrai, au fil des pages, sur le problème de Georges Pompidou. Retenons pour l'instant que le Général n'oubliait rien de ce qu'avaient été ses attachements. Il ne réécrivait pas l'itinéraire de ses sentiments et de ses jugements en fonction des péripéties de l'Histoire. De ce point de vue, ses réactions différaient radicalement de celle des marxistes, modifiant leurs dictionnaires au fur et à mesure que le temps passe et en fonction des nécessités du moment. Le Général, de par sa forme de pensée, se situait à un autre niveau. Sans doute aussi attachait-il plus de prix à ce qui avait rassemblé les hommes qu'à ce qui avait pu ensuite les séparer! On a dit de lui qu'il n' « oubliait » rien. C'est vrai. Son esprit était ainsi fait qu'il se souvenait de tout. Il m'a dit souvent combien l'émouvait la devise du Québec : *Je me souviens.* Certes, lorsqu'il s'agissait de coups portés à la France, il ne laissait jamais tomber le voile de l'oubli et il avait la mémoire longue. Pour ce qui le concernait, il préférait se rappeler le meilleur. Il pardonna bien souvent; non qu'il eût oublié, mais parce qu'il estimait que le temps avait fait son œuvre.

Pour aller plus avant dans sa psychologie, il faut bien comprendre qu'aux qualités d'un cerveau d'exception s'ajoutait l'intelligence du cœur. Voilà qui en étonnera plus d'un! Il est vrai que, sur le champ de bataille du pouvoir, univers glacé où s'affrontent des monstres froids, cette faculté ne se rencontre guère. Il est non moins vrai que le portrait du Général, dessiné par ses partisans ou par ses adversaires, et tel qu'il se dégage d'une multitude d'articles, d'analyses et d'études, accentue les traits désormais bien connus : lucidité glacée, impassibilité, culte de la raison d'État, imperméabilité à la souffrance, sécheresse dans l'attitude. Il est vrai enfin que l'intéressé, autant par pudeur que par calcul, se refusait à toute initiative pour modifier l'image que l'on se faisait de son personnage, devenue l'un de ces clichés dont les Français sont curieusement friands, par conservatisme intellectuel sans doute. Cette machine à penser dont je voyais les puissants mécanismes, dont je pouvais analyser le fonctionnement jusque dans ses moindres rouages et qui, dans les moments de tension, impressionnait ses proches tant la logique s'y montrait implacable, le raisonnement assuré, la démonstration sans faille, l'audace de l'esprit superbe, cette machine n'aurait pas été ce qu'elle fut sans la finesse de la sensibilité, les ressources de l'intuition et les richesses de ce que j'appellerai, faute de trouver un mot plus adéquat, l' « invisible ». Comment dès lors ne pas penser à l' « exploration des gouffres », pour reprendre l'expression de Michaux, et ne pas être tenté de l'entreprendre? Mais que de difficultés! Comment avancer dans ce qui est par définition insondable? On ne peut que s'en tenir à l'examen de quelques indices, à l'observation de quelques-unes des parois qui émergent de l'immensité des profondeurs.

Dès ma première rencontre avec de Gaulle, j'avais eu le sentiment que son personnage était en quelque sorte multidimensionnel. Qu'il me faudrait aller, pour le bien comprendre, au-delà des apparences. La distance qu'il établissait à l'égard du modeste visiteur que j'étais marquait une hiérarchie. Elle pouvait révéler aussi le souci de se protéger. Par la suite, je voyais que l'aisance dans les manières, pour parfaite qu'elle apparût, était plus acquise par un effort personnel que reçue en héritage. Je croyais y déceler une certaine timidité et une preuve de sa vulnérabilité. Sous la bienveillance quelque peu solennelle du ton, je percevais, à des accents qui ne trompent pas, une bonté naturelle. J'étais également surpris par la forme de ses mains. Dans un personnage tout en force dense, elles introduisaient une dissonance. Leur aspect n'évoquait en rien les serres de rapace que l'on trouve souvent chez les hommes de guerre; elles ne paraissaient pas davantage construites pour tenir un sceptre ou pour modeler un empire à partir de la glaise des hommes; elles n'indiquaient pas plus le goût du pouvoir que la volonté de puissance ou l'ambition de sentir au creux des paumes le poids du destin. Elles étaient musiciennes, en longues lignes douces, comme dessinées pour tenir un archet ou caresser un clavier. Alors que le Général en imposait, intimidait et marquait toujours quelque distance, se dégageait de sa poignée de main une impression de douceur, de confiance et, à la limite, d'abandon. Le caractère se forge; l'attitude se maîtrise; personne n'a jamais pu modifier la signification ou le langage de ses mains. Se doutait-il de ce qu'elles révélaient sur lui-même? Il avait, en tout cas, un curieux geste. Lorsque, debout, il s'adressait à des interlocuteurs, il fermait l'un de ses poings – je ne me rappelle pas si c'était le droit ou le gauche –, l'appuyait sur sa poitrine, à peu près à la hauteur du cœur, et le recouvrait de son autre main. Voulait-il ainsi cacher les indications qu'elles pouvaient donner sur sa sensibilité et, d'une certaine manière aussi, sur sa vulnérabilité?

Cet homme qu'on présentait volontiers comme taillé dans des matériaux durs percevait en réalité toutes les pulsations de la vie, entendait à merveille les musiques les plus secrètes de l'âme humaine, voyait bien au-delà de ce qu'observait son regard, captait les messages annonciateurs des évolutions avant que son esprit n'en ait pris une conscience claire. Cette complicité avec le monde, relevant de l'inexplicable, qu'est-ce, sinon la sensibilité ? Assez fréquente chez le commun des hommes, elle se rencontre plus rarement dans le monde de la politique, où elle constitue souvent un handicap. Le Général en avait fait un atout d'autant plus redoutable qu'il la dissimulait. Il « sentait » les situations autant qu'il les analysait. La mesure qu'il prenait des hommes était quasi immédiate, et dans cette compréhension des autres il y avait chez lui quelque chose de féminin. Souvent, après avoir reçu un visiteur pour la première fois, en deux ou trois lignes de notation – des phrases brèves, le plus souvent sans verbe –, il dessinait un croquis de son interlocuteur. Cette première ébauche de portraits, qu'il élaborerait ensuite dans ses Mémoires avec une technique plus savante, faisait ressortir l'essentiel d'une manière saisissante, de même que les crayons de Delacroix sont aussi évocateurs que les toiles pour lesquelles ils ont servi d'esquisses. Il en allait de même pour sa compréhension des foules, des villes, des pays. D'où son goût des voyages, sa volonté de parler en plein air, son souci de se déplacer en voiture découverte. Pour lui, point n'était besoin de longs séjours. Une fois entendu le message qui l'intéressait, il aspirait à d'autres découvertes, à poser d'autres questions, à enregistrer d'autres réponses. Intuition ? Instinct ? Les mots n'ont pas tellement d'importance. On pourrait d'ailleurs en ajouter un, qui s'applique aussi bien aux humains qu'aux animaux : le flair. Venant du plus profond de son personnage, aiguisée par l'expérience, enrichie par la réflexion, sa capacité de pressentir était très sûre dans ce qu'elle avait de puissamment rudimentaire et de subtilement raffiné. De même que les chevaux ou les chats, quelques secondes avant les hommes – et ces instants, pour brefs qu'ils soient, assurent leur survie –, perçoivent l'arrivée des tremblements de terre, le Général, bien souvent, entendait avant les autres les premiers craquements annonciateurs des secousses dont l'onde de choc peut ébranler, jusque dans ses fondements, l'équilibre toujours précaire de l'architecture politique du monde.

Il faut également tenir compte chez lui du rôle joué par le goût du rêve. Souvent, je l'observais à un déjeuner, pendant une réception, au cours d'un voyage. Il jouait le rôle d'un chef d'État qui se trouve être de Gaulle comme s'il s'y donnait totalement. Mais je voyais bien que son « jeu » ne le prenait pas tout entier. La très belle phrase du philosophe Lavelle – « L'esprit rêvait, le monde était son rêve » – me revenait alors à l'esprit, car le Général était « ailleurs ». Je suis persuadé que l'analyse de son intelligence doit réserver une large place à l'onirisme. Il avait la faculté de desserrer le contrôle qu'à l'habitude il imposait au travail de sa pensée, laissant galoper, leurs crinières courbées sous le vent d'une course libérée, tous les chevaux de sang et de feu de cette intelligence qu'à l'ordinaire il maîtrisait d'une main de fer. C'était son romantisme, sans doute aussi une détente, en tout cas une aventure secrète. Bien qu'il reste difficile de suivre sa piste dans ces mystérieux itinéraires, il s'est sans doute avancé très loin dans les continents inexplorés que chacun porte en lui-même. Je suis persuadé qu'il a parcouru en esprit bien des chemins, ne s'arrêtant à aucune barrière. Cet homme est allé aussi profond que le lui permettaient les ressources d'un vaste et puissant esprit. De ces périples au-delà des frontières du réel, des navigations sur la houle de ces océans inconnus, de ces débordements des forces de l'inconscient, de toutes les errances du songe, il a tiré profit. On en retrouve des traces dans ses discours et dans ses livres.

Sans l'apport du rêve, il n'aurait pas été le poète qu'il fut. Son imagination n'aurait pas eu non plus la même ampleur. Sans cesse il s'efforçait de se représenter les pays et les situations, échafaudant à leur propos des hypothèses. Il avait d'ailleurs un penchant pour la science-fiction. Il regardait souvent les programmes de télévision portant sur les mondes à venir, même s'ils n'étaient pas très bons. Un jour, à La Boisserie, Mme de Gaulle lui en avait fait reproche devant moi. Un peu penaud, il avait répondu qu'il s'y intéressait pour pouvoir en parler avec ses petits-enfants. A l'évidence, ce n'était pas tout à fait la vraie raison. En réalité, le jeu de l'anticipation le passionnait. Il bâtissait des scénarios stupéfiants. Il m'a décrit un jour comment il voyait la fin du monde. Il apportait une telle précision à peindre son tableau de l'apocalypse nucléaire, il y mettait une telle puissance de conviction que j'en fus littéralement saisi. Que de fois d'ailleurs a-t-il effrayé ses visiteurs par des prophéties terrifiantes! Il ne se laissait prendre à son propre jeu qu'en apparence, mais son interlocuteur tombait presque toujours sous le charme... et dans le panneau.

En pensée, il construisait à son usage une image du monde. Il éprouvait ensuite le besoin de vérifier si l'idée qu'il s'était faite d'une situation, d'une personnalité ou d'un pays correspondait bien à la réalité. Il faut reconnaître qu'il s'en rapprochait souvent assez bien. Voyez, dans le tome I de ses *Mémoires d'espoir,* la description de l'Inde, où il n'est pourtant jamais allé. Lisez, dans *le Fil de l'épée,* les développements sur la condition des masses ouvrières dans le monde moderne : nous sommes en 1932, et ils sont écrits par un officier. Il brossait à son intention le portrait des chefs d'État ou de gouvernement qu'il n'avait pas eu l'occasion de rencontrer. Il souhaitait pouvoir en vérifier l'exactitude. Telle était l'une des raisons pour lesquelles il était allé voir Franco, qui l'avait d'ailleurs quelque peu déçu. Et il attendait beaucoup du voyage qu'il envisageait de faire en Chine en 1971; il me disait souvent, sachant bien que je n'étais pas dupe : « On me dit que Mao veut me voir... »

Il est banal de constater que l'intelligence de De Gaulle se situait à un niveau supérieur. Pour moi, c'était la diversité de ses composantes qui la rendait attachante, et, par bien des côtés, mystérieuse. Toutefois, dès qu'elle s'appliquait à l'art politique, tous ses multiples affluents se fondaient en un fleuve d'une saisissante unité. Bien souvent je me suis posé la question : « Pourquoi cet homme s'impose-t-il ainsi avec une telle force ? » Après avoir éliminé le magnétisme et le charisme, je finissais toujours par en venir à la même réponse : la puissance et la rigueur de la pensée n'ont pas, chez lui, tué la sensibilité; bien au contraire, elles s'en sont trouvées enrichies.

L'EXPÉRIENCE

> *« Avoir beaucoup de grandes expériences intérieures et se poser sur elles et au-dessus d'elles avec un œil intellectuel, c'est cela qui fait les hommes de culture qui assignent un rang à leur peuple. »*
>
> FRIEDRICH NIETZSCHE, *Aurore*.

Intelligence et intuition. Logique et rêve. Rigueur et sensibilité. Voilà tout un lot de qualités qui auraient pu s'opposer, voire se détruire. Chez de Gaulle, les circonstances en facilitèrent l'épanouissement dans l'harmonie. Qu'on se rappelle sa réflexion au sujet de Napoléon, lorsqu'il s'entretint à La Boisserie avec Malraux, le 11 décembre 1969 : « Pour l'âme, constatait-il, il n'a pas eu le temps. » Le Général n'a pas, à l'évidence, utilisé le mot « âme » dans son acception religieuse. Il en retenait plutôt la signification philosophique. Il voulait dire en réalité – et nous en avions parlé bien souvent – que, chez Napoléon, le besoin et le goût de l'action l'avaient bien souvent emporté sur la réflexion, que l'ambition n'avait pas été préparée et équilibrée par la méditation. Cette remarque pouvait aussi, il est vrai, être interprétée dans une optique plus personnelle à son auteur. N'était-ce pas pour lui le moyen de suggérer qu'à la différence du jeune empereur, il avait eu, lui, le temps « d'avoir une âme » ?

Vu dans cette optique, le survol de sa vie ne manque pas d'intérêt. Il accède relativement tard au pouvoir. Le 18 juin 1940, lorsqu'il lance l'appel de Londres, il est au milieu de sa cinquantième année. A cette âge, Napoléon entamait sa quatrième année d'exil à Sainte-Hélène, Mao dirigeait depuis treize ans la Révolution chinoise, et Richelieu gouvernait notre pays depuis une décennie. Churchill, de son côté, fut ministre à quarante ans. Sans parler d'Alexandre, mort à trente-trois ans, et de Pierre le Grand, qui, au sortir de l'adolescence, devint maître de la Russie. Dans le *cursus honorum* des hommes illustres, les profils comparables à celui de De Gaulle sont ceux de César, de Bismarck et de Lénine. Lorsque le Général quitte le pouvoir en 1946, il vient d'avoir cinquante-cinq ans. Il y revient dans sa soixante-huitième année. Plus jeune certes que Churchill lorsqu'il assuma en 1951, pour la deuxième et dernière fois, la charge de Premier ministre, mais à un âge où César, Pierre le Grand, Richelieu, Lénine étaient morts. On peut toutefois le rapprocher de Louis XIV, de Mao ou de Bismarck, qui ont gouverné au-delà de cet âge.

Sa vie fait apparaître une alternance de périodes où l'action domine et d'autres où il se trouve sans prise directe sur l'événement. Après avoir eu une conduite courageuse dans les combats de la Première Guerre mondiale, il fut fait prisonnier et connut l'isolement de la forteresse; il dirigea notre pays jusqu'au début de 1946; il passa ensuite douze ans à Colombey, où, à la suite de l'échec du RPF, il traversa une longue période de solitude qui prit fin en mai 1958; après onze ans de pouvoir, il y revint définitivement en avril 1969 et y vivra dans l'isolement jusqu'à sa mort. Les événements lui laissèrent donc le temps d'« avoir une âme ». De surcroît, au cours même de l'action, il savait aménager son temps pour conserver des plages de silence. On ne le dérangeait après heures du soir qu'en cas de circonstances exceptionnellement graves, et rien ne le distrayait donc de la tranquillité qui lui était nécessaire pour réfléchir.

Sans doute ne faisait-il en cela que suivre la pente de son tempérament. L'éducation qu'il avait reçue n'avait pu que la renforcer. Alors que, pour les sentiments et le caractère, l'influence de sa mère a été, me semble-t-il, déterminante, on retrouvait celle de son père dans la formation de son esprit. Beaucoup plus qu'un professeur, c'était un maître. Toutes les indications confirment qu'il possédait la vertu cardinale des éducateurs : je veux dire la volonté d'éveiller une jeune intelligence à laquelle il importe d'apprendre à se découvrir elle-même. De Gaulle avait, grâce à lui, bien assimilé la méthode que nous a laissée l'acquis gréco-latin, enrichi par l'enseignement catholique. Il savait conduire un raisonnement, rédiger une dissertation, composer un exposé, c'est-à-dire s'exprimer. Il n'oubliait jamais que, privée de cohérence, la pensée ne peut s'épanouir, que le raisonnement doit s'appuyer sur le respect de la logique et que l'esprit a des devoirs de clarté envers lui-même. A la rigueur du classicisme, à la chaleur du catholicisme s'ajouta – et sur ce point-là aussi l'influence de son père fut capitale – l'attachement au libéralisme. Je n'ai jamais relevé la moindre trace de sectarisme intellectuel chez le Général. Il éprouvait du respect pour toutes les démarches, voire les audaces, de l'esprit. Sa formation ne l'enfermait pas sur lui-même et il ne fut en rien homme de système, de chapelle ou de secte.

Sa soif de connaissances ne fut jamais étanchée. Au crépuscule d'une vie si riche en événements et en évolutions, où s'étaient croisés, pour s'y unir ou s'y affronter, d'aussi nombreux acteurs aux talents illustres, il conservait la curiosité d'un adolescent à la découverte du monde. A Colombey, il continuait de porter intérêt à tout. Qu'il s'agisse de politique, d'art, de technique, de lecture, rien ne le laissait indifférent. Il interrogeait ses visiteurs avec une visible avidité sur les sujets les plus divers. Comme s'il y avait encore pour lui des disciplines à connaître, des voies à explorer, des hypothèses à vérifier. N'étant pas de ceux qui s'installent dans le royaume des certitudes, il croyait que tout se remet perpétuellement en question, que la vérité se cherche, et que cette démarche est notre honneur.

Comme il l'avait fait toute sa vie, il continuait à lire. Il recevait de nombreux ouvrages. Par politesse, il y jetait presque toujours un coup d'œil. S'il avait aimé l'œuvre, il faisait la surprise à son auteur d'une lettre ou d'un court billet où il livrait ses réflexions. Il relisait aussi, puisant dans les ressources de sa vaste bibliothèque les ouvrages des écrivains qu'il considérait comme ses frères en littérature. Ceux dont les écrits tiennent, dévoilent à chaque lecture de nouveaux horizons et permettent sans cesse des réinterprétations. Il parcourait aussi parfois les siennes. Je ne doute pas qu'il en ait tiré profit.

Ces qualités sont celles d'un penseur. L'intéressant, dans le cas de De Gaulle, réside dans le fait qu'elles s'appliquèrent au domaine de l'action politique et que la réflexion et l'action s'enrichirent l'une de l'autre. De ce point de vue aussi, quelle existence fut la sienne ! Que d'hommes il a côtoyés ! Quand il entre dans l'armée, le service militaire est obligatoire depuis le début de la IIIe République. Toute notre jeunesse sert dans nos régiments. Comme au temps de la Révolution et de l'Empire, les paysans, à proportion de leur importance dans la population du pays, y dominent. Ils se trouvent pourtant mêlés aux ouvriers, aux artisans, aux commerçants, aux employés, aux jeunes gens issus de la bourgeoisie, aux séminaristes comme aux instituteurs. Le système de recrutement brasse à dessein les provinces. Si bien que toute unité apparaît comme un microcosme de notre pays. De Gaulle appartenait au petit groupe d'officiers lucides et généreux qui, sur les traces de Lyautey, réfléchissaient au « rôle social de l'officier ». Il s'intéressait à ses soldats. Il vivait près d'eux. A deux époques bien différentes, il les conduisit au combat. Ce qui, pour beaucoup d'entre eux, veut dire à la mort. La guerre de tranchées de 1914-1918 laissa dans sa sensibilité des traces indélébiles. « Il y eut dans ce conflit des hécatombes effroyables et bien inutiles », me dit-il un jour. Au contact de la troupe, il apprit à connaître un univers que, jeune bourgeois parisien, il aurait ignoré sans l'expérience du service des armes : celui de la réalité française. Il découvrit les vertus innées des Français, leur générosité lorsqu'on sait s'adresser à leur esprit et à leur cœur. Les réactions de ses « poilus » de Verdun, de ses équipages de chars de la bataille de Montcornet en 1940, lui révélèrent bien des richesses de notre peuple en matière de dévouement et d'héroïsme, et lui offrirent la meilleure image que nous puissions donner de nous-mêmes. Jusqu'à la fin de sa vie, il reçut de ses anciens soldats des lettres, de modestes cartes postales, auxquelles il répondait toujours. C'étaient les témoins d'une époque où il avait appris à connaître la chaleur élémentaire et rayonnante de la camaraderie en suivant l'humble itinéraire des souffrances et des joies de ceux qui avaient été jetés dans le brasier de la Grande Guerre. Deux fois blessé, cité trois fois, prisonnier pendant deux ans, il avait appris, pour l'avoir endurée, jusqu'où peut aller la peine des hommes au combat. A la différence de Napoléon, il en sera toujours économe.

Vint une deuxième période où il eut l'occasion de reprendre un contact direct avec le pays profond. A l'époque du RPF, de 1946 à 1954, il parcourut la France et l'Union française. Il approcha les milieux sociaux les plus variés. L'exercice du pouvoir l'avait éloigné quelque peu de ses concitoyens. Il réapprit la géographie humaine de son pays. Pierre Lefranc, qui à cette époque accompagna souvent le Général dans ses déplacements, m'a dit combien cette redécouverte avait été féconde. De Gaulle partagea le pain et le sel avec les hôtes les plus divers, bien souvent des anciens résistants. Il put ainsi prendre la mesure des bouleversements qui s'opéraient dans les fondements mêmes de la société française. Il en tira des leçons. Si bien que l'on ne saurait souscrire à la remarque d'André Malraux prétendant, en bon intellectuel parisien, qu'il avait manqué à de Gaulle d'avoir pris des repas avec un ouvrier.

Cela dit, il ne fut pas seulement un officier de troupe. Il enseigna à Saint-Cyr; suivit les cours de l'École de guerre; servit dans les états-majors; occupa d'importantes fonctions à la Défense nationale. Après avoir fait la guerre, il s'efforça d'en dégager la philosophie. Après avoir partagé l'humble vie des unités en campagne, il réfléchit sur l'organisation des grands ensembles militaires et sur leur utilisation. Il analysa les rapports entre l'armée et la nation, les indispensables articulations entre l'économie et la défense, l'apport des nouvelles techniques à la stratégie. Cette dernière est au grand capitaine ce que la philosophie est au penseur et l'imagination au créateur. Elle lui offrit un domaine qu'il prospecta, animé par l'ardeur que partageaient un groupe d'officiers soucieux de renouveler notre doctrine militaire. Au cours de cette période d'activité intellectuelle, il publia quatre livres, ainsi qu'un certain nombre d'articles. Leur succès fut inégal. On ne mesura leur importance qu'après. Ils révèlent pourtant une pensée déjà maîtrisée. A les relire, on comprend le rôle qu'ils jouèrent par la suite dans la vie de leur auteur. Ses réflexions mûries pendant l'entre-deux-guerres sur l'histoire militaire et la stratégie l'avaient profondément marqué. Il est vrai que ce sont des spécialités où il excellait. A s'en tenir à la seule qualité de l'écriture, ses discours les plus achevés sont ceux qui sont consacrés à ces deux domaines. Il avait plaisir à en parler. Comme ces sujets m'intéressent aussi, nous y revenions souvent. Nous évoquions les problèmes de l'arme nucléaire. Il pensait qu'elle pourrait être utilisée un jour si l'on ne prenait pas les précautions voulues : soit par erreur; soit à l'initiative d'esprits malades ou enflammés; soit – et c'était l'hypothèse qui lui paraissait la plus vraisemblable – parce que des nations, placées devant la menace de disparaître, le décideraient, poussées par leur volonté de survivre. Je me rappelle avec quelle puissance de conviction il m'avait décrit le processus. « Vous verrez, le jour où un peuple aura le sentiment qu'il y va de son existence, des voix s'élèveront pour exiger le recours à l'arme suprême; elles viendront de tous les secteurs de l'opinion : de la gauche, de la droite, des Églises; tous les scrupules, toutes les valeurs, toutes les croyances, tous les dogmes seront balayés » – et de conclure : « Il en a toujours été ainsi dans l'histoire du monde. » C'était d'ailleurs bien pour écarter ce danger qu'il avait doté notre pays d'une capacité nucléaire de dissuasion.

Dans les années qui précédèrent la Seconde Guerre mondiale, il approcha le monde politique pour défendre la thèse de l'arme blindée, qu'il avait exposée dans son ouvrage *Vers l'armée de métier*. Comme on le sait, il prêcha dans le désert. Il n'oublia jamais la fraîcheur de l'accueil qui lui fut réservé, ses attentes dans les antichambres ministérielles, l'échec de ses démarches répétées auprès des politiciens. Certains pourtant l'écoutèrent ; ce fut le cas de Léon Blum et de Paul Reynaud. Édouard Daladier l'inscrivit de sa main au tableau d'avancement au grade de colonel, alors que l'état-major s'était bien gardé de l'y placer. La presse réserva à ses idées un accueil glacial. « Dès le début, m'a-t-il dit non sans amertume, ils ne m'ont pas compris. » Sa prise de contact avec ces milieux agonisants l'avait fâcheusement impressionné. Il y avait perçu tous les signes annonciateurs de la décadence, il avait pressenti que, dans la structure du pays, des affaissements allaient se produire, et que la France allait droit au désastre.

Avant la cinquantaine, il s'était donc construit un système de pensée, avait dégagé une vision d'ensemble de sa spécialité et de la société, ainsi que des grands problèmes qui se posent à une nation. Il avait servi en Allemagne, en Pologne, au Liban, et chacun de ses séjours avait laissé des traces qu'on verra réapparaître plus tard. C'est bien connu pour l'Allemagne, dont il savait fort bien ce qu'elle a de fort, voire d'excessif, dans ses qualités comme dans ses défauts. Au sortir de la Première Guerre mondiale, sa mission à Varsovie lui avait fait connaître le monde slave, les pays de plaine sans frontières naturelles où, malgré le patriotisme des peuples, les nations se fixent mal, ballottées au gré des rapports de forces entre la Russie et l'Allemagne. Il éprouvait un réel attachement pour la Pologne en raison de sa vaillance, de son destin tragique, peut-être aussi pour un motif d'ordre plus personnel. Il y combattit l'Armée rouge naissante, animée par Trotski, lequel, pour être révolutionnaire, n'entendait pas moins, dès ce moment, assumer l'intégralité de l'héritage des tsars. Il vécut aussi au Liban, alors sous mandat français. Il se sentit assez mal à l'aise dans le système colonial et comprit la nécessité d'amorcer les évolutions indispensables dans ce qui était, à l'époque, l'Empire français. Il garda de son séjour à Beyrouth une affection pour le Liban qui ne perdit jamais de sa force. Il avait envisagé à plusieurs reprises de s'y rendre. La tension née du conflit entre Israël et les pays arabes, l'opposition aussi résolue que raisonnable du Quai d'Orsay, empêchèrent la réalisation de ce projet.

Nul n'ignore comment s'est opérée l'entrée de De Gaulle dans la vie politique du pays en 1940. Les faits sont bien connus. On ne sait peut-être pas assez qu'il aborda cette nouvelle étape en ayant déjà dégagé une pensée et une méthode. Des champs nouveaux s'offrent certes à son action et à sa réflexion, mais, au point de vue intellectuel, il est armé pour les affronter et en tirer le meilleur parti. La politique des nations en guerre, l'affrontement des puissances, le rôle de l'économie, le poids des idéologies ne le prirent donc pas au dépourvu. Ses problèmes étaient plutôt d'ordre technique. Il lui fallait tout à la fois s'imposer et construire, à partir du néant, un gouvernement ainsi qu'une armée. Il vécut alors au contact de ces géants civils ou militaires que toutes les époques de sang et de larmes poussent aux premiers rangs : Roosevelt, Churchill, Staline, Eisenhower, Tchang Kaï chek, Montgomery, les maréchaux soviétiques. Sa réflexion put ainsi s'appliquer à des événements d'une intensité exceptionnelle, dont il garda d'ailleurs une incontestable nostalgie.

De 1958 à 1969, la situation est bien différente. Certains acteurs étaient sortis, d'autres les avaient remplacés. Le théâtre continuait. De Gaulle y jouait sa partie. Il avait gagné en expérience. Les années de solitude à Colombey l'avaient enrichi et, curieusement, l'épreuve l'avait en quelque sorte apaisé. A s'en tenir au seul poids des personnalités, il était l'un des maîtres de la scène internationale, de ceux dont les répliques portent, que le public suit. Il le savait. Tout en tenant son rôle, il observait; cherchait à comprendre; poursuivait sa réflexion, l'ajustant sans cesse aux nécessités de situations toujours renouvelées; il savait que le drame ne s'arrête jamais, que l'aventure des nations et des hommes rebondit de crise en crise et que, dans l'ombre des coulisses, se préparent de nouveaux acteurs. Il avait pris davantage de recul. Il possédait à fond sa technique. Une fois la crise algérienne réglée, les événements étaient moins pressants. Quand il quitte le pouvoir, en 1969, la France qu'il laisse derrière lui n'est plus celle de 1958.

A travers toutes ces époques, de Gaulle a toujours donné l'impression qu'il ne perdait jamais son sang-froid et ne se départissait à aucun moment de sa légendaire impassibilité. Il serait erroné d'en déduire qu'il a traversé autant d'événements, dont certains furent beaucoup plus tragiques pour notre pays que pour d'autres, sans en avoir été bien des fois bouleversé. Il souffrit de notre décadence de l'entre-deux-guerres et de la défaite de 1940 qui en fut la conséquence. Il eut à supporter de terribles chocs : à la suite de l'échec de l'expédition de Dakar en 1940, où il fut, semble-t-il, hanté par l'idée du suicide; lors de son départ du gouvernement en 1946; tout au long de l'insurrection algérienne; lors des événements de mai 1968. A deux reprises, il se trouva écarté du pouvoir. Que d'occasions lui furent donc données de se trouver aux prises avec lui-même dans de difficiles combats! D'autant plus que certaines des épreuves nationales se doublèrent de crises de conscience déchirant le pays entier, comme ce fut le cas pour la période 1940-1945 et pour la guerre d'Algérie.

Il eut aussi à affronter des drames d'ordre plus personnel, qui influencèrent sûrement sa démarche intellectuelle, même s'il se révèle difficile d'en analyser exactement la portée. Comme je l'ai dit, il m'a fait une seule allusion directe à sa fille Anne, à propos de l'achat de La Boisserie. Un jour où je lui avouais que je n'avais plus la résistance physique qui était la mienne autrefois, il m'avait répondu, après m'avoir demandé mon âge : « A quarante ans, il faut apprendre à renoncer. » Napoléon avait d'ailleurs fait une remarque assez analogue au tsar Alexandre, mais dans un tout autre contexte. Or, curieusement, de Gaulle approchait la quarantaine lorsque naquit la seconde de ses filles. Ce fut un tournant dans sa vie. Je manque d'indications directes sur la manière dont le Général réagit à cette épreuve. Sa famille peut en parler mieux que moi. Comment ne pas imaginer combien elle a pu le marquer? Anne mourut en 1948. Quittant le cimetière de Colombey, le jour de l'enterrement, le Général aurait dit : « Désormais, elle est une enfant comme les autres. » Son décès mettait fin en tout cas à la recherche d'un dialogue, sans doute difficile et douloureux, entre l'intelligence du père et le cerveau retardé de sa fille. Car de Gaulle s'était beaucoup occupé d'Anne pendant ses jeunes années : il jouait et se promenait avec elle; l'enfant lui manifestait de l'attachement, et, pour rudimentaire que fût ce sentiment, il était déjà un éveil. J'incline à penser que ce combat toujours repris, ces tentatives d'un père pour susciter une émotion, l'amorce d'un sourire, un signe de compréhension qui donne à espérer, ce déploiement de tendresse afin de percer l'opacité d'un cerveau et l'éveiller à la vie, ont donné à la méditation du Général une certaine pente. A n'en pas douter, son penchant pour la solitude et le pessimisme en a été renforcé. J'imagine que, réfléchissant à cette enfant, il a dû aller jusqu'au bout de lui-même, remettre en question les fondements religieux et moraux qui reposaient pourtant chez lui sur de solides assises. Le détachement qui apparaissait souvent chez cet homme d'action, la distance qu'il prenait vis-à-vis des événements sur lesquels pourtant il pesait, la façon qu'il avait parfois de donner à entendre que son action n'avait pas, au bout du compte, tellement d'importance, s'expliquaient peut-être par l'échec des tentatives faites par une des plus belles intelligences de son siècle pour communiquer avec un enfant attardé.

L'année où Anne mourut, le Général subit une opération de la cataracte. S'il fut sauvé de la cécité, sa vue en sortit très diminuée. Dès 1948, sans lunettes, il ne voyait plus que les grandes masses et les taches de couleur; de près, il distinguait les silhouettes sans pouvoir reconnaître les visages. Avec ses verres, il retrouvait une vision à peu près normale, mais seulement droit devant lui; sur la droite et sur la gauche, son regard accommodait fort mal. Dès ce moment – et il a alors moins de soixante ans –, il redoute de devenir aveugle, ce qui l'aurait empêché de poursuivre une activité politique et, surtout, d'écrire. Il lui fallut s'habituer à la diminution de ses facultés. Une telle adaptation exige des efforts et beaucoup de ténacité pour tout un chacun; plus encore pour un homme public. Là encore, sa force d'âme et son caractère l'aidèrent. Il tira même profit de cette infirmité. Sa concentration d'esprit s'en trouva renforcée. Il eut davantage recours à la finesse de ses perceptions et aux ressources de l'intuition. Dans certains cas, l'aveugle perçoit mieux certains phénomènes qu'un homme normal. Il en alla ainsi pour de Gaulle. Il « écouta » les foules autant qu'il les observa; c'est pour cette raison qu'il aimait se fondre à elles. Quand il visitait un pays, il s'efforçait d'en saisir l'âme plus qu'il n'en scrutait le visage. Il en allait de même avec les hommes qui l'approchaient. Dès cette époque, au cœur d'une semi-pénombre, le Général se limita à l'indispensable pour assurer les contacts avec l'extérieur et accomplir sa tâche. Rien ne détourna plus guère son esprit de l'exercice de la méditation. Si, selon la réflexion de René Char, « l'essentiel est sans cesse menacé par l'insignifiant », son infirmité renforça chez lui sa tendance naturelle à ne pas se laisser distraire. C'est bien ainsi qu'il m'apparaissait : esprit toujours en éveil, mû par l'inlassable volonté de comprendre un monde qu'il voyait à peine, mais dont il connaissait d'autant mieux les véritables lignes de force. Découvrant des voies nouvelles où il engageait un pays quelque peu nerveux et rétif à le suivre dans l'aventure et l'obscurité de la nuit. Mais lui regardait les étoiles et connaissait son chemin.

LE REGARD

> *« Comme au-dessus du ciel il y a le ciel, et, après la vie, la vie – au-delà du regard, il y a le regard. »*
>
> TARDIEU (à propos de Cézanne).

Contemplatif, il agit. Homme de guerre, il comprend dès 1954 que l'humanité s'installe, du fait de l'arme nucléaire, dans une paix d'un style nouveau et probablement durable; qu'une telle situation présente des avantages et des périls. Mainteneur de la France, il décolonise. Issu de la bourgeoisie, il pressent la fin de son règne. Nourri de toutes les sciences qui conduisent souvent au pessimisme, il croit, sinon au bonheur de l'homme, du moins à la grandeur de son effort de libération. Dur par nécessité, voire implacable, il sait le prix de la bonté. Solitaire, il rassemble autour de lui des foules ardentes. Il résiste à l'analyse. Scandale suprême dans un pays où la logique poussée à l'extrême et une certaine sclérose de notre pensée politique exigent que tout être soit répertorié, il n'entre dans aucune catégorie. Il a, en réalité, créé la sienne. Comme tout philosophe, il a dégagé sa propre vision du monde. Ne pas en tenir compte risque d'égarer ceux qui veulent avancer dans la compréhension du personnage. L'homme d'action qu'il fut ne s'explique pas, en effet, sans un « regard sur le monde » qui lui a fourni la meilleure de ses armes.

Il n'est point de système de pensée sans une méthode. Celle de De Gaulle était simple. Elle consistait à observer d'un œil toujours neuf. De ce point de vue, et aussi étrange que cela puisse paraître, il était moins déterminé par son milieu familial qu'on ne le croit. Ou, plus exactement, le sien ne pouvait se classer dans les catégories habituelles. La bonne bourgeoisie dont il était issu ne saurait se ranger dans le monde du négoce ou des affaires. On ne retrouve pas l'atmosphère de l'univers balzacien dans sa famille. Celle-ci appartenait plus au XVIIIe siècle, devait plus à l'*Encyclopédie* qu'à la révolution industrielle, et avait des réactions bien à elle : on y appréciait la vie intellectuelle, on écrivait, on se piquait de culture, on pratiquait les « vertus ». A l'aube du XXe siècle, avoir un père professeur de l'enseignement libre, monarchiste et libéral, nationaliste et dreyfusard, présentait quelque singularité. C'était aussi un privilège. Ce maître transmit à son fils sa propre ouverture d'esprit. La conviction plus ou moins clairement exprimée par la bourgeoisie, mais toujours fortement ressentie, de s'appuyer sur un système de valeurs indiscutable, de disposer d'une capacité au-dessus de toute contestation et, par voie de conséquence, de posséder des droits, comme les féodaux furent propriétaires de leur fief, est étrangère à l'univers intellectuel de De Gaulle. Il voyait plutôt la vie sociale en termes de devoirs.

Il choisit le métier des armes et entra dans un milieu dont il n'était pas issu mais où, d'entrée de jeu, il se trouva à l'aise. Or l'armée constitue un monde bien différent de celui de la bourgeoisie, même si la plupart des officiers en sont originaires. En tant que corps social, elle a existé bien avant le capitalisme; elle lui survivra, sans modifier l'essentiel de ses règles ni de son comportement, comme le montrent les exemples de l'URSS et de la Chine populaire. Dans tout pays qui se respecte, ses seules valeurs fondamentales sont celles du devoir et du sacrifice. Une de ses missions majeures consiste à analyser la menace afin de la prévoir et de la dissuader, et, éventuellement, d'y répondre. Point de véritable officier sans vigilance de l'esprit. Sous cet angle, la fonction, quand elle est bien comprise, stimule l'intelligence plus qu'elle ne l'engourdit et offre un vaste terrain aux esprits audacieux. De Gaulle s'y avança avec une poignée d'autres officiers lucides, notamment le colonel Nachin et le lieutenant-colonel

Mayer. Il heurta le conservatisme de l'ensemble du corps auquel il appartenait. Il gravit certes les échelons, mais sa carrière, freinée par le poids de ce même conservatisme, ne releva pas pour autant du parfait classicisme. C'est ce qu'exprimait fort bien le colonel Nachin lorsqu'il observait : « N'appartenant à aucune coterie, il ne peut tabler sur aucune amitié traditionnelle, sur aucun concours de relations efficaces, sur l'adhésion calculée d'aucun esprit en place. Il est breveté, mais il ne fait pas partie de l'état-major de l'armée ; il est sorti de l'École de guerre, mais il n'y a pas professé. Il a été nourri de la plus pure doctrine orthodoxe, mais il en conteste la valeur. Il eut des maîtres qui pouvaient le patronner, des camarades qui eussent pu le vanter ; mais il était supérieur à ses camarades ; il croyait l'être de ses maîtres, et il l'était, en effet ; cela ne se pardonne pas. » De même que dans son milieu familial on n'acceptait pas les idées reçues, de Gaulle refusait de s'y plier dans sa vie professionnelle. Curieusement, alors que pour les manières, la façon de s'habiller, de parler ou d'écrire, il correspondait parfaitement à une époque, il en allait tout différemment lorsqu'il s'agissait de sa démarche intellectuelle. Dans ce domaine, il est toujours apparu comme « décalé » par rapport à l'opinion ambiante. Existe-t-il meilleur angle pour bien voir ?

Pour l'élaboration de ses idées, il s'était fait lui-même. A bien des égards, son itinéraire intellectuel fut celui d'un autodidacte. Il en avait conscience et en tirait quelque fierté. Il adorait l'histoire. La naissance, la vie, la mort des civilisations, des États, des empires le passionnaient. Il en avait une connaissance très sûre, constamment mise à jour par ses lectures. Il aimait en parler. Le phénomène de la décadence le fascinait. Il en avait relevé les signes en France entre les deux guerres. Nous évoquions souvent l'Espagne, l'empire du soleil éternel sur lequel le crépuscule avait commencé de tomber à la mort de Philippe II. Le mal était-il sans remède ? Le vieil arbre pouvait-il refleurir ? L'une des raisons de son voyage au sud des Pyrénées en juin 1970 était de trouver une réponse à ces questions. L'étude du passé avait élargi son champ de vision, lui procurant le recul voulu. Il analysait les évolutions sur le long terme, à l'échelle des siècles. C'est ainsi que, sans mettre en cause l'importance du capitalisme et du marxisme, il ne voyait pourtant dans leur existence et leur opposition qu'une phase plus ou moins longue dans la marche de l'humanité.

L'histoire lui avait enseigné un certain relativisme, et son expérience de la vie publique l'avait conduit à un pessimisme salubre. A propos de Montaigne, Élie Faure a écrit : « La vaste contemplation désintéressée et terrible de l'ensemble du monde absorbé par ses déchirements est toujours au commencement des grands drames de la pensée. » De Gaulle avait vécu les siens et les avait surmontés. Au-delà du masque des idéologies et de l'artifice des mots, il s'efforçait d'appréhender par lui-même les réalités. C'est pourquoi il voyageait beaucoup en France et à l'étranger. Son sens de l'observation, sa manière de sentir les foules et les êtres lui fournissaient des moissons d'indications. L'expérience affinant l'intuition, il en était arrivé à juger du premier coup d'œil les pays, leurs gouvernants, les foules étrangères ou françaises, les préfets, les ambassadeurs. Lorsqu'il ne connaissait pas ou mal une région du monde, il interrogeait. C'était le cas de l'Asie, sur laquelle il avait peu d'expérience directe, puisqu'il n'était allé ni dans le sous-continent indien, ni en Chine, ni en Indonésie. Comme j'étais responsable des questions asiatiques au Quai d'Orsay et que j'avais servi en Extrême-Orient, il me posait souvent des questions sur les pays et sur leurs gouvernants.

A ce sujet, il faut revenir sur le rôle essentiel que jouait à ses yeux le fait national. L'attachement à son pays lui était venu d'instinct. L'analyse politique en avait fait un dogme. Il avait vérifié que ce qu'il ressentait, d'autres, de par le monde, l'éprouvaient aussi. Les patries étaient à ses yeux le moteur principal de la vie internationale. Certaines idéologies les niaient, qu'elles soient capitalistes ou marxistes, sans pour autant en effacer la réalité. Combien est révélateur à cet égard le célèbre portrait que, dans ses *Mémoires de guerre*, il brosse de Staline, bolchevik et Caucasien, c'est-à-dire au départ aussi peu nationaliste russe que possible : « Dès lors, seul en face de la Russie, Staline la vit mystérieuse, plus forte et plus durable que toutes les théories et que tous les régimes. Il l'aima à sa manière. Elle-même l'accepta comme un tsar. » Si l'on analyse dans ces perspectives la diplomatie de De Gaulle, il apparaît que c'est plus avec la Russie qu'avec la capitale du monde communiste de l'Occident que de Gaulle engagea sa politique de détente. Dans les démocraties populaires, de Gaulle avait constaté la permanence du fait national, malgré la chape de plomb de l'orthodoxie communiste et le poids militaire de l'Armée rouge. En faciliter à terme la renaissance était précisément l'un des objectifs de la politique qu'il inaugura. Il jugeait les dirigeants des pays du glacis soviétique à l'aune de leur attachement à leur nation. A propos de ceux de la Pologne, qu'il avait rencontrés, il m'avait fait remarquer : « Tout se passait comme si chez eux le sens national avait complètement disparu. Alors qu'il paraissait tellement vivant dans le peuple... »

Voilà pour le communisme de l'Occident. Celui de l'Orient l'intriguait. Dans son désir de rencontrer Mao entrait pour une bonne part la curiosité de voir où passait, chez le héros de la Longue Marche, la ligne de partage entre le dogme du communisme et la permanence de la Chine. Était-il le successeur des grandes dynasties ou le prophète d'un nouveau monde? D'instinct, de Gaulle mettait l'accent tonique sur le nationalisme. Dès la fin de 1969, il avait pressenti que Pékin allait freiner sa stratégie révolutionnaire dans le monde pour adopter une diplomatie plus classique de grande puissance. Je lui avais lu, à La Boisserie, une phrase prononcée par Mao en 1936, que j'avais relevée à son intention dans une revue : « L'étendard de la guerre juste de l'humanité, c'est l'étendard du salut de l'humanité; l'étendard de la guerre juste en Chine, c'est l'étendard de la Chine. » Comme je faisais valoir au Général que les bolcheviks ne me paraissaient pas avoir tenu des propos aussi ouvertement nationalistes au début de leur révolution, il me répondit, toujours attentif à la pesanteur du fait national : « Ce doit être parce que la Chine, en tant que nation, a vingt ou vingt-cinq siècles d'avance sur la Russie. »

De ce point de vue, les États-Unis lui posaient problème. Pour son échelle de valeurs, deux siècles d'histoire, c'était bien peu ! Georgette Elgey, qui préparait au cours de l'été 1970 une émission de télévision à l'occasion de la publication des *Discours et Messages* de De Gaulle, m'avait fait remarquer qu'il était impossible d'y trouver quelques lignes résumant son jugement sur la grande puissance nord-américaine, alors qu'il en existait pour l'Angleterre, la Russie ou l'Allemagne. Intrigué, j'avais vérifié. Elle avait raison. Le Général n'avait nulle part brossé le portrait des États-Unis. Sans doute ne les voyait-il pas avec assez de clarté. La relative brièveté de leur passé, leur identification avec le système capitaliste l'avaient empêché de dégager un jugement définitif sur l'hémisphère nord du Nouveau Monde. Ce qui, bien sûr, ne l'empêchait pas d'en mesurer et d'en reconnaître la puissance, sachant fort bien que, depuis la fin de la Seconde Guerre mondiale, sous la diversité des apparences, le monde occidental était la zone où s'affirmait sans conteste l'*imperium* américain.

Un portrait n'est pas seulement une description. Qu'il s'agisse d'une nation ou d'un homme, il implique un jugement de valeur pouvant orienter l'action. Il en va de même pour l'analyse d'une situation. Le fait est que, prenant appui sur la réflexion et l'observation, de Gaulle possédait un sens aigu du diagnostic politique. Qu'on relise ce qu'il écrivait à Trèves, en 1928, lorsqu'il y commandait un bataillon de chasseurs : « L'armée du Rhin n'en a plus pour longtemps ; la force des choses abat ce qui demeure en Europe de barrières convenues et précieuses. Il faut être convaincu que l'Anschluss est proche. Puis la reprise par l'Allemagne, de force ou de gré, de ce qui lui fut arraché au profit de la Pologne. Après quoi on nous réclamera l'Alsace. Cela me paraît écrit dans le ciel. » L'observation était d'autant plus lucide que la grande crise économique de 1929 n'avait pas encore ébranlé le monde et que le nazisme était encore balbutiant. Quant à la période qui va de 1928 à la guerre, si on l'observe avec le recul du temps, pour ce qui concerne de Gaulle, on peut dégager les enchaînements qui éclairent et expliquent le 18 juin 1940. *Le Fil de l'épée* était, en 1932, le livre de la préparation psychologique destinée à affronter une grande crise. *Vers l'armée de métier* proposait, dès 1934, la réponse à la menace allemande potentielle par une refonte complète de notre système militaire. Le projet n'ayant pas été retenu, de Gaulle en déduisit que le pays courait au désastre. Il s'y prépara. Ces déductions lui paraissaient tellement logiques et si bien confirmées par la réalité qu'il n'aimait pas beaucoup être enfermé dans la mythologie quelque peu rudimentaire du 18 juin 1940, consistant à le faire apparaître subitement sur la scène comme le produit de quelque divine surprise de l'Histoire. « Ma surprise – me fit-il remarquer un jour avec tristesse, comme il l'avait confessé à beaucoup d'autres – avait été de me trouver seul à Londres. Sans aucune personnalité politique de quelque surface. Qu'avais-je comme Français autour de moi ? Des Juifs lucides, une poignée d'aristocrates, tous les braves pêcheurs de l'île de Sein... » Quand il parlait de la faiblesse et de la faillite des classes dirigeantes françaises, il était bien placé pour en avoir mesuré l'ampleur. Plus près de nous encore, j'ai souvenir d'une anticipation dont la précision m'avait beaucoup frappé. Au début du printemps 1968, Jean-Marie Domenach, au retour d'un séjour à Prague, m'avait décrit avec émotion ce qui s'y passait et ce qui lui paraissait devoir être fait pour aider les Tchèques. Il souhaitait que j'en fisse part au chef de l'État. Sachant que le Général tenait en estime le directeur de la revue *Esprit*, dont il appréciait la générosité lucide, la franchise, la solidité du sens national, je lui transmis le message. Sans marquer la moindre hésitation, il me répondit ce qui suit, que je rapporte très exactement : « Je sais ce qui se passe à Prague. Chez les intellectuels, les professeurs, les journalistes, les étudiants, le ton va monter. Ils iront trop vite, trop fort, trop loin. L'armée russe interviendra. Personne ne se battra contre elle. Il se peut qu'un étudiant ou deux se suicident. » Puis, après un léger temps de silence, il conclut : « Et la nuit tombera à Prague. Vous pouvez le dire à Domenach. »

Tous ceux qui ont approché de Gaulle peuvent donner de tels exemples. Certains feront remarquer que, pour la crise de mai 1968, le don qu'il avait pour analyser et prévoir s'était trouvé pris en défaut. Ils ont à la fois raison et tort. Raison, parce que effectivement le Général fut surpris par le tour et le style des « événements » (fut-il d'ailleurs le seul?). Tort, parce que depuis une année ou deux il était préoccupé par l'immobilisme de la politique de son gouvernement sur un certain nombre de points auxquels il tenait. Ce n'est plus un mystère aujourd'hui qu'il voulait, dès 1965, changer de Premier ministre, car il trouvait Georges Pompidou trop conservateur dans le domaine de la participation et dans celui de l'éducation nationale. Le Général avait la conviction que les changements n'intervenaient pas assez vite et que c'était dangereux.

Bien d'autres que moi doivent se rappeler le 1er janvier 1968 à l'Élysée. Les cérémonies du jour de l'an commençaient, dès 9 heures, par la présentation des vœux du gouvernement au président de la République. Tous les ministres, en jaquette, étaient rangés en un rectangle ouvert face au Général; on pouvait déceler sur maints visages les traces des nuits trop courtes qui suivent les réveillons. Le Premier ministre avait eu une année riche en péripéties : élections de mai 1967, gagnées de justesse – et il savait bien l'importance nationale et personnelle de ce qui était en jeu; guerre des Six-Jours, qui avait entraîné l'embargo sur les ventes d'armes, notamment les avions Mirage, à destination d'Israël; voyage du Général au Québec. La situation économique se ressentait de la récession allemande. Aux milieux hostiles à la politique étrangère de De Gaulle depuis notre départ de l'OTAN, s'ajoutaient ceux qui refusaient l'évolution de notre diplomatie au Moyen-Orient. Tous saisissaient chaque occasion pour souffler le froid sur l'opinion. Georges Pompidou n'avait pas ménagé ses efforts pour calmer les bourrasques, et c'était le genre de mission qu'il accomplissait à merveille.

Selon l'usage, il prononça l'allocution présentant les vœux de son gouvernement au chef de l'État. Il s'en dégageait une impression de soulagement d'avoir traversé tant d'épreuves. Sa conclusion donnait à entendre que le navire allait rentrer désormais dans des eaux plus calmes. A son tour, le Général prend la parole; dès ses premiers mots, tous les assistants dressent l'oreille; la raucité de la voix ne trompe pas; on sort du train-train habituel pour rentrer dans la vraie politique; les mots partent comme des balles; en une phrase où il prend de la hauteur, il remercie le Premier ministre de l'œuvre accomplie; puis, un ton au-dessus, il enchaîne : « Il faudrait concevoir et réaliser au plus tôt quelques grands desseins. J'en vois trois : s'attaquer aux problèmes de la jeunesse, car on ne me fera pas croire qu'un pays comme la France ne peut pas donner à tous ses enfants une éducation et des débouchés; améliorer les rapports entre le monde du capital et celui du travail; je suis préoccupé enfin par l'évolution de la démographie française. » Autocritique de De Gaulle? Remontrance à son Premier ministre? Les deux, sans doute. J'ai beaucoup regretté, par la suite, de ne pas avoir donné à ces propos du Général la publicité qu'ils méritaient, tant ils étaient à la fois annonciateurs de ce qui devait se produire quatre mois plus tard et révélateurs de ses préoccupations profondes.

Il voyait loin et il voyait juste. Souvent, à l'entendre analyser une situation politique dans le calme provincial de La Boisserie, il me faisait penser à ces médecins d'expérience qui, pour avoir examiné tellement de malades, établissent d'instinct leur diagnostic, quitte, avant de le formuler, à procéder à quelques analyses. Qu'on ne s'y trompe pas : c'est précisément parce qu'on lui savait cette clairvoyance que d'aussi nombreux hommes d'État venaient le voir pour connaître son jugement et, éventuellement, recueillir un avis. En 1962, c'est-à-dire quatre ans avant le discours de Phnom Penh, il avait averti aussi amicalement que fermement le président John Kennedy du danger qu'il y aurait pour les États-Unis à trop s'engager au Vietnam. De ce conseil, il ne fut pas tenu compte. L'opinion de De Gaulle était d'ailleurs fort réservée quant à la capacité réelle de ce chef d'État américain. Après m'avoir lu le court portrait qu'il en avait brossé dans ses Mémoires, il avait laissé tomber cette remarque : « Vous voyez, j'ai été plutôt gentil avec lui. » Il pensait que l'homme était loin de s'être hissé à la hauteur du mythe qu'il avait su créer avant son élection. Il est vrai que l'on peut être un excellent candidat à la présidence de la République et se révéler ensuite un piètre chef d'État...

J'ai parcouru presque tous les procès-verbaux des entretiens du Général avec ses visiteurs; j'ai toujours été frappé par l'ampleur et la précision de ses vues. J'espère que ces documents seront publiés dès que le temps aura fait son œuvre. De la lecture de ses discours prononcés de 1940 à 1969 se dégage la même impression. Je ne dis pas que de Gaulle ne s'est jamais trompé. Ce serait puéril. Lui-même n'a d'ailleurs pas caché ses erreurs, ni sur les situations ni sur les hommes. C'est un fait pourtant que de tous les jugements qu'il a portés se dégage une très forte impression de sagesse, voire de prémonition. Dès la fin de la guerre, il avait relevé les signes du déclin anglais. Dès 1958, il avait commencé à craindre les dangers, pour la France, d'une coopération trop étroite avec Israël, et l'on sait ce que furent ses décisions dans le domaine nucléaire. Dès 1965, il avait compris que la gestion égoïste par les États-Unis du système monétaire international mettrait en péril l'économie du monde. On pourrait multiplier les exemples. Je me contenterai de citer l'annotation de Guillaume II en marge d'un rapport : « Le don de prophétie se révèle souvent chez les souverains, rarement chez les hommes d'État, jamais chez les diplomates » – laissant à chacun le soin de classer de Gaulle dans l'une de ces trois catégories.

Ajoutons qu'il possédait une bonne vision des perspectives historiques. Sur ce point-là, comme sur tant d'autres, il se différencie de Napoléon. Sans doute sa formation y était-elle pour beaucoup. Souvent, il consultait ses manuels d'histoire. Le 6 octobre 1970, il me donne à lire le manuscrit du premier chapitre du deuxième tome de ses

Mémoires d'espoir. Je lui fais part de mes impressions et nous en venons à évoquer les plébiscites de Napoléon III. Nous ne sommes pas d'accord sur leurs dates. Il se lève, quitte son bureau, revient quelques instants après avec un manuel qui devait remonter à ses études secondaires. Très vite – preuve qu'il en avait une grande habitude –, il trouve ce qu'il cherche, m'en donne lecture. Il avait raison. Ce petit fait montre sa familiarité avec notre histoire et la succession des événements, des hommes, des drames, des grandeurs provisoires comme des décadences passagères qui en forment le tissu. Contrairement à ce que beaucoup pensaient, il ne se berçait pas d'illusions. Lorsqu'il brossait le tableau de la France à ses interlocuteurs étrangers, le réalisme de l'exposé ne laissait guère de place à la nostalgie des souvenirs. Dans le premier tome de ses *Mémoires d'espoir*, il reprend les propos tenus au chancelier Adenauer, hôte de La Boisserie les 14 et 15 septembre 1958 : « Le peuple français avait pendant des siècles pris l'habitude d'être le mastodonte de l'Europe. » L'usage de l'imparfait en dit long. Ce constat liminaire, d'autres l'ont également entendu. Les Soviétiques comme les Américains. Que de fois le Général m'a entretenu de la fragilité de l'économie française ; de la faiblesse de nos ressources en énergie, qui nous avait empêchés de profiter autant que d'autres de la révolution industrielle et continuait à nous gêner ; de l'insuffisante structuration de notre appareil de production ; de la crise de notre rayonnement culturel et scientifique. Mieux que personne, il savait qu'il n'avait pas entre les mains la France du XVIIe ou du XVIIIe siècle, avec ses vingt-cinq millions d'habitants – ce qui, pour l'époque, était énorme –, la richesse de ses terres et de ses manufactures, l'élite intellectuelle la plus brillante et la plus allante de l'Europe. Mais il pensait que, par rapport à la période de l'entre-deux-guerres, le pays remontait la pente et que l'on pouvait raisonnablement espérer.

Comme le savant dans sa démarche scientifique, de Gaulle eut ses propres « inventions », apportant ainsi sa réponse aux réflexions de Machiavel dans *L'Art de la guerre* : « Désirez-vous aussi que je vous entretienne des qualités nécessaires à un grand capitaine? Je puis vous satisfaire en peu de mots. Je voudrais que mon capitaine fût instruit à fond de tout ce qui a fait l'objet de notre entretien. Et cela encore ne me suffirait pas s'il n'était pas en état de découvrir par lui-même du nouveau. Nul n'a jamais été un grand homme en son art s'il ne savait inventer; et, si la découverte vous illustre en toutes sortes d'arts, c'est surtout en celui-là. » Elle illustre, en effet. Elle offre aussi à ses auteurs, en politique comme en art, le sort parfois cruel réservé aux précurseurs. Dans un premier temps, de Gaulle déconcertait, voire choquait. Il fut critiqué avec une violence que l'on imagine mal aujourd'hui. Pourtant, ce qu'il disait s'est progressivement intégré à notre sensibilité politique.

A l'intérieur, quelles furent ses découvertes? J'en vois trois. L'élection du président de la République au suffrage universel, tout d'abord. Elle paraît être définitivement entrée dans nos mœurs. Pourtant, il fallut que de Gaulle mène un rude combat pour la faire admettre. La régionalisation, ensuite. A s'avancer dans ce domaine, de Gaulle avait quelque mérite; il allait en effet à l'encontre de sa sensibilité, de ses réflexes, de sa formation, qui le poussaient plutôt vers la hiérarchie et la centralisation. Il avait néanmoins compris que le règne sans partage des légistes centralisateurs qui, d'une poigne de fer, avaient construit la France autour de la royauté d'abord, de la République ensuite, approchait de sa fin. Il pensait qu'il fallait désormais davantage de souplesse et de flexibilité dans l'architecture administrative française, d'autant plus que la présence à la tête de l'État d'un pouvoir fort permettait de prendre quelques risques. Il avait pressenti la montée des régionalismes, et ce n'est ni le hasard ni la démagogie qui lui firent prononcer à Quimper, en 1969, quelques mots en breton. Il avait esquissé une voie; il la savait remplie de difficultés, voire d'embûches, car notre pays va rapidement aux excès, tirant jusqu'aux extrêmes les conséquences de nos principes. Le référendum de 1969 l'empêcha de s'y engager. Troisième découverte, enfin : la faillite des classes dirigeantes françaises. Ce thème lui tenait à cœur. Il m'en avait parlé bien souvent. Il avait d'ailleurs commencé à l'esquisser dans les *Mémoires d'espoir*. Une phrase qu'il m'a confiée résume de façon lapidaire son état d'esprit : « En moins de trente ans, les élites françaises ont fait deux fois faillite : en juin 1940 et en mai 1968. » Il visait ceux qui assument des responsabilités dans tous les secteurs de la vie nationale, à droite comme à gauche ; les corps intermédiaires ; les syndicats patronaux et ouvriers, ceux des fonctionnaires et des enseignants ; les notables de la presse, de l'industrie, de la politique. Il souhaitait ardemment voir apparaître une nouvelle levée d'hommes, et se réjouissait d'en discerner les premiers signes. Sur ce point, il enviait quelque peu Napoléon, qui avait tiré bénéfice – pour sa gloire – de la prodigieuse éclosion de talents suscitée dans les profondeurs du pays par la Révolution française.

Sur la scène mondiale, il donna une nouvelle vie à la notion d'indépendance nationale. Ce fut bien là sa découverte majeure. Elle posa et imposa son personnage, conforta sa stature, en fit un symbole admiré ou détesté. A ce propos encore, ses adversaires s'efforcèrent de brouiller les cartes, l'accusant de rester figé sur des conceptions dépassées alors que l'on était entré, à les entendre, dans l'ère de l'« interdépendance », du « multinational » et du « supranational ». En réalité, pour de Gaulle, le combat pour l'indépendance nationale, qu'il s'agisse de l'acquérir ou de la défendre, était celui à mener en priorité. Car – et son analyse est devenue classique – il ne voyait pas le « monde libre » et le « monde communiste » comme des ensembles de pays associés et égaux, mais comme des zones où les États-Unis et la Russie exerçaient leur suprématie respective. De Gaulle refusait d'accepter un tel partage. Et le disait. Tel était le fondement de sa politique. Elle ne plaisait pas à tout le monde. Pas plus aux États-Unis qu'à ceux des pays qui avaient accepté, semble-t-il sans idée de retour, d'être leurs « vassaux » – si je me souviens bien, c'est ce mot même que de Gaulle avait employé lorsque, en mars 1969, il avait parlé au président

Nixon d'un certain nombre de nos voisins européens. Partout ailleurs – et le monde est plus vaste que ne le croit notre « classe politique » –, son affirmation soulevait des espérances. Y compris celles des nations du bloc communiste. Pour la France, une fois le principe de l'indépendance posé, tout le reste en découlait : mise en place de notre force de frappe; sortie de l'OTAN; dénonciation du mauvais fonctionnement du système monétaire international; condamnation de la guerre du Vietnam; refus de fournir inconditionnellement des armes à Israël; veto opposé à l'entrée de la Grande-Bretagne dans le Marché commun. Remarquons au passage que de Gaulle se faisait aussi l'avocat de l'indépendance des autres. C'est bien ainsi qu'il était vu par les pays humiliés. Bons juges en la matière, ils ne lui ménagèrent ni leur admiration ni leur soutien.

Rigueur dans l'analyse. Sûreté du diagnostic. Nouveauté de la vision. Autant de qualités indispensables dans une société soumise à de fantastiques accélérations politiques, technologiques, sociales; dans un monde où tout évolue, les hommes comme les situations, et où il faut adapter sans cesse sa pensée et son jugement. De Gaulle excellait dans cet exercice d'ajustement. Le singulier est qu'il portait aussi son propre regard sur lui-même. Ce n'était pas l'aspect le moins surprenant de sa personnalité que de constater la froideur clinique avec laquelle il observait ce personnage qui n'était autre que lui-même et qu'il avait créé au fil des ans. Curieux phénomène de dédoublement, à la vérité, tout à la fois captivant et terrifiant!

Ce regard de De Gaulle sur l'histoire, sur la France, sur le monde, sur lui-même, était d'une richesse irremplaçable pour notre patrimoine et pour celui de l'humanité. De Gaulle mort – et si l'on réserve encore le cas de Mao, dont on perçoit mal, à cette date, l'activité réelle –, qui dispose d'une intelligence capable de brasser et d'ordonner dans son cerveau l'ensemble des problèmes de la planète? Il nous reste les ressources de la réflexion collective. Mais en prend-on toujours et partout le chemin?

Chapitre IV

L'Action

« Renouer le lien nuptial de l'homme avec la vie... »

Gabriel Marcel.

Malaparte raconte, à propos de Lénine, une anecdote qui en dit long. Un jour, au Kremlin, le chef de la révolution soviétique ne se trouvait pas dans son bureau; ses collaborateurs le cherchèrent dans les innombrables pièces de l'immense palais; ils finirent par le dénicher dans la pièce monacale où avait vécu Pierre le Grand; assis sur le lit de camp du créateur de la Russie, plongé dans une rêverie profonde, il contemplait les immenses bottes du colosse qui avait si souvent parcouru l'empire. « Le petit fonctionnaire de la révolution », comme l'appelait Malaparte, rendait hommage à l'une des personnalités les plus ardentes de l'histoire de son pays. Il est probable que bien des responsables de notre pays, pensant au Général, auront, sans les avouer le plus souvent, des réactions identiques à celle du « bonhomme Lénine » qualifiant Pierre le Grand « d'homme de génie qui savait son métier ».

Allant plus avant dans l'analyse du grand révolutionnaire qu'il n'aimait guère, Malaparte, après avoir évoqué les exigences du Sphinx – « Devine ou je te dévore » –, reproche à Lénine d'avoir été un « Œdipe manqué ». Sans doute avait-il tort d'aller aussi loin dans la critique. Il a toutefois raison de considérer l'aptitude à réagir d'instinct aux événements comme le critère du véritable homme d'État. De Gaulle, quant à lui, aimait répondre au Sphinx. Je crois même qu'il y prenait plaisir. Dans le domaine de l'action, il se montrait à l'aise, grand seigneur, sans emphase ni agitation, avec une retenue dans le geste qui donnait style et puissance à sa démarche. Lorsque les événements le sollicitaient, il était toujours prêt à leur répondre et, si possible, à les dominer.

Paradoxalement, cet homme de pensée qui consacrait beaucoup de son temps à la réflexion et dont une partie de la vie était celle d'un contemplatif éprouvait un besoin quasi physique d'agir.

Lycéen, le jeune Charles aurait pu se contenter d'être bon élève; il écrit des pièces. Officier, il ne se laisse pas gagner par la torpeur de la vie de garnison; il se passionne pour la formation de ses sous-officiers et de ses hommes; il forge des unités d'élite avec les troupes qui lui sont confiées; il fait avec bravoure la guerre de 1914-1918, dont j'ai dit qu'il jugeait la stratégie inepte. Prisonnier, entre cinq tentatives d'évasion, il donne des conférences à ses camarades de captivité. La paix revenue, tout en poursuivant sa carrière d'officier, il réfléchit sur la réorganisation de nos forces armées et essaie, par ses livres, ses conférences, ses études ou articles, de secouer une opinion dont l'inconscience ne cesse, aujourd'hui encore, de m'étonner. Durant l'hiver de l'année 1939, il ne se laisse pas prendre par l'hypnose de la « drôle de guerre »; angoissé par la faiblesse de nos armements, il adresse aux chefs militaires responsables le « mémorandum de janvier 1940 ». Il n'est pourtant que colonel. Il prend, le 26 avril 1940, le commandement de la 4e division cuirassée; en un temps record, il en fait un outil de combat qui se distingue à la bataille de Montcornet, où son char de commandement portait le fanion à la croix de Lorraine. Le 25 mai, il est nommé général de brigade à titre temporaire et le 6 juin 1940, Paul Reynaud lui confie le sous-secrétariat à la Guerre; entre deux voyages à Londres, où il se rend pour demander à Winston Churchill l'aide militaire du Royaume-Uni, il rédige un projet de décret organisant le départ des jeunes classes en Afrique et préfigurant ce que sera la France libre. Comme on le voit, il avait compris très tôt que le temps n'est pas toujours bon prince.

Après, les enchaînements sont mieux connus. Ce qui

frappe lorsqu'on les regarde avec du recul, c'est la rapidité de ses interventions. L'appel du 18 juin 1940 est lancé le jour même qui suit l'arrivée de De Gaulle à Londres. En 1958, le soulèvement d'Alger se produit le 13 mai; deux jours plus tard, le solitaire de La Boisserie fait la courte déclaration qui enclenche le processus de son retour au pouvoir; le 19, il donne une conférence de presse; le 26, il rencontre le président du Conseil. Investi le 1er juin par l'Assemblée nationale, il part le 3 pour Alger; l'allocution qu'il prononce le lendemain au Forum a été rédigée à l'avance, mais au crayon, fait assez exceptionnel qui témoigne de l'extraordinaire rapidité avec laquelle se déroulent les événements. Depuis la pénible journée de juillet 1956 où Guy Mollet, sous la pression de la rue, a renoncé à amorcer une politique nouvelle, c'est la première fois – aussi étrange que cela puisse paraître – que le chef du gouvernement de la République se rend à Alger.

Et en mai 1968, dira-t-on? Beaucoup se posent la question. Certains de bonne foi; d'autres pour justifier leur opposition en démontrant que l'« homme des tempêtes » n'était plus tout à fait identique à lui-même. Voyons le calendrier. Le Général part pour la Roumanie le mardi 14, après une nuit de réflexion et d'hésitations. Il a mesuré la gravité de la situation. Il estime qu'il ne faut pas céder devant l'agitation étudiante et qu'il importe de reprendre la situation en main avec une fermeté excluant toute brutalité. Le Premier ministre, de retour d'Afghanistan, a proposé – et obtenu – qu'on applique une politique d'apaisement et qu'on rouvre la Sorbonne. C'est un pari. Le Général l'accepte; il en endosse la responsabilité sans se faire beaucoup d'illusions. S'il n'était pas allé à Bucarest, le cours des événements aurait-il été différent? On peut se poser la question. Ce n'est pourtant qu'un jeu de l'esprit, car elle n'aura jamais de réponse. Reste qu'en son absence les syndicats ouvriers, après le semi-succès ou le semi-échec de la grève générale du 13 mai, entrent en force dans le jeu; leur objectif est clair : ne pas se laisser déborder sur leur gauche. De retour de Roumanie, le Général arrive à Orly, le 18 mai à 22 h 30. Les ministres l'y attendent. L'atmosphère est tendue. Il prend la mesure de la situation. Je suis, pour ma part, impressionné par l'inquiétude que je lis sur le visage de Xavier de La Chevalerie et de Henry Coury, mes collègues du cabinet, restés à Paris. Pour rentrer d'Orly à l'Élysée, le cortège officiel n'emprunte pas l'itinéraire habituel traversant Paris. De Gaulle sait interpréter des signes de cette nature; s'il avait encore le moindre doute sur la gravité de la situation, le détour qu'on lui impose l'aurait levé. Le 24, il prononce une allocution, parce qu'il avait fixé cette date avant son départ pour la Roumanie; la tactique, dont il a souvent usé et qui consiste à dominer les événements en leur fixant une échéance, joue cette fois contre lui; dès la fin de l'enregistrement, il comprend qu'il n'a pas repris la situation en main. « Ce discours ne servira pas à grand-chose, me dit-il; il va falloir penser à d'autres moyens. » Sur le coup, je ne comprends pas à quoi il fait allusion. Je retiens de son propos qu'il est à la recherche d'une thérapeutique adaptée à l'étrange situation dans laquelle nous nous enfonçons. Qu'il soit troublé, qui en douterait? L'image que la France donne d'elle-même devant un monde stupéfait, comment n'en souffrirait-il pas dans sa fierté? Il comprend le péril de mort où se trouve le pays. Il s'acharne toutefois à imaginer le moyen qui sauvera l'entreprise. Il mûrit le scénario dans un secret qui n'est pas aussi total que beaucoup le pensent; et, sur ce point-là, j'espère que l'Histoire recueillera, le moment venu, les témoignages souhaitables. Déjà, je perçois qu'on retrouve son style. Il multiplie les manœuvres d'intoxication; agite devant ses interlocuteurs souvent pris au jeu – comment d'ailleurs ne pas l'être avec un tel homme? – des visions d'apocalypse; donne l'impression que le terrain glisse sous lui. Dominant son amertume, il mène un poker d'enfer auquel les plus malins se laissent prendre; le mercredi 29 au matin, il annule le Conseil des ministres qui devait se tenir à 9 heures. Annonçant en même temps son départ pour Colombey, il double la mise. Jamais je n'oublierai les instants que nous avons passés avec Xavier de La Chevalerie quand, au début de l'après-midi, nous avons appris que le Général n'avait pas rejoint La Boisserie à l'heure habituelle. Bernard Tricot vint se joindre à nous. Commença alors une longue attente. J'étais littéralement harcelé par les journalistes. Je ne savais trop que leur dire, sinon qu'avant de partir le Général avait précisé dans un communiqué qu'il rentrerait le lendemain ; dans ces conditions, il ne fallait pas échafauder des hypothèses abracadabrantes. Sur le fond des choses, je m'interrogeais quant à la nature des « moyens » dont m'avait parlé de Gaulle. J'espérais du fond du cœur qu'il ne s'agissait pas d'un recours aux forces armées. Ce fut une longue nuit. Pour moi comme pour beaucoup d'autres... Le 30, à son retour, le Général recueille les fruits de son coup d'audace. Il a retourné la situation. Lui seul sait ce qu'a été le comportement de tous les protagonistes. Je regrette qu'il n'ait pas pu décrire dans ses Mémoires ce mois étrange au cours duquel une déchirure s'était produite dans les profondeurs de notre pays. Le cours de notre histoire s'en est trouvé profondément modifié. Et également, qu'on ne s'y trompe pas, celle du monde.

Cette épreuve surmontée, il continue d'agir. Sur le plan diplomatique, il finit de dégager la France des liens particuliers qu'elle entretenait avec Israël dans le domaine des fournitures d'armes. Il expose une nouvelle fois à la Grande-Bretagne, par le truchement de son ambassadeur à Paris, sir Christopher Soames, la route qu'elle devrait prendre si l'on voulait donner une base réelle à ce qui serait peut-être un jour la Communauté des peuples européens. Pour apaiser les tensions entre Paris et Washington, il reçoit Nixon au Grand Trianon, un jour de février froid et inondé de soleil. A l'issue des entretiens, je croise le Général qui s'avance seul dans le couloir. Il me dit au passage – ce qui était assez dans sa manière : « Blanc, je viens d'obtenir de Nixon qu'il prenne acte de l'indépendance de la France. » Il se rend à Washington en mars pour se recueillir devant la dépouille mortelle d'Eisenhower. Dans la grande salle du Capitole où flotte l'odeur des fleurs coupées, comment oublier, sous la lumière crue des projecteurs, le salut militaire du Général, l'immense silhouette en capote autour de laquelle les photographes s'affairent? Sa volonté d'agir ne faiblit pas.

Il a tiré la leçon des événements de mai 1968, lesquels, sur bien des points, confirmaient sa propre analyse. La « chienlit », dans son esprit, c'était pour condamner le style; certainement pas les aspirations. Il a mesuré l'ampleur des dommages causés à l'économie. Il l'a exposée au pays dans son allocution du 29 juin 1968 : « Il faudra mener un grand effort de production, de productivité, de travail, pour réparer[...] le handicap de la crise d'où nous sortons; pour empêcher que la hausse des prix, l'inflation, la chute de la monnaie réduisent à moins que rien l'amélioration des salaires. » Après l'enregistrement du discours, Bernard Tricot suggère au Général d'atténuer le pessimisme de ce diagnostic. Il s'y refuse. Il pense en effet qu'il faudra faire des sacrifices pour éviter une dévaluation dont le seul résultat serait de reporter de trois ou quatre ans les échéances. Or le temps presse. Il a conscience de son âge. De plus, il ne se berce pas d'illusions sur la situation politique. Quelques jours avant le 14 juillet 1968, il m'avait donné à entendre qu'il voyait clair dans le jeu des forces politiques qui utilisaient Georges Pompidou. Si seul l'intéressait le maintien au pouvoir, il pourrait durer. Mais une telle attitude irait à l'encontre de son caractère et de sa conception du devoir. Il disposait d'une marge de manœuvre réduite. Il essaierait d'en tirer le meilleur parti. Malgré le poids de tous les conservatismes – et tout particulièrement celui des syndicats d'enseignants, il tente d'ouvrir des voies nouvelles à l'enseignement supérieur. Il lance l'idée de régionalisation. Il refuse, avec raison et non sans panache, d'abdiquer dans le domaine monétaire. Le 23 novembre 1968, lorsque je dois rendre public le communiqué par lequel de Gaulle, contre toute attente, maintient la parité du franc, il y a tellement de journalistes à l'Élysée que la salle de presse est trop exiguë pour les contenir tous. Je lis donc le texte dans la cour. Nombre de mes auditeurs – notamment la grande majorité des correspondants anglo-saxons – sont venus assister à ce qu'ils croyaient devoir être le Waterloo monétaire de De Gaulle. Le texte du communiqué est bref. Il fait l'effet d'une bombe. Puis les réactions fusent. Toujours admiratives. Même si elles viennent d'adversaires. « Il est culotté, le vieux ! » ; « Il n'a pas changé ! » ; « Chapeau ! » Et c'est vrai que son ardeur est intacte. Il veut faire à nouveau la politique qui lui tient à cœur. Il souhaite engager l'épreuve de force avec de larges secteurs des classes dirigeantes, dont la crise de mai lui a montré une nouvelle fois le poids pernicieux. Il lui faut pouvoir demander au pays de lourds sacrifices, car il veut résolument écarter le recours à une dévaluation. Seule la victoire à un référendum peut lui permettre d'agir avec l'autorité voulue. Il est vrai que cette consultation répondait, pour une bonne part, à des considérations d'ordre quasi sentimental ; elle était destinée à tirer au clair le doute qui, depuis mai 1968, planait sur ses rapports avec le peuple français. Je reviendrai sur cet aspect essentiel. Les nécessités politiques n'en étaient pas pour autant absentes. Afin de poursuivre sa tâche, il veut être à la fois rassuré et raffermi. Il lui faut l'adhésion des citoyens en même temps que les moyens de gouverner. C'est ce qu'il demande – et qui lui sera refusé.

Au vrai, il n'acceptait d'agir que s'il pouvait se donner à fond. A s'en tenir seulement à ses déplacements, quel bilan ! En dix ans, il visite tous les départements de la métropole et ceux de l'outre-mer ; il n'omet aucun de nos territoires. Il n'est point de terre où flotte le drapeau français qui ne l'ait accueilli. Il se rend six fois en Algérie. Partout où la France possède des intérêts, il tient à les marquer par son passage : c'est le cas des Nouvelles-Hébrides comme de la principauté d'Andorre. Il fixe ainsi les limites de notre « précarré », tel qu'il le laissera lorsqu'il quittera le pouvoir. Sans compter les républiques africaines, à la naissance desquelles il a personnellement contribué, il est reçu dans plus d'une trentaine de pays étrangers, à une époque où les déplacements étaient moins faciles qu'aujourd'hui. Partout il rassemble autour de lui des foules immenses, en Amérique comme en URSS. Il prononce des discours, et personne ne l'a jamais accusé de parler pour ne rien dire. Il crée l'événement ; les opinions publiques le savent. Le matin des départs, il est toujours d'humeur joyeuse. Il sait dans quelle direction il va s'avancer, sur quel point précis de l'équilibre politique il va peser ; il a jaugé avec soin la taille des protagonistes. Ses discours sont prêts, rangés dans sa petite serviette de cuir ; il ne leur apportera que rarement des modifications. Sa curiosité est aiguisée, encore qu'il imagine assez bien ce qu'il va trouver, les réactions de ses interlocuteurs et l'accueil que lui réserveront les foules. Tout le branle-bas qui accompagne ses déplacements lui rappelait peut-être sa vie de soldat, les levées de camp au petit matin, la confiance en elles des unités bien entraînées, l'exaltation avant le combat, l'ivresse légère qui réchauffe le cœur des troupes d'élite toujours prêtes à marcher au feu.

C'est peu de dire que l'inaction lui pesait. Il éprouvait la plus grande peine à la supporter. Il savait se détendre, se laisser aller ; mais sur commande et dans le cadre d'un horaire bien étudié. Le voir travailler suscitait le plaisir rare que procure le spectacle d'une intelligence en mouvement. Les heures que je passais avec lui à La Boisserie faisaient chaque fois renaître en moi un émerveillement professionnel qui ne perdait jamais de sa fraîcheur et que je n'ai plus jamais ressenti. D'abord, il lisait son courrier ; il l'annotait de quelques indications brèves. Jamais il ne donnait la moindre impression d'effort ; comme s'il avait déjà pensé à ce que seraient ses réactions. Souvent il répondait immédiatement, écrivant vite, sans se reprendre. On en venait ensuite aux affaires à traiter. J'ai dit qu'il appréciait les exposés limpides, ramassés, où avantages et inconvénients de la solution proposée ressortent dans la clarté. Presque toujours il décidait sur-le-champ. Souvent il confirmait ses instructions par un billet. Comme il l'avait fait pendant des années pour les conseils du gouvernement et pour ses directives à ses Premiers ministres, de sa grande écriture couchée, sans hésitation ni rature, il fixait, en quelques phrases, une pensée qui se voulait toujours à la pointe extrême de la concision et à laquelle il savait donner la transparence du cristal. S'il sollicitait un complément d'avis, il fallait que je réponde vite, sans développement excessif, me gardant de tout verbiage, au plus près d'un raisonnement réduit à l'essentiel. Pour lui, la conversation de travail devait être construite selon les lois de l'architecture classique, laquelle est un assemblage d'éléments précis et possède la rigueur d'une épure. Les discussions sur un problème ne duraient jamais longtemps. Il procédait à la manière de Napoléon : « J'ordonne ou je me tais. » Si la question n'était pas mûre dans son esprit, il passait à une autre, préférant y réfléchir après, seul, tranquillement, mais en tenant le plus grand compte, comme je l'ai souvent noté, des avis qui lui avaient été donnés. L'exercice me fascinait. En contrepartie, il exigeait une tension extrême de l'esprit. Je ne rechigne pas à l'ouvrage; je dois pourtant avouer qu'après cinq ou six heures de travail avec le Général je ressentais quelque fatigue, alors qu'elle semblait n'avoir sur lui aucune prise.

Sa volonté de ne pas remettre à plus tard ce qu'il pouvait faire le jour même ne faiblissait jamais. La conscience aiguë que le temps lui était mesuré ne pouvait que la renforcer. Le 10 octobre 1970, il dédicace environ trois cents exemplaires de ses Mémoires. C'est un travail de calligraphe qui ne va pas sans fatigue physique. Bon artisan, il veut que l'écriture soit lisible, la ponctuation parfaite. Comme la main ne prend pas d'appui, cette tâche est fatigante; et je saurai, revenant à La Boisserie la semaine suivante, que le Général a eu la main en partie paralysée pendant quelques jours par la crampe de l'écrivain... L'esprit joue son rôle aussi dans un tel exercice. Bien peu de ses dédicaces se ressemblent. Personnalisées, toutes en nuances, riches de signification, voire de sous-entendus, elles sont destinées aux grands de ce monde, à tous ceux qui comptent dans la vie d'un pays, à des fidèles comme à des adversaires, à ses pairs dans le domaine des lettres, à ses anciens collaborateurs, à des hommes politiques qui l'ont servi comme à d'autres qui, pour avoir pris des chemins différents, se sont opposés à lui. Il n'hésite guère. Il maîtrise en virtuose un clavier de formules aux harmoniques les plus fines. Souvent, pour se défendre ou par souci d'expliquer le sens de ce qu'il a écrit – et accessoirement pour que j'en porte témoignage –, il me fait part de son jugement sur certains destinataires. Nous avons commencé le matin, déjeuné rapidement, repris immédiatement après le café ce travail de Pénélope effectué dans une pièce où s'empilent les livres. A 4 heures du soir, il veut poursuivre, car il reste encore une centaine d'ouvrages. Je trouve que, pour lui, c'est trop d'efforts. J'avance quelque prétexte. Je lui dis que je dois être à Paris vers 8 heures. Il n'est pas dupe. « Soit », me dit-il. Formule qu'il utilisait dans ce genre d'occasions.

L'ÉLAN

« Instinctif comme tous les aristocrates... »
FRIEDRICH NIETZSCHE.

On naît homme d'action; il n'existe pas de méthode pour le devenir. Dans la politique, les affaires, l'administration, le syndicalisme, il est facile de voir ceux qui ont reçu ce don en partage. Où qu'ils se trouvent placés dans la société, ils produisent sur ceux qui les côtoient une impression difficile à analyser, mais aisément perceptible. Les femmes, dont l'intuition est fort subtile, ne s'y trompent guère. Pour ces privilégiés, travailler, créer, lutter correspond à un besoin profond de leur personnalité. Ils se sentent portés vers l'événement qu'ils maîtrisent, soutenus par les joies de la création, exaltés par celles du combat. A l'approche de la décision, ils bénéficient d'un véritable état de grâce. La politique attire ce type d'hommes parce qu'elle est une des formes supérieures de l'activité humaine. On n'y réussit guère sans combattre. Chez ceux qui parviennent au sommet et s'y maintiennent, l'action apparaît comme un besoin élémentaire, presque animal. L'intelligence prend appui sur ce besoin, quitte à l'affiner, voire à le transcender; elle ne peut en tenir lieu s'il vient à faire défaut.

La lutte pour le pouvoir fait penser à la loi de la jungle. Pour qui veut y agir et pas seulement y survivre, il faut être un « grand fauve ». Le Général appartenait à cette famille d'hommes, même – ce qui donnait précisément à son personnage un profil très particulier – s'il s'en distinguait par bien des côtés. Des grands carnassiers, il possédait la santé de fer. Longiligne, filiforme, peu musclé, avec une certaine fragilité dans l'apparence jusque vers la cinquantaine, il possédait la souple résistance du cuir. Plus tard, une fois l'embonpoint venu, il donnait une impression de robustesse, de bloc solide bâti pour durer et sur lequel se brisent les assauts de la vieillesse. Tel l'empereur Hadrien que Marguerite Yourcenar fait si bien revivre, le Général, évoquant tout ce que son corps avait enduré sans faiblir, qu'il s'agisse des fatigues de la guerre, de la rigueur des périodes vécues, du choc des événements, aurait pu écrire : « Il m'a bien servi. » C'est un fait qu'il a demandé beaucoup à son organisme : pas ou peu de vacances ; des horaires lourds ; des efforts incessants ; une tension permanente. Pendant ses dix-sept ans de vie publique, les occasions où la maladie l'empêchèrent de remplir les devoirs de sa charge ont été extrêmement rares. Il abrège de quelque vingt-quatre heures son dernier voyage en Algérie, en décembre 1960, où, brutalement et de manière sérieuse, se manifestent les premiers symptômes de la maladie qui le conduira, en avril 1964, sur la table d'opération pour y subir l'ablation de la prostate. Il effectue dans des conditions douloureuses et éprouvantes, tant au moral qu'au physique, un voyage officiel au Mexique et aux Antilles, du 15 au 24 mars 1964, où il reçoit un accueil inoubliable. Deux semaines après, le 16 avril, après avoir enregistré une allocution, il entre à l'hôpital Cochin. Il est opéré le 17 avril ; le 21, il donne ses premières audiences ; c'est, je crois, l'une des rares occasions où il reçoit ses ministres en robe de chambre ; le 30, il est de retour à l'Élysée et y reprend ses activités normales. A l'automne, pour administrer la preuve – tant à l'opinion qu'à lui-même – qu'il est toujours aussi solide, il effectue un grand périple en Amérique du Sud ; il visite tour à tour le Venezuela, la Colombie, l'Équateur, le Pérou, la Bolivie, le Chili, l'Argentine, le Paraguay, l'Uruguay, le Brésil ; il prononce trente-quatre discours, comprenant de longs passages en espagnol ; ses collaborateurs sont épuisés par les changements de pays, de climat, d'altitude, éprouvés par les décalages horaires. Le Général reste partout égal à lui-même ; il approche alors de son soixante-quinzième anniversaire.

Il avait appris à dominer les ennuis très réels que lui causait sa vue. Il ne pouvait, par exemple, descendre ou monter un escalier sans l'aide de ses lunettes. Sans elles, il ne distinguait que les grandes masses. Il lui fallait donc, à tout instant et en cas de besoin, pouvoir les chausser. Pour les ôter et les remettre successivement, il avait une technique si élaborée qu'on avait parfois à peine le temps de voir s'il les portait ou non. Sa gorge, souvent, le taquinait. Il avait beaucoup parlé en public. Peut-être l'avait-il soumise à trop rude épreuve pour avoir fumé à l'excès cigarettes et cigares. Comme je lui disais un jour que j'essayais de moins fumer, mais que les résultats de mes efforts n'étaient guère brillants, il m'avait dit : « Je me suis arrêté d'un coup. Ça a été terrible. Mais comme je l'avais fait savoir à ma femme et à mon aide de camp, je ne pouvais plus reculer. » Parfois, il était sujet à des crises de toux ; il prenait des pastilles adoucissantes qui n'avaient pas grand effet. C'est ce qui se produisit pendant sa dernière conférence de presse, le 9 septembre 1968. Quelques instants après, dans son bureau, il m'avait interrogé : « N'ai-je pas trop toussé ? » La dernière fois où je le vois, le 27 octobre 1970, il est à nouveau secoué par de longues quintes. « C'est assommant, me dit-il, mais ça n'a plus guère d'importance, désormais. »

Le froid semblait ne pas avoir prise sur lui. Il n'apparaissait presque jamais en public vêtu d'un pardessus. Il fallait batailler ferme pour lui faire admettre de porter sa capote. Sans doute ne concevait-il pas de Gaulle autrement qu'en petite tenue de général de brigade. Hiver comme été, il exigeait de circuler dans les villes en voiture découverte, épreuve redoutable pour les ministres ou les préfets qui l'accompagnaient ! Je me rappelle l'avoir vu traverser Grenoble par un froid polaire, en février 1968, lors de la cérémonie d'ouverture des Jeux olympiques d'hiver. Comment aussi oublier ce soir glacial du 10 novembre 1968 ? Assis en plein air dans la cour des Invalides, nous grelottions alors qu'il prononçait un discours à l'occasion du cinquantième anniversaire de l'armistice de 1918. En cas de pluie, il n'acceptait jamais qu'on l'abritât sous un parapluie. Paradoxalement, dans certains cas, il était frileux. Il ne pouvait écrire que dans une pièce surchauffée; au cœur des mois d'hiver, dans son bureau de Colombey, inondé de soleil du matin au soir lorsque le temps était clair, régnait toujours une température de serre, au point que je me demandais comment il pouvait y supporter ses complets d'un drap très épais.

Dans ses voyages à l'étranger, quelle débauche d'efforts! Le 17 mai 1968, il effectue à travers la campagne roumaine, de Craiova à Bucarest, un déplacement en voiture sur un parcours de plus de trois cents kilomètres. Des centaines de milliers de Roumains, plus d'un million probablement, sont massés tout au long du parcours. Le Général reste debout pendant trois ou quatre heures au moins dans une voiture découverte roulant à faible vitesse : il salue les foules rencontrées comme s'il découvrait à chaque fois la gentillesse de leur accueil. Il s'arrête en de multiples agglomérations où il s'adresse à la population. A Stalina, Pitesti, Tirgoviste, Ploiesti, il prononce des discours improvisés. Dans la plaine moldave, au mois de mai, il fait aussi chaud que chez nous au milieu de l'été; la végétation sort brutalement d'un rude hiver pour s'épanouir par un printemps fiévreux aux odeurs fortes d'épices et de miel, de Moyen-Orient et de plaine russe. L'air trop riche stimule la fatigue. Les nouvelles de la France sont mauvaises. Apercevant en tête du cortège la grande silhouette du Général debout dans sa voiture, saluant la foule de la main, je ne peux m'empêcher d'imaginer ce que doit être le cheminement de ses pensées. Cette journée, qui a toutes les apparences d'un triomphe, se déroule alors que nous étreint une lancinante inquiétude. Pourtant, inlassablement, de Gaulle sourit, salue, parle. Nous rentrons fourbus à Bucarest; la nuit est déjà tombée. Avant de dîner en tête à tête avec sa femme, le Général prend congé de nous avec son amabilité coutumière. C'est à peine si ses traits sont tirés. Il est dans sa soixante-dix-huitième année!

Mme de Gaulle avait toujours peur qu'il n'en fasse trop. Elle nous demandait de veiller à ne pas alourdir le programme des voyages. Le Général ne l'entendait pas de cette oreille. Ayant une véritable hantise des temps morts, il lui fallait des emplois du temps bien remplis. Au vrai, il était solide comme un chêne. Et très alerte. Quand il passait des troupes en revue, le ministre des Armées, pour le suivre, devait hâter le pas. Les deux fois où j'ai eu à marcher avec lui dans le parc de La Boisserie, je devais accélérer la cadence pour ne pas me laisser distancer. Il dormait bien, d'un sommeil d'enfant où il refaisait ses forces. Il fallait vraiment des crises d'une particulière gravité pour qu'il souffre d'insomnies – ce qui fut le cas en Roumanie, comme je l'ai su par la suite.

De son passé d'officier de troupe, il avait gardé le souci d'avoir auprès de lui des collaborateurs en pleine possession de leurs moyens physiques. Il n'aimait guère les traînards et les geignards. Il n'admettait pas que des hommes plus jeunes que lui fissent état de leur fatigue. Il ironisait volontiers sur l'absence de résistance physique de quelques-uns des membres de ses gouvernements. Après la crise de mai 1968, il est certain que le Général voulait changer de Premier ministre. Il est surprenant que Georges Pompidou soit venu de lui-même offrir, si j'ose dire, sa tête à de Gaulle. En effet, avouer à un tel homme, et à un tel moment, qu'on ressent quelque fatigue et qu'on aspire au repos équivalait bel et bien à une remise de démission. J'ai toujours été étonné que l'intéressé ait marqué ensuite de la surprise à la voir acceptée par de Gaulle. Curieusement, à plusieurs reprises, le Général m'avait dit à La Boisserie, parlant de son ancien collaborateur : « Oh, vous savez, ce pauvre Pompidou, il n'a pas de santé; vous verrez... » Sa compréhension très subtile des êtres lui avait-elle permis de déceler, chez celui qui donnait pourtant une image assez saisissante de la robustesse des populations du Massif central, où se perçoit encore l'apport arverne dans la force du torse et la largeur de la nuque, l'élément de fragilité qui commençait à le miner? Avait-il su que, dès 1967, la santé de Georges Pompidou avait donné de réelles inquiétudes? Le fait est que de Gaulle paraissait pressentir ce qui allait advenir par la suite. S'il entrevoyait le « profil de sa mort », il imaginait assez bien ce qu'il pouvait être chez les autres.

Cette exceptionnelle vitalité n'avait pourtant plus rien de rugueux. L'homme avait changé au cours des ans. Si le matériau était toujours le même – « du granit chauffé au volcan », pour reprendre l'expression utilisée à propos du jeune Bonaparte par l'un de ses professeurs de Brienne –, il avait été progressivement affiné. Le de Gaulle de la France libre n'était pas un personnage facile. Beaucoup de témoignages concordent là-dessus. Prenons, par exemple, le portrait tracé à Alger en 1943 par le brillant officier qu'est Dunoyer de Segonzac : « Un orgueil certain, un manque de chaleur, pour ne pas dire plus, dans les rapports humains, une difficulté à oublier les blessures à l'amour-propre, composent l'envers inévitable d'une médaille frappée dans l'airain. » Cette description correspond sans doute à une certaine réalité. De Gaulle était un pur-sang. Le feu courait à travers ses muscles. Il frémissait à tout mouvement. Il réagissait à la moindre pression. A l'excès, peut-être. Il suffit d'évoquer ses rapports avec Winston Churchill, où la violence des affrontements est à proportion de la force de l'amitié. L'homme du 18 juin portait de lourdes responsabilités, se trouvait en position d'infériorité, avait conscience du poids de sa tâche, doutait parfois de lui-même. Le temps de prendre sur lui pour calmer le feu qui le parcourait lui manquait. Sans doute aussi ne s'était-il pas encore départi d'une certaine timidité. Tout contribuait donc à le raidir. Il n'avait pas encore découvert sa véritable « manière ». Pourtant, ses proches collaborateurs ainsi que les Anglais qui l'ont connu et dont, de 1972 à 1974, j'ai recueilli à Londres les témoignages s'accordent à reconnaître qu'ils avaient perçu chez lui une grande bonté, une sensibilité extrême, le souci de ne pas blesser et le regret de s'être parfois laissé entraîner par la force qu'il portait en lui.

Si l'homme avec lequel je commençai à travailler en 1967 était toujours animé par la même ardeur, elle paraissait désormais parfaitement maîtrisée. Il ne s'agissait plus d'un torrent, mais d'un fleuve dont les eaux ne débordent plus guère sur les berges. Je ne crois pas que ce soit l'effet de l'âge, qui, bien souvent, accentue les défauts plus qu'il ne les atténue. Il faut y voir le résultat d'un effort de volonté. De Gaulle se connaissait. Il savait que la tempête pouvait monter en lui avec une vitesse extrême. Il avait donc appris à se méfier de la rapidité de ses réactions et de l'effet destructeur de ses propos. Ce qui explique sa méfiance à l'égard des discussions parlementaires, le style assez formaliste qu'il avait adopté pour ses conférences de presse. Il savait qu'il avait prononcé des mots d'une telle vigueur et correspondant si bien à la réalité que ceux auxquels ils étaient décochés ne s'en étaient pas relevés. Il se méfiait aussi de ses reparties dans les conversations. Combien y en a-t-il qui ont amèrement regretté d'avoir posé, en toute ingénuité parfois, des questions stupides, au hasard d'un déjeuner, d'une réception, d'un voyage?

Lorsqu'il parlait des gens, il faut bien admettre qu'il était étonnant de précision, de drôlerie et d'humour. Ce don de l'observation se doublait chez lui du talent des caricaturistes, dont il possédait le coup d'œil et le sens du raccourci. De Maurice Schumann, qu'il connaissait depuis la France libre et qui était pour l'heure ministre des Affaires étrangères de Georges Pompidou, il m'avait dit, appuyant son propos d'un clin d'œil complice : « C'est un excellent porte-parole; encore faut-il qu'il y ait une parole. » Et à propos de René Pleven : « Ce pauvre Pleven, j'étais sa colonne vertébrale; quand il n'a plus été à mes côtés, il n'a fait que des sottises. » De telles remarques venaient au cours de la conversation, tout naturellement. Dans l'immédiat, j'en voyais surtout l'aspect amusant. Quand j'y réfléchissais, je m'apercevais qu'elles allaient loin, et souvent jusqu'à l'essentiel. A n'en pas douter, il a blessé l'amour-propre de certains. Cependant, pour avoir bien connu le Général, pour savoir assez précisément ce qu'il pensait de la plupart de ceux qui l'ont approché, je suis en mesure d'assurer que, dans ses jugements portés en public sur ses contemporains, il a fait la part belle à la bienveillance.

Il donnait toujours une impression de calme et paraissait d'autant moins impressionné par l'événement que le baromètre était à la tempête. Pas la moindre agitation. Nul geste qui pût trahir le moindre trouble. Prononçant les mots et les phrases qu'il fallait pour commander. Sa vie paraissait s'écouler dans la sérénité. Le volcan n'était pas éteint pour autant. Tant s'en faut. Il entrait de temps à autre en éruption soudaine. Le Général piquait parfois des colères terribles. Dans ses Mémoires, le général Massu en décrit une qui ne manque pas de piquant, au cours de laquelle le chef de l'État frappa si fort du poing sur la table qu'il en brisa le verre de sa montre-bracelet. A l'Élysée, les quatre plus proches collaborateurs de De Gaulle sentaient parfois passer le souffle des tempêtes pendant les séances quotidiennes de travail en fin de journée. Bernard Tricot, un interprète et moi-même eûmes droit, à Ankara, à ce qu'il faut bien appeler une « engueulade ». Je dois reconnaître d'ailleurs que ce jour-là le Général n'avait pas tort d'être mécontent. Pour ce qui me concerne, ce fut la seule fois où je l'ai entendu hausser le ton. Quand je travaillais avec lui, et bien que je sentisse toujours chez lui l'ardeur et la vivacité du tempérament, j'ai toujours éprouvé une grande impression de tranquillité.

S'il avait éliminé certaines aspérités de son caractère, sa fierté ne fut jamais en rien atténuée. D'une rigueur toute castillane, elle l'empêchait de subir. Le cri de la Pasionaria, « mieux vaut mourir debout que vivre à genoux », aurait pu être poussé par de Gaulle. Il ne pouvait supporter l'humiliation et n'admettait aucune sujétion. Entre son caractère et sa politique, le parallélisme fut absolu. On se rappelle, dans le *Voyage au bout de la nuit*, l'exclamation du héros de Céline apercevant les gratte-ciel de Manhattan : « New York, c'est une ville debout », par contraste avec les « villes couchées » de l'Ancien Monde. On peut transposer cette classification dans l'univers de De Gaulle. Pour lui, il existait deux camps : dans l'un, les hommes et les peuples « couchés », dans l'autre, ceux qui se tenaient « debout ». Il ne pouvait imaginer que la France et lui-même ne soient pas dans cette dernière catégorie. Pour s'y maintenir, il disposait d'une puissance de refus assez étonnante. Refus de solliciter la moindre faveur, de se trouver en position de demandeur, de supporter la moindre entrave, le plus léger des licols, le plus doux des mors. Jamais, tout au moins dans les milieux de la politique et des ambitions, je n'ai rencontré un homme aussi attentif à sauvegarder son indépendance. Je ne crois pas qu'il faille parler ici d'orgueil. C'était plutôt la défense, avec parfois des accents pathétiques, de sa propre dignité et le souci de maintenir son intégrité personnelle. L'impossibilité où il se trouvait de courber la tête n'avait pas été apprise; elle vivait en lui à l'état de nature. Il en fit une politique. Du jeune commandant qui, à propos du livre *la France et son armée*, écrivait en 1928 à un maréchal de France sur un ton respectueux mais d'une fermeté qui impressionne jusqu'au général de brigade qui refusa la défaite de 1940, la continuité psychologique est sans faille, alors que les problèmes étaient bien entendu d'une dimension différente. Il méprisait les échines souples et estimait ceux qui se tenaient droit et savaient garder en face de lui leur propre personnalité. Pour reprendre le mot qu'il avait utilisé à propos de René Pleven, il fallait avoir une « colonne vertébrale ». J'avais noté qu'il témoignait d'autant plus de bienveillance à ses collaborateurs qu'il les sentait, une fois l'accoutumance prise, sûrs d'eux-mêmes et nullement courtisans. Les flagorneurs l'agaçaient. Il appliquait la même échelle de valeurs aux pays et aux peuples, les estimant à proportion des efforts qu'ils faisaient pour sauvegarder leur dignité.

Vitalité! Fierté! Il faut décrire un troisième volet pour en terminer avec le panorama des forces profondes qui donnaient à ce caractère une vigueur qui ne marqua jamais le moindre fléchissement. Je veux parler du courage. Mot difficile à utiliser, car il recouvre des aspects fort différents. J'en retiendrai deux : le sang-froid et la vaillance.

Son impassibilité devant le danger est bien connue. Sa conduite à la guerre, son calme pendant la fusillade dans la cathédrale de Notre-Dame après la libération de Paris en 1944, ou après l'attentat du Petit-Clamart en 1962, ont dessiné une image de De Gaulle qui correspond bien à la réalité. Il ne donna jamais l'impression que la peur eût sur lui la moindre prise. Encore un paradoxe, d'ailleurs, que la présence de cette qualité assez rudimentaire chez un être qui en possède de plus complexes, et, tout au moins en apparence, antinomiques : l'imagination, la sensibilité, la finesse de la perception, le goût du rêve, une certaine vulnérabilité... Il fallut la tentative d'assassinat organisée par Bastien-Thierry, en 1962, pour que soient prises, en partie contre son gré, et souvent à son insu, les mesures indispensables pour assurer sa sécurité lors de ses déplacements. Il refusa cependant de renoncer aux voitures découvertes, où il offrait pourtant une cible facile, et d'utiliser des automobiles blindées. Lorsqu'il allait en province, il donnait des instructions précises au directeur de son cabinet et à moi-même, responsable de l'organisation de ses voyages, pour que les mesures de sécurité soient allégées au maximum. Ses vœux étaient peu compatibles avec les préoccupations des services de police. Nous avions des discussions avec les autorités en charge de l'ordre public, soit à Paris, soit en province. Nous leur demandions d'alléger le plus possible les dispositifs. Nos interlocuteurs finissaient toujours par nous dire qu'ils étaient responsables de la vie du chef de l'État et qu'ils étaient seuls juges des moyens. Nous nous inclinions. Nous savions d'ailleurs que les risques d'attentat étaient très réels. Le plus souvent, après les déplacements, le Général faisait part à Xavier de La Chevalerie et à moi-même de son mécontentement devant les déploiements de l'appareil policier et les entraves apportées à la circulation automobile.

Un tel mépris du danger est une force. Dans les périodes troublées – et de Gaulle en a traversé sa part –, il devient nécessité. Était-ce un don acquis dès la naissance? L'avait-il sinon créé, du moins forgé jusqu'à en faire une cuirasse le protégeant de toutes les atteintes de la peur? Quelle était la part de la volonté et de la fierté dans la maîtrise qu'il avait de lui-même face aux menaces? Estimait-il que la France, dans ses profondeurs, ne voulait pas assassiner de Gaulle et que les conditions ne se trouvaient donc pas remplies pour qu'un attentat réussisse? Ou bien avait-il depuis longtemps une prémonition précise de ce que serait sa mort et de la forme qu'elle prendrait? Je ne peux répondre à ces questions. Le fait est qu'il donnait toujours une impression d'impavidité. Il se précipitait au-devant des foules sans les voir, puisque, dans ces cas-là, il ne portait pas ses lunettes. Il se perdait au milieu d'elles. N'importe quel incident aurait pu se produire. Comme cela faillit arriver lors de sa visite à Brest, le 31 janvier 1969. A la sortie de l'hôtel de ville, il se dirige tout droit vers un peloton de contestataires autonomistes. Comme toujours, le service de sécurité et ses collaborateurs essaient de rester groupés autour de lui, sans y réussir. Des remous se produisent, nous sommes quelque peu débordés. Le commissaire Puissant, chef adjoint de la sécurité présidentielle, arrive à bloquer in extremis le bras d'un jeune homme sur le point de frapper la tête du Général avec un parapluie au bout duquel flottait un petit drapeau breton. Je me rappelle aujourd'hui encore le visage de ce bon jeune homme : un adolescent d'une famille des « beaux quartiers » préparant sans doute une grande école. Je me suis parfois demandé ce qu'il était devenu.

Le courage physique du Général se doublait de vaillance. Il n'hésitait jamais à se porter au cœur de la mêlée, donnant souvent l'impression qu'il prenait plaisir à la provoquer, aimant l'offensive où il se mouvait à l'aise. Il possédait aussi la capacité d'encaisser les épreuves les plus sévères sans donner l'impression de faiblir. Le voyant vivre les dernières années de sa vie, et réfléchissant sur les périodes que je n'avais pas connues, l'expression populaire « dur à la peine » me venait souvent à l'esprit. Car plus j'allais, plus je comprenais combien les coups avaient porté sur une sensibilité qui, depuis l'enfance, était demeurée inchangée. J'ai déjà évoqué quelques expériences qui lui furent particulièrement douloureuses et qui me paraissent avoir joué un rôle important dans l'élaboration de son système de pensée. Il en traversa bien d'autres. Le 18 juin 1939, par exemple, il écrivait au maréchal

Pétain, auprès duquel il avait servi quelque dix ans plus tôt : « J'avais 37 ans; j'en ai 48. Moralement, j'ai reçu des blessures – même de vous, Monsieur le Maréchal –, perdu des illusions, quitté des ambitions... » Si bien qu'il avait appris à endurer et à faire front.

Il en alla ainsi face aux attaques de la presse. Ayant vécu ce problème de l'intérieur en raison de mes fonctions à l'Élysée, j'ai un certain nombre de choses à dire. Pour que tout soit bien clair, je tiens à préciser que les journaux, la radio, la télévision sont à la démocratie ce que l'oxygène est à la vie. La liberté de la presse doit être entière. Cela posé, j'en viens au Général. Il fut longuement, durement, systématiquement attaqué. On se rappelle le mot de Napoléon : « Je ne souffrirai pas qu'on m'insulte comme un roi. » Tant de chroniqueurs, commentateurs, éditorialistes, gazetiers, qu'ils soient professionnels ou d'occasion, voyaient-ils en de Gaulle le successeur de nos monarques? Il est certain qu'ils le traitèrent comme tel. Je veux d'ailleurs bien voir dans leur comportement une sorte d'hommage indirect. Quoi qu'il en soit, ils chapitrèrent, critiquèrent, tancèrent, morigénèrent; trempant leur plume dans l'acide; faisant silence sur les réussites; mettant l'accent sur les échecs – et il s'en produit forcément dans toute entreprise humaine. Quand le succès était indiscutable, assortissant toujours sa constatation d'une remarque désobligeante. De Gaulle souffrit d'être insulté comme un roi par une presse dont il n'est pas mauvais de rappeler qu'à deux reprises, en 1944 et en 1958, il avait rétabli la liberté, supprimée respectivement par le régime de Vichy et par un gouvernement socialiste. Il « souffrit » dans les deux sens du terme. Il ne fit rien pour l'empêcher de s'exprimer. Il en éprouva une immense peine. Et, sur ce point, je veux porter témoignage. La presse étant libre, elle doit donc assumer sa responsabilité. Je tiens à dire à tous ceux qui ont attaqué de Gaulle qu'ils l'ont cruellement blessé. S'ils l'ont fait à dessein, qu'ils prennent acte de leur succès. S'ils croyaient que de Gaulle n'était pas vulnérable et qu'on pouvait lui décocher des traits sans l'atteindre, je leur dis simplement qu'ils ont commis une monstrueuse erreur. Quoi qu'il en soit, l'Histoire jugera. Retiendra-t-elle la réflexion de la fidèle Charlotte Gaspard, à la fois cuisinière, femme de chambre et confidente de Mme de Gaulle? Lors du premier tour de l'élection présidentielle de 1969, elle s'était rendue à la mairie de Colombey afin de voter par procuration pour le Général et pour sa femme, qui se trouvaient en Irlande. A des journalistes qui, faisant leur métier, lui demandaient de pouvoir photographier les procurations, elle avait répondu : « Non, je ne veux pas; c'est vous qui lui avez fait du mal. » Ces propos s'adressaient moins à ses interlocuteurs du moment qu'à beaucoup d'autres.

Le Général fit front devant ces agressions qui, différentes par leur nature, portaient toutes des coups douloureux. Il tint tête jour après jour. Ne se laissant jamais aller à la lâche facilité de la concession. Son action n'en fut jamais infléchie. Pourtant, comme il en va bien souvent pour les natures puissantes, je suppose qu'il devait être souvent accablé par la lassitude et le découragement et que, parfois, la mélancolie devait se substituer à l'ardeur. Les grands fauves de l'espèce humaine sont souvent des cyclothymiques. Je n'en ai pour ma part jamais noté de signe net chez de Gaulle. Je ne serais pas surpris, néanmoins, que certains l'aient vu traverser des moments où l'idée du renoncement l'envahissait et où il se posait la question venant à l'esprit de tous ceux qui, pour avoir conscience de leur génie, sont parfois saisis par la vanité de leurs efforts. Goethe a bien traduit cet état d'âme lorsqu'il fait dire à Méphistophélès s'adressant à Faust : « A quoi bon l'éternelle création? » De surcroît, il est probable qu'il avait toujours vécu et agi en étant hanté par l'idée de l'abdication. Son imagination l'entraînait sur bien des chemins, y compris sur celui du renoncement. Par ce biais aussi de Gaulle différait de l'homme politique habituel. Pour ce dernier, seule importe l'accession au pouvoir; celui-ci obtenu, on se bat pour le conserver et on ne le quitte que si on le perd. Pour le Général, l'éventualité du départ apparaissait toujours en contrepoint de son action. Il l'avait montré en 1946. Il en allait ainsi à chaque référendum. Chacun était le produit d'une aventure qui, d'une certaine façon, fut toujours quelque peu suicidaire.

Mais il savait se battre avec ses propres fantômes, dissiper ses phantasmes et écarter les tentations. Sa vitalité prenait toujours et très vite le dessus. Jusqu'au bout, de toutes ses forces intactes, et soutenu par une ardeur inentamée, il tint tête aux différentes « meutes ». Le destin lui réserva la faveur de laisser briller jusqu'au bout, avec la même intensité, la flamme qui, depuis son enfance, n'avait cessé de brûler en lui. Quelques jours avant sa mort, il avait reçu de Jean Guéhenno, inspecteur général de l'Éducation et l'une des grandes consciences de la gauche laïque, une lettre qui lui était allée droit au cœur et qu'il m'avait lue non sans émotion. J'en extrais quelques phrases : « Votre puissance d'affirmation, vos certitudes, votre foi, la carrure de votre pensée, la netteté de votre écriture, votre engagement total m'émeuvent toujours. Il m'est arrivé quelquefois d'éprouver une naïve fierté à me sentir de la même conscription, de même ban, de la même levée d'hommes que vous. Pardonnez-moi. Je vous souhaite une longue vie, mon Général, et, pour longtemps, de vivre avec la même ardeur, la même abondance, la même générosité. »

LA MÉTHODE

> « *Connais l'adversaire et connais-toi toi-même, et tu seras invincible.* »
> SOUN TSE, théoricien militaire chinois.

Dans l'attitude du Général, je ne trouvais rien qui pût donner à penser qu'il était un militaire de carrière. En civil, il ressemblait à un grand notable du début du siècle. Sous l'uniforme, il ne présentait aucune des caractéristiques de l'officier de tradition chez qui l'on relève souvent quelque raideur dans le maintien, et le souci de se montrer homme de commandement. La forme de son esprit était par bien des côtés celle d'un universitaire, encore que le souci de l'action fût toujours perceptible. A La Boisserie, lorsque, après une journée de travail, le moment venait pour moi de repartir pour Paris, le garde républicain, Hubert André, qui avait été affecté comme chauffeur au secrétariat particulier, entrait dans le bureau du Général pour m'aider à porter les dossiers que nous devions rapporter à Paris au bureau de la rue de Breteuil. Hubert André était toujours en civil. Quand il pénétrait dans le cabinet de De Gaulle, il se mettait au garde-à-vous. L'espace d'une fraction de seconde, le Général ébauchait ce qui aurait pu être une rectification de position. Était-ce un réflexe d'officier? Ou le moyen de marquer à l'homme qui se tenait devant lui qu'ils appartenaient au même monde et étaient régis par les mêmes lois? Je crois que c'était l'un des rares instants où un observateur regardant à loisir de Gaulle vivre à La Boisserie aurait pu se douter que le maître de maison était un officier.

En revanche, il m'apparaissait à tout moment comme un homme de guerre. Il avait inversé le principe de Clausewitz qui a si fortement marqué Lénine, Trotski et Mao : « La guerre, c'est la politique par d'autre moyens », pour en faire : « La politique, c'est la guerre par d'autres moyens. » Cette démarche était conforme à son tempérament. Les événements n'avaient fait que la conforter. N'avait-il pas accédé aux affaires, la première fois au début du dernier conflit mondial, la seconde pour mettre fin à la guerre d'Algérie? Comment s'étonner dès lors qu'il vît tout problème en termes d'objectifs, de mise en place de moyens, de mouvements, de champs de bataille principaux et secondaires? Théoricien militaire, il avait bien évidemment réfléchi à la distinction entre la stratégie et la tactique. Prenons-en la définition donnée par Mao Tsé-toung dans *Problèmes stratégiques de la guerre révolutionnaire en Chine*, classique dans son contenu et d'une formulation claire : « C'est le propre de la stratégie de prendre une vue globale de la situation sans en négliger aucun aspect, tandis qu'il revient à la tactique d'étudier les facteurs qui régissent les situations partielles, qui concourent à créer la situation totale. »

Dans ce jeu qui va de l'ensemble à ses composantes et qui combine les évolutions longues et l'intrusion de l'événement, le « regard » de De Gaulle, c'est-à-dire son sens du diagnostic politique, se mouvait à l'aise. Des pays étrangers, il avait détecté les points de force et les lignes de faiblesse. Les portraits qu'il dessinait des peuples et de leurs chefs dans ses Mémoires et ses discours, ou bien lorsque, recevant un nouvel ambassadeur qui venait lui remettre ses lettres de créance, il décrivait en quelques lignes la nation qu'il représentait, étaient autant d'approches qui l'aidaient à mieux comprendre. Dans le jeu planétaire où les rapports de puissance tissent des trames complexes, il saisissait le sens et la force de la résultante avec une marge d'erreur relativement mince. Il intervenait, au bon endroit et au moment voulu, pour essayer de l'infléchir. Toujours il anticipait. Là où beaucoup ne voyaient qu'impulsions, humeurs, voire foucades

– pour reprendre le mot volontiers utilisé par André Fontaine, du *Monde* –, se déployait au contraire un plan de bataille longuement mûri et presque assuré de sa réussite. J'avais souvent l'impression, à voir de Gaulle négocier, gouverner, traiter les affaires, qu'il se trouvait en quelque sorte dans la situation du héros du film de René Clair, *C'est arrivé demain*, qui, ayant l'avantage de pouvoir lire la veille le journal qui serait publié le lendemain, en tirait de multiples bénéfices. Il y avait de cela chez le Général. Son action, vue de l'extérieur et le plus souvent perçue dans le fracas qui suivait ses conférences de presse, allocutions ou déclarations prononcées à l'issue du Conseil des ministres, le faisait apparaître comme un joueur de poker jetant sur le tapis des mises fantastiques et menant les enchères à un rythme fou. Ce n'était là qu'apparence. Si l'on veut trouver une comparaison dans le domaine du jeu, c'est aux échecs qu'il faudrait penser, à la savante préparation des coups et au déploiement d'une stratégie élaborée de longue main.

Poussons l'analogie. Dans ce jeu tout d'intelligence, l'adversaire possède lui aussi son idée de manœuvre. Sa tactique peut bouleverser complètement la physionomie de la partie. Il en va de même en politique. Ne nous intéresse-t-elle pas, au fond, dans la mesure où elle offre des paysages toujours renouvelés, comme certains visages de femme que l'on ne peut s'empêcher de regarder parce qu'ils découvrent à tout instant des horizons inexplorés? De Gaulle avait mis en exergue à l'un des chapitres du *Fil de l'épée* la réflexion de Georges Duhamel : « L'odeur du monde a changé. » Il savait que l'histoire est faite de mutations incessantes. Il avait dégagé des perspectives à long terme : de 1939 à 1945, la victoire puis la chute de l'Allemagne hitlérienne; après la guerre, la menace que les superpuissances font, presque malgré elles, peser sur le reste du monde; l'étrange paix sous les « parapluies » nucléaires; la faiblesse, qui selon lui pouvait être mortelle, du système monétaire international; la nécessité pour la France de se doter d'un pouvoir politique fort et stable, de sortir de l'ère coloniale, de posséder une économie et une armée. Avant d'y engager le pays, il n'avait pas exclu pour autant les précautions. Il savait que le terrain vient parfois à manquer sous les pieds des responsables s'ils regardent trop haut dans le ciel. Les grandes évolutions des sociétés, la croissance des empires, la naissance et la mort des nations peuvent s'appréhender et, dans une certaine mesure, se prévoir. Tout dépend néanmoins de l'événement, qui, à tout instant, apporte sa charge de nouveauté et de mystère. Le destin des peuples est marqué par des instants privilégiés où soudain tout se transforme; où ce qui était auparavant inimaginable devient, pour quelques heures, possible; où l'argile devient malléable sous les mains du sculpteur. Tout l'art consiste à savoir les saisir. Bismarck remarquait avec raison qu'« en politique extérieure, il y a des moments qui ne reviennent pas ».

C'est vrai aussi pour les affaires intérieures. Tout grand dessein doit donc être soumis à un réajustement permanent. Il n'est point de stratégie qui puisse prétendre au succès si elle ne tire, au fil des heures, la leçon de sa propre tactique. La méditation qui se nourrit de toute la force d'une pensée serait, du point de vue de l'action publique, frappée de stérilité sans la fécondation permanente des faits, dont Lénine, bien placé pour en avoir vérifié le poids, avait reconnu qu'ils sont « têtus ». Plus que tout autre, pour garder le cap, un chef d'État doit connaître la force des vents, l'ampleur de la houle, la direction des courants, l'ardeur de l'équipage. L'information exacte à tout moment sur la position du navire est pour lui aussi essentielle que l'aiguille dont l'aimant indique toujours le nord. Le Général excellait à cette auscultation permanente de la vie du pays. Sur ce point encore, l'image qu'on se plaisait à donner de lui était bien loin de correspondre à la réalité. Ses adversaires répétaient à l'envi que, depuis le 18 juin 1940, il s'était enfermé dans sa tour d'ivoire, perdu dans une méditation altière et, à la limite, vaine, sur une France idéale, construite à sa mesure, sans grand rapport avec le pays réel, avec ses joies, ses difficultés, ses souffrances. Combien de fois ne l'a-t-on pas comparé à don Quichotte qui, emporté par le délire de son imagination et le flamboiement du soleil aidant, voyait dans tout moulin à vent des plateaux de Castille un adversaire à combattre? On donnait bien sûr à entendre qu'un bon Sancho Pansa ferait bien mieux l'affaire. Et l'on susurrait le nom de celui que nous avions en réserve.

Je voyais un homme bien différent. Son souci constant était de se tenir au courant. Il prenait connaissance d'un nombre considérable de journaux. Il lisait pratiquement tous les quotidiens français et trois étrangers : le *Daily Telegraph* – dont il avait pris l'habitude à Londres et qui contient beaucoup d'informations –, la *Frankfurter Allgemeine Zeitung*, le *New York Herald Tribune*. Il recevait aussi tous les hebdomadaires, à l'exception du *Canard enchaîné.* Il parcourait toutes ces feuilles en technicien : jetant un coup d'œil sur les titres qui en disent long quant aux intentions, lorsqu'on sait les interpréter; survolant les éditoriaux pour sentir la direction du vent; il connaissait bien et depuis longtemps tous leurs auteurs; il savait vers où les portaient leur tempérament, leurs idées, leurs conceptions, voire leurs appétits. Voilà pour les opinions Ensuite, conduit par le flair du chasseur, il débusquait toujours dans une feuille ou l'autre la nouvelle qu'il cherchait, le fait intéressant, qu'il notait, le présage, bon ou mauvais, qu'il attendait et interprétait. Pas plus que mes prédécesseurs je ne lui faisais de revue de presse journalière. Il préférait se livrer lui-même à cet exercice, sauf que, dans le courant de l'après-midi, il prenait connaissance de la revue de la presse de province après avoir jeté un coup d'œil, vers 10 h 30, sur *France-Soir* et lu, dès le début de l'après-midi, la première édition du *Monde*. De temps à autre, je préparais à son intention une revue de presse sur un sujet particulier qui me paraissait mériter de retenir son attention. Il écoutait aussi la radio : le long bulletin de *France-Inter*, le matin à 8 heures, pour prendre connaissance des nouvelles de la nuit; ensuite il picorait çà et là, pour tâter le pouls des stations dites « périphériques ». Enfin et surtout, il regardait la télévision. Celle-ci n'a pas été seulement un atout de première grandeur pour le succès de son action politique. Elle lui a fourni aussi une ample moisson d'indications sur les préoccupations et les problèmes de ses contemporains. A un homme qui ne pouvait ni se promener ni se mêler à la foule, et dont, de surcroît, la vue était faible, le petit écran apportait ce qui précisément lui manquait : une fenêtre ouverte sur les profondeurs du corps social. Il fut un téléspectateur assidu, connaissant bien les producteurs et réalisateurs; très au fait des coteries et clans où ils se rangeaient; n'ignorant rien de leurs privilèges et de leurs tendances; de la façon qu'avaient la plupart de biseauter les cartes ou de piper les dés; sachant aussi apprécier les qualités des bons professionnels. En bref, je le trouvais toujours parfaitement au courant. Il disposait bien entendu, en tant que chef d'État, de la masse considérable de rapports, études, notes, renseignements de toute nature qui remontent du bas de la pyramide administrative jusqu'à son sommet, qui se complètent souvent, se contredisent parfois et, au total, s'équilibrent. Autant que j'aie pu en juger, il ne croyait guère aux services de renseignements. Plusieurs fois, j'ai cru noter chez lui une certaine condescendance à l'égard de ce monde assez singulier qui se situe entre l'information et l'espionnage. Un jour, à La Boisserie, nous avions évoqué l'arraisonnement par les Nord-Coréens d'un chalutier américain dont les cales étaient bourrées d'un matériel d'espionnage ultramoderne. Je lui avais dit que le capitaine aurait dû, pour s'éviter bien des déboires, avoir le courage de mettre fin à ses jours. Il me répondit tout à trac : « Un agent de renseignement ne se suicide pas; on l'échange. »

De Gaulle avait l'occasion de rencontrer beaucoup de monde, à l'Élysée comme dans ses déplacements. Il n'hésitait pas à poser des questions. Car, contrairement à ce que l'on croit, il préférait écouter que parler. Beaucoup de compagnons, d'anciens collaborateurs, de fidèles lui écrivaient. Leur attachement les autorisait à s'exprimer en toute franchise. J'ai lu quelques-unes de ces lettres; j'ai admiré le courage et la lucidité de certaines d'entre elles et serais bien surpris que leur destinataire n'en eût pas tiré profit. Je pense, par exemple, aux réflexions empreintes de sagesse et de perspicacité que Georges Pompidou lui communiqua de 1959 à 1962, alors qu'il siégeait au Conseil constitutionnel. Le Général – et là encore mes propos peuvent surprendre – ne répugnait pas à recueillir des avis. Bien placé pour savoir que la révélation n'existe pas en politique, que la vérité ne s'obtient qu'au prix d'une harassante recherche, que le gouffre de l'erreur étend le vertige de ses pentes de part et d'autre d'une étroite ligne de crête, sa vie entière n'aura été qu'une série d'interrogations qu'il se posait à lui-même en tout premier lieu, mais également aux autres. Un certain nombre de certitudes lui fournissaient toujours une assise solide : confiance en la France, volonté d'indépendance, nécessité du combat permanent. Il eut cependant à agir, donc à opérer des choix, au cours de périodes où les brouillards du doute obscurcissaient parfois les perspectives. Alors qu'il dirigeait la France se produisirent au plus intime de l'âme nationale des déchirements dont les meurtrissures, par deux fois ouvertes, ne sont peut-être pas encore entièrement cicatrisées. A deux reprise, la guerre civile fut évitée de justesse. Il lui fallut sanctionner les « enfants perdus », et quelquefois de la peine la plus lourde, alors qu'ils étaient souvent, notamment pour le plus illustre d'entre eux, des êtres qu'il avait connus, estimés et dont il savait que les mobiles n'étaient pas vulgaires. Des étoiles scintillèrent au firmament de sa vie, mais la marche se fit le plus souvent au cœur même de la nuit. Sur la direction à prendre, il n'eut jamais de doute ; il en éprouva parfois sur le moyen à utiliser pour trouver le chemin. Tous ceux qui l'ont approché savent qu'il aimait connaître les réactions, voire les suggestions. Je crois même qu'il y mettait un point d'honneur. Au retour de ses voyages à l'étranger, il faisait appeler tour à tour dans le salon particulier de l'avion présidentiel les membres de sa suite ; les hauts fonctionnaires du ministère des Affaires étrangères comme ses propres collaborateurs. Il recueillait leurs impressions, donnait les siennes. Le ton n'était pas tout à fait celui des audiences, sans qu'il s'agît pour autant d'une véritable conversation. On sait aussi que, sur certaines grandes décisions, tous les membres du gouvernement étaient appelés à donner leur sentiment au cours du Conseil. Les Premiers ministres n'hésitaient pas à lui faire connaître leur façon de voir sur les grandes affaires nationales. La lecture des lettres qu'ils ont adressées au Général m'a montré qu'ils exprimaient très librement des vues qui s'éloignaient parfois beaucoup de celles de leur correspondant. De Gaulle faisait donc une stricte application du principe de Machiavel : « Le prince doit toujours prendre conseil, mais quand il veut et non au gré des autres; au contraire, il doit ôter l'envie à chacun de lui donner conseil qu'il ne lui demande. Aussi doit-il être de son côté grand demandeur et puis patient écouteur de toutes vérités et s'il sait que quelqu'un, par certain respect, ne le dit pas, s'en fâcher. »

Il n'appréciait guère que l'on se dérobât quand il posait une question. Lors de la crise monétaire de l'automne 1968, la dévaluation paraissait inévitable. Le taux en était d'ailleurs donné au centime près par *le Monde* le 23 novembre malgré la mise en garde que j'avais faite le matin même à son correspondant à l'Élysée. Le Général, qui n'avait pas encore fait connaître sa décision, interrogea l'un de ses plus proches collaborateurs sur ce qu'il pensait de la situation. C'était un militaire. Il savait « marcher au canon », selon l'expression que nous utilisions lorsqu'il fallait tenir au Général des propos dont on pouvait penser qu'il ne les accueillerait pas volontiers. Toutefois, par honnêteté intellectuelle, il fit état, pour ne pas répondre, de son ignorance des questions financières, qui, en l'espèce, était totale. Le Général lui coupa la parole, répétant ainsi sa question :

– L'avis des techniciens, je l'ai; ce que je veux savoir, c'est ce que vous pensez vous-même.

– Je n'ai pas d'idée précise, mon général, lui répondit son collaborateur, mais, au fond de moi-même, quelque chose me dit qu'il ne faut pas dévaluer.

L'entretien se termina sur ce mot de De Gaulle :

– C'est bien là ce que je voulais savoir.

Je ne pense pas que cet avis ait été déterminant dans la décision du chef de l'État de maintenir la parité de la monnaie. Sans doute était-elle déjà prise. Mais il aimait toujours vérifier. Et quand le fléau de la balance est en équilibre – ce qui se produit souvent dans les périodes de crise –, ne suffit-il pas d'un poids infime jeté sur l'un des plateaux pour la faire pencher? C'est pourquoi aussi, à sa manière, il écoutait la voix du pays. Il notait les réactions des foules à ses discours; tirait leçon de ses contacts avec elles; de l'expression des visages; de ce que lui disait tel ou tel. Souvent, je crois, les réflexions d'un modeste conseiller municipal ou d'un homme de jugement interrogé dans la bousculade d'une réception ont compté bien davantage que les propos de « grands notables ».

Il savait d'expérience qu'à la fin des fins la décision n'intervenait pas seulement à la suite d'analyses, de raisonnements, de suppositions ou de calculs. Venait le moment où il fallait se jeter en avant. Au préalable, il lui était indispensable et souvent utile de savoir comment d'autres répondaient aux interrogations que lui-même se posait. Lorsque l'avenir était en balance, il ne prenait guère conseil de ceux qu'il ne considérait pas comme faisant partie des « siens », car ils n'appartenaient pas à la même famille d'hommes et ne partageaient pas ses vues sur l'essentiel. C'est pourquoi existait entre de Gaulle et le régime purement parlementaire, qui met l'exécutif en tutelle, une incompatibilité de nature qu'il avait supprimée en donnant des pouvoirs réels au chef de l'État. Pour les mêmes raisons, il ne sollicitait guère les corps intermédiaires en dehors du domaine de leur compétence. Là encore, on retrouve Machiavel: « Le prince prudent doit [...] choisir en son État des gens sages, auxquels seulement il donnera la liberté de lui dire la vérité et ce qu'il leur demandera exclusivement, et non d'autres choses; mais il doit les interroger de tout et ouïr leurs opinions; et puis conclure là-dessus, à part soi, à sa mode... Outre ceux-là, n'ouïr autre personne, poursuivre toujours ce qu'il aura résolu et être entier dans ses résolutions. »

Apologie du pouvoir personnel, diront certains. Je vois

pour ma part, dans la méthode de Gaulle, un système qui correspond assez bien aux exigences du temps, tout en reconnaissant qu'il est contraignant et peut même devenir dangereux. La connaissance de plus en plus exacte que nous avons du monde, l'accumulation des moyens de mesure quantitative, la rapidité des ordinateurs, la multiplication des hypothèses, des sondages, des supputations, tout ce que la mathématique, la physique, la mécanique, la sociologie apportent en capacité d'analyse, de prévision, de prospection, ne peuvent rien contre un fait d'une simplicité élémentaire. Un jour peut-être – fasse le Ciel qu'une telle situation ne se produise jamais –, l'un des responsables d'une des puissances nucléaires devra, en quelques minutes, décider s'il appuie ou non sur le bouton déclenchant l'apocalypse. Le temps lui fera défaut pour réunir le Parlement. Il n'aura pas, la veille, invité à déjeuner les éditorialistes à la mode pour leur demander leur sentiment. Il ne pourra pas consulter les organisations syndicales. Tout au plus, à la façon de Giraudoux, pourra-t-il poser à l'un ou l'autre de ses proches, et pourquoi pas à un journaliste s'il s'en trouve un sur son chemin, la question : « La guerre ou la paix ? » Puis, tout seul, il jettera les dés. L'arme atomique donne à nos princes, fussent-ils marxistes, une terrifiante responsabilité. Qu'elle ait sonné le glas d'une certaine forme de vie publique qui ne manquait pas de charme, j'en conviens volontiers. Mais il nous faut vivre avec notre temps, tirant les leçons du dramatique paradoxe dans lequel nous nous trouvons placés : celui d'une civilisation de plus en plus technologique et impersonnelle dont la survie, compte tenu de l'ampleur des moyens de destruction, dépend de la solidité du jugement et du sang-froid de quelques hommes solitaires. Toute la technique de la vie publique s'en trouve, depuis Hiroshima, radicalement modifiée. De Gaulle l'avait bien compris.

Dans les affaires du monde, il connaissait donc bien le terrain, l'adversaire, les moyens respectifs des parties en présence. Il avait défini ses objectifs. Voilà pour la stratégie. Il lui fallait y adapter la tactique. Dans ce domaine, il avait ses préférences. Théoricien de l'arme blindée, il n'oublia jamais le principe selon lequel la masse cuirassée voit sa puissance accrue par la vitesse d'utilisation. Une telle conception correspondait à son caractère et à sa forme d'intelligence. J'ai déjà souligné qu'il supportait mal les combats immobiles. De surcroît, il avait conscience qu'un pays aux moyens limités ne pouvait se permettre de gaspiller aucune de ses chances et devait jouer d'autant mieux ses atouts qu'ils étaient rares. Le voyant à l'œuvre, je pensais à la technique du judo mise au point par les Japonais, qui, pour pallier la faiblesse de leur morphologie, combinent la vitesse du mouvement et une connaissance subtile du corps humain pour abattre l'adversaire en utilisant sa force. Il rechercha donc toujours l'effet de choc qui accroît au carré la puissance de l'attaque. La condition du succès résidant bien entendu dans la surprise de l'adversaire. Or l'art du secret lui était familier. De même qu'il tenait à entourer sa personnalité du voile du mystère, il savait élaborer ses plans sans que rien n'en transpire. Il montait des opérations où il mettait un nombre limité de collaborateurs dans la confidence, sans que se produisît la moindre fuite. C'est moins facile qu'on ne le croit dans le monde moderne. Bien peu de ses initiatives – et certaines, comme son départ le 29 mai 1968, étaient particulièrement surprenantes – furent éventées. On lui fit reproche de cette façon d'agir. On l'accusa de ruse. Le mot a une résonance péjorative. Je préfère, pour ma part, dire qu'il avait le sens du stratagème. Ce domaine lui était familier. Dans ses *Mémoires d'espoir,* pour évoquer l'action des troupes d'élite qui poursuivaient les éléments du FLN dans les montagnes d'Algérie, il utilise une accumulation de mots révélateurs : « Il s'agit d'une lutte [...] consistant en continuels affûts, quêtes, traques, surprises, débuscades, dérobades, poursuites, hallalis. » Il connaissait la manière. Il s'en servit. Si bien qu'il arrivait toujours à étonner, à surprendre, sans perdre ses objectifs de vue, mêlant d'ailleurs bien souvent toutes les possibilités que lui offrait un arsenal riche en ressources. Dans certains cas, il multipliait les écrans de fumée afin de camoufler la mise en place des moyens nécessaires pour assurer le succès de l'opération; ce fut le cas lors de la crise de mai 1968. Mais parfois aussi, il procédait de façon inverse. Il opérait la concentration au grand jour, sur le terrain qu'il avait choisi, face à l'adversaire qu'il avait désigné. Il en alla ainsi pour le référendum d'octobre 1962, qu'il gagna, et pour celui d'avril 1969, qu'il perdit. Parfois aussi, il mêlait les genres, comme à plaisir. Il levait tout mystère sur sa stratégie, la développait, l'expliquait, la justifiait; puis il laissait le temps calmer les craintes de l'adversaire, assoupir sa vigilance, sans pour autant cesser, de temps à autre, d'annoncer la couleur, et soudain prenait des décisions percutantes. C'est toute l'histoire de nos rapports avec l'OTAN : de nombreuses années se sont écoulées entre le mémorandum de septembre 1958 et l'annonce, en février 1966, du retrait de la France des commandements intégrés.

Ni rusé ni menteur; mais, tout simplement, capable. Il commit des erreurs sur les situations et sur les personnes, lui-même en a parlé, car, s'il se savait de première force, il ne se croyait pas pour autant infaillible. Il s'estimait meilleur que la plupart, nullement d'une essence supérieure. Il a manqué quelques-uns de ses paris et il le reconnaissait. Lorsqu'il partit en 1946, il croyait que le pays ferait rapidement appel à lui. Il eut à attendre douze ans. Vers les années 1948-1949, il redoutait une invasion de l'Europe par les Soviétiques. Elle n'eut pas lieu. Il se peut d'ailleurs que, de leur point de vue, les Russes aient eu tort de ne pas jouer leurs cartes à ce moment-là. Sans doute de Gaulle, à la place de Staline, aurait-il avancé vers l'Ouest. Pour ce qui est des personnes, le véritable caractère de Georges Pompidou lui avait en partie échappé...

Au vrai, rien n'est plus difficile que de juger l'action quotidienne d'un homme entré dans l'Histoire et déjà auréolé par une légende. De 1940 à 1944, pour la grande masse des Français, de Gaulle avait été une voix; il ne devint qu'ensuite un personnage. Ceux qui étaient d'accord, comme ceux qui ne l'étaient pas, le voyaient sous l'éclairage quelque peu déformant de la gloire. Je reconnais que le style du Général, la puissance de son verbe, le fracas suscité dans le monde par maints de ses propos, le renversement à plusieurs reprises de situations sérieusement compromises, la présence au premier rang de la scène du pays – et, bien souvent, du monde – de l'acteur de première force qu'il était empêchaient qu'on y regardât de plus près. On discernait l'aisance à se mouvoir dans l'exceptionnel, la recherche de l'altitude, le sens des attitudes, l'aspect surprenant de ses décisions et leurs résultats à échéance rapprochée. En bref, on voyait le grand capitaine. A observer de près la méthode, le personnage avait un autre aspect, moins connu peut-être, mais tout aussi important : le stratège se doublait d'un excellent officier d'état-major.

Dans l'art de gouverner, de Gaulle relevait de la grande tradition française, celle de Richelieu, de Colbert, de Lazare Carnot, de Napoléon, de quelques-uns des grands présidents du Conseil de la IIIe République. Ce n'est pas un hasard si l'un des personnages de notre histoire avec lequel de Gaulle souhaitait tenir un dialogue imaginaire dans le dernier chapitre du tome II de ses *Mémoires d'espoir* était Lazare Carnot. Conventionnel, membre du Comité de salut public, fondateur des armées de la Révolution, l'homme ne manquait pas de caractère. Il impressionna ses contemporains par son intégrité et par une fidélité sans faille à son idéal. Voilà déjà de quoi capter l'attention du Général. La qualité qu'il préférait pourtant parmi celles de l' « Organisateur de la victoire » était sa capacité d'assumer l'administration de nos armées et de donner ainsi au souffle patriotique et révolutionnaire animant les combattants de Valmy les moyens matériels sans lesquels il eût rapidement perdu de sa force. En réalité, il avait sauvé la Révolution en lui forgeant l'outil militaire sans lequel elle eût été balayée. De Gaulle savait qu'une armée ne s'improvise pas sans un effort considérable. De 1940 à

1944, sa propre expérience lui avait montré qu'en politique il ne suffit pas d'avoir des idées justes, mais qu'il faut se doter des moyens de les appliquer. La transformation du dessein en réalité ne peut se faire sans la maîtrise de l'appareil de l'État, c'est-à-dire par l'animation et le contrôle des bureaux et des services. Il y avait de l'administrateur en de Gaulle. Et de la meilleure veine. C'est pourquoi il suivit toujours de très près l'action gouvernementale, avec une attention et un soin qu'on imagine mal.

Appelé à consulter les archives du premier président de la Vᵉ République, j'ai été frappé par le nombre de ses interventions dans les différentes instances : Conseil des ministres et conseils restreints. Ces derniers réunissent seulement quelques ministres afin d'étudier un problème donné et d'élaborer une politique. Ils sont en quelque sorte le lieu où l'imagination est à l'œuvre pour définir une prospective et dessiner des lignes d'action. De Gaulle y participait activement. Bien souvent, je l'ai déjà souligné, il en rédigeait lui-même le relevé des décisions. A la lecture de ces documents, je notais l'aisance du chef de l'État à se mouvoir dans les problèmes les plus techniques et à les exprimer avec clarté. Ils couvraient tous les secteurs de la vie nationale : l'économie, les finances, l'éducation nationale, la recherche, l'agriculture, l'énergie... Ils révélaient une connaissance très sûre de tous les aspects de la vie d'un État moderne. Ils confirmaient le sentiment de prudence que, dès mon arrivée à l'Élysée, j'avais éprouvé pour l'expression « domaine réservé », qui me paraissait donner une idée fausse de la réalité. Tout engagement important, en quelque domaine que ce fût, que les résultats en fussent bons ou mauvais, avait été pris par lui. Bien entendu, pour la réalisation, il incombait au Premier ministre et aux membres du gouvernement d'assumer leurs responsabilités. L'administration, de nos jours, est d'une complexité telle que le chef de l'État ne peut tout faire, surtout lorsqu'il s'agit d'animer les grands organismes administratifs tels que les ministères des Finances, de l'Éducation nationale, de l'Équipement. Pourtant, la marque de De Gaulle était présente partout. Que de rapports annotés, d'ordres donnés, d'instructions adressées aux Premiers ministres à l'intention des ministres, à ses propres collaborateurs! Partout je retrouvais sa grande écriture : sur les télégrammes de nos ambassadeurs, les notes de ses collaborateurs et les différents rapports qui affluent sur le bureau d'un chef d'État. Plus j'allais, plus je constatais que le de Gaulle du verbe – celui que les Français connaissent – se prolongeait par un de Gaulle de la plume qui animait, à partir de son cabinet, la vie du pays. Cette action de tous les jours donnait à l'ensemble de sa politique une forte cohérence. Je voyais apparaître à tout moment les articulations essentielles de son action : il n'est pas de politique étrangère sans une défense; pas d'armée sans une économie; pas d'économie sans une recherche scientifique; pas de véritable démocratie sans une éducation nationale; pas de justice sociale sans une monnaie stable. Bref, le système était fortement pensé et avait une solide logique interne; il y eut rarement des faiblesses dans la conception; parfois des défaillances dans l'exécution des décisions prises, notamment en matière d'éducation nationale. Il en va ainsi de toute œuvre humaine. Au total, il est un reproche que l'on n'a pas le droit d'adresser à de Gaulle : celui de ne pas s'être occupé de l'ensemble des problèmes qui se posaient à son pays. Dieu sait s'il fut pourtant très durement attaqué sur ce point! Je puis témoigner qu'il en souffrit. J'y reviendrai quand je parlerai de ses *Mémoires d'espoir.*

Vision stratégique et habileté tactique, audace dans la conception et rigueur dans l'exécution, engagement permanent : tels me paraissent avoir été les principes de base de sa méthode. En réalité, à s'en tenir à la conception moderne du rôle de chef d'État, de Gaulle possédait les qualités voulues, encore que leur réunion chez le même homme soit finalement assez rare. Audacieux et méthodique, doté d'une puissance d'anticipation peu commune et sachant pourtant observer la réalité et en tirer des leçons, il connaissait bien son affaire. Être chef d'État, c'est exercer un métier. On peut dire qu'il avait bien appris le sien et qu'il s'efforça toujours de se comporter en bon ouvrier. Je crois pouvoir dire qu'il en tira de profondes satisfactions. Et je ne suis pas le seul à reconnaître avoir éprouvé, à le regarder travailler, le plaisir rare que procurent à ceux qui les approchent les hommes parvenus à la maîtrise totale de leur profession, de la plus humble à la plus prestigieuse.

L'OUTIL

« Celui qui ne peut pas ou ne veut pas régler sa maison n'est pas capable d'apporter un grand ordre à l'État. »

RICHELIEU, testament politique.

Veiller à ce que l'action n'empiète pas à l'excès sur le temps indispensable à la réflexion; intervenir au moment voulu sur les points choisis avec soin et en y mettant tout le poids de ses forces, tels étaient les principes. Il ne suffit pourtant pas de les énoncer; encore faut-il les appliquer. La tempête ne déplaisait pas à de Gaulle, qui s'y mouvait à l'aise. En cas de typhon, il s'arrangeait pour se placer au centre de la zone appelée communément l'« œil », celle où règne une quiétude relative alors qu'alentour les vents tourbillonnent et détruisent tout sur leur passage.

Le système administratif qu'il avait mis en place était agencé afin de pouvoir toujours travailler dans le calme. A l'Élysée, les horaires étaient stricts et on les respectait à la minute près. Le Général arrivait à son bureau à 9 heures. La matinée commençait. A une heure moins cinq, s'il n'avait pas de repas officiel, il regagnait les appartements privés pour le déjeuner. A 15 heures, il était de retour au Salon doré. Il le quittait vers 19 h 30, très rarement après 20 heures. A partir de ce moment-là et jusqu'au lendemain, il retrouvait sa vie personnelle, celle sur laquelle l'actualité n'avait pas prise. On ne pouvait le déranger que pour des raisons très exceptionnelles. A son bureau et moins encore dans ses appartements privés, il utilisait fort peu le téléphone. En principe, personne ne l'appelait. Il n'était pas rare, toutefois, qu'il fît dire au Premier ministre, à tel ou tel des membres du gouvernement ou à l'un de ses collaborateurs de lui téléphoner à une heure donnée. Le soir, il regardait la télévision, lisait, réfléchissait, se couchait tôt. Ainsi se déroulaient les journées normales. A Colombey, l'emploi du temps n'était pas tellement différent. Pendant les dix-huit mois qu'il y passa après avoir quitté Paris, une fois franchie la porte qui le conduisait à son cabinet, le travail commençait, dans le même silence, avec quasiment le même horaire qu'à l'Élysée.

Il menait une existence très semblable à celle des couvents dont la règle imprime à la vie quotidienne un rythme destiné à assourdir les bruits du monde pour faciliter le dialogue avec Dieu. Ou à celle de Kant, dont l'exactitude était telle que ses promenades dans les rues de Königsberg permettaient à ses concitoyens de régler leur pendule à son passage. Les préoccupations de De Gaulle étaient à l'évidence différentes de celles d'un bénédictin ou d'un philosophe. Il avait sa propre terre à travailler : les affaires de l'État, l'action politique, les guerres, les crises, les décisions à prendre, le destin du pays à assurer. Néanmoins, il veilla toujours à ce que l'accessoire ne prît jamais le pas sur l'essentiel et il s'arrangea pour réserver à la méditation comme à l'action la place qui revenait à chacune. Vivre ainsi lorsqu'on se trouve à la tête d'un État ne se fait pas sans qu'on le veuille ni qu'on y prête la main. On se rappelle ce qu'était l'existence harassante des présidents du Conseil de la IVe République, soumis à un rythme de travail et à une érosion des nerfs qui épuisaient les plus solides en six mois. L'instabilité gouvernementale avait à l'évidence des causes d'ordre institutionnel. De toute façon, l'usure physique des hommes était telle que la crise ministérielle intervenait comme une délivrance. Le système présidentiel impose également au chef de l'État qui ne peut s'appuyer sur un Premier ministre des tâches qui, à certains moments, paraissent excéder les forces humaines. J'avais été frappé par la manière dont le président Johnson avait, au sens propre du terme, sombré dans les difficultés suscitées par la guerre au Vietnam. Son visage donnait, au fil des mois, des signes de plus en plus évidents de l'épuisement physique et moral. J'en avais parlé un jour au Général, qui, mi-apitoyé, mi-ironique, avait remarqué : « Ce pauvre Johnson; il se réveillait la nuit pour lire sur les téléscripteurs les dépêches d'agence. » Ce qui lui paraissait marquer le comble du désarroi.

Mon propos n'est pas ici de m'étendre sur les institutions mises en place par le fondateur de la Ve République. Des spécialistes fort avertis les ont analysées avec soin et compétence. Je voudrais seulement relever qu'elles font du président la clé de voûte du système, tout en lui laissant la possibilité de se décharger d'une grande partie de la gestion des affaires de l'État sur le Premier ministre. Ceui-ci, en tant que coordinateur de l'action gouvernementale, est un rouage essentiel. Il décharge le président de nombreuses tâches. Il apparaît aussi comme un brise-lames sur lequel viennent battre les flots de la vie politique, de l'agitation sociale, des inquiétudes et des difficultés quotidiennes. Le système est donc bâti de façon telle que le chef de l'État peut concevoir une politique, intervenir dans les secteurs clés, contrôler la bonne marche du gouvernement sans pour autant être absorbé par les exigences de l'action au jour le jour, qui use davantage un homme d'État que les grandes affaires, lui prend beaucoup de son temps sans toujours lui apporter, en contrepartie, de grandes satisfactions.

Ces quelques considérations sur l'importance du Premier ministre dans le système créé par de Gaulle étant faites, je souhaite m'étendre davantage sur le rôle joué par les collaborateurs du Général. Dans ce domaine, je me limiterai à des réflexions d'ordre personnel. Des études sérieuses ont été effectuées à ce sujet. L'ouvrage de Claude Dulong, *la Vie quotidienne à l'Élysée au temps du général de Gaulle*, est excellent, bien documenté et d'une lecture agréable; il donne une bonne idée du fonctionnement de la présidence de 1959 à 1969. Mon propos n'est donc pas de recommencer son analyse, mais de fournir quelques indications qui semblent de nature à mieux éclairer la psychologie du fondateur de la Ve République.

Il avait conservé l'organisation administrative relativement légère héritée de la précédente République. Bien que les attributions du chef de l'État fussent devenues beaucoup plus considérables, le nombre des collaborateurs du Général n'était pas beaucoup plus élevé que ceux des présidents Vincent Auriol et René Coty. Il n'aimait pas avoir trop de monde autour de lui. Par goût, il avait horreur de l'inaction. Son expérience des hommes lui avait enseigné aussi que la proximité du pouvoir risque de corrompre les meilleurs, si toutes les énergies ne sont pas entièrement consacrées au seul service de l'État. Du temps de De Gaulle, l'Élysée n'a jamais été une Cour, c'est-à-dire un lieu où, dans l'ombre d'un souverain – héréditaire ou pas –, fleurissent l'intrigue et la médisance, où des clans se forment pour récolter des faveurs. Je le dis d'autant plus volontiers que je craignais qu'il en fût ainsi.

Lorsqu'on m'avait approché, en mai 1967, pour une éventuelle affectation à l'Élysée, la proposition, d'entrée de jeu, m'avait séduit. Comme je l'ai déjà dit, j'éprouvais pour de Gaulle, que je ne connaissais pas, une admiration dont je ne faisais pas mystère. Sa politique me paraissait convenir parfaitement aux intérêts de notre pays. Mais vivre à la « Cour » m'inquiétait. Par goût, j'aime les situations claires et nettes. Il m'est facile de m'entendre avec les gens si je perçois un climat de confiance. Lorsque ces conditions ne sont pas remplies, je le dis et vais ailleurs. Je me suis toujours efforcé, dans ma carrière – et je crois y avoir réussi –, de ne faire de tort à personne. J'exige donc d'être payé de retour. Si tel n'est pas le cas, je le dis sans fard. Je n'en suis que plus à l'aise pour rompre avec les gens insupportables. J'y mets l'éclat qu'il faut. Ce qui ne m'est pas arrivé souvent. Je tiens à une certaine qualité dans les rapports humains. Je ne supporte pas l'injustice et refuse tout privilège. Je tiens à ma liberté de jugement. La brigue me fait horreur. Je crois pouvoir dire que je ne suis pas fait pour être courtisan. Je me renseignai donc discrètement sur l'Élysée. J'obtins tous les apaisements.

J'ai toujours présente à l'esprit ma première entrevue avec le Général, en juin 1967. J'étais venu me présenter avant mon affectation définitive. Il s'agissait d'une sorte de rite, et beaucoup de mes camarades en ont raconté le déroulement. Je n'étais pas tellement intimidé dans le bureau dit des « Ambassadeurs », qui servait d'antichambre. L'aide de camp ouvrit la porte du Salon doré. Je m'avançai vers de Gaulle, assis derrière son bureau Louis XV. Il se leva lentement, non sans majesté. Je vis se déployer cette silhouette vêtue de sombre qui me parut immense. Il s'avança vers moi, me tendit la main. D'une façon quasi physique, je perçus qu'il était un grand personnage. Nous nous assîmes. Il me posa les questions d'usage sur ma carrière et ma famille. Nous parlâmes assez longuement de l'Espagne, où j'étais en poste. La conversation n'avait pas tellement d'importance en soi. Il m'observait. De mon côté, je comprenais, aux impressions que je ressentais sans pouvoir les analyser, que l'homme assis en face de moi portait en lui une force qui en imposait d'autant plus qu'elle n'excluait ni la bienveillance ni une attachante douceur. L'entretien prit fin. Il me raccompagna jusqu'à la porte. Je passai la fin de l'après-midi à l'Élysée pour y régler divers problèmes. Je fus agréablement surpris par le calme et le silence qui y régnaient. On sortait pourtant de la guerre des Six-Jours. L'opinion était encore profondément troublée par la décision de De Gaulle de mettre l'embargo sur les avions Mirage achetés par Israël. La classe politique parisienne se trouvait dans un état d'énervement extrême. Le contraste était saisissant.

Je pris mes fonctions de chef du service de presse à la mi-septembre. Dès mon arrivée – et de telles impressions, pour immédiates qu'elles soient, ne trompent pas plus que les premières lignes d'un livre ou d'un poème –, je découvris le plus bel outil administratif qu'il m'ait été donné de voir. Peu de monde; des tâches bien réparties; un organisme tout en muscles, sans la moindre graisse, aussi harmonieusement bâti pour l'effort qu'un athlète de haute compétition. Une atmosphère de calme, de quiétude, de force tranquille. Rien de l'agitation bourdonnante, du contentement de soi-même, de l'affairement empreint de suffisance qui se perçoivent souvent dans les cabinets ministériels et qui exercent tant de fascination sur les jeunes fonctionnaires découvrant le pouvoir. Je fus également impressionné – et c'est aussi un signe qui ne trompe pas – par l'excellent esprit qui régnait dans le vieux palais. Et notamment chez ceux qui remplissaient les tâches administratives les moins brillantes. Quel dévouement chez les gardes républicains, les huissiers, les secrétaires, les standardistes, les jeunes gens du contingent qui faisaient fonction de valets de pied! Quelle ardeur à servir! Ils paraissaient comme ennoblis par le respect que leur témoignait le premier des serviteurs de l'État. Que de fois ai-je été aidé par les gardes républicains, responsables de la polycopie des textes! Ils vérifiaient avec soin les allocutions et conférences de presse que je leur donnais à tirer. Comme il me fallait toujours aller très vite, pour ne pas faire trop attendre les journalistes, des erreurs de dactylographie m'échappaient. Souvent, ils me les signalaient. Dans la nuit du référendum d'avril, il fallut déménager rapidement certaines des archives du chef de l'État. Les gardes républicains, les larmes aux yeux, sortirent les caisses des caves pour les charger dans les camionnettes qui partaient pour le 5, rue de Solférino. Nous dûmes modérer leur ardeur; ils voulaient tellement témoigner, une fois encore, leur attachement au Général... qu'ils auraient tout emporté!

Les relations entre les divers services – secrétariat général, cabinet, état-major particulier, affaires africaines et malgaches – furent toujours empreintes de confiance et d'esprit de coopération. Il n'y eut jamais, à la présidence, de 1958 à 1969 d'inimitié et moins encore de clans opposés. Ce qui paraissait aller de soi. Il est vrai que le Général rassemblait autour de lui des collaborateurs d'un certain type. On venait à l'Élysée pour servir l'État. Le système de cooptation qui fonctionnait pour choisir les conseillers techniques et les chargés de mission écartait ceux qui ne correspondaient pas au profil voulu, tant pour les compétences professionnelles que pour les qualités humaines. Telle était l'atmosphère de ce que le Général, reprenant un mot de l'Ancien Régime, appelait la « Maison »; il aimait la sentir œuvrer auprès de lui; il était heureux que tous soient, comme il se plaisait à le dire, « bien à leur affaire ».

Pour l'essentiel, il travaillait avec quatre hommes, que j'avais baptisés les « quatre Grands » : le secrétaire général, le directeur du cabinet, le chef de l'état-major particulier, le secrétaire général pour les affaires africaines et malgaches.

Le secrétaire général, pilier central de l'édifice, assurait les responsabilités de la « vie de l'État »; il assistait au Conseil des ministres, aux conseils de défense et aux conseils restreints; son bureau était contigu à celui du Général; trois personnes s'y succédèrent : Geoffroy de Courcel, Étienne Burin des Roziers, Bernard Tricot; les deux premiers étaient diplomates de carrière, le troisième conseiller d'État. La proportion de fonctionnaires du Quai d'Orsay fut la même chez les directeurs de cabinet, ce qui montre l'importance que revêtait l'action diplomatique dans les préoccupations du Général et l'estime qu'il portait à mon ministère, bien qu'il reprochât souvent à ses membres leur manque de caractère. Quand il m'en parlait, je lui faisais remarquer que notre métier consistait à observer, à concilier, que nous étions choisis et formés dans cette optique. Il me répondait en me citant des exemples précis empruntés soit à l'époque de la guerre, soit à celle que nous venions de vivre. J'avoue qu'ils donnaient à réfléchir. Chaque fois, j'étais impressionné par la prodigieuse connaissance que le Général avait du personnel de notre haute administration, des qualités et des défauts de chacun. Le directeur du cabinet, Xavier de La Chevalerie, qui avait succédé à Georges Gallichon et à René Brouillet, s'occupait de la vie du chef de l'État : il s'agissait de fixer les audiences, de préparer les déplacements, de maintenir les liaisons avec l'extérieur, de faire fonctionner la Maison avec l'aide du commandant du palais, du protocole, du chef de la sécurité; personnellement, je dépendais du cabinet, mais mes fonctions me conduisaient à travailler beaucoup aussi avec le secrétaire général. Le chef d'état-major assurait de son côté la liaison entre le chef de l'État et le ministère des Armées; il assistait aux conseils de défense. Quand je servais à l'Élysée, le titulaire était le général de corps d'armée André Lalande, un officier au passé glorieux qui, malgré tous les combats et toutes les épreuves – il avait notamment été fait prisonnier à Diên Biên Phu –, avait conservé une jeunesse du corps, du caractère et de l'âme à laquelle on ne pouvait pas ne pas être sensible. En matière militaire, la page était tournée avec la fin de la crise algérienne et la reconversion de nos forces armées. Toutefois, de telles mutations ne s'étaient pas faites sans drames de conscience, jusque dans la Maison. Je le vis bien quand le Général signa les exemplaires de ses Mémoires destinés à certains de ses collaborateurs militaires de 1958 à 1962. Le quatrième « Grand » était Jacques Foccard, le secrétaire général pour les affaires africaines et malgaches, l'un des rares collaborateurs du Général à ne pas venir de la fonction publique. Une sorte de légende s'était instaurée autour de lui. Il s'en expliquera un jour, s'il le souhaite. Il servit avec discipline et fidélité le Général, qui éprouvait pour lui de l'amitié et de l'affection. Peut-être eut-il le tort de rester trop longemps à la présidence de la République après le départ de De Gaulle. C'est là un jugement personnel. Dans ses relations entre lui et le solitaire de La Boisserie, une ombre s'était glissée; j'en ai la certitude. Je n'en connais pas la raison. Elle n'altéra pourtant pas la nature des sentiments que lui portait de Gaulle.

Le Général recevait en audience ces quatre collaborateurs tous les jours à partir de 18 heures et, sauf cas exceptionnel, toujours dans le même ordre : secrétaire général, directeur du cabinet, chef d'état-major particulier, secrétaire général pour les affaires africaines et malgaches. Toute l'activité de la Maison passait par là. Toutes les affaires y étaient étudiées, à l'aide des notes préparées par les conseillers techniques ou par les chargés de mission. De Gaulle faisait application du conseil donné par Choiseul à Talleyrand : « Ne vous enterrez pas sous les papiers. Trouvez les hommes qui les débrouillent, gouvernez les affaires d'un geste, d'un signe, mettez la virgule qui décide le sens... » Pour les quatre intéressés, c'était le sommet de leur journée. Toujours une satisfaction, parfois une épreuve. Le Général travaillait vite, savait ce qu'il voulait, le disait; ayant en face de lui ses collaborateurs les plus directs, il allait droit au but, exprimant sa satisfaction comme son mécontentement. Il arrivait, comme je l'ai dit, qu'il se mette en colère; s'il avait le sentiment que son interlocuteur avait été un peu trop vigoureusement secoué, il s'arrangeait pour marquer d'une manière ou d'une autre, et au moment voulu, que l'incident était clos. A l'ordinaire, l'homme était d'un calme olympien et le travail paraissait facile, pourvu qu'il eût été préparé avec soin. Plus les événements se tendaient, plus il faisait preuve à l'égard de ses collaborateurs d'une bonhomie quelque peu altière, comme pour leur montrer qu'il donnait sa véritable mesure dans la tempête.

En dehors des quatre Grands, le Général recevait peu de ses collaborateurs dans son bureau. Parfois, mais c'était assez rare, il consultait directement l'un de ses conseillers techniques sur une affaire. En revanche, il voyait assez souvent le chef de son secrétariat particulier, Xavier de Beaulaincourt, qui avait une audience une fois par semaine; Jacques Patin, le magistrat qui assurait également le secrétariat du Conseil supérieur de la magistrature; le chef du service de presse, fonction qui était la mienne après avoir été celle de Gilbert Pérol, diplomate, et de Jean Chauveau, journaliste, soit à l'occasion de ses allocutions ou conférences de presse, soit lors de ses déplacements. Certains des collaborateurs de De Gaulle ont donc passé des années auprès de lui sans que se soit présentée l'occasion d'avoir avec lui un véritable entretien.

Légistes venus du Conseil d'État ou de la Cour des comptes, diplomates, inspecteurs des finances, économistes, préfets, officiers, ingénieurs, magistrats, anciens administrateurs de la France d'outre-mer, policiers, secrétaires, gardes républicains, tous ceux qui, à des titres divers et avec des responsabilités à leur mesure, constituaient la Maison, se trouvaient soumis à une discipline quasi militaire. Les horaires étaient lourds ; multiples, les servitudes. Il régnait à l'Élysée un climat d'austérité. Nous disposions des moyens nécessaires pour travailler, mais rien de superflu. Le Général avait horreur qu'on gaspille les deniers publics. Tout était calculé au plus juste. Si bien que, lorsque M. le président du Sénat vint assurer l'intérim du chef de l'État après le référendum d'avril 1969, ses collaborateurs, habitués sans doute à l'abondance de moyens – d'ailleurs excessive – du palais du Luxembourg, eurent le sentiment, exprimé par certains, que nous étions partis en emmenant les secrétaires, les voitures, les chauffeurs... Ce qui révélait un singulier état d'esprit !

Le fonctionnaire doit faire preuve de discrétion et de réserve. Avec de Gaulle, dont la méthode reposait souvent sur l'effet de surprise, ces règles étaient encore plus impérieuses. Il reste qu'il n'était pas toujours facile de les appliquer. Plus particulièrement pour moi, qui devais assurer le contact avec la presse. Du haut en bas de la hiérarchie, tout le monde s'efforça de jouer le jeu. Par exemple, pour les allocutions du Général, enregistrées tôt le matin pour être télévisées ou radiodiffusées le soir, il n'y eut jamais la moindre fuite, alors que les textes étaient tapés à la machine et ronéotés à plusieurs centaines d'exemplaires dès la fin de la matinée. Je tiens à préciser que les journalistes et techniciens de l'ORTF qui réalisèrent les enregistrements respectèrent avec une conscience digne d'éloges les exigences de leur profession. Ils y eurent d'autant plus de mérite que, si une indiscrétion s'était produite, il eût été impossible de la localiser.

Pour ce qui me concerne, j'obtenais – soit directement du Général, soit par le truchement du secrétaire général ou du directeur de cabinet – suffisamment d'indications pour travailler dans des conditions satisfaisantes. Je crois avoir toujours répondu honnêtement aux journalistes. Dans mes conversations avec eux, je suis toujours allé aussi loin que je pensais pouvoir le faire. Je ne leur ai jamais menti. Souvent, sans doute, sont-ils restés quelque peu sur leur faim. Telles étaient les règles du jeu. En tout cas, je n'ai jamais eu à leur transmettre des indications contraires à la vérité. Je connais bien des porte-parole de chefs d'État, en France ou à l'étranger, qui ne peuvent en dire autant. Comme je l'ai déjà souligné, la conscience professionnelle des représentants de la presse avec lesquels j'étais en contact m'a toujours vivement impressionné. Si j'ai un regret aujourd'hui, c'est de ne pas avoir pris plus de risques pour les aider dans leur tâche. De ce point de vue, il se peut que les collaborateurs du Général, et en tout premier lieu moi-même, n'ayons pas eu suffisamment le souci d'informer et d'expliquer.

D'autant que la Maison était bien tenue au courant de l'action du gouvernement. Les quatre Grands informaient ceux qui travaillaient sous leurs ordres. Après le Conseil des ministres, le secrétaire général tenait, au début de l'après-midi, une réunion où il nous faisait part des décisions prises ; y assistaient les quatre Grands, les conseillers techniques et le chef du service de presse. Étant très lié avec le conseiller diplomatique René de Saint-Légier, camarade de promotion de l'ENA, il m'était possible de parler avec lui de notre politique étrangère et d'obtenir ainsi des indications d'autant plus précieuses qu'il possédait un talent peu commun pour exposer dans la clarté ; je savais aussi qu'il avait du caractère et du jugement. L'information « passait » donc bien dans la Maison. Nous parlions très librement des problèmes. Chacun donnait son avis. Le respect que nous éprouvions tous pour de Gaulle était assez fort pour nous permettre toute franchise dans le propos.

Les occasions dans lesquelles le Général veillait à ne mettre dans la confidence qu'un nombre très réduit de collaborateurs furent au total assez rares. Dans ces cas, il pouvait aller fort loin. Il en fut ainsi lorsque le secrétaire général, le directeur du cabinet et moi-même ne savions pas, le 29 mai 1968, où était passé de Gaulle. Ce « compartimentage » strict des opérations intervenait en réalité soit pour les questions de haute politique, soit pour obtenir l'effet de surprise voulu, et répondait alors à des préoccupations d'ordre purement tactique. Je me suis demandé aussi si le Général ne voulait pas, à l'occasion, vérifier le bon fonctionnement de l'outil. A ses yeux, la possibilité pour un homme d'État de monter une opération sans que rien n'en transpirât était l'un des critères permettant de juger sa fiabilité.

Travail. Austérité. Discrétion. A ces devoirs, il convient d'ajouter la conduite à tenir dans les rapports avec le gouvernement et les administrations. Sur ce terrain, tout manquement eût été jugé avec sévérité. Pour de Gaulle, le Premier ministre était un véritable second. Il veilla à ce que l'autorité personnelle de MM. Debré, Pompidou et Couve de Murville sur les ministres comme sur l'appareil de l'État ne fût pas ébranlée ou même simplement tournée. Il n'aurait pas admis que ses collaborateurs interviennent dans les domaines qui n'étaient pas de leur stricte compétence. Chacun d'entre nous devait donc prendre garde à ne « court-circuiter » ni Matignon ni les ministres dont nous avions à suivre les affaires dans les secteurs de notre compétence. Comme il nous fallait, en même temps, être au fait de ce qui se passait, la marge de manœuvre était assez étroite. Dans l'ensemble, le système fonctionna bien. Les rapports entre les collaborateurs du Général et le cabinet du Premier ministre – sauf en mai et juin 1968 – furent toujours empreints de cordialité et de confiance. Il en alla de même avec les cabinets des ministres. Une telle situation, à l'époque, nous paraissait aller de soi. Il est vrai que l'exemple venait de haut.

Le Général était particulièrement attentif au comportement de ceux qui travaillaient auprès de lui. Il attendait de nous que nous consacrions entièrement nos activités au service de l'Élysée. Et de l'Élysée seulement. Il avait posé pour principe que les fonctionnaires affectés à la présidence ne devaient pas participer à des conseils d'administration d'organismes publics ou parapublics, estimant que ceux qui étaient appelés à servir à la tête de l'État ne pouvaient être juge et partie. Il n'admettait pas davantage que ses collaborateurs pussent percevoir un traitement qui n'était pas celui de la fonction publique, accompagné des indemnités afférentes. C'est ainsi qu'il refusa de prendre comme conseiller technique un inspecteur des finances qui, assumant ses responsabilités dans une banque nationalisée, avait exprimé le souhait de continuer à recevoir les émoluments qu'elle lui versait. Tout le monde sait aussi que de Gaulle appréciait assez peu les hauts fonctionnaires qui dînent en ville, se mêlent à ce qu'il est convenu d'appeler le Tout-Paris et alimentent les gazettes. Il ne lui venait même pas à l'idée que ses collaborateurs pussent se laisser emporter vers les eaux mêlées où l'administration rejoint les affaires. Il attendait d'eux qu'ils partagent tout naturellement sa volonté de marquer de la distance par rapport à l'« argent ». Rares d'ailleurs ont été ceux qui, après leur passage à l'Élysée, ont exercé leur activité dans le secteur privé. Quelques-uns ont obtenu des postes de haute responsabilité dans le secteur nationalisé. La très grande majorité sont restés au service de l'État.

En contrepartie, il avait conscience de ses devoirs envers ses collaborateurs. Il leur témoignait d'autant plus de bienveillance qu'il les voyait peu et qu'ils étaient plus jeunes. Il connaissait chacun d'entre nous pour nous avoir reçus dès notre arrivée à l'Élysée. Il savait très exactement notre situation de famille. On le tenait informé des événements heureux ou malheureux qui jalonnaient la vie de chacun. Point de décès d'un proche parent sans une lettre manuscrite de condoléances; pas de naissance ou de mariage sans un billet écrit de sa main. A la lecture des notes rédigées par ses conseillers ou chargés de mission, il apprenait à les bien connaître, à apprécier leurs capacités et à jauger leur caractère. Il écrivait toujours dans la marge la mention « vu »; parfois il annotait le papier pour féliciter son auteur ou faire une observation. C'était, pour lui, le moyen de faire connaître son sentiment et d'établir des liens. Il s'efforçait toujours d'approcher tous ses collaborateurs et de bavarder quelques instants avec eux à l'occasion de déjeuners, de réceptions, de déplacements. Je m'aperçus, lorsqu'il dédicaça à tous ses collaborateurs un exemplaire de ses Mémoires, qu'il connaissait bien chacun d'entre eux.

Il souhaitait qu'on lui parlât avec franchise lorsqu'il demandait son avis à l'un d'entre nous. Y compris sur les sujets les plus graves et qui n'étaient pas forcément de la compétence de celui qu'il interrogeait. Comme je l'ai déjà relevé, il ne fallait pas se dérober. Quand il posait une question, ce n'était pas pour entendre un écho de sa propre pensée. Les flatteurs et les courtisans l'agaçaient au plus haut point. Il appréciait les aciers bien trempés et connaissait la qualité des lames. Il enregistrait les réflexions, voire les suggestions, qu'on lui faisait. Il laissait les idées cheminer et en tirait toujours profit. Bernard Tricot, dans son livre consacré à l'affaire d'Algérie, *les Sentiers de la paix,* a bien décrit la façon dont le Général travaillait avec ses conseillers techniques. Chacun avait la possibilité d'assumer ses responsabilités. Et il faisait confiance, comme le relève l'exemple suivant. En juillet 1967, après son intervention au balcon de l'hôtel de ville de Montréal, le Général décide d'abréger son séjour au Canada et de rentrer à Paris plus tôt que prévu. Sa décision prise, il va tranquillement se coucher. Le bruit court alors dans la délégation française qu'il y a un risque d'attentat, le lendemain, contre l'avion du président. La rumeur prend une telle consistance que le directeur du cabinet estime de son devoir d'aller réveiller le Général au milieu de la nuit. Celui-ci, d'excellente humeur, interroge Xavier de La Chevalerie : « Qu'en pense le colonel Desgrées du Lou, qui est responsable? » La réponse est simple : « Il estime que toutes les précautions sont prises et que ne se pose aucun problème. » Et le Général de conclure : « Si Desgrées du Lou pense qu'on peut partir, on partira. » Puis, moqueur, il ajoute : « Si certains membres de la délégation ont peur de prendre l'avion du général de Gaulle, ils peuvent toujours rentrer à Paris par le courrier régulier d'Air France. Et maintenant, allons nous coucher. »

Chacun d'entre nous se sentait donc concerné. De son côté, de Gaulle avait veillé, dans la mise en place des pouvoirs publics tels qu'ils fonctionnaient sous la Ve République, à ce que le rang de sa Maison soit affirmé et reconnu. A partir de 1959, le secrétaire général de l'Élysée assiste au Conseil des ministres et aux conseils restreints aux côtés du secrétaire général du gouvernement; c'était une innovation par rapport à la IVe République. Lors des conférences de presse, les membres du gouvernement prennent place à la droite du Général, alors que la Maison est à sa gauche. Dans ses déplacements – en France ou à l'étranger –, il emmène toujours avec lui deux des quatre Grands. Lorsque des ministres sont invités à l'Élysée – soit pour les grands repas officiels, soit pour ceux, plus restreints, dans les appartements privés –, il veille à ce que soient présents les collaborateurs qui s'occupent des affaires de la compétence des membres du gouvernement présents. Dans le même ordre d'idée, ils avait posé pour principe que le ministre de l'Information ne pouvait rendre compte des délibérations du Conseil qu'en présence du chef du service de presse de l'Élysée; à l'étranger, ce dernier se tenait aux côtés du porte-parole du ministère des Affaires étrangères qui avait la responsabilité de parler au nom de la délégation française. En bref, et quelles que fussent les fonctions remplies, chacun se sentait très étroitement associé à l'action du chef de l'État.

Lorsque le moment était venu de quitter la Maison, le Général veillait à la nouvelle affectation de celui qui partait. Il souhaitait que tout se passe « convenablement »; ce qui voulait dire d'une manière décente et sans abus. Aussi longtemps qu'il fut à l'Élysée, il y eut peu de promotions exceptionnelles, si l'on tient compte de l'ampleur des services rendus par certains et de la qualité de la plupart.

Sa dernière attention pour les gens de la Maison fut de leur dédicacer ses *Mémoires d'espoir*. Il y passa une grande partie de la journée du 10 octobre 1970. Il me demanda des nouvelles de chacun. Plus particulièrement de ceux qui se trouvaient à l'Élysée jusqu'au référendum d'avril 1969 et pour lesquels il n'avait rien pu faire, s'étant interdit après son départ de demander quoi que ce soit à qui que ce fût. Il savait que certains s'étaient heurtés à des difficultés pour se recaser. Il en éprouvait une peine réelle. Au moment de signer l'ouvrage destiné à Bernard

Tricot, un des plus exemplaires serviteurs de l'État parmi tous ceux que j'ai connus et qui, en avril 1969, avait fait retour au Conseil d'État en silence, avec une parfaite dignité, il me demanda : « Qu'est-ce qu'*on* a fait pour lui ? » Je répondis que l'*on* ne paraissait pas s'être beaucoup préoccupé de son sort ; que, de surcroît, il n'était pas certain que l'intéressé lui-même eût souhaité qu'il en fût autrement. « C'est dommage qu'*on* n'ai rien fait pour lui, me fit remarquer le Général, il s'agit d'un homme de devoir et de cœur ; dans une période difficile, il a prodigué ses efforts pour régler bien des problèmes et a mis du baume sur bien des plaies. » Au moment de dédicacer son livre à certains de ses anciens collaborateurs, il lui arriva cependant d'hésiter en raison de ce qui s'était passé lors de la crise algérienne ou plus tard, quand se furent modifiés ses rapports avec Georges Pompidou. Il décida cependant de laisser tomber le voile de l'oubli, quitte à moduler les formules destinées au petit nombre de gens concernés. Pour nous tous, ces dédicaces étaient l'ultime message de celui sous l'autorité duquel nous avions servi l'État. De toute manière, et quel que pût être notre avenir, nous savions qu'aux côtés de De Gaulle nous avions atteint des sommets auxquels nous n'accéderions probablement jamais plus et dont nous garderions toujours une inaltérable nostalgie.

D'avril 1969 à novembre 1970, la Maison, se trouva réduite à peu de monde : Xavier de Beaulaincourt ; le colonel Desgrées du Lou ; le colonel d'Escrienne ; l'adjudant-chef Léonard ; le garde républicain Hubert André ; quatre secrétaires, Mlle Andrée Valentin, Mlle France Gorny, Mlle Brigitte Bouchet, Mme Huguette Simler. Tous ces personnels étaient mis officiellement à la disposition du Général. Ma situation administrative était différente, puisque je remplissais mes fonctions de sous-directeur au ministère des Affaires étrangères. En fait, j'appartenais à l'équipe. Celle-ci travailla dans le même esprit qu'à l'Élysée, régie par les mêmes principes, animée par un dévouement identique. Nous nous entendions à merveille. Tout retour du Général aux affaires étant exclu, nous servions avec la paix de l'âme que procurent les engagements désintéressés et la certitude que le solitaire de Colombey y puisait quelque réconfort. Dès le début, il fallut trouver de nouveaux locaux, le Général, en effet, ne voulant plus, en effet, utiliser l'immeuble de la rue de Solférino qu'il avait occupé à l'époque du RPF. Il fallait faire vite. Nous voulions profiter de la présence de Maurice Couve de Murville à Matignon ainsi que de celle de Pierre Messmer au ministère des Armées pour tout régler avant l'élection présidentielle qui pouvait amener M. le président du Sénat à la tête de l'État. Nous trouvâmes avenues de Breteuil un appartement qui convenait. On procéda ensuite à l'installation et au classement des sacs d'archives provisoirement abrités au 5 de la rue de Solférino. Xavier de Beaulaincourt devait de son côté préparer les réponses aux lettres qui, par dizaines de milliers, avaient été adressées à de Gaulle à la suite de sa démission. Nous eûmes ainsi, les uns et les autres, beaucoup à faire. Le travail s'organisa. Chaque semaine, tout le courrier parvenu à La Boisserie était apporté à Paris où il s'ajoutait à celui arrivé directement avenue de Breteuil. Un tri était effectué. Toutes les correspondances étaient ouvertes, quel que fût l'expéditeur. Le Général refusait en effet, comme je l'ai dit, de recevoir des lettres cachetées. Il nous confiait d'ailleurs toutes ses réponses sans jamais fermer les enveloppes, montrant ainsi sa bonne éducation et sa confiance. Nous les adressions à leurs destinataires, fût-il président de la République, après qu'elles eurent été photocopiées pour classement aux archives. C'est dire que nous étions bien informés de ce que pensait de Gaulle. Le système était si « transparent » que, lorsque je souhaitais entretenir le Général de sujets de son ressort exclusif, j'avais recours au moyen utilisé par la famille ; j'écrivais à Mme de Gaulle et lui demandais de transmettre mon message à son mari.

Nous agîmes en tout point de la même manière que lorsqu'il était chef de l'État, si bien qu'entre les heures que j'ai passées à travailler avec lui à l'Élysée et à La Boisserie je ne perçus jamais vraiment de différence. Le Général apprécia notre manière de servir. Il eut ainsi le sentiment qu'à partir du 18 juin, date à laquelle il avait commencé à rassembler des hommes autour de lui, jusqu'à sa mort, et bien qu'il eût traversé par deux fois l'épreuve de la solitude, il bénéficia d'un grand concours de dévouements. Ni la fidélité, ni la loyauté, ni l'affection ne lui firent défaut. Il eut au total entre cinq et six cents collaborateurs, dont plus de la moitié pendant la période 1958-1969. De toutes origines, de confessions diverses, venant de toutes les familles politiques, ils furent profondément marqués par lui. Son envergure intellectuelle, la force de sa personnalité, l'intensité des combats qu'il menait, l'importance qu'il attachait à la qualité des rapports qui s'établissaient entre nous étaient telles que le service de l'État prenait, lorsqu'on l'effectuait à ses côtés, une signification particulière. On éprouvait le sentiment de devenir membre d'un ordre dont il était le fondateur et le grand maître. Je m'y sentais à l'aise, alors que la pente de mon tempérament m'incline plutôt à l'individualisme. Y appartenir créait des obligations de loyauté et de fidélité. Ne sont-elles pas, à la réflexion, les composantes, les conditions et les prolongements de l'amitié?

On retrouve par ce cheminement le problème de Georges Pompidou. De 1944 à 1962, date à laquelle il fut nommé Premier ministre, l'ancien élève du lycée d'Albi avait été à plusieurs reprises un très proche et très écouté collaborateur du Général. Entre les deux hommes, pourtant si différents, des rapports d'amitié s'étaient établis. Le Général en avait lui-même indiqué la nature et le niveau lorsqu'il avait écrit, sous le portrait qu'à l'issue de cette époque il lui avait dédicacé, « A Georges Pompidou, mon ami pour toujours ». Bien peu de personnes peuvent se flatter d'avoir obtenu d'un homme sachant peser ses mots le témoignage d'une affection aussi clairement exprimée et reflétant une aussi totale confiance dans l'avenir. Étaient ainsi reconnus les services rendus par un collaborateur d'exception pendant de longues années, tout un passé d'expériences communes, d'épreuves partagées, de confiance. Par son comportement en mai 1968, Georges Pompidou ouvrit dans de tels liens une première déchirure. L'amertume d'avoir été écarté du pouvoir en juin 1968 fit le reste. Dès ce moment, Georges Pompidou sortit de l'ordre dans lequel il avait grandi et se comporta en homme politique à la conquête du pouvoir. Le nœud gordien avait été tranché par le futur président de la République bien avant que la ténébreuse affaire Markowitch ne vînt lui fournir un prétexte pour tenter de justifier a posteriori un manquement à des devoirs fondamentaux. La rupture de l'allégeance, pour utiliser un terme emprunté au vocabulaire de la chevalerie, eut lieu de son fait. Bien que je sois mal placé pour juger, je crois qu'il en eut conscience et en éprouva une sorte de remords.

Cette déchirure, pour douloureuse qu'elle ait été, n'altéra pas les souvenirs que le Général conservait de sa Maison. Ce caractère qui avait décidé de se frayer tout seul son chemin, cette créature de fer qui avait pris sur lui, toutes les fois que nécessaire, de trancher dans la chair même du pays, cet homme d'État pour qui la France valait bien des sacrifices, à commencer par celui de la part la plus frémissante de sa propre personnalité, éprouvait le besoin, encore qu'il ne l'ait jamais avoué, de vivre dans une atmosphère d'affection d'autant plus appréciée qu'elle s'exprimait avec réserve. Pour s'avancer sur les cimes glacées et solitaires de la vie publique, il lui fallait sentir autour de lui la chaleur qui réconforte les hommes rassemblés pour l'action. Il en va en politique comme de l'aube des batailles. Avant que ne se lève l'espoir de la victoire et que ne se dissipent les fantômes de la peur, que reste-t-il sinon ce coude à coude fraternel dans la lueur du jour qui se lève? Que tous ceux qui le servirent sachent – même s'ils n'en eurent pas toujours conscience dans le feu de l'action – tout le prix qu'il attachait, sous une apparence de froideur destinée à masquer sa pudeur, à la qualité des liens qui s'établirent entre lui et ses collaborateurs.

L'ADHÉSION

« Le son de l'approbation, nous l'entendons
Non pas dans le roucoulement de la louange,
Mais dans les cris sauvages de la fureur. »

POUCHKINE.

Il fut un rassembleur d'hommes. A un moment où à un autre, presque tous les Français ont été de cœur avec lui. Pendant trente ans, pour la très grande majorité d'entre nous – même si ce ne fut ni au même moment ni pour les mêmes raisons –, il incarna une espérance. Que fut de Gaulle pendant les années de l'Occupation, crucifiantes à bien des égards, sinon la voix de l'espoir? En 1958, au point de rupture où la crise d'Algérie avait conduit la IVe République, il offrit un recours. Comment apparut-il le 30 mai 1968, et pas seulement à ceux qui manifestèrent aux Champs-Élysées? En magicien dont les philtres finissent par réveiller le pays de l'étrange hypnose qui le gagnait. Le nombre et la surprenante diversité des anciens adversaires qui se réclament aujourd'hui de lui administrent la preuve que le phénomène n'est pas à la veille de s'éteindre.

La richesse de son tempérament, la capacité qu'il avait d'allier le goût de l'ordre et la recherche du mouvement, son aptitude à faire cohabiter en lui plusieurs personnages, son génie pour unir le rêve à l'action, la qualité de son verbe comme la sûreté de son écriture, sa science pour retenir l'attention tout en se drapant de mystère, une connaissance très fine de nos défauts et de nos qualités, le fait aussi que, dans sa manière, il ne laissa jamais transparaître la moindre vulgarité, tout contribuait à rassembler les Français autour de lui. Son drame, comme il me l'a dit bien souvent, fut de ne jamais pouvoir les unir tous au même moment. Mieux que tout autre, il savait que la Libération était une victoire de la France, et nullement de l'ensemble de nos compatriotes. Quand il descend les Champs-Élysées le 26 août 1944, le pays doit surmonter la situation ouverte par la défaite de 1940; elle présente certains aspects d'une guerre civile, et il en a conscience. Il savait aussi que le rassemblement aux Champs-Élysées d'un million de Parisiens, le 30 mai 1968, prouvait la force du ressort national et témoignait de la volonté du pays de ne pas sombrer dans l'anarchie; il y percevait aussi certains signes d'une « grande peur des bien-pensants » qu'il n'aimait guère, tant il estimait qu'une politique se bâtit sur l'enthousiasme et non sur la frilosité.

Au vrai, quels hommes d'État français peuvent s'enorgueillir d'avoir réuni autour d'eux autant de forces diverses de notre vie politique? De Gaulle a gouverné successivement avec toutes les formations ou partis, à l'exception de l'extrême droite fascisante. Il a choisi pour ministres des personnalités aussi éloignées par l'idéologie que le communiste Maurice Thorez et le conservateur Antoine Pinay. Entre ces deux extrêmes d'une palette politique riche en nuances, il associa à son effort les représentants, de toutes les tendances de la gauche et du conservatisme. Il ne fut jamais l'homme d'une caste, et c'est un fait que le rôle des officiers fut toujours maintenu, tant qu'il gouverna, à l'intérieur de leur domaine de compétence. Peu lui importait l'origine sociale de ceux qui travaillaient auprès de lui, et tout « snobisme » ou esprit de clan lui était étranger par nature. Moins encore fut-il l'homme d'une Église. Catholique, il eut deux Premiers ministres protestants, de nombreux ministres ou collaborateurs juifs. Chez beaucoup de ces derniers, sa politique à l'égard de Tel-Aviv, à partir de juin 1967, suscita une opposition des plus vives et entraîna des drames de conscience. Ayant mesuré, après sa conférence de presse du 27 novembre 1967, qu'il avait pu les blesser en décrivant Israël comme un « peuple d'élite, sûr de lui et dominateur », il s'arrangea, à sa façon et avec toute la clarté voulue, pour leur faire tenir la mise au point et le réconfort nécessaire. Des francs-maçons notoires lui apportèrent également le concours de leur capacité et de leur dévouement. Autant de preuves d'une audience qui s'étendait à toutes les familles politiques, religieuses, sociologiques du pays.

Sa nature, son génie, les événements qu'il avait vécus et souvent maîtrisés, tout le poussait à s'engager personnellement pour ouvrir la voie. Dans cette perspective – et il serait dangereux de ne pas le reconnaître –, sa démarche n'était pas d'essence démocratique. Elle ébranlait bien des dogmes. Elle froissait des susceptibilités. Elle dérangeait toujours des habitudes et contrariait souvent des intérêts. Mais il rechercha toujours l'assentiment populaire, faisant en sorte que ce qu'il avait voulu seul au nom de la France fût solennellement ratifié par elle. Gardons-nous, à ce propos, de tout faux-sens et de toute erreur d'appréciation. Pour de Gaulle, rechercher l'accord du pays ne fut jamais une formalité, voire un artifice destiné à plaquer sur l'édifice du pouvoir personnel quelques éléments de l'architecture démocratique par l'utilisation de la technique subalterne du plébiscite. Il s'agissait d'un indispensable recours. Artisan souvent solitaire de toute une série d'entreprises qu'il avait engagées au nom de la France mais à sa propre initiative, il lui fallait avoir – et ce ne pouvait être qu'a posteriori – la certitude qu'elle correspondait bien à la volonté du pays. La fermeté du propos, la rectitude du dessein, la sûreté dans l'exécution n'écartaient pas, chez lui, la crainte de l'erreur. Il voulait recevoir des réponses aux questions qu'il s'était posées à lui-même. Il a toujours ressenti le besoin de se sentir appuyé, soutenu, approuvé et, au bout du compte, aidé.

Les avis sollicités des uns et des autres, l'expression – parfois dramatique, d'autres fois amusée – de ses inquiétudes à tel ou tel de ses proches, révélaient un état d'âme qui pouvait se résumer, bien qu'il ne fût pas toujours exprimé de façon aussi explicite, en une question : « Êtes-vous d'accord ? » Seul le pays pouvait apporter la réponse. Que cherchait-il d'autre dans ses référendums ? Tout particulièrement dans le dernier, qui relevait, comme je l'ai déjà souligné, autant du sentiment que de la politique pure ?

Il lui fallait sans cesse convaincre. Jamais dans notre histoire – et, de toute façon, il faudra attendre sans doute longtemps avant de retrouver un personnage d'une telle envergure – un homme d'État n'a eu à ce point le souci, l'on pourrait même dire l'obsession, d'expliquer sa politique. Il savait qu'elle présentait des aspects déconcertants, qu'elle étonnait, au sens fort du terme. Ses conceptions dérangeaient assurément les habitudes de pensée ; elles n'avaient pas leur place au « dictionnaire des idées reçues ». Tout le conduisait donc à se livrer à une entreprise de formation et d'information permanentes. Les textes rassemblés dans les cinq tomes de ses *Discours et Messages* n'ont pas été seulement le fruit d'une méditation ininterrompue et le moyen d'une politique ; ils apparaissent aujourd'hui, pour qui les lit avec le recul du temps, comme une vaste entreprise de pédagogie politique. Pour ma part, je ne trouve guère d'équivalent ailleurs. On le disait mystérieux ; il passait pourtant toute une partie de sa vie à démonter devant ses concitoyens tous les aspects de son action publique. On l'accusait d'être méprisant ; mais qui a eu un tel souci de mettre à la portée de chacun l'art de la politique, de la rendre accessible aux plus humbles ? N'est-ce pas ce que lui reprochait une certaine classe politique ? Celle-ci, sans en avoir toujours conscience, veille à ce que l'on ne soulève pas trop les coins du voile qui recouvre les habiletés, voire les complicités du pouvoir ; elle trouve plaisir et avantage à se mouvoir dans une semi-pénombre. De Gaulle préférait jouer dans la clarté. Son vocabulaire ne révélait-il pas le souci d'être compris de tous ? Il se refusa toujours à utiliser le jargon quelque peu ésotérique des spécialistes, les expressions à la mode, le langage des chapelles. Parfois il eut recours à d'étranges mots. Si l'on peut y voir une certaine coquetterie d'auteur, force est toutefois de constater que ces expressions ont porté et qu'elles ont pris racine. N'était-ce pas parce qu'il les avait tirées de la langue populaire? Lorsqu'il parlait, on l'écoutait. Jusqu'au bout, il a eu des auditoires, pas forcément en accord avec lui, mais toujours considérables. Il fut, en termes d'audience, l'un des meilleurs « spectacles » de la télévision, en France et plus encore à l'étranger. Jean-Marie Domenach m'a raconté qu'il se trouvait le 24 mai 1968 près de la gare de Lyon ou s'était arrêtée, pour quelques instants, l'une de ces manifestations étudiantes qui déambulaient à l'époque dans les rues de Paris, à la recherche d'un monde introuvable. Lorsque les transistors diffusèrent la voix de De Gaulle, un surprenant silence se fit dans la foule des adolescents; ils écoutèrent sans bruit l'allocution de celui dont ils allaient accélérer le départ avant d'agiter leurs mouchoirs en guise d'adieu. Lorsque de Gaulle ne parla plus, les Français, et parmi eux beaucoup d'adversaires, continuèrent à tendre l'oreille. Par habitude ou par besoin?

L'attention qu'on lui portait, et qui n'a jamais faibli, ne relevait pas du magnétisme des orateurs prédestinés qui, tels Jaurès, Malraux, Trotski, Fidel Castro, possèdent, au sens littéral du terme, leur auditoire. Ni du seul charisme. Elle s'expliquait par le respect des interlocuteurs et la volonté, jamais démentie, de les traiter en adultes. Pour de Gaulle – et, sur ce point-là aussi, ses réactions différaient de celles des professionnels de la classe politique et des groupes sur lesquels ils s'appuient –, il n'existait pas deux catégories de citoyens : les initiés qui savent de quoi il retourne, et les autres à qui l'on dissimule les réalités. Seul comptait à ses yeux l'ensemble des Français, auxquels il expliquait sa façon de voir en y mettant toute la clarté voulue. J'ai un ami très cher dans ma petite ville natale; il y poursuit une existence laborieuse et modeste. Pour reprendre l'expression méridionale, il a des « idées à gauche ». Il s'intéresse à tout. J'ai toujours apprécié la sûreté de son jugement. Il m'avait dit un jour : « *Ton* général – l'usage du possessif manifestait la volonté de prendre de la distance et de marquer de la réserve –, ce que j'aime en lui, c'est qu'il explique bien. Vois-tu, grâce à lui, j'ai bien compris comment les Américains abusaient de leurs dollars et pourquoi l'Angleterre ne devait pas rentrer dans l'Europe. » Venant d'un adversaire et d'un homme droit, l'hommage n'était pas quelconque. Je livrai ce témoignage au Général; il en fut touché.

Tout Français a bien évidemment le droit et assurément le devoir de juger la politique de De Gaulle. Aucun ne peut refuser d'admettre qu'elle fut intensément vécue. Il suffit de voir les pourcentages de participation aux votes. Par la suite, il a fallu attendre l'élection présidentielle opposant Valéry Giscard d'Estaing à François Mitterrand en 1974 pour que les records établis de 1958 à 1969 soient dépassés. (Notons d'ailleurs au passage que la consultation avait été créée par de Gaulle.) Quand il était aux affaires, les décisions du pouvoir furent analysées, fouillées, disséquées par une critique dont le moins qu'on puisse dire est qu'elle ne fut pas toujours favorable, manifestant, comme c'est d'ailleurs sa mission, une vigilance de tous les instants. On ne parla jamais autant de politique dans les familles, les cafés, les réunions, les dîners en ville. Il faut sans doute remonter à l'affaire Dreyfus et au Front populaire pour retrouver un climat aussi vif de discussions, voire d'affrontements.

De 1954 à 1967, j'ai vécu à l'étranger. Les colonies françaises font bien ressortir les différents aspects de notre vie nationale, car elles les accentuent. Je retournais à intervalles réguliers en France et passais chaque fois quelques semaines dans ma ville natale, où, connaissant tout le monde, il m'est facile de prendre le pouls du pays. Avant d'être affecté à l'Élysée en 1967, j'avais pu assez bien mesurer l'intensité des oppositions, voire des affrontements, au sujet de la politique et de la personne de De Gaulle. Je discernais assez bien comment se dressait la carte des sentiments ou des ressentiments. Souvent, à voir la force des réactions, je pensais à la lettre qu'André Breton avait écrite à sa fille dans *l'Amour fou*, comportant cette phrase superbe : « Je te souhaite d'être follement aimée. » Quelle plus grande bénédiction de la vie peut-on appeler sur la tête d'une adolescente de seize ans ? Et, pourquoi pas, sur celle des chefs d'État ?

Pour ces derniers, toutefois, l'équivalent de l'amour ne va pas sans son contraire, ou plus exactement, son inverse. Je veux parler de la haine. Il ne faut pas avoir peur du mot. Quand je me suis trouvé au cœur de l'événement, j'ai eu tôt fait d'apprendre à la déceler avant même qu'elle ne se manifeste à visage découvert. Point n'était besoin d'attendre longtemps. J'ai pu l'observer sur bien des visages, dans nombre de réactions, sous bien des plumes. Si exigeante qu'elle avait vite fait d'arracher les masques, dissipant les faux-semblants de la bonne éducation, de la maîtrise de soi, voire de l'élémentaire correction. Curieusement, elle ne sévissait pas partout. Souvent, j'ai entendu critiquer le Général – et de façon sévère – par des ouvriers, des employés, des gens humbles dont la vie, je l'avoue, n'était pas toujours facile. Ils ne faisaient pas mystère de leur jugement, ni de leur bulletin de vote. J'ai rarement trouvé chez eux la moindre trace de haine. Le Parti communiste, qui connaissait bien son monde, ne s'y était d'ailleurs pas trompé. S'il considéra de Gaulle comme un adversaire, il prit toujours soin de mettre les formes voulues dans ses attaques. Attitude que n'expliquent pas seulement des considérations de politique étrangère. Elle a beaucoup d'autres raisons. Dans l'aristocratie de la Résistance, l'homme du 18 juin possédait des lettres de noblesse remontant plus haut que celles du Parti, lequel en avait conscience, voire mauvaise conscience. Après la Libération, il avait associé des ministres communistes à l'effort de reconstruction du pays. A la mort de Maurice Thorez, comme je l'ai appris au cours de la campagne présidentielle de 1974, le Général avait adressé à sa famille une lettre de condoléances ; le Parti communiste ne pouvait être insensible à ce geste de De Gaulle, président de la République. Mais c'était aussi et peut-être surtout parce que la masse des électeurs votant par tradition pour les communistes respectait de

Gaulle qu'il eût été dangereux d'aller ouvertement à l'encontre d'un sentiment aussi ferme, partagé d'ailleurs par bien des dirigeants de ce parti.

Dessiner les contours du camp du ressentiment contre le Général n'est pas une entreprise aisée. Les frontières en ont varié avec le temps. Sur trente années, un tel phénomène n'a rien de surprenant dans un pays comme le nôtre, confronté à des crises d'une grande diversité au cours desquelles les formations, les hommes politiques, les corps intermédiaires ont réagi selon leurs inclinations. Un fait est tout de même saisissant : la permanence, dont je perçois encore les manifestations aujourd'hui, de la haine manifestée par les tenants de la politique de collaboration avec l'Allemagne nazie de 1940 à 1944, qui avaient cru pouvoir établir l'Occident sur les décombres et au mépris de ses valeurs fondamentales. Le retour du Général aux affaires en 1958 avait ravivé une amertume qui paraissait s'être quelque peu atténuée à partir des années 50. Plus très nombreux, ils occupaient souvent des positions dominantes dans les affaires, la haute administration et la presse. Leur rancœur se nourrissait d'un élément nouveau : les mêmes hommes, en effet et fort curieusement, étaient devenus partisans d'un atlantisme ardent et militant. Ils retrouvaient donc à nouveau, en travers de leur chemin, l'homme du 18 juin. Le Général les connaissait bien les uns et les autres, car il avait eu à en découdre avec eux dans le passé et il les avait, si j'ose dire, à l'œil. Au cours de l'été 1970, *Paris-Match* avait publié un article particulièrement déplaisant sur Mme de Gaulle. Quelques jours après, à La Boisserie, je trouve le Général encore sous le coup de l'émotion et de la colère. S'il supporte les attaques dont il fait l'objet, il trouve scandaleux qu'on cherche à l'atteindre en s'en prenant à son épouse. Il va droit à l'essentiel : « Prouvost – et je notais au passage qu'il ne lui donnait pas son prénom – est persuadé que de Gaulle l'a empêché de faire une carrière politique ; il se trompe ; je ne suis pas responsable de son échec ; il le doit à sa conduite de 1940 à 1945. » Il faisait bien entendu allusion aux activités pendant l'Occupation de ce grand patron de presse. Et de poursuivre : « Je ne comprends pas que Raymond Cartier ait laissé passer cet article. Nous avons, à cette époque, combattu du même côté. Il aurait pu ne pas l'oublier. »

A ce noyau initial, toujours virulent, vinrent s'ajouter les officiers meurtris par le dénouement de la crise algérienne. On sait jusqu'où le ressentiment aveugla certains d'entre eux. S'ils ne réussirent pas à abattre physiquement le Général, ils participèrent activement à sa chute politique. De Gaulle jugeait leur comportement d'une façon beaucoup plus nuancée. Lorsqu'il m'avait donné à lire les deux chapitres de ses Mémoires consacrés aux événements d'Algérie, je lui avais fait remarquer que, dans le partage des responsabilités auquel il se livrait pour chacun des protagonistes, il n'avait pas tellement mis l'accent sur le rôle joué par certains éléments de nos forces armées. Sa réponse avait été : « Ce fut dans l'histoire de nos armes l'une des périodes parmi les plus douloureuses et les plus difficiles. »

Le camp des adversaires se fortifia de beaucoup d'autres forces dont le passé était parfaitement honorable. Un tel phénomène n'a rien que de très normal. Plus surprenant fut le grand rassemblement des « classes dirigeantes françaises », dont j'ai dit comment le Général les voyait et les jugeait. Dès la fin de la guerre d'Algérie, en 1962, très précisément à partir du moment où de Gaulle ne parut plus comme le sauveur indispensable, hommes politiques, hauts fonctionnaires, éléments divers de l'intelligentsia, notables de Paris ou de la province, grands maîtres de la publicité et de la presse se retrouvèrent dans l'opposition comme sous l'effet d'un mystérieux phénomène d'aimantation. Notre politique étrangère, au sein de l'Alliance atlantique, à l'égard de la Grande-Bretagne et, plus encore, au Moyen-Orient après la guerre des Six-Jours en 1967, accéléra le processus de regroupement et donna de plus en plus de consistance à un conglomérat au demeurant hétéroclite, mais fort influent.

Après qu'il eut rédigé le premier chapitre du deuxième tome de ses *Mémoires d'espoir,* consacré au référendum d'octobre 1962 sur l'élection au suffrage universel du président de la République, le Général m'avait demandé, selon l'habitude, de prendre connaissance de son texte. Nous étions le 6 octobre 1970. Dans ce chapitre, il cite force déclarations, prises de position et articles émanant des partisants du « non », c'est-à-dire de ceux qui refusaient d'adopter le principe de l'élection du chef de l'État au suffrage universel. L'énumération en était impressionnante. Nous en parlâmes. « La liste des adversaires de l'élection du président au suffrage universel est un peu longue, me dit-il en riant, mais ce sont toujours les mêmes qui se sont opposés jusqu'à la fin à tout ce que je voulais réaliser; voilà les responsabilités établies une bonne fois pour toutes. »

Ces opposants virent moins dans les événements de mai 1968 l'aube d'une société nouvelle que le coup porté dans l'immédiat à de Gaulle. Sur ce point, il me faut apporter quelques indications complémentaires. Lorsque le Général disait, comme je l'ai déjà cité : « En moins de trente ans, les élites françaises ont fait deux fois faillite : en juin 1940 et en mai 1968 », il voulait signifier qu'une grande partie des responsables de l'encadrement politique, social, syndical du pays avaient vu dans le mouvement étudiant la « divine surprise » attendue depuis si longtemps. Voilà que se présentait enfin l'occasion de casser l'autorité de De Gaulle! Dans la suite de ses Mémoires, il aurait comparé leur comportement à celui des éléments de la droite qui avaient vu dans la défaite de 1940 l'heureuse possibilité de jeter bas la République. C'est un fait que les jeunes gens des barricades reçurent des soutiens dont ne bénéficièrent pas leurs homologues allemands, italiens, américains ou japonais. Les appuis venant de la droite furent si nombreux et si patents dans la première semaine du mois que le Parti communiste, très réservé au début, opéra les mouvements tactiques voulus pour ne pas se trouver débordé sur sa gauche... par la droite! C'est pourquoi, après avoir durement attaqué les « gauchistes » dans les premiers jours du mois, il accéléra l'entrée en lice de ses forces syndicales. La situation devint rapidement ce que l'on sait. Par-delà un certain romantisme des barricades et de vieux rêves libertaires, apparaissaient dès lors toutes sortes de contradictions et une grande confusion des esprits. Est-ce un hasard si la ferveur de nombreux adversaires du Général commença à fraîchir lorsqu'ils s'aperçurent que ce n'était plus seulement le prestige de De Gaulle qui se trouvait en balance mais l'ordre social lui-même ? On devint plus « raisonnable ». Qu'on se rappelle à ce propos l'article de Beuve-Méry paru alors dans *le Monde.* On manifesta moins d'intérêt à la cause étudiante après l'avoir portée aux nues. On fut bien aise de retrouver la voix de l'autorité. A la fin du mois de mai, Joseph Barsalou, de *la Dépêche du Midi* – la feuille du Sud-Ouest au radicalisme tout à la fois charmant, agressif et désuet, qui avait guerroyé contre de Gaulle depuis 1958 –, voyant défiler sur les Grands Boulevards les dizaines de milliers de manifestants bien encadrés par une CGT qui avait tant bien que mal repris en main une partie de ses troupes, s'exclama devant un de mes amis d'enfance : « Si de Gaulle ne fait rien, nous sommes foutus ! »

Le pays, dans ses profondeurs, ne comprenait pas très bien ce qui se passait. Je souhaiterais d'ailleurs qu'on ne simplifie pas à l'extrême mes réflexions. Elles reflètent, je crois, assez bien ce que pensait de Gaulle et ce qu'il aurait exprimé dans ses Mémoires ; mais il y aurait mis les nuances voulues et un talent que je n'ai pas. Sur le fond, il n'ignorait rien de la crise de la civilisation moderne. Il en avait perçu l'ampleur entre les deux guerres. Il savait aussi et depuis longtemps que notre système d'enseignement allait vers des difficultés majeures ; qu'il s'agissait là d'un problème d'hommes et d'état d'esprit sur lequel les pouvoirs publics n'avaient pas beaucoup de prise. Il n'avait pas oublié la visite effectuée à l'École normale supérieure, au début de son premier septennat, et le comportement à son égard de la future élite de notre corps professoral. Il en avait gardé une impression aussi pénible que durable, et tiré la conclusion que l'enseignement constituait l'une des parties les plus friables de l'architecture sociale du pays. Il lui était pourtant difficile de l'étayer, plus encore de la reconstruire de fond en comble. La crise de mai n'avait fait, de ce point de vue, qu'illustrer la gravité du mal. Une fois de Gaulle parti, les « enfants de mai » furent d'ailleurs successivement désavoués publiquement par ceux-là mêmes qui avaient contribué à bâtir leur mythologie.

Pour ce qui me concerne, appelé à vivre et à travailler au contact de l'administration, de la presse, de la politique, la violence des sentiments qui s'exprimaient à l'encontre de De Gaulle ne cessait de me surprendre. A un point tel que j'en venais parfois à me demander si mes réactions étaient normales. Je voyais, en effet, des hommes au sommet de leur profession, d'une grande capacité, nullement dépourvus de finesse et de compréhension, d'une parfaite correction dans le travail, perdre toute mesure dès qu'il était question de De Gaulle. Un tel état d'esprit s'exprimait dans les articles des commentateurs de profession ou occasionnels. Je dirai plus loin comment j'ai constitué pour le Général des revues de presse portant sur les événements dont il traitait dans ses Mémoires. Ce faisant, je croyais rêver. A la relecture, ces textes étaient encore plus surprenants que le souvenir que j'en avais gardé. Le Général eut des réactions identiques. Plusieurs fois même, nous éclatâmes de rire à relever, sous les signatures les plus connues, des contresens ahurissants, des diagnostics erronés et des interprétations d'une mauvaise foi dont l'effet comique était irrésistible. J'ai rencontré la même animosité ailleurs : chez nombre de mes collègues; chez bien des intellectuels; aux quelques rares dîners où j'allais et au cours desquels je me trouvais bien souvent soumis à de véritables assauts. J'essayais d'expliquer, de raisonner; je comprenais que les arguments n'avaient aucune prise; nous étions dans un domaine qui échappait au rationnel. Les effets de la haine sont singuliers : elle aiguise une certaine forme de lucidité mais, en même temps, elle aveugle. D'une certaine façon, tout se passait comme si de Gaulle leur avait jeté un sort. De même que se retrouve la trace de la croyance en Dieu, assortie de son signe inverse, chez les anticléricaux du Midi qui autrefois se réunissaient le vendredi saint pour sacrifier un cochon, il se produisit – du fait de De Gaulle, et jouant à la fois pour ou contre lui – un véritable phénomène de possession et d'obsession. Celui-ci se poursuivit après le 10 novembre 1970. D'une certaine façon, le Général manquait désormais à ses adversaires. On assista alors à des phénomènes révélateurs. Lorsque Hubert Beuve-Méry rassembla pour les publier les articles qu'il avait écrits dans *le Monde,* il se limita à ceux de l'époque où le Général était aux affaires, comme si ses réflexions d'avant 1958 et d'après avril 1969 ne revêtaient à ses yeux aucune importance. Pierre Viansson-Ponté, de son côté, une fois de Gaulle parti, délaissa progressivement la politique intérieure, où sa plume avait fait des ravages, pour se livrer à un journalisme de réflexion et de méditation nullement dépourvu d'intérêt, mais empreint de morosité.

Je continue à penser que beaucoup de ses adversaires allèrent trop loin. Je me suis souvent demandé, à l'époque, comment le Général avait pu « tenir » si longtemps. Je me pose encore la question aujourd'hui. Peu d'hommes d'État ont été autant et aussi systématiquement pris à partie. Il m'avait cité un jour la phrase du testament politique de Richelieu : « ... Les grands hommes qu'on met au gouvernement des États sont comme ceux qu'on condamne au supplice de la roue, avec cette différence que ceux-ci reçoivent la peine de leur faute, et les autres de leur mérite. » Il est vrai qu'en contrepartie les soutiens ardents ne lui firent pas défaut. Son action bénéficia, tout au long et jusqu'au soir de sa vie, d'une adhésion exceptionnelle par sa qualité et sa durée. Il eut pour ministres des hommes de grand prestige. André Malraux, François Mauriac, entre bien d'autres, l'aidèrent et le confortèrent. Le pays l'approuva et l'appuya pendant près de seize ans. Durée remarquable quand on se rappelle les drames de l'époque, les changements qui s'opérèrent dans les profondeurs du pays, la surprenante mutation de notre économie, de notre population, de nos mœurs. J'ai dit que les référendums lui étaient aussi indispensables que l'oxygène à la vie. Or, en mai 1968, il avait compris qu'une déchirure s'était produite au plus profond de sa relation avec la France. Il entendait tirer l'affaire au clair. Telle fut bien la raison véritable de sa dernière consultation. Il ne se berçait guère d'illusions. Le 11 mars 1969, après avoir enregistré son premier discours de la campagne, il m'avait dit d'un ton bougon : « Ce référendum n'intéresse personne; mais je ne peux pas ne pas le faire. »

Dans sa quête pour obtenir l'assentiment des Français, les considérations politiques n'étaient pas les seules à jouer. D'autres ressorts l'animaient. Il souhaitait qu'un consensus se dégageât sur la valeur de sa personne, l'ardeur de ses efforts et la qualité de son entreprise. A cette hauteur, ceux qui ne partageaient pas ses vues pouvaient trouver un terrain d'entente avec lui. Rêve utopique? Pas entièrement. Contrairement à ce que beaucoup pensèrent, il lui était indispensable de sentir autour de lui de la compréhension et de la sympathie. Il me semble d'ailleurs que, par-delà les clivages et les oppositions de la vie politique, le pays n'éprouva pas seulement pour lui de l'admiration, mais aussi, dans un autre registre, un sentiment proche de l'affectueuse tendresse. Je me trouvais à La Boisserie le 27 octobre 1970. Le premier tome des Mémoires était sorti en librairie depuis deux semaines. Ayant fait parvenir des exemplaires dédicacés à de nombreuses personnalités, l'auteur recevait des lettres de remerciements. Il les lisait avec l'attention qu'on devine. L'une d'entre elles, datée du 15 octobre, l'avait particulièrement touché. Elle était écrite par Jean Guéhenno et j'en ai déjà cité quelques phrases. Le Général me lut le début de la correspondance, lentement, non sans émotion, dodelinant de la tête : « Ce n'est pas, vous le savez, que mon idée de la France soit précisément et constamment la vôtre, même telle page de votre livre (p. 23) m'a donné à penser que la mienne a commencé sa vraie vie et d'émouvoir tous les citoyens dans ces années mêmes où la vôtre a risqué de mourir... Mais j'ai toujours pensé qu'au-delà des débats les plus nécessaires, l'accord le plus intime et la plus secrète entente entre les esprits tenaient non pas à ce qu'ils faisaient aux même questions les mêmes réponses, mais à une certaine manière qu'ils avaient de les poser, à une même émotion qu'ils éprouvaient devant leur grandeur et leur gravité, à ce qu'ils suivaient de mêmes étoiles et avaient la même religion des idées. » Comment de Gaulle aurait-il pu ne pas être ému par la justesse du ton et par la substance de la pensée de son correspondant? Cette forme d'adhésion, ou plutôt cette rencontre sur des valeurs fondamentales, correspondait à ce à quoi il aspirait. Entre un peuple et ses gouvernants doit s'établir un dialogue allant plus loin et plus profond que la simple politique. Il exista entre de Gaulle et la France. Quand il fut rompu, le Général quitta le pouvoir. Son itinéraire, de ce point de vue, obéit à une logique toute de rigueur et de simplicité. Y a-t-il d'ailleurs encore quelqu'un pour en discuter aujourd'hui?

Comment ne pas être frappé, avec le recul dont nous commençons à disposer pour prendre une vue d'ensemble, des efforts prodigués par le Général pour gagner ses compatriotes à sa cause? Ses discours, ses livres, sa manière de gouverner, son style de vie, le respect qu'il manifestait à tous, sa technique du commandement des hommes apparaissent, de nos jours, comme une démarche dont certains aspects semblent pathétiques, dans la mesure où sa politique l'amenait à diviser ses compatriotes alors qu'il souhaitait les réunir. Le soutenait la certitude que s'opéreraient autour de lui, à l'avenir, de nouveaux rassemblements et qu'on se réclamerait de lui. Le fait est qu'on ne tarda pas à parler beaucoup de De Gaulle, pendant la campagne présidentielle de 1974. J'imagine assez son air narquois, amusé, faussement étonné devant certaines déclarations de ceux qui n'avaient pas été étrangers à son départ. J'avais d'ailleurs pensé à lui lorsque, le 2 décembre 1972, *le Monde* avait publié le texte d'une lettre adressée en 1966 par Mao Tsé-toung à sa femme. L'homme de la Longue Marche y écrivait : « La droite au pouvoir pourrait utiliser mes paroles pour devenir puissante pendant quelque temps. Mais la gauche pourrait utiliser d'autres de mes paroles et s'organiser pour renverser la droite... » N'est-ce pas une assez bonne description de la politique française depuis 1969?

[illegible]

[illegible]

CHAPITRE V

La Morale

« Le choix libre que l'homme fait de soi-même s'identifie avec ce qu'on appelle sa destinée. »

JEAN-PAUL SARTRE.

Il appartenait tout naturellement à cette famille d'hommes pour lesquels existent des normes à respecter, qu'elles soient religieuses ou laïques, libérales ou marxistes. J'ai déjà évoqué l'atmosphère conventuelle de son existence quotidienne. A La Boisserie, le calme, le recueillement, le rythme de vie, la méditation ininterrompue – que celle-ci fût un monologue avec lui-même ou, peut-être, un dialogue avec Dieu – me rappelaient l'atmosphère des monastères. Avec, pour musique de fond, ce bruissement qui monte du fond des siècles et la complainte des hommes. Comme le moine, il vivait dans la règle, s'efforçant de l'appliquer à tous les actes de sa vie. Sous cet éclairage aussi, il donnait, quand on venait à le bien connaître, une frappante impression d'unité. L'homme public et l'homme privé relevaient de la même éthique. Qu'il s'agisse de gouverner la France, d'assumer son rôle de chef de famille ou de sa conduite quotidienne, il se soumettait aux mêmes impératifs. Son respect à l'égard d'autrui se manifestait aussi bien dans ses actes politiques que dans ses rapports avec ceux qui l'approchaient. Toujours fidèle à lui-même, l'homme paraissait tiré du même bloc. Ne croyons pas qu'une telle attitude lui a été facile. La moralité a des exigences et implique une volonté. Elle appelle toujours à l'effort. Elle essuie des défaites et peut aussi apporter des joies. De Gaulle en connut tous les aspects. Le chemin qu'il parcourait était malaisé. Le monde de la politique – ce dernier mot étant pris dans son sens le plus noble – est, sinon entièrement, du moins pour une bonne part déterminé par les intérêts. Le compromis y est la règle; ce qui revient à dire que la compromission s'inscrit toujours en filigrane de la décision. L'homme d'État se trouve placé au point où convergent le meilleur et le pire de la substance d'un pays. Vient toujours un moment où, brassant la réalité, il s'aperçoit qu'elle est faite pour partie de boue. Dans les périodes de drame, et Dieu a voulu que nous en ayons connues, il arrive que le sang coule. Ceux qui sont nés après le milieu des années 30 ont peine à se remémorer ce que furent les épreuves endurées par le pays entre 1940 et 1945. Les Français venus au monde après 1944 n'ont pas vécu dans sa totalité le drame algérien. De Gaulle tenait le gouvernail pendant ces années terribles. Il eut, entre autres, à décider s'il fallait ou non trancher le fil de bien des vies. Vu de l'extérieur, il donnait l'impression d'un justicier implacable et froid. Qu'on se rappelle l'exécution de Pierre Laval, décrite par Edgard Pisani dans son excellent ouvrage, *De Gaulle indivis*, épisode qui peut glacer le lecteur. En réalité, rien ne fut simple pour de Gaulle. Il eut à affronter de durs débats de conscience. Il ne se demandait pas seulement s'il avait raison sur le plan de la politique, mais également sur celui de la morale. A cet égard, il se situait aux antipodes de Saint-Just, de Napoléon, de Staline ou de Franco.

Le 27 octobre 1970, je suis à La Boisserie. Nous sommes à moins de deux semaines de la mort du Général. Il souhaite que nous nous mettions immédiatement au travail après le déjeuner, comme s'il pressentait que le temps allait lui manquer. Après avoir bu le café, qui était toujours très noir et très fort, nous passons dans son bureau. Je m'assieds à côté de lui. Il souhaite vérifier certains des chiffres retenus dans les documents préparés à son intention sur les sujets économiques et financiers pour la rédaction du chapitre II de *l'Effort*. Notre conversation quitte le terrain des statistiques. Nous en venons, car c'était un sujet que nous évoquions bien souvent, à analyser les conservatismes de la vie française et à mesurer leur véritable poids. Je fais remarquer au Général – ce qui ressortait de la lecture de tous ces documents et dossiers que nous avions préparés à son intention – que Georges Pompidou avait freiné un certain nombre d'indispensables mutations, particulièrement dans les domaines de l'éducation nationale et de la participation. Mon interlocuteur m'écoute. « J'en suis parfaitement conscient », me dit-il. Et de conclure par cette phrase : « Tout ce que j'ai fait de juin 1940 à janvier 1946, de mai 1958 à avril 1969, avec ce qu'une telle entreprise peut comporter de succès et d'échecs, de clairvoyance et d'erreurs, j'en assume la totale responsabilité. » Voilà une phrase révélatrice d'une conception de la politique établie sur la plus simple des morales. Elle peut être complétée et éclairée par des réflexions recueillies quelques mois plus tôt. Me donnant, le 6 juillet 1970, les raisons pour lesquelles il avait conservé aussi lontemps Georges Pompidou comme Premier ministre, le Général m'avait dit : « Je pensais changer. Il ne faut pas garder plus de trois ou quatre ans le même homme à ce poste. Je voulais y procéder après l'élection présidentielle de 1965. Celle-ci n'avait pas été aussi bonne que je l'aurais voulu. Pompidou n'était pour rien dans l'affaire. Lui donner un successeur à ce moment-là aurait consisté à lui faire endosser une responsabilité qui ne se situait pas à son niveau, mais au mien. Ce que je ne voulais pas. Après mai 1968, c'était bien différent. » A ses yeux, personne – à plus forte raison un chef d'État – ne pouvait échapper aux conséquences de ses actes ou de son inaction, de ses paroles ou de ses silences. Il n'admettait pas qu'un responsable se livre au jeu malsain consistant à prendre à son crédit toute la réussite pour laisser à d'autres les échecs et les erreurs.

La vie publique, à ses yeux, devait être régie par une morale ne différant pas de celle des individus. Il s'écartait en cela de Hegel, pour qui appliquer les normes de l'éthique privée aux hommes d'État équivaut à regarder l'Histoire par le trou de la serrure. De Gaulle pensait qu'au contraire entre la vie publique et celle des particuliers ne passe aucune frontière, et que la loi est la même pour tous. Sa conception étant radicalement égalitaire, il avait conscience de ses devoirs, tenait à assumer ses actes et savait qu'il devait en rendre compte.

En tout premier lieu devant les Français. S'il voyait dans les référendums le moyen de s'assurer l'assentiment du pays, ces consultations ne pouvaient être perçues comme le simple recours à une technique de l'action politique. A la question posée : « Êtes-vous d'accord ? » s'en ajoutait une seconde en surimpression : « Ai-je raison ? » L'interrogation ne se limitait pas au domaine de l'adhésion ; elle débouchait sur celui de la responsabilité. En d'autres termes, de Gaulle demandait au pays de le juger et, d'une certaine façon, de lui délivrer un quitus. C'est bien ce qu'il écrit en conclusion de son chapitre consacré à l'outre-mer dans *le Renouveau*, où il donne un éclairage révélateur de ses exigences à l'égard de lui-même. Il y évoque dans les termes suivants son drame de conscience à propos du règlement de l'affaire algérienne : « Il me faut surmonter le déchirement qui m'étreint tandis que je mets délibérément fin à une domination coloniale jadis glorieuse, mais qui serait désormais ruineuse. Il me faut à grand-peine porter ailleurs l'ambition nationale. Cette tâche, je sens que la France m'appelle à l'accomplir. Je crois que le peuple m'écoute. Au jour voulu, je lui demanderai s'il me donne raison ou tort. Alors, pour moi, sa voix sera la voix de Dieu. » Il se soumettait donc à un tribunal populaire et en attendait un verdict. Il s'agissait pour lui d'obtenir une absolution, laïque en quelque sorte. En homme habitué à tout situer dans des perspectives historiques, il s'attendait aussi à être jugé par les générations à venir, ce qui, pour un homme public, un écrivain ou un artiste, est la plus redoutable des épreuves. Son comportement avait-il répondu aux nécessités d'aujourd'hui? A celles de demain? Ce désir de projeter son œuvre dans l'avenir correspondait moins à la recherche de sa propre gloire – encore que celle-ci n'en fût pas absente – qu'au besoin de savoir s'il ne s'était pas trompé et avait servi avec efficacité.

Le jugement des hommes était-il d'ailleurs suffisant à ses yeux et de nature à le satisfaire? Je n'en suis pas sûr. Comme nous parlions un jour du bilan de son action à la tête du pays, je perçus chez lui tout à la fois la satisfaction de la tâche accomplie et le scrupule qui conduit les natures exigeantes à inlassablement s'interroger. Pour essayer de lever ses doutes, je lui fis observer : « L'Histoire a déjà jugé, mon général. » Il me rétorqua : « Elle n'est pas seule à entrer en ligne de compte, il s'en faut de beaucoup. » A qui pouvait-il faire allusion, sinon à Dieu? Le problème de la foi chez de Gaulle exige une analyse qui requiert de la minutie et ne doit pas exclure la prudence. Je donnerai plus loin les éléments dont je dispose sur cet aspect de sa personnalité. Sur un point, je n'ai pas le moindre doute : il voyait en Dieu le grand justicier. En dehors même de toute considération touchant à la foi, pour que son système de valeurs ne perdît pas sa cohérence, il aspirait à ce que vienne le moment où chacun, du plus grand au plus humble, doit rendre des comptes. Mû par un instinct de même nature que celui qui l'empêchait d'accepter l'humiliation, il refusait l'irresponsabilité. Dieu lui était donc nécessaire. Je me demande également si, en son for intérieur, il ne souhaitait pas savoir quelle avait été la valeur de son comportement. Les moyens de mesure dont il disposait – la pénétration du jugement, la hauteur qu'il savait prendre vis-à-vis de l'événement, sa connaissance de l'histoire, son intuition des êtres – lui paraissaient manquer de la précision voulue. Qui d'autre que le « Créateur » pouvait lui répondre? Quand il avait dit à André Malraux, le 11 novembre 1969 : « Je n'ai pas peur de Dieu », il voulait, me semble-t-il, exprimer deux idées : tout d'abord que la mort ne l'effrayait pas; mais qu'il souhaitait aussi pouvoir se présenter devant la seule instance ayant capacité et autorité pour lui dire s'il avait égalé son destin.

J'ai cité ce qu'a écrit le Général sur le déchirement provoqué par le règlement de l'affaire algérienne. Évoquant la question posée au pays, savoir s'il avait eu raison ou tort, il concluait : « Alors, pour moi, sa voix sera la voix de Dieu. » La première rédaction de cette phrase, quand son auteur me l'avait donnée à lire encore à l'état de manuscrit, était différente. Elle était ainsi rédigée : « Et que Dieu me prenne en pitié ! » J'en conservais un souvenir d'autant plus précis que j'avais été troublé par ce qu'il y avait de poignant dans cette supplique. Elle projetait des éclairages nouveaux sur l'homme; sur ses doutes; sur les douloureuses maturations qui précédaient ses décisions; sur l'angoisse qui saisit le responsable politique lorsqu'il essaie de découvrir la ligne secrète, aussi coupante qu'une lame, qui sépare la Bien du Mal.

J'ai eu le tort, je crois, de ne pas avoir fait part sur-le-champ au Général des réactions que j'avais éprouvées à la lecture de cette phrase. Elle me paraissait le concerner de trop près et je risquais d'effleurer une zone de sa sensibilité encore à vif. Au début du mois de juillet 1970, lorsqu'il me communiqua le dernier état de son manuscrit, je m'aperçus qu'elle avait disparu. Je m'en ouvris à Emmanuel Desgrées du Lou. Effectivement, me dit-il, il s'en était longuement entretenu en Espagne avec le Général. Celui-ci, après mûre réflexion, avait préféré s'en tenir à une version différente. Je ne crois pas le trahir en donnant la première rédaction, qui reflétait mieux, à mon sens, son état d'âme. Probablement l'avait-il supprimée par un réflexe de pudeur. Ses Mémoires allaient être publiées à l'automne. De son vivant, il n'avait jamais voulu dévoiler trop son personnage. Sans doute avait-il estimé que le moment n'était pas venu de trop se découvrir. Il souhaitait pourtant qu'après sa mort on le vît tel qu'il avait réellement été. Il aspirait à ce que l'on sache tout ce qu'une vie, celle des plus illustres ou des plus humbles, peut présenter d'épreuves, mais aussi de grandeur, lorsqu'elle est assumée selon les règles. Certains diront qu'il s'agit là de valeurs mortes, et que le monde d'aujourd'hui est différent. Personnellement, je ne le crois pas. L'exemple de De Gaulle m'a ancré dans la conviction que, de plus en plus, sans la cohérence et l'intégrité de celui qui l'assure, le pouvoir s'exerce mal et court alors le risque de s'écrouler sous ses propres contradictions.

LES VALEURS

« Celui qui croyait au ciel
Celui qui n'y croyait pas... »
ARAGON.

Avait-il la foi ? On m'a bien souvent interrogé à ce sujet. Je me suis moi-même posé la question. Il faut apporter bien des nuances dans la réponse, tant les indications ou indices dont nous disposons font apparaître des éléments de contradiction. Certaines de ses correspondances, quelques-uns de ses propos peuvent donner à penser qu'il ne croyait pas en Dieu. Évoquant Montherlant dans une lettre, de Gaulle y décrivait l'auteur de *la Reine morte* « longeant indéfiniment le bord de l'océan religieux que son génie ne quitte pas des yeux ni de l'âme, sans y pénétrer jamais ». Dans sa beauté, l'image est d'une précision telle qu'on peut se demander si son auteur n'a pas également effectué le même itinéraire le long de l'« océan religieux ». L'on peut se rappeler aussi combien de Gaulle gardait présentes à l'esprit quatre lignes de Nietzsche révélant le nihilisme qui peut naître du désespoir :

Rien ne vaut rien,
Il ne se passe rien,
Et cependant tout arrive,
Mais cela est différent...

Cependant, on peut relever bien des faits en sens inverse. Il remplissait les devoirs du chrétien. Depuis son enfance, il allait régulièrement à la messe, n'appartenant pas à cette famille d'hommes qui découvrent le chemin de l'église vers la cinquantaine, alors que commence à se profiler l'image de la mort. Pour suivre l'office dominical, il avait fait réaménager à l'Élysée, mais en lui donnant une dimension plus modeste, la chapelle qui existait avant l'arrivée à la présidence de M. Vincent Auriol. Ce dernier, pensant peut-être que plus jamais un chef de l'État français ne souhaiterait entendre la messe, avait pris, au début de son septennat, la décision de transformer ce lieu de culte en bureaux. J'occupais l'un d'eux, témoin de cette volonté de laïciser totalement la République. La pièce avait conservé de sa vocation première des plafonds dorés sous lesquels, après que les présidents de confession catholique de la IIIe République y eurent peut-être prié, je recevais les journalistes. A Colombey, comme tout paroissien, le Général avait sa place sur l'un des bancs taillés autrefois dans la masse du bois par l'ébéniste du village, à droite de l'allée centrale lorsqu'on regarde l'autel. Quand il effectuait des voyages à l'étranger, le nécessaire était fait pour qu'il pût entendre la messe. Si le manque d'église ou de prêtre catholique l'en empêchait, le programme était établi de telle façon qu'il pût être de retour à Paris le dimanche. Ce fut notamment le cas lors de sa visite en Roumanie. Il se confessait. Que pouvait bien d'ailleurs être un péché pour de Gaulle? Il communiait lors des grandes fêtes chrétiennes, mais rarement en public. Je l'ai vu une seule fois recevoir l'eucharistie – l'acte religieux qui, plus que tout autre, affirme la foi. C'était le 27 octobre 1968, à Istanbul, dans la petite chapelle située dans l'admirable parc de la Maison de France, d'où l'on domine la Corne d'or. Elle portait le nom de Saint-Louis-des-Français, en souvenir de ce roi qui mourut au retour des croisades, et évoquait l'époque des ambassadeurs du pays de la chrétienté auprès de la Sublime Porte. De nombreuse plaques rappelaient le souvenir de tous mes collègues du Quai d'Orsay morts depuis des siècles dans la capitale de l'Empire ottoman et de l'Islam. Peut-être, en visite à Istanbul, de Gaulle avait-il ainsi voulu témoigner qu'il n'oubliait ni Constantinople ni le rôle que Byzance avait joué pour maintenir le flambeau de la foi alors que

Rome s'était effondrée et que l'Église d'Europe luttait pour maintenir quelques lueurs dans la pénombre où les invasions barbares avaient plongé l'Occident. D'ailleurs, lorsqu'on lui avait préparé son voyage en Turquie, il avait décliné la proposition des autorités turques de visiter Izmir, l'ancienne Smyrne, où des populations grecques avaient été massacrées en 1921.

Il parlait de Dieu. Il ne s'agissait pas chez lui de figures de style, car il maîtrisait son langage. Que de fois l'ai-je entendu dire à propos de la rédaction de ses Mémoires : « Si Dieu me prête vie... » Un jour, comme je l'ai déjà rapporté, il avait eu recours à une formule encore plus filiale : « Si le bon Dieu me prête vie... » Le 25 mai 1968, au creux le plus profond de la crise, lorsqu'il reçut les lettres de créance de l'ambassadeur des États-Unis, Sargent-Shriver, beau-frère de Kennedy, comme lui catholique, il prononça des paroles qui ne sont pas celles d'un agnostique : « L'avenir ne dépend pas de nous ; il dépend de Dieu. » Comment aussi ne pas rappeler à nouveau sa supplique : « Et que Dieu me prenne en pitié », écrite dans la première rédaction de ses Mémoires ?

Pour essayer de voir clair dans cette apparente contradiction, il peut être utile de distinguer les différences d'approche dans les rapports de l'homme avec Dieu. Il existe une forme de la foi vivant à l'état de nature chez ceux qui ont le privilège de la posséder. On peut la qualifier d'enfantine, de rudimentaire. Reprenons là encore l'expression populaire qui parle de foi du charbonnier. Elle vit chez certains et donne une assise à leur univers psychologique. Venue du fond des âges et des consciences, elle a résisté aux assauts de la raison pure, du doute métaphysique, des scepticismes, de la libre-pensée, du ou des marxismes. Rien ne l'explique. Elle existe pourtant. Parfois, elle a à faire front ; souvent, elle subit ; toujours elle tient, chez les individus comme dans certaines nations, la Pologne par exemple. Elle façonne un type d'hommes ou de femmes pour lesquels l'existence de Dieu paraît un phénomène aussi naturel que d'avoir un père ou une mère. Cette forme de croyance, me semble-t-il, soutenait de

Gaulle de toute sa puissance granitique. Les impressions que je recueillis dans l'église de Colombey corroborèrent ce que je pensais devoir être les sentiments du plus illustre de ses habitants : simplicité, dalles de pierre usées par des générations de villageois, rangées de bancs, lourdeur des voûtes, enracinement... Dès le seuil franchi, on basculait dans le catholicisme des profondeurs, malgré les statues d'une inspiration parfaitement sulpicienne, les guirlandes de roses en papier, la profusion des plâtres peints. Cette naïveté, au lieu de détruire l'impression de piété, la magnifiait au contraire et l'inscrivait dans la durée enveloppante des siècles. Claudel ne disait-il pas qu'il préférait prier dans des églises point trop belles? Lorsque de Gaulle y prenait sa place le dimanche, ce n'était pas un estivant venu pour assister à la messe, mais un paroissien parmi d'autres. Tout ce qu'il peut y avoir de médiéval dans son personnage s'accordait à la perfection à l'atmosphère de cette église dans l'ombre de laquelle il avait choisi de fixer sa dernière demeure. Il avait hérité cette croyance de son milieu, de sa famille; de la même façon qu'il en avait reçu la foi dans le pays, l'attachement à la patrie et un code de valeurs morales. Il a eu – autant que j'en puisse juger – le privilège de ne pas la perdre. Elle l'a accompagné jusqu'au bout. Je crois même qu'elle a dû lui apporter, aux moments difficiles de sa vie, un précieux réconfort. C'est en chrétien qu'il envisageait l'approche de la mort. Il en parlait sans crainte. Pour lui, elle était un adversaire, peut-être un mystère, à la limite une immense interrogation, mais nullement la peur de l'anéantissement.

Il savait, dès son retour au pouvoir en 1958, que le temps lui était mesuré. Sans doute enviait-il les destins de ceux qui avaient entrepris jeunes leur carrière d'hommes d'État : tels Alexandre, Napoléon, Pierre le Grand, avec un avenir largement ouvert à leurs entreprises. Quant à lui, il devait se battre dans un laps de temps dont il avait le sentiment qu'il pouvait être court. Il savait bien qu'on ne pouvait manœuvrer avec la mort. Chacun a présent à l'esprit le propos de Staline, qu'il se plaisait à citer : « Après tout, il n'y a que la mort qui gagne. » Sachant que le temps lui était compté, surtout après son retour définitif à La Boisserie, il agissait au plus vite, sans y mettre pourtant aucune fièvre. Je n'ai jamais eu l'impression que l'idée de la mort ait suscité en lui la terreur métaphysique éprouvée par ceux qui y voient un passage débouchant sur le néant. En tout cas, je n'en ai pas recueilli le moindre indice. Bien au contraire. A Xavier de La Chevalerie venu lui annoncer, comme cela arrivait bien souvent, le décès d'un vieux compagnon, de Gaulle avait fait cette constatation qu'aurait aimée Chateaubriand, et très révélatrice de la lucidité de son regard sur lui-même : « Je m'avance au milieu des tombeaux. » Au terme d'une existence solitaire pétrie de douleurs aussi cruelles qu'avaient été vives ses joies, et dont le cours avait été tel qu'il avait ressenti, plus que beaucoup d'autres, les grands ébranlements de son époque, vivant dans la passion les crises du pays, je crois qu'il aspirait à la paix éternelle et à la justice de Dieu. Je n'ai jamais perçu chez lui la moindre trace d'angoisse ou d'obsession. Je me demande même s'il ne souhaitait pas, une fois sa tâche accomplie, devenir une âme comme les autres dans la multitude de l'au-delà; de même qu'il avait pensé, au soir des funérailles de sa fille Anne, que la mort en avait fait une enfant pareille aux autres...

La foi poussait donc en lui des racines profondes. Sinon, elle eût été emportée. Son intelligence le conduisait en effet, par une pente naturelle, à tout remettre en question. Qu'a été la démarche de son esprit, sinon de tout reconsidérer, de revoir le monde avec des yeux toujours neufs et une absence de préjugés qui ne cessait de m'étonner? Sa manière de penser, comme les expériences qu'il avait vécues, le conduisait à inlassablement s'interroger. Où donc était la marque de Dieu dans un monde qui paraissait relever davantage de la loi de la jungle que de quelque harmonie préétablie? Pourquoi le « grand architecte » avait-il ouvert une voie aussi royale au fleuve qui roule les appétits, les instincts en lutte, les tourbillons sanglants, et dont le flot emporte peut-être notre espèce vers son anéantissement? Comment se faisait-il que la « légende des hommes » ne fût le plus souvent qu'une course de vitesse entre l'arme et la cuirasse, au long d'inévitables affrontements? Il avait traversé deux guerres où bien des vies avaient été fauchées. Il était persuadé, je l'ai déjà dit, qu'il pourrait y avoir un jour des hécatombes nucléaires. Il accordait donc bien peu de place à la « divine harmonie » dans une conception de l'espèce qui se situait en lui plus près de la thèse darwinienne que de la cité de Dieu augustinenne. N'avait-il pas d'ailleurs placé en tête d'un chapitre de *Vers l'armée de métier* cette citation de Maeterlinck : « La vie n'est sans doute qu'un mouvement de la matière »? Dans cette vision, où donc insérer Dieu? Comment rêver d'un monde construit à son image? Sans compter que de Gaulle connaissait la pensée pascalienne; il avait connu le vertige qui saisit toute âme bien née lorsqu'elle s'efforce de prendre la mesure de l'infini, démarche qui peut la préparer à croire ou, au contraire, l'en dissuader.

Je m'en entretins un jour avec André Malraux, qui m'avait invité à déjeuner. Celui-ci n'avait jamais pu s'installer vraiment dans l'agnosticisme et avait sans doute poursuivi un itinéraire inverse de celui du Général. Il me posa cette question, étrange seulement en apparence : « Je me demande si le Général a bien approfondi saint Augustin. » Je lui fis remarquer que, selon moi, de Gaulle n'avait pas beaucoup sollicité les théologiens. Il n'en avait, à mon avis, nul besoin. Il n'accédait pas à Dieu par la voie de la connaissance. Si la foi vivait en lui – et c'était bien ce que je croyais –, c'était celle des âmes simples. Dans ces conditions, pour ce qui le concernait, la sagesse consistait à s'en tenir là, à ne pas aller trop avant et à laisser vivre en lui une croyance qui le protégeait du doute et de sa propre lucidité.

Du même mouvement, pour des raisons identiques et parfois également quelque peu contradictoires, il acceptait toutes les valeurs chrétiennes : la dignité de l'homme, le caractère sacré de la famille, le sens du devoir, la responsabilité. J'irai même jusqu'à dire qu'il les portait en lui comme la femme qui l'avait enfanté. Encore faut-il apporter sur ce terrain le correctif du pessimisme. Sa morale relevait du devoir plus qu'elle ne s'accomplissait dans la joie. Il pensait moins à l'allégresse de la marche des chrétiens vers Dieu qu'à la rude ascèse du stoïcisme. Il ne trouvait la paix que dans l'accomplissement de ce qu'il avait cru devoir faire. Du stoïque, il partageait le pessimisme, qui constituait un des fondements de son caractère. On sentait qu'avaient soufflé en lui les violentes tempêtes du désespoir. Au soir de sa vie, elles ne s'étaient point entièrement apaisées. Il avait trop scruté l'Histoire pour nourrir beaucoup d'illusions. Ayant contribué à la faire, il en avait parcouru les pénombres. Elle lui avait apporté bien des joies, sans lui ménager la cruauté des déceptions. Il avait sondé les reins et les cœurs de beaucoup, et c'est une expérience qui ne conduit pas souvent à l'optimisme. Jamais pourtant il ne cessa de croire en l'homme. Il rejetait d'instinct le déterminisme, le capitalisme, le communisme, dans la mesure précisément où ces doctrines refusent à l'individu le droit de forger sa destinée. Sous cet angle-là, il appartenait beaucoup plus à la Renaissance qu'au Moyen Age. Alors que sa foi religieuse était d'essence médiévale, sa croyance en l'homme s'inscrivait davantage dans la ligne de la pensée classique, enrichie de l'apport chrétien. Elle correspondait assez bien au « personnalisme ». Je me suis souvent demandé si les « faiblesses » du Général pour Jean-Paul Sartre ne trouvaient pas en partie leur explication dans une conception commune, pour ses fondements sinon pour ses conclusions, du pessimisme et de l'action. Je crois en tout cas que le Général souscrivait à l'affirmation de ce philosophe pour qui « l'humanité commence de l'autre côté du désespoir ».

S'il admettait la puissance du fleuve de l'histoire, il estimait pourtant que le cours pouvait en être infléchi. Il n'acceptait pas le poids des dogmes et des appareils idéologiques. Pour lui, il n'était nullement évident que le capitalisme fût intangible, ni le communisme perpétuel. L'un et l'autre passeraient comme ils étaient venus, laissant bien sûr leur empreinte sur la civilisation et dans les hommes. J'ai relevé qu'il se trouvait comme « décalé » par rapport au monde militaire. Sa situation était analogue à l'égard de l'opposition capitalisme-communisme, dans laquelle il entendait ne pas se laisser prendre. Sa position ressemblait assez à celle de l'Église catholique, à laquelle deux millénaires d'existence ont appris à prendre du champ vis-à-vis du siècle. Vue ainsi, la recherche d'une « troisième voie » n'était pas un procédé visant à dépasser des contradictions. Elle répondait à sa conviction intime que l'homme peut toujours bâtir des sociétés à sa mesure, s'il le veut et accepte d'y mettre le prix. Son pessimisme se doublait donc d'une roborative volonté d'agir. Situant l'homme au centre de l'univers, il le privilégiait par rapport à la classe et au groupe. Tout refus de cet humanisme simple, voire rustique, ne cessait de le surprendre et d'aller à l'encontre de son sentiment profond. Évoquant un jour la psychologie des dirigeants communistes, il m'avait dit, laissant paraître une connaissance très sûre de la façon dont se dégage et se forme l'élite d'un parti qui, non sans raison, a été souvent comparé à une Église : « Bien des chefs communistes se situent au-delà de l'humain. » Nul n'ignore qu'il n'appréciait pas non plus, mais pour des raisons différentes, les grands maîtres du monde capitaliste, qui voient dans la seule recherche de la rentabilité l'étoile Polaire vers laquelle les ordinateurs, astrolabes du monde moderne, déterminent avec exactitude la route à suivre.

La recherche du gain lui était par nature étrangère. L'argent ne l'intéressait pas. Je peux même dire que l'accumulation de fortunes énormes le choquait. De ce point de vue, il relevait du Moyen Age ou bien des sociétés futures, combinant en son personnage le désintéressement du moine-soldat et celui du hippy communautaire. Il existe sûrement peu d'écrivains qui aient prêté moins d'attention que lui à ce que leur rapportait leur œuvre. Pourtant, les intérêts en jeu étaient considérables. Souvent même, j'ai eu l'impression qu'il éprouvait de la gêne devant l'ampleur de ses droits d'auteur, lorsque je lui faisais part de l'état de ses comptes pour ses *Mémoires d'espoir*. La disproportion entre le travail fourni et leur rendement financier le surprenait. Il est vrai que la vie lui avait appris la véritable valeur des choses : il savait d'expérience combien élever une famille avec une simple solde d'officier pouvait représenter de sacrifices.

Pourtant, malgré son profond désintéressement, il n'oubliait jamais que tout travail mérite salaire. Pour le collaborateur occasionnel que j'étais, il faisait ce qu'il fallait, en grand seigneur, sans excès et avec tact. Il savait qu'après mon départ de l'Élysée je devais vivre sur un traitement relativement modeste. Or, travaillant pour lui et ayant mes activités au Quai d'Orsay, je ne pouvais pas, à la différence de mes collègues, trouver des ressources complémentaires en enseignant à l'ENA ou à l'Institut d'études politiques. Il m'adressait de temps à autre un chèque – comme il l'avait fait, à l'époque des *Mémoires de guerre*, pour Georges Pompidou et pour René Trotobas. La première fois, le 8 décembre 1969, faisant allusion à mes activités liées à la publication de ses œuvres, il avait utilisé une formule – « Pour votre concours à cette affaire, qui a forcément une suite matérielle » – ne manquant ni de pudeur dans le fond, ni de délicatesse dans la forme. Afin que l'« affaire » restât entre nous, il avait eu recours à la poste. Par la suite, il ne m'écrivait jamais uniquement pour me dire qu'il m'envoyait un chèque ; il saisissait une occasion : ce pouvait être une demande de renseignements nécessaires pour le chapitre sur lequel il travaillait, ou bien il me donnait des précisions sur l'état de ses travaux. Il veillait à ce que nos rapports n'apparussent jamais comme ceux qui lient un employeur et son salarié. L'argent n'était à ses yeux qu'un phénomène second, la conséquence normale d'une tâche, un « prolongement ». Il n'y voyait nullement le nerf d'une société, et encore moins la mesure du monde. Nous étions loin de l'« Enrichissez-vous » louis-philippard.

En dépit de tout ce qui aurait pu ébranler sa conviction, il a toujours refusé de désespérer de l'homme. Il croyait que, dans cette créature issue d'une animalité dont elle était loin de s'être entièrement dégagée, l'esprit avait toujours un rôle à jouer. Son système de valeurs possédait ainsi un volet spiritualiste. Il croyait à l'intelligence. Sur ce terrain-là aussi, il se situait aux antipodes du fascisme qui la méprise. Qu'on se rappelle le cri lancé dans la salle d'honneur de l'université de Salamanque par le chef de guerre franquiste qui venait de prendre la ville : « *Muerte a la inteligencia!* » De Gaulle se mouvait à l'aise dans le royaume des idées. Il appartenait à la famille de ceux pour qui la pensée est notre honneur. Il s'efforça toujours de mettre de son côté les représentants de l'intelligence française. Que d'appels il leur lança à l'époque de la France libre, avec des résultats qui ne furent pas toujours à la hauteur de ses espérances! Je pense, par exemple, au refus de s'engager de Saint-John Perse et à la réserve plus surprenante de Bernanos, pourtant si proche de lui. Par la suite, ses rapports avec l'élite intellectuelle française connurent des hauts et des bas; des crises s'ouvrirent; certains malentendus ne se dissipèrent jamais. Il eut le réconfort d'avoir reçu la caution éclatante de quelques-uns des plus grands intellectuels du siècle.

Il s'efforça de maintenir son dialogue avec le pays à un niveau qui n'était pas ordinaire. Il s'adressait toujours à l'intelligence, parfois au cœur, jamais aux forces obscures de l'instinct et de la nuit. Il est vrai que sa foi dans la prééminence de l'esprit rejoignait sa confiance dans la France. A ses yeux, notre pays, tout au long de son histoire, avait été grand pourvoyeur d'idées. Sa contribution au progrès de l'esprit humain et à l'élaboration de la science avait été bien des fois déterminante. En dépit de l'affaiblissement de notre puissance matérielle, de Gaulle restait persuadé que le domaine de l'esprit s'ouvrait toujours devant nous et que dans un pays héritier d'une tradition aussi diverse dans son unité que la nôtre l'intelligence finit toujours par s'épanouir et s'imposer. Il ne voyait aucune discontinuité entre les penseurs de la tradition médiévale, de la Renaissance, du Grand Siècle, de l'*Encyclopédie*, de la Révolution, du mouvement ouvrier qui s'exprima dans la Commune – dont il avait dit un jour « qu'elle avait assumé la France » – et ceux de nos Républiques. Il les considérait tous comme relevant de la même lignée. A propos de Jean-Paul Sartre, il m'avait dit au cours d'une conversation –

d'autres l'ont sans doute entendu – qu'il « faisait partie du patrimoine ». Certes, il estimait que l'intelligence française traversait une période de crise. Il le regrettait, mais ne désespérait pas pour autant de l'avenir. C'est pourquoi il prodigua tant d'efforts dans le domaine de l'éducation nationale afin de démocratiser notre enseignement et de faciliter la levée de nouvelles moissons.

Dieu, l'homme, l'intelligence, la France. On voit s'articuler là ce en quoi il croit, d'où se dégage un système de normes et de règles qu'il applique à l'action publique. Des hiérarchies sont établies, qui ont à ses yeux un caractère impératif. Il accorde la primauté au pouvoir politique dépositaire de la souveraineté nationale, ou, si l'on préfère, de la permanence française. Sur ce point-là, il ne transigea jamais. Toute atteinte, d'où qu'elle vienne, lui apparaissait comme un manquement à la morale fondamentale. Ce qui explique son comportement vis-à-vis des partis politiques comme des milieux d'affaires. Sa réflexion : « La politique de la France ne se fait pas à la corbeille » n'était pas seulement une boutade. Elle révélait le fond même de sa pensée : à savoir qu'il n'appartient pas au pouvoir de l'argent, que symbolise la Bourse, de se substituer à la puissance publique, de manière directe ou oblique, par l'utilisation de divers groupes de pression et d'information. Même rigueur d'analyse pour la presse. Il m'avait expliqué ses vues à ce sujet, le 27 octobre 1970, lorsque nous avions parlé des réactions suscitées par la publication de ses *Mémoires d'espoir* : « Chez nous, m'avait-il dit, les choses ne se passent pas comme à l'étranger. En Angleterre, aux États-Unis, en Allemagne, les journaux ne souhaitent pas systématiquement entrer dans le jeu de la politique. Leur rôle consiste à éclairer l'opinion. Ils se tiennent en face du pouvoir. Chez nous, il en va différemment. La presse essaie d'établir un lien avec lui. Afin d'en infléchir l'action dans le sens de ses convictions, de ses intérêts, voire de ses vanités... » C'est vrai qu'il n'invitait guère de journalistes pour des déjeuners en tout petit comité, et qu'il ne les flattait pas. Certains y ont vu une manifestation d'indifférence, voire d'un certain dédain. Je crois qu'ils se trompaient. De Gaulle estimait que chacun devait agir dans son propre domaine. En la matière, il faisait là une application stricte du principe de la séparation des pouvoirs. Certaines vanités en ont souffert alors qu'elles auraient dû, me semble-t-il, y voir plutôt un hommage.

C'est également sous l'angle de la morale qu'il avait analysé le problème de nos classes dirigeantes. Au vrai, et pour respectueux qu'il ait été de notre patrimoine et de l'héritage du passé, il abhorrait les privilèges qui ne se justifient plus, qu'il s'agisse des fortunes mal méritées ou des « rentes de situation » politiques et syndicales. Il n'admettait pas que quiconque reçût de la société plus qu'il ne lui donnait. Aristocrate de caractère, il croyait aux vertus de la « méritocratie », dont il était d'ailleurs le produit. Vu ainsi, il révélait une âme révolutionnaire vis-à-vis de notre société, toujours aussi peu « ouverte ». Dans son analyse des classes dirigeantes françaises, sur laquelle il revenait si souvent dans ses conversations, je décelais l'irritation qui précède toujours les grands ébranlements sociaux : « Elles ne sont plus dignes des positions qu'elles occupent et des avantages qu'elles en tirent; qu'on les chasse. »

De Gaulle n'a jamais vécu dans le monde de la facilité. De toutes les morales possibles, il avait choisi – ou elle s'était imposée à lui – la plus sévère et la plus austère. Un alliage de stoïcisme et de jansénisme, durci au brasier de bien des drames. Il en faisait application à lui-même. Il se peut qu'il ait connu des défaites. Dans ce domaine-là aussi, il était un homme, et donc un pécheur. Quoi qu'il en ait été, sa volonté de rester fidèle à l'idéal qu'il avait totalement accepté, après l'avoir reçu en héritage, ne me parut jamais entamée. Il aurait souhaité qu'il en allât de même autour de lui. Là encore, il se tenait à des hauteurs auxquelles il n'était pas toujours facile d'accéder. Plaçant le débat sur le terrain des valeurs, le dialogue devenait difficile avec ceux-là mêmes qui n'en admettaient pas les fondements ou qui en craignaient les effets. Sur la primauté du fait national – c'est-à-dire sur l'indépendance –, sur la libération de l'homme – c'est tout le problème de la participation –, sur l'importance des valeurs intellectuelles face aux différentes formes de matérialisme, d'où qu'elles viennent, des ruptures se produisirent. Elles furent souvent à angles vifs. Comme toujours dans la vie, ceux qui avaient perdu la foi se montraient plus ardents dans leur lutte contre leur ancienne Église que la plupart des infidèles. Le pays lui-même finit par renâcler devant les obstacles du chemin. Si bien que le référendum de 1969 n'entraîna pas seulement, à ses yeux, un changement de politique, mais aussi des altérations dans tout un système de valeurs. A l'appel à l'effort succédait l'esprit de facilité. Le profit était légitimé. On laissait entendre aux Français qu'ils avaient des droits sans leur rappeler les devoirs qui en sont l'inévitable contrepartie. En bref, on s'abandonnait aux délices de la société d'opulence, alors qu'il voyait notre pays sur le point d'affronter des crises où il courait les plus grands risques. Lorsqu'il condamnait l'acceptation de l'inflation, de Gaulle ne le faisait pas seulement pour des raisons économiques. Il y voyait un relâchement des mœurs et une abdication de la volonté.

La voie étroite choisie par de Gaulle débouchait pourtant sur un espoir. Il ne cessait d'imaginer un nouveau monde. Pessimiste, il rêvait au bonheur des hommes dans une société fraternelle. S'il ne pouvait lui donner une forme, il s'efforçait d'en susciter le besoin afin que le monde issu de la Révolution et de la IIIe République se transforme au lieu de se disloquer. C'était la place qu'il faisait à l'utopie et au rêve. Il sentait bien que la France n'était plus tout à fait dans la France, que l'homme de la seconde moitié du XXe siècle n'était pas entièrement en paix avec lui-même. Il voulait rétablir entre ses concitoyens et leur époque les éléments d'une nouvelle harmonie. A notre pays, à la fois repu et inquiet, il jetait des mots comme autant de bouteilles à la mer : dignité, indépendance, participation, générosité, fierté, désintéressement, dévouement, refus de l'humiliation. Il espérait que certains de ses messages arriveraient à bon port. A un monde en désarroi, à une civilisation dépassée par un développement technique la comblant de réussites matérielles sans pour autant écarter toute menace de crise, à une jeunesse discernant de moins en moins la signification de l'époque où elle vivait, il tentait d'apporter des raisons de ne pas désespérer, alors même qu'il se consacrait au jeu âpre et glacé des affrontements politiques au point d'en être bien souvent lui-même accablé. Naïveté? Contradiction? Utopie? Peut-être. Tel le paysan provençal d'autrefois, plantant des oliviers qui ne produiraient pas de fruits avant un demi-siècle, il jetait des idées dans la durée qui porte la vie des hommes. Je ne sais s'il avait gardé en mémoire cette réflexion de Nietzsche dans *Ainsi parlait Zarathoustra* : « Ce qui se passe dans les fontaines profondes s'y passe avec lenteur; il faut qu'elles attendent longtemps pour savoir ce qui est tombé dans leurs profondeurs », mais je crois que c'était aussi pour plus tard qu'il voulait porter témoignage.

L'EXEMPLE

> « *Les Français sont capables de tout pourvu que ceux qui les commandent soient capables de leur bien enseigner ce qu'il faut qu'ils pratiquent.* »
>
> RICHELIEU, testament politique.

L'affirmation de Napoléon : « Je ne suis pas un homme comme les autres et les lois de la morale ou des convenances ne peuvent être faites pour moi » va à l'encontre de tout ce que pensait de Gaulle. Ce dernier n'appartenait pas à l'espèce de ceux qui proclament : « Faites ce que je dis ; ne faites pas ce que je fais. » Il s'efforçait d'appliquer à sa propre vie les principes auxquels il croyait, cherchant à procurer à son comportement une cohérence identique à celle de sa démarche intellectuelle.

La distance qu'il avait prise par rapport à l'« argent » ne se retrouvait pas seulement dans son action politique. Elle apparaissait à tout instant dans sa propre vie. Je puis en parler en connaissance de cause. Gérant son œuvre littéraire, j'ai pu voir de près ses réactions pour ce qui était sa principale source de revenus. Il m'a été facile de constater combien son désintéressement était total. Et je souhaite à tous les éditeurs d'avoir des auteurs aussi « faciles » que Charles de Gaulle. D'ailleurs, il suffisait de regarder la simplicité de sa vie. La Boisserie, je l'ai déjà dit, n'avait rien d'une somptueuse résidence secondaire. La vie y était confortable, mais sans grand luxe. On ne saurait non plus reprocher au Général d'avoir beaucoup usé des possibilités qui sont offertes à nos chefs d'État pour remplir leur mission. Il avait fait aménager le fort de Brégançon. Ce n'était pas pour profiter de la Côte d'Azur; il se sentait davantage latin que méditerranéen, et les vacances au bord de la mer devaient lui paraître insupportables, la simplicité de la Haute-Marne correspondant mieux à ses goûts. Mais il avait estimé que, dans le cadre de notre politique en Méditerranée, il pouvait se révéler utile de disposer d'une résidence permettant d'accueillir les hommes d'État arabes dont le séjour à Paris pouvait poser de délicats problèmes; il m'a dit qu'il pensait y recevoir Nasser et, le moment venu, Boumediene. A sa demande, on avait restauré le Grand Trianon. C'était pour y accueillir dignement les invités de la France. Je crois que le Général n'y est jamais allé pour un week-end. Lorsqu'il quitta le pouvoir, à la différence de Vincent Auriol et de René Coty, il ne se fit attribuer à Paris aucun appartement de fonction. Il avait estimé que, s'il devait revenir dans la capitale, il descendrait chez ses enfants.

Ses distractions étaient des plus simples et des moins coûteuses. Il ne sacrifiait pas aux rites du golf, du yachting, de la chasse. Alors que, pour le service de l'État, il exigeait de tous un service exact et sans défaillance, l'idée qu'il pût mobiliser pour son plaisir des caddies, des équipages de bateaux ou des rabatteurs était étrangère à sa nature. Lors de son arrivée à l'Élysée en 1958, il avait envisagé de supprimer les chasses présidentielles : ces rassemblements de hauts personnages et de dignitaires tout heureux de massacrer des faisans d'élevage rabattus par les soldats de la caserne la plus proche, revêtus pour la circonstance d'une blouse blanche, présentaient à ses yeux des aspects bien déplaisants. Il n'avait pas mis son projet à exécution. Sans doute avait-il pensé qu'il s'agissait, là aussi, d'un patrimoine, d'un héritage, et que, peut-être, ceux qui viendraient après lui trouveraient quelque intérêt à ce genre de divertissement. Pour ce qui le concernait, lorsqu'il avait besoin de se détendre, il ne dérangeait personne. Il prenait sa canne et marchait dans la forêt. Il faisait des réussites. Il regardait la télévision. Comme la très grande majorité des Français. Il tenait soigneusement à marquer qu'il n'appartenait pas à la classe privilégiée de la richesse, à la société du Tout-Paris, à ce monde qui n'était pas le sien et dont il se méfiait. Il n'était pas question, étant donné ses goûts, son tempérament, la qualité même de son personnage, qu'on le vît aux premières, aux vernissages, dans les dîners en ville; encore moins qu'il organisât à l'Élysée ou ailleurs une sorte de vie parallèle pour quelques amis. Il n'avait que méfiance pour la « vie parisienne ». Il ne souhaitait d'ailleurs pas que ses proches ou sa famille y participassent. Et il faut bien reconnaître que ses enfants ou petits-enfants défrayèrent bien peu la chronique et n'apportèrent qu'une maigre pâture aux échotiers et gazetiers. C'était un domaine sur lequel le Général était particulièrement attentif. Un jour que nous déjeunions à La Boisserie, Michel Droit, qui aurait pu être plus avisé, glissa dans la conversation que sa fille avait aperçu dans une boîte de nuit à la mode son petit-fils Charles. De Gaulle ne dit rien. Son visage exprima une désapprobation qui le fit paraître terriblement lointain et distant. J'imaginais très bien ce qu'il pensait : que Charles sortît ne lui plaisait guère; il appréciait encore moins qu'on le lui dise; il trouvait enfin singulier que Michel Droit, même si ce n'était pas son intention, donnât l'impression de vouloir établir avec lui des relations différentes par leur nature de ce qu'elles étaient en les faisant glisser du plan du travail à celui des relations de famille, et par le plus fâcheux des biais, celui de la vie nocturne. Le silence de plomb dura un certain temps. Je trouvai un artifice pour relancer la conversation.

La famille de De Gaulle fut d'une discrétion de vie exemplaire. Ses enfants m'ont fait l'amitié de m'accueillir chez eux. J'y ai retrouvé l'atmosphère de La Boisserie, la même simplicité, un identique refus de tout luxe. Leur père avait fait ce qu'il pouvait pour aider ses enfants à tenir leur rang dans le milieu des officiers qui était le leur. Ils l'avaient d'ailleurs parfaitement compris et accepté. J'ai été impressionné par la dignité, la réserve, la pudeur de cette famille qui savait se tenir à la hauteur de l'exemple qui lui était donné. Je crois d'ailleurs que le Général aurait été tout à fait étonné de les voir agir autrement.

La fidélité de De Gaulle à ses principes et à leur cohérence allait loin. Théoricien de l'indépendance nationale, il s'était efforcé de libérer son pays de toute forme de sujétion, de vassalité ou d'assujettissement. Il croyait, je l'ai écrit, aux « nations debout ». Pour la même raison, il voulait aussi être indépendant dans son existence matérielle. En 1946, il n'avait pas accepté la proposition faite par Vincent Auriol, bien maladroitement, il est vrai, de lui attribuer une retraite. On vécut chichement à Colombey jusqu'au moment où une certaine aisance fut assurée par la publication, en 1954, du premier tome des *Mémoires de guerre*. En 1969, même refus. Il ne veut ni de pension de général ni de retraite de président du Conseil et de président de la République. Et pourtant, qui l'a été plus longtemps que lui ? Il accepte l'installation, aux frais de l'État, du petit secrétariat de l'avenue de Breteuil, auquel il a droit à un double titre, pour avoir été chef militaire et chef de l'État. Voilà pour l'homme du 18 juin et pour le fondateur de la Ve République. Mais le citoyen Charles de Gaulle ne demande et ne reçoit rien. Il n'émarge à aucun budget. Il vit de son travail, c'est-à-dire de sa plume. Je ne crois pas qu'il dispose de beaucoup d'autres revenus. Pour la Sécurité sociale, il est inscrit à la caisse des hommes de lettres, à laquelle il cotise régulièrement. Quel symbole ! Il avait souri le jour où je présentais à sa signature l'un des innombrables imprimés qu'il est nécessaire, dans le monde moderne, de remplir à tout moment et à propos de n'importe quoi. « Il faut bien faire partie de quelque chose, m'avait-il dit. Eh bien, de Gaulle, il est avec les travailleurs indépendants... » Je ne m'occupais pas de ses déclarations fiscales ; cette responsabilité, à l'Élysée comme à Colombey, incombait à l'aide de camp. Je recevais les comptes des éditeurs et savais qu'il était lourdement imposé. Lorsque je lui avais donné une estimation de ce que serait le volume de ses droits d'auteur, à la fin de 1969, à la suite de la publication des cinq tomes de ses *Mémoires et Messages* et du premier tome de ses *Mémoires d'espoir*, il m'avait demandé d'en avertir le colonel Desgrées du Lou pour qu'il étudie l'affaire avec moi; il m'avait précisé qu'il ne voulait bénéficier d'aucun avantage particulier; il souhaitait être traité comme tout le monde. Une telle attitude n'a rien que de très normal et, à dire vrai, on ne s'attend pas à des réactions différentes de la part de De Gaulle. Ceux qui savent comment il en va trop souvent en ce domaine, le courage fiscal n'étant pas la première de nos qualités, doivent reconnaître que de telles réactions restent beaucoup plus isolées qu'on ne le voudrait.

Je percevais à tous les instants de sa vie son souci de ne pas se mettre en contradiction avec lui-même. Il appelait les Français à l'effort et au travail. Tout un chacun savait qu'en dépit de son âge il ne se ménageait guère; à l'Élysée, il abattait de rudes journées; à Colombey, il partageait son temps entre sa famille et son bureau. Il demandait à ses compatriotes de donner le meilleur, voire de s'élever au-dessus d'eux-mêmes. Les moins politiques d'entre eux sentaient, avec la sûreté de l'instinct, que cet homme qu'ils ne comprenaient pas toujours, le trouvant à la fois proche et lointain, vivait un drame personnel et national dans lequel il s'engageait à fond; il les y entraînait par la force d'un romantisme souverain dont l'ardeur les gagnait presque malgré eux. Quand il parlait de la famille – et la différence avec Philippe Pétain, sur ce point-là comme sur beaucoup d'autres, est intéressante –, chacun savait qu'il en avait une. Elle lui offrait un refuge. Il y refaisait ses forces, même s'il y sentait parfois, là comme ailleurs, le poids de la solitude. Il s'attacha à être un bon chef de famille. Il fut un époux conforme à l'idéal de l'Évangile. Il s'efforça de bien remplir son rôle de père, peut-être plus difficile pour un personnage de sa stature, chez qui la pudeur paralysait parfois l'émotion, freinait les épanchements et pouvait donner quelque raideur aux attitudes. Il s'occupa beaucoup d'Anne, qui vivait dans un monde mental différent. Entre lui et sa fille Élisabeth, que j'ai souvent rencontrée à La Boisserie, passait le courant d'une affection tendre et gaie; ils paraissaient bien se comprendre, ayant une forme d'humour assez semblable; la dactylographie des Mémoires leur avait procuré les joies du travail en commun. Je n'ai jamais eu l'occasion de voir Philippe avec son père; j'ai cru comprendre qu'entre les deux hommes, dont les caractères étaient de même nature – c'est-à-dire fortement marqués –, l'affection pourtant très forte qui les unissait – et dont j'ai pu mesurer de part et d'autre l'intensité – n'arrivait pas toujours à trouver à s'exprimer. Philippe de Gaulle l'a ressenti et en a, d'une certaine façon, souffert; il l'a dit avec les mots et la délicatesse voulus.

J'ai toujours vu en de Gaulle un père attentif, bienveillant, pour lequel la famille comptait. Pour autant que j'aie pu en juger, il ne parlait guère à sa femme ni à ses enfants des affaires de l'État. Mais il les tenait très informés de ses vues sur la vie politique. A sa manière et en termes étrangement simplificateurs. Tous ses propos que j'ai entendus à La Boisserie font apparaître la même caractéristique. De Gaulle, parlant aux siens du pouvoir, de sa mission, de la France, du monde, utilisait les mêmes expressions que tout chef de famille qui, pour entretenir ses proches de sa vie au bureau, à l'usine, aux champs, résume en quelques phrases les aspects souvent multiples de son univers professionnel. Je dois avouer que c'était pour moi intéressant, d'un point de vue professionnel, de voir combien il arrivait à résumer à l'extrême, sans les dénaturer, les problèmes complexes sur lesquels il m'avait donné auparavant son sentiment en leur consacrant des développements plus longs et plus articulés. Toutes les fois que je le voyais procéder à cet exercice, je pensais que la politique présente cette particularité d'être à la fois le plus complexe et le plus simple des arts.

Dans son cercle familial, en dépit de l'impression d'éloignement qu'il donnait parfois, rien ne lui échappait de la trame que les événements tissent au long des jours et dont je comprenais qu'elle comptait beaucoup pour lui. Le 6 octobre 1970, j'avais apporté un grand nombre d'exemplaires des *Mémoires d'espoir* pour les faire dédicacer par leur auteur. Il y avait notamment des tirages sur « beau papier » portant la mention « imprimé pour », le numéro 1 étant destiné au « Général et à Madame de Gaulle ». Il était vers les 10 heures du matin. Le Général, sans défaire le léger emballage qui contenait l'ouvrage, le remit immédiatement à sa femme avec ces simples mots : « Cet exemplaire est pour nous. » Puis nous travaillâmes jusqu'à 13 heures. Lorsque nous sortîmes du bureau pour rejoindre le salon où nous attendait Mme de Gaulle, le Général aperçut sur le secrétaire le paquet qui n'avait pas encore été ouvert. Je compris qu'il en ressentait quelque déception. Il le prit, le défit, entrouvrit l'ouvrage, trouva la page portant la mention « imprimé pour » et dit : « Vous voyez, Yvonne, c'est celui qui a été spécialement fait pour nous. » Comme on le voit, il prêtait attention à tout. Il suivait de près les études de ses petits-enfants et aimait parler avec eux, tout particulièrement avec Yves, le plus doué sans doute. Leurs réactions l'éclairaient sur les aspirations des jeunes générations, si bien que je le trouvais toujours très informé lorsque nous en parlions.

Quel patriarche! Là encore, on retrouve la tradition de Rome, tempérée par la chaleur rayonnante du christianisme. Assumant sa tâche, coulant l'ardeur et l'ampleur de son génie, la puissance de ses rêves et tout ce que l'imagination peut suggérer à un cerveau d'une telle audace dans le moule étroit d'une existence familiale. Comment ne pas voir ce qu'une telle attitude implique de renoncement, même si, en contrepartie, elle apporte une irremplaçable force d'âme? Les précédents historiques montrant un être d'exception se pliant à la rigueur des vertus domestiques n'abondent guère. Vu sous cet éclairage, de Gaulle est également un cas. Il ne faisait d'ailleurs rien pour que l'on connût cet aspect de son personnage. Bien au contraire; il souhaitait, je crois, que ses concitoyens le découvrissent d'eux-mêmes. Dans la vie de son foyer, il paraissait en quelque sorte comme à l'opposé du grand capitaine qu'il savait être sur le champ de manœuvre de l'action politique tel que le décrit Machiavel dans *l'Art de la guerre* : « Par ses paroles, il chasse la crainte, enflamme le courage, accroît l'acharnement, démasque les pièges, promet des récompenses, montre les dangers et les moyens de les fuir, réprimande, prie, menace, sème l'espérance, la louange et le blâme et joue enfin de tout ce qui peut allumer ou éteindre les passions des hommes... »

Il n'était, au vrai, ni un mystique ni un naïf, et ne perdait jamais de vue les combats qu'il avait à mener. Son approche morale l'y aidait beaucoup plus qu'on ne peut le penser. Lorsqu'il avait à juger ses contemporains, à analyser leur comportement, il ménageait une place au respect des règles de l'éthique. Il n'eût pas été le virtuose de la démystification qu'il fut s'il n'avait également pesé les êtres au plateau de cette balance. Il ne laissait rien passer, car il connaissait bien son monde et savait fort bien de quoi il retournait. Il voyait clair dans la séduction du pouvoir et de l'argent, qu'il s'agisse de partisans ou d'adversaires. Chaque formation politique, à l'exception du Parti communiste, fait apparaître – c'est bien connu – un pourcentage probablement identique de responsables qui ne résistent guère aux tentations des milieux d'argent. Les socialistes milliardaires – il y en a – le faisaient sourire; comme l'amusaient les hommes « de gauche » qui jouent au golf, vont à Saint-Tropez ou à Cadaquès, disposent d'équipages pour leur bateau ou épousent des châtelaines après s'être inclinés en mai 1968 devant les drapeaux noirs de l'anarchie. Il ne les prenait pas très au sérieux. Il n'en avait que plus d'estime pour ceux qui se montraient fidèles au milieu auquel ils appartenaient; je pense à des hommes comme Guy Mollet, dont de Gaulle parlait en y mettant toujours de la considération. De ce point de vue, le comportement des chefs, des députés et des cadres du Parti communiste l'impressionnait. S'il ne partageait pas les dogmes de cette Église, il reconnaissait que ses prêtres ne manquaient pas à certains de leurs devoirs. Comme je lui avais fait remarquer que les complets de Georges Marchais étaient d'une coupe qui sentait le bon tailleur, que les congrès du Parti communiste ressemblaient de plus en plus à des réunions de Républicains indépendants, tellement on y pouvait voir de chemises blanches, de cravates foncées, de cheveux bien peignés, il m'avait répondu que les ouvriers, eux aussi, changeaient; il ne pensait pas pour autant que le Parti communiste fût pour l'heure en train de se fondre dans la société capitaliste, et d'en adopter les principes comme l'avait fait la social-démocratie en France et ailleurs. Du côté de sa majorité, il n'ignorait pas qu'il y avait des brebis galeuses. Il ne se gênait pas pour en parler, allant jusqu'à mettre en garde ses ministres sur le danger qu'il voyait à ce qu'on laissât trop approcher du monde des cabinets certains de ceux qui s'étaient pourtant battus à ses côtés. Au total, sa présence à la tête de l'État, le mépris dans lequel il tenait ceux qui, d'une manière ou d'une autre, tirent avantage de leur mandat, l'insistance qu'il mettait à répéter que la recherche du profit n'est pas la mesure du monde, placèrent, en travers du torrent des ambitions, de l'affairisme, de la spéculation, une digue assez forte, sinon pour éliminer totalement les appétits, du moins pour en contenir les excès.

Il ne pouvait supporter que les hommes publics se missent en contradiction avec les principes qu'ils prétendaient défendre. Dans le problème européen, en particulier, par-delà les mots tels qu'« intégration » ou « supranationalité », il regardait le comportement des hommes. Il avait vu bien des chantres de l'« idée européenne », et pas des moindres, devenir – pour utiliser une expression qui, dans sa bouche et dans ce cas, faisait montre d'une condescendance à la dimension de son personnage et de sa propre intégrité – des « employés » des sociétés multinationales. Il en connaissait parfaitement la liste, en France et à l'étranger. Il trouvait singulier que les hommes des « multinationales », c'est-à-dire le plus souvent des grandes entreprises américaines, l'attaquent et lui fassent reproche de sacrifier l'idée européenne au nom d'un idéal qu'ils n'étaient pas, en réalité, les mieux placés pour défendre. C'était le cas, en France et entre autres, du général Stehlin, de Robert Marjolin, de Louis Armand, à l'étranger du Belge Pierre-Henri Spaak et de nombreux Allemands venant aussi bien de la social-démocratie que de la démocratie chrétienne. Dans ce domaine, force est de reconnaître que les organes d'information – dont la conception du respect de la « vie privée », pour honorable qu'elle soit, date quelque peu – n'ont peut-être pas suffisamment éclairé l'opinion. Tout à l'opposé, les pays anglo-saxons font preuve d'une franchise et d'une volonté d'éclairer les débats dont on devrait s'inspirer.

Ses adversaires savaient bien qu'il se dressait en face d'eux comme une falaise n'offrant pas la moindre prise. Son intégrité et son authenticité lui fournirent une arme politique de première force. Souvent, je me suis demandé comment sa personnalité avait pu « tenir » sous la multiplicité des coups qui l'atteignirent et le blessèrent. Sa capacité d'endurer, sa volonté, sa combativité, l'idée qu'il se faisait de sa mission, l'adhésion du pays l'y aidèrent. Il est vrai aussi que la rigueur de sa vie ne prêtait le flanc à aucune attaque. Quelle aubaine c'eût été si la « meute » avait pu dénicher chez lui quelque ombre suspecte, une alliance douteuse, une affaire d'argent, une faiblesse de l'âme ou du cœur ! Sans doute le Général s'est-il efforcé de se conduire avec dignité tout au long de sa vie parce qu'il était ainsi fait. Son intelligence politique lui disait aussi qu'il était condamné à être irréprochable. De cette nécessité, il avait une conscience aiguë. Lors de ma dernière entrevue avec lui, le 27 octobre 1970, évoquant toutes les attaques dont il avait été l'objet de la part des moyens d'information comme de nombre de ses adversaires, il m'avait dit que trop souvent, dans notre pays, la volonté plus ou moins consciente de certains organes de presse consistait à avoir « barre » sur les hommes politiques. « Avec moi, bien sûr, avait-il constaté, ce jeu-là n'était pas possible. » Il ne voulait pas qu'on lui fît la loi. N'ayant rien à dissimuler, le terrain était ferme sous ses pieds et il s'y mouvait à l'aise. Son système ne présentait pas la moindre faille. Il en fut de même pour son propre entourage.

Il était de bon ton, dans certains milieux de la droite ou de la gauche, de trouver de Gaulle vieux jeu en matière de morale. Pour ma part, je le voyais plutôt comme un précurseur. Il avait pressenti que, dans les pays de tradition libérale – à l'intérieur du monde communiste, le problème se pose en d'autres termes, mais il est probable que par des cheminements différents on finisse par arriver, au bout du compte, à des conclusions assez proches –, l'homme politique, ayant à assumer des responsabilités de plus en plus étendues, se trouve placé sous les feux des projecteurs. Les exigences des moyens d'information, par ailleurs parfaitement légitimes, se font d'autant plus impérieuses que s'étendent les responsabilités des princes. Les frontières entre leur vie publique et leur existence privée n'existent plus guère. Leur passé pèse autant que leur présent et détermine leur avenir. Ne pouvant rien dissimuler de leur comportement, ils ne doivent rien avoir à se reprocher. Qu'il le veuille ou non, l'homme d'État d'aujourd'hui et des temps futurs est condamné à se bien conduire et à se tenir toujours sur ses gardes. Si Nixon a finalement cédé sous la formidable poussée de l'opinion américaine dans l'affaire du Watergate, c'est moins pour avoir fait installer des écouteurs au quartier général du Parti démocrate que pour avoir menti à son pays et fait apparaître au grand jour qu'il était personnellement atteint par une affaire de collusion entre le pouvoir et l'argent. Tout le monde connaît la raison pour laquelle le frère cadet de John Kennedy ne se porte pas candidat aux élections présidentielles de son pays, et il est probable qu'il ne le sera pas avant longtemps. Willy Brandt a quitté la chancellerie dans des circonstances qui ne sont pas totalement claires – ou qui le sont trop. La carrière du Premier ministre japonais Kakuei Tanaka s'est brisée sur l'écueil de l'affairisme. L'Histoire dévore de plus en plus vite les hommes. Le Sphinx n'est plus seulement curieux : il devient de plus en plus exigeant en matière de conduite.

Allons plus loin. Quand de Gaulle parlait de dignité de vie, il n'en voyait pas seulement le côté en quelque sorte défensif. Son ambition allait bien au-delà. Pour avoir conduit à la mort, tout jeune, d'autres hommes parfois moins âgés que lui, il avait appris que le droit de commander se mérite. Il ne l'oublia jamais. De ce point de vue, dès son entrée en scène, il n'apparut pas comme un homme politique semblable aux autres. Parmi ceux qui se rassemblèrent autour de lui, beaucoup furent attirés par la rigueur de ses exigences à l'égard de tous et, en premier lieu, de lui-même. Les meilleurs de ses adversaires l'admettaient; ce qui, dans la vie publique, n'est pas rien ni sans conséquences. Nous parlions souvent des responsabilités terrifiantes qui pèsent sur les épaules des dirigeants du monde depuis qu'existe l'arme nucléaire. Il y avait beaucoup réfléchi et en était venu depuis longtemps à la conclusion que le déclenchement de l'apocalypse ne saurait être confié qu'à des personnes dont leurs compatriotes pouvaient être entièrement sûrs en termes d'intelligence, de santé, de caractère, d'équilibre et de moralité. Il avait ainsi repris l'idée ancienne et quelque peu magique selon laquelle le pouvoir s'apparente au sacerdoce. Les peuples souhaitent trouver dans leurs dirigeants un miroir qui leur renvoie leur propre image, mais transcendée par la moralité. Je reconnais que la tâche de nos princes est difficile : ils doivent faire jouer en leur faveur un processus apparemment contradictoire d'identification et de différenciation. Le Général y parvint. Ayant dégagé, lorsqu'il était jeune officier, un ensemble de règles – s'articulant autour de l'idée maîtresse qu'une fois entré en politique un responsable doit donner l'exemple –, il ne s'en départit pas. De même qu'il appliqua à la politique les lois de la guerre, il continua de se soumettre à des exigences conçues pour des temps difficiles. Il serait erroné de penser qu'il lui fut aisé de suivre une telle voie. Elle lui imposa plus d'exigences qu'on ne le suppose. Il sut les satisfaire. A la réflexion, ils ne sont pas si nombreux dans notre histoire, ceux qui nous laissent le souvenir d'une intégrité et d'une authenticité aussi étroitement confondues que magnifiquement exprimées.

LE RESPECT

Liberté, Égalité, Fraternité.
Devise de la République.

On présentait volontiers de Gaulle comme l'homme du mépris. Avant de le connaître, l'accumulation des articles, commentaires ou réflexions sur ce thème m'avait frappé. Qu'en était-il de leur fondement ? Je voyais bien tout l'intérêt de la question. Ayant l'occasion de l'approcher, je tenais à y apporter une réponse moi-même.

De ma première rencontre avec le Général se dégagea une première constatation. Le mépris chez un interlocuteur se perçoit très vite, sous le masque de ses attitudes, de ses faux-semblants, en dépit de la maîtrise qu'il peut avoir de lui-même et de son habileté à dissimuler. La raison en est simple : on se sent l'objet de sa volonté d'abaisser. D'entrée de jeu, je n'avais pas éprouvé cette impression. Certes, et bien que je ne sois pas timide, il serait excessif de prétendre que les premières fois que je travaillai avec lui j'évoluai tout à fait à mon aise. Je constatais qu'il y avait entre nous – et qu'il y aurait toujours –, une certaine distance ; ce qui ne me dérangeait pas. Je comprenais pourtant qu'à ses yeux j'existais tel que j'étais, avec ma personnalité et en toute dignité. Ce qu'il tenait à bien marquer. Par-delà la majesté un peu froide des manières, je percevais une bonté naturelle qui n'était nullement feinte. Très vite, je compris que cette bienveillance pourrait, si le temps et les circonstances le permettaient, se transformer en affection. Le mépris chez un interlocuteur peut vous diminuer parfois jusqu'à l'humiliation ; à parler avec de Gaulle, on se sentait grandi. La vanité que certains peuvent avoir à frayer avec les grands de ce monde n'a rien à voir dans l'affaire, car seule l'approche de quelques hommes très simples, mais d'une qualité de vie hors du commun, m'a procuré une impression de même nature. Sur la vaste scène du monde où les peuples jeunes et pauvres sont plus sensibles aux égards qu'on leur témoigne qu'aux bribes de richesses qui leur sont octroyées, il en allait de même. Ils avaient parfaitement compris que de Gaulle les respectait. Leurs réactions sont les cautions les plus sûres en ce domaine. Le Général eut le privilège, bien rare pour un chef d'État de l'Occident, de bénéficier de l'estime et de la chaleureuse amitié des nations « prolétaires ». C'est plutôt du côté des nantis qu'on le trouvait « dédaigneux ». Voilà un double critère qui ne trompe guère. La gauche française aurait pu prendre garde quand, sur le thème du mépris, elle emboîtait le pas au conservatisme le plus orthodoxe!

Je reconnais que certains aspects du personnage apportaient de l'eau au moulin de ceux qui accusaient de Gaulle d'être lointain, voire distant. Auprès de lui n'accédait pas qui voulait. Le protocole, qu'il avait lui-même mis en place, écartait ceux qu'il ne voulait pas voir. Voilà pour la vie publique. Dans son existence privée, la famille le protégeait et l'isolait. Beaucoup de ceux qui rencontraient le chef de l'État dans l'exercice de ses fonctions n'avaient pas la possibilité de s'entretenir avec lui, fût-ce quelques minutes. La plupart de ceux qui écrivirent sur de Gaulle de son vivant – non sans talent, mais en « adversaires », ce qui était leur droit et leur honneur, puisqu'ils en avaient jugé ainsi – n'eurent jamais l'occasion d'avoir avec lui une véritable conversation – il en fut ainsi pour Jean Lacouture –, ou ne purent plus en avoir à partir de 1964 – cas de Pierre Viansson-Ponté. A ces observateurs de la vie publique – sans doute les plus fins et les plus représentatifs de la classe politique française – apparaissaient les seules parties dures du personnage : la cuirasse qui le protégeait et les armes dont il usait.

Il est vrai que de Gaulle ne ménageait pas ses coups. En cas de besoin, il trouvait d'instinct chez l'adversaire la zone où la cravache cingle la peau nue. Il pouvait être terrible car il connaissait, chez chacun, l'endroit où il faut frapper. De là à prétendre que tout le personnage se résume à ces aspérités relève d'une simplification excessive et ne correspond pas à la réalité. Son tempérament portait de Gaulle à l'attaque. L'offensive lui convenait mieux que la défensive. Toutefois, je l'ai constaté bien souvent, lorsqu'il décochait à son adversaire du moment le trait qui fouaille la vanité ou l'amour-propre, il s'agissait presque toujours de riposter à une agression.

Nul ne pouvait comprendre le Général s'il n'avait mesuré au départ combien il souhaitait qu'on le respectât comme un être humain ayant ses qualités et ses défauts. En contrepoint de l'audace, de l'autorité et de ce don qu'il possédait pour commander, se percevait toujours chez lui le frémissement d'une sensibilité à vif dont la fraîcheur resta jusqu'au bout intacte. Un sens très aigu de son intégrité psychologique l'habitait, si bien qu'il n'admettait pas que soient forcées les portes de sa citadelle. Il avait la familiarité en horreur. Il n'acceptait guère le tutoiement. Quitte à tenir d'autant plus à ceux qui, depuis l'école ou la guerre, évoquaient la fraternité de l'enfance comme celle des combats, au demeurant de même nature. En dehors des membres de sa famille, peu de gens l'appelaient par son prénom. Pour sa part, c'était un procédé dont il n'usait guère. Et je dois avouer que je ne me suis jamais tout à fait habitué à entendre Mme de Gaulle lui dire « Charles ». Souvent, je l'ai amusé en lui disant combien l'analyse de l'utilisation du prénom entre diplomates était l'un des moyens les plus sûrs pour comprendre la sociologie complexe du Quai d'Orsay d'autrefois, avec ses coteries, ses clans, ses strates, ses grandeurs et ses petitesses. Il y prenait d'autant plus de plaisir qu'il connaissait très bien le personnel de mon ministère, sur lequel il avait toujours à raconter quelque anecdote intéressante, surtout pour la période concernant la guerre; il revenait souvent sur Paul Morand, Alexis Léger – en littérature Saint-John Perse – et Roland de Margerie. Il avait également horreur de la poignée de main facile, des tapes dans le dos, de la volubilité, du geste trop appuyé, de la chaleur que les Méditerranéens mettent spontanément dans les contacts humains. Il n'aimait guère les questions destinées à tourner les barrières qu'il avait établies afin de préserver son royaume intérieur. D'où, pour une part nullement négligeable, certaines de ses difficultés avec les journalistes, dont le métier consiste précisément à faire sauter les verrous, à aller toujours plus avant. En revanche, il éprouva pour ceux qui l'ont approché jusqu'à sa mort de la reconnaissance et, je crois pouvoir le dire, de l'affection, parce qu'il trouvait en eux le réconfort d'une présence dépourvue de toute curiosité. Il lui fallait des collaborateurs, parfois des confidents, peut-être même pour l'avenir des témoins, mais en aucun cas des voyeurs en embuscade. Nous nous efforçâmes de répondre à son attente. Il n'en fut que plus à l'aise pour nous parler beaucoup aux uns et aux autres, se livrant d'autant mieux qu'on lui posait moins de questions.

Pour un homme public en lutte au cœur de la vie internationale, de telles exigences présentent des aspects contradictoires. Dans le monde moderne, les moyens d'investigation comme le besoin de savoir attisent la curiosité à un point tel que ceux dont le métier consiste à informer n'admettent guère de barrières. Il s'efforça pourtant de les maintenir. Il y réussit en partie, au détriment de son image. Il savait bien qu'après sa mort d'autres aspects de sa personnalité apparaîtraient au grand jour et que les hommes du futur le verraient avec des yeux neufs. Dans le quotidien, il regrettait l'incompréhension de beaucoup de ses portraitistes et souffrait de voir que leurs descriptions relevaient bien souvent de la caricature, et pas de la plus bienveillante.

Il pensait en réalité qu'aucun de ses adversaires n'avait la dimension voulue. Sa déception était grande, il me l'a dit un jour, de ne pas avoir eu, dans le monde où la politique rejoint les lettres, un protagoniste à sa mesure, de taille à être pour de Gaulle ce que Chateaubriand fut pour Napoléon. Lecteur attentif des *Mémoires d'outre-tombe* et bon connaisseur de l'Empereur, le Général avait beaucoup réfléchi aux rapports entre ces deux hommes, à l'irréductible opposition manifestée par le grand seigneur légitimiste à l'encontre du nobliau corse destructeur de la monarchie, se sacrant lui-même, distribuant à sa famille les plus prestigieux trônes de l'Europe et rêvant d'établir une dynastie. Le Général inscrivait à l'actif du grand écrivain d'avoir su garder, en dépit d'une animosité qui ne faiblit jamais, de l'admiration pour la vitalité de l'homme, d'avoir compris l'ampleur de la tâche entreprise et mesuré la profondeur du sillon tracé pour l'avenir dans la société française et européenne. Le Général aurait aimé, je crois, être partie à un tel affrontement où la splendeur de l'écriture sublime l'événement, haussant la polémique au niveau de la tragédie. Il n'eut, de ce point de vue, que des opposants assez dérisoires. Un Jules Romains, un André François-Poncet, un Alfred Fabre-Luce, comme bien d'autres, ne possédaient pas la carrure. Les souvenirs de l'ambassadeur Jean Chauvel ne sont qu'un reflet bien affadi de l'œuvre de son lointain prédécesseur à Londres; de surcroît, il n'était pas le mieux placé pour donner à de Gaulle des leçons de maintien. L'époque ne produisit donc pas son Chateaubriand. Quand le Général parlait de la crise de l'intelligence française, en trouvait-il une preuve dans le fait qu'il n'avait pas eu d'adversaire à sa mesure? Je me le suis souvent demandé. A s'en tenir aux ressources de l'esprit, Jean-Paul Sartre avait la taille voulue. Il aurait pu être l' « anti-de Gaulle ». Il se refusa à jouer ce rôle-là. Quelles furent les raisons de cette abstention? De ne pas s'être vraiment engagé contre le nazisme de 1940 à 1944 lui causait-il quelque gêne? Moraliste et dramaturge, avait-il compris que, chez de Gaulle, l'éthique rejoignait la tragédie? Éprouvait-il, quoi qu'il en ait dit, une admiration secrète pour un personnage à la politique duquel il ne souscrivait en rien? Ce sont là des hypothèses.

De Gaulle s'est montré bien souvent un justicier implacable. Il ne connaissait pas pour autant la haine. Il n'aurait jamais proféré les mots terribles de Bismarck : « Je n'ai pu dormir; j'ai passé la nuit à haïr; la nuit, la haine se promène dans ma poitrine. » Il m'a parlé bien souvent de ceux qu'il avait personnellement connus et que les événements, les conflits, les crises des trente dernières années avaient écartés de lui. Il savait faire la part des événements; il connaissait la fragilité des hommes. J'ai déjà relevé que, lorsqu'il évoquait le personnage de Philippe Pétain, il ne disait jamais « Pétain », mais « le Maréchal », et qu'il avait à cœur de reconnaître les mérites de ses anciens ministres ou de ses collaborateurs, même s'ils étaient devenus des adversaires – et non des moindres. Évoquant les dons assez surprenants de sa mémoire, j'ai déjà expliqué qu'il n'oubliait rien et qu'il ne réécrivait pas l'itinéraire de ses sentiments en fonction de ce qui avait pu, par la suite, les altérer. Il en alla ainsi lorsque mourut le général Kœnig. Alors que ce dernier, à propos du règlement algérien, de notre sortie de l'OTAN, de notre politique à l'égard d'Israël, s'était brutalement et publiquement opposé à de Gaulle, celui-ci adressa à sa veuve une lettre d'une grande élévation, dont je retiens cette phrase : « C'est dire que, sa mort dissipant le reste comme le vent balaie la poussière, je lui garderai, jusqu'à mon dernier jour, l'attachement et le souvenir les plus émus et les plus fidèles. » Il voulait ainsi témoigner que l'image qu'il gardait était celle du fidèle compagnon de la guerre et du héros de la bataille de Bir Hakeim. Nous voilà loin du mépris et de la rancœur. A une autre hauteur.

Car il avait de la considération pour chacun. Il utilisait le protocole pour se protéger, mais aussi pour attribuer à tout serviteur de l'État la place qui lui revenait. Quel prix il y attachait! Quelle science il en possédait! Il avait l'œil à tout. Pas seulement pour les grands de ce monde. Au lendemain du 1er janvier 1968, il fait remarquer au directeur de son cabinet qu'à la cérémonie de présentation des vœux de la Maison on a omis d'inviter les jardiniers. A une remise de lettre de créances d'un ambassadeur, il demande à un brillant diplomate frais émoulu de l'École nationale d'administration qui, par inattention, s'est placé avant un colonel plus âgé que lui de reculer quelque peu. Il savait l'importance des places à table. Avant chaque repas il en revoyait le plan. Bien souvent, il modifiait les propositions du service du protocole, faisant preuve d'une habileté quelque peu machiavélique pour faire avancer les uns, reculer les autres, sans qu'aucun des intéressés ne pût rien dire pour autant, tout en comprenant la signification – favorable ou défavorable – du sort qui lui était ainsi réservé. Il en allait ainsi pour les grands repas officiels, et plus encore pour ceux donnés dans les appartements privés de l'Élysée. A La Boisserie, quand j'étais seul à partager le déjeuner avec mes hôtes, je m'asseyais toujours à la droite de Mme de Gaulle; s'il y avait un invité, c'était à lui, bien évidemment, que revenait la place d'honneur. Dans ce cas, le Général me prenait à sa gauche, jamais à sa droite. Il considérait en effet ses collaborateurs comme des membres de sa famille. Ce sont là, d'une certaine façon, des détails. Ils sont pourtant révélateurs de l'intérêt qu'il portait à tous et du souci qu'il avait de ne jamais froisser ceux qui, à des titres divers, l'approchaient.

Son sens de l'exactitude répondait aussi à cette préoccupation. Il possédait au plus haut degré cette politesse des rois, et, par là aussi, il apparaissait comme un souverain. Il était toujours scrupuleusement à l'heure. Tout retard de sa part – il s'en produisit quelques-uns – revêtait une signification, car il était délibéré. Il exigeait en contrepartie que les autres soient ponctuels. J'ai dit que c'était une des règles les plus sacrées de l'Élysée. On continuait à l'appliquer à Colombey, où nous nous rendions toujours en voiture. Nous prenions soin d'arriver une trentaine de minutes en avance; et nous attendions l'heure fixée en prenant un bon café dans la maison occupée par le service de sécurité, où nous bavardions avec les inspecteurs. Un jour d'hiver, dès Provins, nous eûmes à affronter le verglas. Jusqu'à Colombey, Hubert André conduisit dans des conditions difficiles. Grâce à sa virtuosité, nous avions seulement un quart d'heure de retard lorsque nous arrivâmes à La Boisserie. J'y trouvais le Général mortellement inquiet. Sachant combien nous étions exacts, il imaginait que nous avions pu être victimes d'un accident; je lui présentai mes excuses. « Blanc, par ces temps-là, il vaut mieux prendre le train, me dit-il; je me faisais du souci pour vous. »

A l'application stricte de l'étiquette, il ajoutait les égards. Il n'était pas d'hôte plus attentif pour ses invités. Les grands dîners donnés à l'Élysée en l'honneur des visiteurs de marque étaient toujours suivis d'une réception à laquelle étaient conviées plusieurs centaines de personnes de rang évidemment plus modeste. Après avoir prononcé à la fin du repas l'allocution d'usage, le Général quittait ses premiers invités pour aller accueillir, avec Mme de Gaulle, ce que nous appelions la « deuxième vague ». Le couple présidentiel serrait des centaines de mains, disant à chacun un mot aimable. Que d'efforts cela représentait! Lors des déjeuners à l'appartement – où il n'y avait jamais plus de douze convives –, il donnait un tour familier à la conversation, s'employait à interroger les uns et les autres, s'appliquait à mettre tout le monde à l'aise par sa bonhomie patricienne, encore qu'il arrivât souvent que ses invités fussent très impressionnés par lui. A La Boisserie, il servait lui-même les apéritifs, le vin et, après le déjeuner, les digestifs. Parfois, il me demandait de le faire à sa place. Sa courtoisie à l'égard des femmes, qu'il comprenait beaucoup mieux que beaucoup de ceux qui mettent quelque vantardise ou quelque suffisance à laisser entendre qu'ils les connaissent bien, avait le charme précieux des manières qui se perdent. A la réception donnée pour l'anniversaire de la bataille de Villers-Cotterêts, on lui avait présenté les descendants de la famille du maréchal Foch. Parmi eux, une jeune fille d'une stupéfiante beauté, à laquelle le Général avait serré la main. Alors qu'il s'apprêtait à quitter le groupe, il revint vers elle et lui dit ces simples mots : « Mademoiselle, vous êtes très belle », puis il s'éloigna. A notre ambassade à Washington, la veille des obsèques du président Eisenhower, les Lucet donnaient un dîner dans l'intimité pour le Général qui venait d'arriver de Paris. Le plan de table avait placé, comme il se doit, le chef de l'État à la place d'honneur et l'ambassadeur en face de lui. Mme Lucet se trouvait à la droite du Général. Celui-ci, au moment de s'asseoir, demanda à l'ambassadrice de prendre sa place, voulant ainsi lui témoigner un égard tout particulier; il avait été sensible à sa distinction, à son aisance, au don qu'elle avait d'être elle-même, sans la moindre trace d'affectation, à l'atmosphère de qualité qu'elle avait su donner à la Maison de France et que son hôte avait perçue d'entrée de jeu.

Il avait ainsi le secret de gestes simples qui prenaient du relief parce qu'ils venaient de lui. Le matin d'un 1er janvier – je ne sais plus si c'est en 1968 ou en 1969 –, je sors du bureau du directeur du cabinet. Pour regagner le mien, je dois traverser l'antichambre que le Général emprunte pour se rendre de ses appartements privés au Salon doré. Un garde républicain en grande tenue s'y tenait en permanence. Par la porte entrouverte, je le vois rectifier la position. Je comprends que le Général arrive. Sachant qu'il n'aime pas nous croiser dans les couloirs car, s'il n'a pas ses lunettes, il n'est pas sûr de nous reconnaître, je m'immobilise. Par l'entrebâillement de la porte, je l'entrevois. Il est en jaquette, vêtement qui lui va fort bien; il s'approche du garde, s'arrête, lui tend la main et lui dit : « Tous mes vœux pour vous-même, votre famille et vos camarades. » La scène aurait pu se dérouler sans témoin.

Quelles que fussent les circonstances, il n'oubliait jamais personne. A la fin de l'enregistrement de la dernière allocution qu'il adresse au pays, le 25 avril 1969, l'atmosphère est tendue, voire déchirante. Nous sommes à deux jours du référendum. Beaucoup des participants, à commencer par l'acteur principal, comprennent que le rite se déroule sans doute pour la dernière fois. Après avoir prononcé son discours, le Général, avec plus de lenteur et de solennité qu'à l'habitude, s'avance vers les techniciens de la télévision et, dans un silence de mort, leur tend la main, prenant grand soin de n'en omettre aucun. Il fait de même avec les différentes personnalités qui se trouvent là. Il me demande de l'accompagner à son bureau afin de me donner ses instructions pour la diffusion du texte de son allocution. Il me précède; l'aide de camp du jour, le capitaine de vaisseau Flohic, ferme la marche. Nous prenons l'ascenseur qui conduit au premier étage. Je crois me rappeler que personne ne prononce un mot. Ce n'est pas l'avis de François Flohic, qui a prêté au Général un propos que je n'ai pas entendu. Le fait n'a pas tellement d'importance en soi; il montre que les témoins d'un même événement historique peuvent avoir parfois, en toute bonne foi, des souvenirs différents. Nous empruntons le petit couloir qui conduit au bureau du secrétaire général et à la porte dérobée de celui du chef de l'État. Le Général l'ouvre. Au lieu de pénétrer le premier dans son cabinet de travail, il s'efface pour me laisser passer. Imaginant sans peine ce que doivent être ses préoccupations, le poids de sa tristesse, je suis tellement médusé par cette prévenance que je reste figé. François Flohic qui, en toutes circonstances, garde le sang-froid du marin, me pousse légèrement dans le dos; nous entrons dans le bureau. Certains ne verront peut-être là que des détails dénués d'importance. Je crois qu'ils auront tort. La véritable qualité des êtres, leur nature profonde se révèlent bien souvent par des gestes qui ne sont mineurs qu'en apparence. Les drames, les crises, les tempêtes décapent tous les vernis, mettent à nu les caractères. Je dois dire que cette prévenance du Général, qui, sur-le-champ, m'avait frappé, n'a cessé par la suite de m'éclairer sur les fondements mêmes de sa personnalité.

A La Boisserie, de Gaulle luttait contre le temps. Son seul souci était d'écrire le plus possible avant que la mort ne l'emporte. Je le savais fort bien. Lorsque, en fin d'après-midi, je prenais congé de lui, il me raccompagnait toujours jusqu'à la voiture. Avec l'aide d'Hubert André, je rangeais dans le coffre de la Citroën noire les dossiers, les livres, les paquets; nous nous hâtions pour ne pas faire attendre notre hôte, qui, hiver comme été, se tenait sur le perron en attendant notre départ. L'automobile démarrait; il nous saluait de la main jusqu'à ce que le véhicule ait pris le chemin du petit sous-bois. La dernière image que je garde de lui est cette majestueuse silhouette de patriarche aux cheveux de neige saluant de son geste familier, bras levé, la main légèrement tournée vers l'intérieur, ses deux collaborateurs qui, par leur âge, auraient pu être ses fils et qui auraient parfaitement admis que l'on ne leur manifestât pas un tel égard.

La méfiance va de pair avec le mépris des hommes. Or de Gaulle faisait confiance. Je ne parle plus là seulement de ses collaborateurs, mais de tous nos compatriotes. Je suis persuadé, comme je l'ai dit en parlant de son courage physique, qu'il avait estimé, aux temps difficiles de la crise algérienne, que les Français n'assassineraient pas de Gaulle. Il en avait tiré des conclusions pour sa propre sécurité. Il ne se posait aucune question. Combien de pilotes d'avion ou d'hélicoptère, de chauffeurs, de policiers, de jeunes médecins frais émoulus de l'internat, ont tenu ou auraient pu tenir la vie de De Gaulle entre leurs mains! Comme tout un chacun, il donnait ses lettres à la poste, assuré qu'elles parviendraient sûrement à leurs destinataires. Je ne l'ai jamais entendu me tenir des propos déplaisants à l'égard des Français en tant que peuple. Il se peut qu'il ait dit un jour : « Les Français sont des veaux »; pourtant, dans ses propos, je n'ai jamais relevé la moindre indication qui puisse donner à penser que telle était son opinion, bien au contraire. S'il se montrait parfois sévère pour telle ou telle catégorie de nos concitoyens, il connaissait trop bien nos qualités et nos défauts pour s'enfermer dans des réflexions aussi simplificatrices que déplaisantes. N'oublions jamais qu'il possédait un sens aigu des nuances et se mouvait parfaitement à l'aise dans un univers dont les apparences pouvaient parfois paraître contradictoires. Il se gaussait souvent des diplomates; il respectait pourtant nos ambassadeurs et accordait des audiences à près d'une centaine d'entre eux chaque année. Il égratignait volontiers au passage une certaine intelligentsia; il ne recevait pourtant pas un livre de bonne qualité sans répondre, de sa main, à son auteur. Il ne cachait pas son sentiment sur l'idéologie des chefs communistes et sur certains de leurs comportements; il n'en fut que plus à l'aise pour exprimer ses condoléances à la mort de Maurice Thorez, qui avait été son ministre. Il partagea avec ses compatriotes bien des peines et bien des joies. Que de lettres il a écrites à des compagnons qui approchaient de la mort, pour leur exprimer une dernière fois sa fidélité! Il le fit par exemple, toutes affaires cessantes, pour Georges

Boris, collaborateur de Léon Blum, qui avait travaillé à ses côtés à Londres.

Dans ses rapports avec le pays, je relevais à tout moment la volonté de lui marquer de la déférence. Dans les deux séries de ses Mémoires, la France ne sert-elle pas de thème d'ouverture? Tout au long des pages, des variations d'ordre quasi musical le développent et le reprennent sans cesse. Il acceptait notre nation dans sa totalité historique et dans toutes les dimensions de son génie, tout à la fois celte et latin, catholique et rationaliste. Il estimait qu'on ne pouvait, sans en mutiler les richesses, la réduire à la monarchie ou à la république.

Depuis Clovis, tous nos grands hommes d'État ont eu conscience d'être porteurs de l'idée nationale. Pour les rois, la France était un héritage à conserver ou à accroître par intérêt ou pour obéir à une volonté religieuse, voire mystique. A nos grands républicains – et de Gaulle les estimait –, elle apparaissait comme l'incarnation et la poursuite de l'idéal révolutionnaire. Pour deux grandes figures de notre histoire, Napoléon et de Gaulle, elle fut, me semble-t-il, plus qu'un patrimoine ou une idée, mais plus simplement une personne – dans les deux cas du sexe féminin. Les rapports qui s'établirent furent donc du type masculin-féminin. A partir de là, une divergence fondamentale se fait jour.

Élie Faure a comparé l'aventure napoléonienne à la possession d'une femme – la France – par un homme – le jeune général de brumaire, avec tous les stades de la passion : au début, une attirance irraisonnée, mais impérieuse, aimante les partenaires; c'est ensuite l'éblouissement de la révélation, avivée sans doute par l'étrangeté de la rencontre entre l'aventurier corse et la fille aînée de l'Église; puis la domination excessive par le mâle d'une compagne qui le suivra jusqu'à l'épuisement, parce que l'aventure, tout en la meurtrissant, la grandit, lui donne une vision nouvelle du monde et la conduit au-delà d'elle-même; enfin, après Waterloo et l'exil de l'Empereur, le souvenir tourne vite à l'obsession; dans les entrailles d'un pays qui subit, sans les aimer, Louis XVIII, Charles X,

Louis-Philippe, le besoin s'exaspère de retrouver, fût-ce à travers une descendance indirecte, l'amant que la légende a grandi au point de le déifier. C'est une façon d'expliquer l'Histoire. On peut la rapprocher des propos de Napoléon, dont la brutalité éclaire d'une lumière crue ses sentiments : « Je n'ai qu'une passion, qu'une maîtresse, c'est la France. Je couche avec elle. Elle ne m'a jamais manqué. »

Les relations entre de Gaulle et notre pays se situèrent très exactement à l'opposé de ce phénomène de possession. Elles relevèrent de l'ordre familial. Assurément, la passion n'en fut pas absente. Non plus qu'une certaine ambiguïté : depuis que le monde est monde, entre un fils et sa mère, un frère et sa sœur, un père et sa fille, les liens du sang ont établi des rapports où ne manquent ni les tensions ni les mystères, et où courent bien souvent les éclairs du drame. Il reste qu'une famille est toujours portée par un grand amour partagé, comme si sa vocation consistait précisément à sublimer les solidarités fondamentales. Il en alla toujours ainsi entre de Gaulle et notre pays. Ces relations évoluèrent dans le temps sans que change leur nature profonde. Tour à tour et simultanément, la France a été pour lui la mère que l'on défend, l'épouse que l'on sauve, l'enfant que l'on éduque. L'affection qu'il prodigua, les joies, les angoisses, les déceptions qu'il reçut en retour, ressemblent à s'y méprendre à l'humble itinéraire de chacune de nos vies. Du jeune officier lecteur de Charles Péguy au vieil homme confronté à l'épreuve de mai 1968, le cheminement paraît, sous cet angle, le plus naturel du monde. On parla beaucoup, à propos de mai 1968, de la « mort du père ». A bien y réfléchir, quel aveu de la part des « révolutionnaires »! Se vouloir et se proclamer parricide, n'est-ce pas reconnaître l'existence d'une paternité?

Voyons les choses avec simplicité. Un amour ardent pour son pays animait ce génie foisonnant de richesses multiples. Alors que son intelligence, aiguisée par la lucidité, le conduisait parfois aux confins du nihilisme, son affection s'accompagnait d'un respect quasi religieux pour la France. La question de savoir s'il l'avait bien servie l'obsédait. Il éprouvait une angoisse de tous les instants à l'idée qu'il aurait pu sacrifier la plus minime de nos chances nationales. De 1940 à 1946, de 1958 à 1969, bien que les deux époques et les situations fussent différentes, il avait œuvré pour redonner à notre pays l'indispensable confiance en soi et lui permettre de refaire ses forces. Il avait demandé des sacrifices, tout en ayant à cœur de ne pas trop en alourdir le poids. Il avait beaucoup réfléchi avant de décider et avait effectué des choix dont il estimait qu'ils étaient les plus sages. Il ne cessait pourtant de s'interroger sur le point de savoir s'il avait bien adapté les moyens à la fin poursuivie, ou s'il n'eût pas mieux valu poursuivre des politiques différentes. A l'issue d'un déjeuner dans les appartements privés à l'Élysée, dont Edgar et Lucie Faure étaient les invités d'honneur, le Général fit visiter à ses hôtes le Salon d'argent jouxtant la salle à manger. C'était une sorte de rite. Dans cette pièce, Napoléon Ier avait signé son acte d'abdication, le président Félix Faure y avait rendu le dernier soupir. Le Général, après avoir fait une allusion à ce décès, raconta de façon fort vivante comment il voyait l'agitation dans le palais et les rues avoisinantes pendant les dernières heures du règne, les maréchaux poussant l'Empereur à abdiquer alors que le peuple de Paris massé sous les fenêtres lui criait de rester. Edgar Faure, ayant trouvé sur le secrétaire le facsimilé de l'acte d'abdication, commença à le lire tout haut : « Français, en commençant la guerre pour soutenir l'indépendance nationale... » – il n'alla pas plus loin et, se tournant vers de Gaulle, ajouta : « Napoléon a cherché à obtenir l'indépendance nationale par la guerre; vous, mon général, vous avez poursuivi ce même objectif, mais dans la paix. » C'était dit sans aucune trace de flagornerie, avec le zézaiement que l'on sait et l'aisance dans les propos dont bien peu de gens faisaient montre lorsqu'ils se trouvaient face à de Gaulle. Celui-ci, amusé, regarda son invité et lui répondit par ces simples mots : « Vous savez, cher président, c'est une question de moyens. » Cette réflexion illustre combien le Général avait conscience de la nécessité de déterminer sa politique en fonction des réalités. L'essentiel était pour lui de bien ajuster son choix.

Le fait est qu'il ne fut pas prodigue de la substance du pays. J'ai dit que les hécatombes inutiles de la Première Guerre mondiale l'avaient beaucoup impressionné. Le souci d'éviter les carnages des guerres immobiles avait sans doute joué un rôle dans l'élaboration de sa théorie de l'arme blindée. Après la Libération, autant que les circonstances le permettaient, il freina l'épuration. Une fois que l'indispensable justice eut passé, il s'efforça de laisser tomber le manteau de l'oubli sur les grands drames nationaux que furent l'Occupation et l'accession de l'Algérie à l'indépendance. Il ne voulait pas amputer à l'excès les forces vives du pays que les événements avaient dévoyées ou mal orientées. C'est pourquoi il souffrait de l'accusation, mille fois reprise à son encontre, de vouloir poursuivre une politique « au-delà de nos moyens ». Ces accusations le heurtaient, car il avait précisément le souci d'adapter notre effort à nos possibilités.

A ce propos, les réflexions dont il me fait part le 7 juillet 1970 à son retour d'Espagne sont éclairantes. Il me raconte son voyage, me parle longuement du développement de l'économie de la Péninsule, qui ne lui a pas échappé. Il en vient au chef de l'État espagnol, qu'il a trouvé physiquement diminué, comme figé et quelque peu momifié, mais bien informé, au courant des affaires et toujours servi par une souple intelligence politique. Il conclut ainsi ses propos sur son interlocuteur du Prado : « Tout bien pesé, le bilan de son action est positif pour son pays. Je le lui ai dit. Mais, Dieu, qu'il a eu la main lourde ! » Et, malicieux, il ajoute : « Cela, bien sûr, je ne lui ai pas dit. » La main lourde ! Empruntée à la langue populaire qu'utilisait souvent le Général lorsqu'il évoquait les sujets de haute politique, ouvrant ainsi une voie royale pour se faire mieux comprendre, l'expression décrit bien l'implacable rigueur de la répression franquiste. Elle mérite aussi de retenir l'attention par les préoccupations qu'elle révèle chez son auteur : transposée à l'art du commandement des États, la règle d'or de l'économie des moyens, à laquelle obéissent les grands stratèges et les artistes, se ramenait pour de Gaulle à quelques préceptes simples – respect du pays et de la dignité de ses enfants, volonté de ne pas dilapider la vie et la peine des hommes, de sauvegarder leurs espoirs et leur bonheur.

Ce qui me conduit à nouveau à Napoléon et au jugement que de Gaulle portait sur lui. Il eût été fort instructif d'entendre le discours que le Général devait lui consacrer à Ajaccio, où, si les résultats du référendum de 1969 avaient été différents, il se serait rendu en mai 1969 pour commémorer le bicentenaire de la naissance du plus connu des Français. Il avait commencé à réfléchir à son allocution; il n'en avait sans doute pas encore commencé la rédaction. Nous en avions souvent parlé par la suite à La Boisserie. Il admirait l'ampleur de la personnalité, reprenant le jugement de Chateaubriand, que je donne de mémoire : « Jamais souffle plus puissant n'a animé l'argile humaine. » L'importance de son œuvre l'impressionnait. Il savait que, pour un siècle et demi, il avait bâti un État moderne sur les bases déjà solides de l'Ancien Régime, sans pour autant laisser se perdre l'héritage révolutionnaire ni bloquer entièrement le jaillissement des forces libérées par l'avènement de la République. La conscience que le pays avait de lui-même en tant que nation s'était consolidée et affermie. Dans de nombreuses parties du monde, son image s'identifiait à l'idée de liberté. Pour le meilleur et pour le pire, le jeune empereur avait remodelé la carte de l'Europe, où il avait jeté la semence du nationalisme. Sans compter, bien sûr, la gloire de la légende, à laquelle de Gaulle n'était pas insensible, en raison de ce qu'elle apportait au patrimoine national. Voilà pour l'actif. Au passif, le Général inscrivait, il me l'a dit bien souvent, un emballement peu explicable de l'ambition, des guerres inutiles, l'usure du pays, l'excessive saignée des hommes, l'accélération du renversement de la démographie. En réalité, et bien qu'il n'ait pas formulé sa pensée de manière aussi précise, il reprochait à Napoléon de ne pas avoir été économe de la substance de la France. Tout au contraire, pour des considérations où la morale du respect et la conscience des réalités se mêlaient à un point tel qu'il était difficile de les départager, la démarche de

De Gaulle avait consisté à gouverner le pays avec une sagesse qui n'excluait ni l'audace ni l'effort. Sur ce point-là aussi, son action présentait infiniment plus de nuances que ses adversaires ne le donnaient à entendre. Il suffit d'ailleurs, pour en juger, de comparer la France qu'il avait prise en charge en 1958 à celle qu'il laissa à son départ plus de dix ans après.

En politique étrangère, maintenant que nous disposons du recul voulu, ses initiatives et interventions paraissent empreintes de bon sens et de modération. La lecture aujourd'hui du discours de Phnom Penh, de ses déclarations sur le système monétaire international ou sur l'entrée de la Grande-Bretagne dans le Marché commun, qui furent à l'époque présentées par une bonne partie du monde occidental et par certains porte-parole français comme de véritables agressions, est des plus révélatrices. D'ailleurs, s'il haussa le ton, ce fut toujours contre les puissants. Je n'ai pas trouvé de cas où il s'en soit pris aux faibles. Lorsqu'en 1967 il avait qualifié Israël de « peuple d'élite, sûr de lui et dominateur », cet État venait de vaincre; il était au faîte de sa puissance et disposait d'appuis considérables de par le monde. Si, la même année, du balcon de l'hôtel de ville de Montréal, il avait terminé son allocution par : « Vive le Québec, vive le Québec libre! » c'est que, se trouvant partagé entre le devoir d'affirmer son soutien à une éclatante manifestation de fidélité à une origine française et les égards dus à un gouvernement ami appartenant au monde anglo-saxon, il n'avait pas hésité à fixer la priorité qui s'imposait tout naturellement à lui. Faut-il confirmer que de Gaulle, en tout cas, n'avait pas le moindre regret à ce sujet? Il suffit de relire sa conférence de presse de novembre 1967 pour s'en convaincre. Au demeurant, en septembre 1968, à la mort de Daniel Johnson, Premier ministre du Québec, il envisagea très sérieusement d'assister à ses obsèques. Après mûre réflexion, il écarta l'idée, craignant que sa présence n'altère le caractère de gravité et de sérénité des funérailles; or il estimait que le recueillement doit être la règle autour des tombeaux. Cette décision lui coûta; il me l'a souvent confirmé par la suite.

Avoir un code de valeurs aussi strict, lutter sans répit pour en faire application à soi-même, respecter les personnes et les peuples dans l'un des secteurs de l'activité humaine où l'on n'en tient guère compte à l'habitude : de telles exigences ne sont pas courantes. Le Général s'efforça d'y souscrire. Certains peuvent estimer qu'il n'y est pas toujours parvenu. Nul n'est parfait, et, sans la possibilité de l'erreur, le mérite de bien faire n'existerait pas. A l'évidence, pourtant, il sacrifia beaucoup de lui-même pour obéir aux règles qu'il s'était fixées. Et, le plus souvent, avec des succès à la mesure de ses efforts. Pour ma part, j'ai une certitude et un espoir : la certitude est qu'il apporta dans la conduite de sa vie publique une clairvoyance, une gravité et une rigueur qui, dans le souvenir que j'en garde, ont laissé l'empreinte la plus forte; l'espoir est de voir suivre son exemple par beaucoup d'autres, tout en reconnaissant qu'il s'agit là d'une entreprise très exigeante et difficile.

VI

L'Écriture

« Si vous êtes malheureux, il ne faut pas le dire au lecteur. Gardez cela pour vous. »

LAUTRÉAMONT.

On a dit non sans raison de De Gaulle qu'il gouvernait par la parole. Il ne faudrait pas oublier pour autant la place que l'écriture occupa dans sa vie. Entre la réflexion et l'action, elle a toujours constitué l'indispensable maillon. Consultant ses archives, j'avais été frappé d'en trouver d'innombrables témoignages. Je ne crois pas avoir passé plus d'une heure avec lui sans qu'il ait rédigé quelques lignes. L'ensemble de ses différents textes est donc tout à fait considérable. On peut, par souci de simplification, classer ses écrits en trois grandes catégories.

La première est bien connue. Il s'agit des treize volumes qui ont été publiés : *la Discorde chez l'ennemi*, *le Fil de l'épée*, *Vers l'armée de métier*, *la France et son armée*, trois tomes de *Mémoires de guerre*, un tome de *Mémoires d'espoir*, plus deux chapitres; ainsi que les cinq tomes de *Discours et Messages*, presque tous rédigés de sa main. Nous sommes déjà à plus de quatre mille pages.

Ses correspondances constituent la deuxième catégorie. De Gaulle a écrit un très grand nombre de lettres. Par là aussi, il appartenait à la meilleure tradition de notre vie intellectuelle. Au cours d'une conversation avec l'un de ses neveux, il a avancé le chiffre de trente-cinq mille lettres. De mon côté, à partir de l'examen des archives et de l'étude de son courrier, j'étais arrivé à une estimation nettement supérieure, de l'ordre de cinquante mille, qui se situe probablement en dessous de la réalité. Le Général aimait ce moyen de communication. La correspondance lui permettait de rompre le cercle de la solitude. Par un billet, aussi court soit-il, il témoignait des égards, manifestait son intérêt, voire son affection, rendait un hommage. Bien évidemment, son objectif était parfois beaucoup plus nettement politique. Il s'agissait de préciser une situation, de prendre position, de préparer l'avenir. C'est le cas notamment de la lettre adressée à Georges Pompidou le 30 avril 1969, et de celles reçues par Raoul Salan en 1958. Enfin, d'une manière très subtile et en quelque sorte au deuxième degré, il voyait sans doute dans la rédaction de sa correspondance une possibilité de fixer sa propre image et de donner sur ses sentiments, ses impressions, ses interrogations, ses doutes, ses joies, quelques indications qui, pour fragmentaires qu'elles fussent, permettraient, une fois rassemblées en nombre suffisant, de mieux comprendre la personnalité de leur auteur dans sa réalité et sa complexité. Ces lettres étaient presque toujours manuscrites. Le secrétariat particulier en classait avec soin les copies ou les photocopies, qui ont été déposées dans leur quasi-totalité aux Archives nationales. La liste de leurs destinataires fait apparaître une diversité à l'image de celle du pays : hommes politiques, compagnons, gens de lettres, auteurs qui lui avaient fait hommage de leurs ouvrages, journalistes, savants, collaborateurs... Il eut parfois pendant de longues périodes des échanges suivis; il en fut ainsi avec Pierre Jean Jouve, qui, si je ne me trompe, a fait don à la Bibliothèque nationale des textes reçus de De Gaulle pendant près de trente ans, et dont certains surprendront. Bien peu de ces missives sont indifférentes, même lorsqu'elles relèvent de la seule courtoisie. On y découvre un de Gaulle ayant des vues sur tout. De temps à autre, une phrase jette une lueur sur un aspect peu connu de sa personnalité, étonne par ce qu'elle permet d'entrevoir de ses réactions en bien des domaines, notamment celui de la vie religieuse. Le jour où toutes les archives s'ouvriront, voilà un beau territoire à prospecter pour ceux qui s'intéressent au personnage! Moins nombreuses, bien évidemment, furent les correspondances également rédigées par le Général et adressées aux chefs d'État et de gouvernement étrangers. Certaines furent fréquentes et régulières, notamment entre de Gaulle et Adenauer. Bien d'autres lettres existent, tout aussi significatives. Le Général souhaitait qu'elles soient publiées le moment venu.

S'ajoutant aux livres et aux correspondances – c'est la troisième catégorie –, le Général a écrit de très nombreux autres textes d'une grande diversité. Messages qu'il faisait parvenir à l'occasion des événements qui jalonnent la politique internationale. Notes d'instructions pour ses collaborateurs ou pour le Premier ministre sur les sujets les plus variés. Déclarations faites en son nom à l'issue du Conseil des ministres, qu'il rédigeait rapidement à l'issue de la réunion hebdomadaire du gouvernement, lorsqu'il recevait le ministre de l'Information. Ces dernières interventions étaient attendues avec intérêt ; quand, après la réunion du Conseil, accompagnant le ministre porte-parole du gouvernement à ses bureaux de l'hôtel de Clermont, je croisais les journalistes en attente dans les couloirs, ceux-ci me demandaient : « Est-ce qu'il y a quelque chose ? » ; c'était le langage dont nous étions convenus pour parler des prises de position personnelles du chef de l'État ; dans la négative, leur déception était visible. Ajoutons, pour être complet, les modifications souvent substantielle qu'il apportait, comme je l'ai déjà indiqué, aux projets de relevé des décisions des délibérations gouvernementales, et tout particulièrement des conseils restreints et des conseils de défense.

Voilà donc le survol de tous les écrits de De Gaulle. Selon mes estimations, depuis 1940 il a probablement consacré deux heures par jour en moyenne à des travaux de rédaction. Une grande impression d'unité se dégage de l'ensemble des textes dont j'ai eu la possibilité de prendre connaissance. Pourtant, leur élaboration ne s'opérait pas selon le même processus. De Gaulle avait en effet deux « manières » bien différentes.

Pour les écrits destinés à l'action – ses lettres lorsqu'il s'occupait d'une affaire en prise directe, ce qui fut notamment le cas dans l'affaire algérienne ; ses instructions au Premier ministre ou à ses collaborateurs ; ses communiqués ou messages divers ; les relevés de décisions –, il rédigeait très vite, sans rature. Il couchait sur le papier le fruit de sa réflexion. Le texte remis à ses collaborateurs, à son Premier ministre, au ministre de l'Information, au secrétaire général du gouvernement, n'est rien d'autre que la transcription de ce qu'il vient de décider ou d'exposer. S'il savait admirablement ramener un débat à l'essentiel, il avait aussi une grande capacité pour exprimer par écrit ses conclusions. Sa maîtrise peut se comparer à celle de Napoléon qui possédait au plus haut degré ce que j'appellerai, pour plus de commodité, l'« écriture de commandement ». Aucun hiatus, pas de temps mort entre l'esprit en marche et la plume qui court sur le papier ; la calligraphie, tout en restant très lisible, est moins soignée qu'à l'habitude, les lettres paraissent encore plus couchées. Tout texte est daté, signé ou paraphé. Si d'aventure le Général se corrige, les modifications ne portent pas sur le fond ; elles visent à donner à son texte davantage de nerf et de muscle. Il n'appréciait pas les longueurs et les à-peu-près. De même qu'il exigeait de la tenue dans la vie et dans la présentation, l'écrivain qu'il était voulait toujours que l'on utilise un style concis, net et clair. Les impropriétés de termes, les libertés prises avec la grammaire, les approximations l'agaçaient tout autant que les mauvaises manières. Il possédait le coup d'œil d'un instituteur de la grande tradition pour déceler dans les notes qu'on lui soumettait les fautes d'orthographe. Elles paraissaient lui sauter aux yeux. Que de fois n'a-t-il pas dit, à la lecture d'une note qui lui était présentée : « Ces jeunes gens de l'ENA ne rédigent pas mal ; pourquoi, grands dieux, font-ils autant de fautes d'orthographe ? »

A l'opposé, la rédaction de ses discours et de ses livres exigeait de sa part effort et travail. La démarche intellectuelle était, il est vrai, bien différente. Il ne s'agissait plus, dans ce cas, de transcrire des ordres, mais d'élaborer sa pensée. Il avait à se battre avec les mots, les phrases, les enchaînements ; à construire, ajuster, nuancer ; à travailler son texte, le modeler, le reprendre jusqu'à ce qu'il atteigne la forme définitive, celle qui correspondait très exactement à l'état ultime de sa réflexion en cours d'élaboration. Il y fallait plusieurs rédactions : manuscrites une ou deux fois, puis dactylographiées, chacune des frappes étant au fur et à mesure corrigée et recorrigée. Sans compter, pour les discours ou les conférences de presse, qu'il s'agissait d'un exercice portant sur la politique, c'est-à-dire sur l'événement, le mouvement, la vie qui ne s'arrête pas. S'il était rare qu'il apportât des modifications de dernière minute, cela pouvait se produire. Il en fut ainsi le 30 mai 1968, au retour de son voyage surprise en Allemagne et à Colombey; les événements allaient si vite ce jour-là que, n'ayant pas le temps de faire taper le texte définitif, je dictai à la presse, en m'efforçant de le dissimuler aux regards des journalistes, celui que le Général venait de corriger de sa main après l'entretien qu'il avait eu avec son Premier ministre et qui, comme on le sait, comportait, sur un certain nombre de points, des modifications substantielles par rapport au projet élaboré à La Boisserie. Quinze jours avant, le 15 mai 1968, en Roumanie, une demi-heure peut-être avant de se rendre à la Grande Assemblée nationale de la République socialiste, le Général me fait appeler, me dit qu'il veut apporter une modification à son allocution, me demande si c'est encore techniquement possible; sur ma réponse affirmative, il me prie de faire le nécessaire et de lui rendre compte avant qu'il ne prenne la parole. En quelques minutes, il me faut voir avec René de Saint-Légier les problèmes de traduction; traverser Bucarest à une allure folle afin d'aller récupérer le texte que j'avais déjà donné à Basile Tesselin et à Jean Mauriac, de l'AFP, pour qu'ils le « mettent sur les fils », ainsi qu'à Maurice Werther, responsable de l'équipe de télévision de l'ORTF; retrouver dans le dédale des couloirs du palais officiel le Général qui vient d'y arriver, m'approcher de lui alors qu'il s'avance en tête d'un cortège solennel pour se rendre à la salle d'honneur, et lui confirmer, quelques instants seulement avant qu'il ne prononce son discours, que tout va bien. Il ne dit rien; son visage reste imperturbable, sauf un clin d'œil qu'il me fait.

Ce sont là des anecdotes. Pour en revenir à l'auteur, la préparation de ses interventions lui imposait un labeur harassant et incessant. Comme beaucoup, il écrivait « dans la douleur ». Pour chacune de ses allocutions ou conférences de presse, pour ses *Mémoires d'espoir* – je n'ai pas vu les manuscrits de ses *Mémoires de guerre*, mais j'imagine que leur lecture procurerait la même impression –, on peut observer, tout au long des rédactions successives, le cheminement effectué par l'auteur pour préciser sa pensée, donner à la phrase sa structure définitive, découvrir le mot exact, le verbe qui porte, et garder enfin à l'ensemble du texte sa force et son rythme. Parcourant les archives ou lisant les différentes phases des *Mémoires d'espoir*, j'ai pu mesurer l'ampleur de ses efforts. Pas plus qu'aucun auteur de qualité il ne se satisfaisait entièrement des résultats, comme si, en dépit de son acharnement, il éprouvait le sentiment de se trouver en deçà de ce qu'il souhaitait exprimer. A le voir œuvrer, je ne pouvais m'empêcher de penser au cri pathétique et quelque peu dément poussé par Louis-Ferdinand Céline, consumé par le désir d'atteindre à la perfection : « Il faut corriger jusqu'au dernier carat... sauvagement ! »

Alors que le Général possédait une puissance de travail peu commune et une grande facilité pour se concentrer, il ne pouvait écrire longtemps. « Pas plus de trois ou quatre heures par jour », m'a-t-il dit à plusieurs reprises. Au vrai, à la différence de certains auteurs à qui leur art apporte joie et épanouissement, il ne prenait pas la plume pour éprouver les satisfactions de la création. Il lui fallait se soumettre à une dure contrainte. Écrire ne fut jamais pour lui un divertissement, même s'il y puisa du réconfort. Chacune de ses œuvres correspondait à un objectif précis. Ses livres d'avant guerre le préparaient à l'action. Ses discours furent un moyen d'action. Ses Mémoires, une réflexion sur l'action. Je doute qu'il existe des textes que de Gaulle ait écrits sans but précis, en quelque sorte pour son plaisir. Rien ne vient étayer cette impression. Mais j'imagine mal le Général jetant sur le papier des idées, des réflexions, des impressions au gré de l'inspiration du moment. A l'exception de la « période polonaise », je serais surpris qu'on trouve un jour un bloc-notes, des carnets, des recueils de pensées ou de vers. Il prenait la plume quand il avait quelque chose à dire. Tel l'artisan saisissant son outil pour travailler le bois ou le métal. Je n'ai jamais pensé non plus qu'il ait rédigé de testament politique. Sur tous ces points, j'aimerais me tromper. Il reste en effet tellement de mystères, sur bien des points de son action politique comme sur beaucoup d'aspects de sa personnalité, que toute lumière nouvelle serait la bienvenue. Je ne m'y attends guère. On peut toutefois espérer, à la lecture de correspondances pour l'heure inconnues, recueillir des indications fragmentaires qui, se complétant au fil des temps, dissiperont certaine obscurité et dégageront de nouvelles perspectives pour des tentatives d'interprétation. Mais il est clair qu'il ne voulait pas laisser derrière lui des textes dont la qualité ne le satisfît pas.

Il attachait à la ponctuation toute son importance. Au déjeuner à l'Élysée dont j'ai déjà parlé et auquel assistaient Edgar et Lucie Faure, le Général avait fait compliment à cette dernière pour un ouvrage qu'elle venait de publier. Puis, en écrivains, ils avaient tous deux assez longuement parlé « métier ». Ils avaient évoqué le problème de la ponctuation. Le Général avait utilisé une image intéressante : « Elle est la respiration de la phrase », avait-il dit. Les points, les virgules, les points d'exclamation, l'ensemble des signes lui étaient d'autant plus indispensables qu'il « voyait » ses textes beaucoup plus qu'il ne les « entendait ». Sa technique de l'écriture me paraissant relever davantage de l'architecture que de la musique, des articulations solidement charpentées lui étaient donc indispensables. De surcroît, beaucoup de ses écrits étaient des allocutions, pour lesquelles il fallait ménager les pauses nécessaires. Qui plus est, en matière de ponctuation, il avait sa propre doctrine et tenait à certaines particularités. C'était, je crois, le colonel Mayer qui lui avait inculqué une partie de ses conceptions en la matière. J'ai toujours été intrigué par cet officier dont le Général a plusieurs fois évoqué le souvenir dans nos conversations. Il faisait partie, avec son gendre Grunebaum-Vallin et le colonel Nachin, d'un petit groupe qui, vers les années 1933-1934, se réunissait tous les lundis à la Brasserie Dumesnil, à Montparnasse. Je trouvais d'ailleurs amusant de constater que de Gaulle avait eu lui aussi une « période Montparnasse », comme Hemingway et ses camarades de la « génération perdue », comme certains surréalistes, comme la plupart de ceux qui ont pensé, écrit ou peint entre les deux guerres. Le portrait que le colonel Nachin a donné du jeune commandant de cette époque n'est pas sans intérêt : « Il apparaît dans sa saine maturité, physique et intellectuelle, gai, spontané, simple et cordial. » En tout cas, pour en revenir aux points et aux virgules, le Général n'avait pas oublié les leçons apprises lorsqu'il était commandant. Il reconnaissait bien volontiers qu'elles comportaient une part d'arbitraire. Mais il y tenait. Lors de la correction des épreuves de ses *Mémoires d'espoir*, de petits conflits de doctrine l'opposèrent au spécialiste de la Librairie Plon. Ce dernier finissait toujours par s'incliner. Car l'auteur se montrait intraitable en la matière, alors qu'il cédait souvent et de bonne grâce lorsque les remarques portaient sur la syntaxe ou le vocabulaire. Dans tous ses écrits, il mettait une sorte de coquetterie à ne jamais omettre le moindre signe. Après chacune de ses dédicaces – sur la page de garde de ses livres ou sur ses photographies –, il terminait toujours par un point d'exclamation dont je me suis toujours demandé la signification exacte. Lors de l'invasion de Prague par les troupes soviétiques, en août 1968, le Général se trouvait à Colombey. Maurice Couve de Murville, Premier ministre, et Michel Debré, ministre des Affaires étrangères, l'y avaient rejoint pour examiner la situation. Le 21 août, de Gaulle appelle le secrétaire général à l'Élysée pour lui donner le texte du communiqué condamnant l'attitude de Moscou. Je me trouve dans le bureau de Bernard Tricot. Comme nous le faisions souvent, celui-ci répète à haute voix ce que lui dit le Général, et je prends sous la dictée. Pour relire le texte au chef de l'État, Bernard Tricot me passe l'appareil. Il est 13 h 5. L'impression était toujours étrange d'entendre la voix lointaine du Général – le téléphone en accentuait les tonalités graves et comme tremblées. « Bonjour, Blanc, me dit-il, cordial et aimable. Vous voilà rentré de vacances. Comment va votre famille? » Puis je perçois un léger changement de registre : « Eh bien, relisez-moi le texte. » Il s'agit maintenant du travail. A chaque portion de phrase, j'entends une voix nullement sévère, toujours courtoise et bienveillante mais plus vigilante, qui, en cas d'omission, me rappelle à l'ordre par des « virgule » ou « point-virgule ». Quand j'ai terminé, il ajoute : « Donnez-le rapidement. » Je savais ce que cela signifiait. Dans moins d'un quart d'heure, il écouterait la radio.

Il revient aux spécialistes d'analyser le style de De Gaulle sous ses différents aspects, comme son évolution au cours des années. Je n'ai pas grande compétence en la matière. Toutefois, les hasards de la vie administrative m'ayant fait vivre près de l'un de nos grands écrivains, je voudrais livrer ici quelques réflexions. La première est que j'ai été frappé par la volonté et la ténacité de cet auteur. Je l'ai vu effectuer un incessant labeur. Si bien que le conseil de Boileau, « Vingt fois sur le métier remettez votre ouvrage », qui me paraissait usé jusqu'à la corde tellement nous avons eu, les uns et les autres, à en disserter pendant nos études secondaires, prenait, à le voir, sa véritable signification. La seconde est que de Gaulle construisait ses phrases avec une telle rigueur, leur enchaînement était si précisément articulé, l'architecture de l'ensemble acquérait une telle tension qu'il devenait difficile d'en changer un mot ou un groupe de mots. Quelquefois, en effet, lorsque le Général, revoyant ses épreuves, voulait leur apporter une modification mineure, la cohésion interne du texte était si puissante, le rythme avait une telle force qu'il devait y renoncer ou bien rédiger une nouvelle phrase.

Il a ainsi partagé les peines et les angoisses, mais aussi, en contrepartie, les joies et les satisfactions de tous les créateurs. Il tirait une évidente fierté de son appartenance à la famille des hommes de lettres. Son amitié pour André Malraux eût été différente si elle ne s'était étendue au domaine de la littérature. Dans sa communion d'esprit avec François Mauriac, l'esthétique rejoignait la politique. Georges Bernanos, par son respect des valeurs traditionnelles et la générosité de son âme, lui était très proche, bien que le Général ait dit de lui : « Je n'ai jamais pu l'atteler. » Il est vrai qu'en matière d'art le véritable domaine du Général était celui de la littérature. La musique ne me paraît pas avoir tenu une grande place dans son monde intérieur; pour autant que j'aie pu en juger, il n'en écoutait jamais; dans nos conversations, je ne l'ai jamais entendu faire la moindre allusion à des grands compositeurs, alors qu'il citait volontiers et souvent les écrivains, les historiens, les philosophes, les grands livres religieux. De l'architecture, il avait une approche plus historique qu'esthétique. Une cathédrale, une ville, un temple, une statue, un bâtiment officiel étaient beaucoup plus pour lui les témoins d'une époque qui parlait à son imagination, ou qui appelait une action dans le présent, qu'un ensemble de formes dont la beauté se suffit à elle-même. Il était assez indifférent aux matières précieuses, aux ivoires, aux bronzes, aux émaux. De ce point de vue, La Boisserie était un « antimusée ». Son royaume était celui des livres. Il vivait au milieu d'eux, les consultant sans cesse, aimant en parler, comme il l'avait fait toute sa vie. On sait que, dès son adolescence, il avait porté intérêt à la *Nouvelle Revue française*, avec tout ce que cette attitude impliquait d'audace et d'originalité chez un jeune officier.

En politique, il ne se voyait guère d'égaux. En littérature, il se considérait comme un pair parmi ses pairs. Il savait apprécier la qualité d'un texte, vite et bien, jugeant au premier coup d'œil, avec un diagnostic très sûr. Il répondait à tous ceux qui lui dédicaçaient leurs ouvrages, par des lettres manuscrites lorsqu'il s'agissait d'auteurs de qualité. Il tenait à l'estime de ses « frères en écriture ». Il s'efforça toujours de les gagner à sa cause et de les mettre de son côté. La confiance, l'affection, la considération d'hommes comme André Malraux, Georges Bernanos, François Mauriac, Pierre Jean Jouve, Pierre Emmanuel,

Jean Guéhenno, lui furent d'un précieux concours dans la mesure où ces témoignages raffermissaient sa confiance en lui quand elle venait à lui manquer.

Des auteurs, il avait les petites déformations professionnelles. Il suivait avec intérêt l'évolution de ses tirages. Pas le moins du monde pour les droits financiers qui en sont la légitime contrepartie : ainsi que je l'ai dit, il en faisait peu de cas. Mais il voyait dans le nombre de ses lecteurs la mesure de l'intérêt que lui portaient les Français; l'amour-propre littéraire rejoignait ainsi la préoccupation du politique, au point qu'il était difficile de les dissocier. Nous en parlions souvent lorsque je lui rendais compte de la gestion de ses droits. Il manifestait toujours quelque tristesse à constater que son œuvre d'avant guerre avait un nombre de lecteurs relativement modeste, à la différence de ses Mémoires ou de ses Discours. Tout particulièrement s'agissant de *la France et son armée*, qui me paraissait avoir été son œuvre préférée. A ce sujet, on sait qu'un conflit l'avait opposé au maréchal Pétain. Ce dernier lui avait commandé cette œuvre, destinée à paraître sous son nom. Le commandant de Gaulle avait accepté. Pourtant, réagissant beaucoup plus en écrivain qu'en officier, il avait catégoriquement refusé que son texte fût altéré. C'était le sens de sa lettre du 23 janvier 1928, qui disait en substance; « Sous votre nom, Monsieur le Maréchal, mais tel que je l'ai écrit. » Et il concluait : « Le style, c'est l'homme. » Le respect de son œuvre avait pris le pas chez lui sur le sens de la discipline. C'est dire l'importance qu'il attachait aux quatre ouvrages publiés par lui dans la période de l'entre-deux-guerres. Il estimait que toute son action future s'y trouvait en germe. Bien que son style eût évolué par la suite, sous l'effet conjugué de la rédaction de ses allocutions et de celle de ses Mémoires, il tenait beaucoup à sa première manière, d'un classicisme à l'antique, où la phrase paraît gravée au burin dans une matière dure, non sans quelque froideur, mais d'un bel éclat. Il aimait aussi parler des tirages des autres. Voyant souvent le directeur de la Librairie Plon, j'apprenais à connaître le monde de l'édition, qui finit d'ailleurs par me passionner.

Je pouvais ainsi apporter à La Boisserie une moisson de faits, d'anecdotes et de chiffres dont je savais combien le Général était friand.

Il se tenait au courant de la vie des Académies. Lorsqu'il était aux affaires, il avait témoigné beaucoup d'égards à l'Institut de France, qui, à ses yeux, était l'un des fleurons du « patrimoine ». Il n'avait pourtant pas que des amis à l'Académie française. Les partisans de la politique du gouvernement de Vichy y tenaient des positions qui, pour n'être plus aussi prépondérantes qu'autrefois, restaient solides. Ils étaient inébranlables dans leur hostilité à l'homme du 18 juin, ce qui ne paraissait pas troubler beaucoup de Gaulle. La pérennité de l'instition du quai Conti l'intéressait plus que les réactions de certains de ses membres à son encontre. Il fit preuve à son égard du plus grand des libéralismes et ne cessa de lui marquer de la considération – entièrement désintéressée, faut-il le préciser. Il était *papabile* et le savait. Il aurait suffi du moindre geste de sa part, ou, plus simplement, de laisser jouer le cours normal des événements, pour qu'il entrât sous la Coupole. Depuis 1940, il avait estimé que cette forme d'immortalité ne lui convenait pas, pour des raisons identiques à celles qui l'avaient incité à ne pas être enterré aux Invalides. Cette attitude n'impliquait aucune condescendance de sa part. Je lui avais transmis à Colombey un message oral de Maurice Genevoix, secrétaire perpétuel de l'Académie française, lui faisant savoir combien il serait heureux si de Gaulle acceptait de devenir membre de la Compagnie ; les procédures habituelles seraient supprimées ; l'on trouverait la formule répondant à une situation à bien des égards exceptionnelle. Le Général ne prit pas la proposition à la légère. Il me parut touché par l'intention de Maurice Genevoix. Il me répondit très simplement, sans la moindre trace d'ironie : « Vous comprenez bien que ce n'est pas possible. Mais remerciez Maurice Genevoix. » Dans la foulée de cette conversation, nous parlâmes du prix Nobel, pour lequel on évoquait à nouveau le nom d'André Malraux. Le Général avait à l'œil les académies et instances suédoises, dont il n'approuvait pas souvent les choix, car il estimait que les préoccupations politiques jouaient un rôle excessif dans l'attribution des prix. Il avait eu cette phrase amusante – et, à la réflexion, assez juste : « Mauriac a eu le Nobel quand il n'était pas encore avec moi ; Camus quand il n'a plus été avec moi ; Malraux ne l'aura pas aussi longtemps qu'il est avec moi... »

A l'écrivain Charles de Gaulle, Marcel Jullian et moi-même aurions voulu apporter la plus précieuse des consécrations pour un auteur français : être publié de son vivant dans la collection de la Pléiade. Il aurait ainsi partagé l'honneur fait à Montherlant, Malraux, Gide, Claudel, Martin du Gard, Valery Larbaud. Le projet paraissait réalisable. La maison Gallimard le voyait d'un œil favorable. Mais une telle publication pose des problèmes techniques complexes ; elle nécessite un important travail d'érudition et de critique, ainsi que le concours d'excellents spécialistes. Il s'agit d'une réalisation qui prend du temps. Or il fallait aller vite si l'on voulait que l'auteur en voie l'amorce de son vivant. Nous avions envisagé de procéder par ordre chronologique et de publier les œuvres d'avant guerre, qui auraient constitué un volume de mille pages environ. J'avais tâté le terrain du côté du Général. L'idée était loin de lui déplaire. Je compris même qu'il nous était reconnaissant d'y avoir pensé. Il m'avait toutefois précisé qu'il souhaitait être saisi d'une proposition de Gallimard. Sur ce point-là, comme toutes les fois qu'il s'agissait de la France ou de lui-même, il ne voulait jamais se placer en position de demandeur. Marcel Jullian et moi avions mis l'affaire à l'étude. La mort du Général donna à ce projet un caractère de moindre urgence. De toute façon, Charles de Gaulle figurera un jour dans la prestigieuse collection de nos plus grands écrivains. Il y a sa place. Il sera le premier chef d'État à avoir ce privilège.

Lorsqu'il agissait dans le domaine de la politique, l'instinct jouait. Les décisions, les choix, les actes, l'attente, le jeu fait de subtilité et de sang-froid qui consiste à composer avec le temps afin de le mieux utiliser au bon moment lui venaient tout naturellement. Pour gouverner, il possédait l'aisance du virtuose que les difficultés élèvent au sommet de ses dons. Tout au contraire, l'écrivain avait à livrer de rudes combats avec lui-même. De surcroît, son style était d'une nature telle qu'il ne souffrait pas le moindre fléchissement. Que tous ceux qui l'ont entendu à la radio ou vu sur leur écran de télévision, que tous ses lecteurs n'oublient jamais : avant qu'il ne s'adresse à eux sur un ton à la fois souverain et familier, superbe d'aisance et d'autorité, donnant l'impression de s'exprimer dans l'allégresse, l'écrivain qu'il était n'avait pas ménagé sa peine pour couvrir de son écriture les grandes pages de papier à lettre blanc qu'il affectionnait, et qu'en scrupuleux artisan des mots et des phrases il avait corrigées jusqu'à ce qu'elles soient devenues presque indéchiffrables pour ses secrétaires, alors qu'elles reflétaient dans leur limpidité une pensée magistralement dominée.

LES *DISCOURS ET MESSAGES*

> *« Le meilleur oracle est celui qui enfante l'espoir. »*
>
> EURIPIDE.

Du 21 avril au 18 septembre 1970, la Librairie Plon publie les *Discours et Messages* de Charles de Gaulle. Ces textes couvrent la période qui va du 18 juin 1940 au 18 avril 1969. Les cinq volumes comprennent plus de huit cents textes, dont quarante et une conférences de presse. Ils paraissent à la cadence d'un toutes les six semaines. Une telle collection présente des aspects exceptionnels. Je ne crois pas qu'elle ait beaucoup de précédents dans notre pays. Voilà des discours ou allocutions qui sont déjà connus. S'ils comprennent quelques inédits, leur nombre est relativement faible. Leur ensemble dégage cependant une impression de nouveauté et produit un effet de choc. En réalité, quelle contribution à l'explication de trente ans d'histoire! De nature à intéresser les Français et, bien souvent aussi, le reste du monde. On y retrouve la pensée d'un homme d'État qui, après avoir bien dégagé les perspectives de son époque et dessiné d'un trait sûr le plan d'action qu'il entendait mettre en œuvre, n'hésitait pas à s'engager à fond pour en assurer le succès. On y perçoit, autour de quelques thèmes majeurs, qui pendant trente ans sont toujours aussi fortement accentués, les souples variations qu'imposent le cours des événements et les nécessités de la tactique. Au fil des pages, chacun peut y relire des mots, des expressions, des phrases qui souvent se sont incorporés au langage même de la vie politique française. Bien des Français ont ainsi la possibilité de revivre le souvenir des engagements, des crises, des combats, des doutes qui ont orienté leur destin national et parfois personnel, qu'il s'agisse de la Résistance, de la reconstruction du pays, du RPF, de l'insurrection algérienne, de luttes politiques intérieures, de la bataille pour l'indépendance française. Pour certains, ces rappels sont empreints de nostalgie; pour d'autres, ils peuvent raviver des regrets, des remords, des haines. Bien peu de nos compatriotes restent insensibles à de tels souvenirs. N'est-ce pas là l'essentiel? Les générations à venir trouveront dans ces messages une interprétation des temps qu'ils n'ont pas vécus et, j'en suis pour ma part convaincu, des raisons de ne jamais désespérer. Là encore, il appartient aux historiens d'utiliser ce matériau, aux critiques de l'analyser et à chacun de ses lecteurs de juger selon ses convictions et ses inclinations.

Mon intention se situe ailleurs. Je souhaiterais expliquer les raisons pour lesquelles de Gaulle a décidé de faire publier ses discours de son vivant, et apporter quelques précisions sur le déroulement d'une entreprise qui a exigé beaucoup d'efforts de la part de tous ceux qui, à des titres divers, y ont contribué. Mon seul propos étant là encore, chemin faisant, d'éclairer certains aspects de la personnalité du Général.

Quand de Gaulle se retire définitivement à Colombey en avril 1969, il met un terme à une époque de trente années pendant lesquelles, directement ou indirectement, il a joué un rôle de tout premier plan dans la vie politique française. Il a toujours parlé en public et donné des conférences de presse. A l'exception d'une courte période de mutisme qui s'ouvre après l'allocution adressée, le 2 août 1956, aux élèves officiers de Saint-Cyr-Coëtquidan – pour leur dire, parlant de la France et de son affaiblissement : « Elle repartira mentalement, d'abord, de ce qui fut fait il y a quelques années quand la nation, abaissée, démolie, au fond de l'abîme, s'est décidée à se relever, à se rassembler et à marcher vers le succès et vers l'espoir... » – pour se clore le 15 mai 1958. Ce jour-là, dans les circonstances que l'on sait, la voix de De Gaulle se fait entendre à nouveau. Sa déclaration paraît enchaîner sur celle qu'il a prononcée presque deux ans plus tôt : « Naguère le pays, dans ses profondeurs, m'a fait confiance pour le conduire tout entier jusqu'à son salut. Aujourd'hui, devant les épreuves qui montent de nouveau vers lui, qu'il sache que je me tiens prêt à assurer les pouvoirs de la République. »

A l'exception de ces deux années, de Gaulle a donc maintenu un dialogue avec le pays. Il avait d'ailleurs fait éditer par la maison d'édition Berger-Levrault les discours qu'il avait prononcés pendant la période qui va du 18 juin 1940 jusqu'à l'été 1946. Il avait également autorisé la publication par le Rassemblement du peuple français d'un certain nombre d'allocutions faites au cours des premières années de la IVe République. Toutefois, ce dernier ouvrage était loin d'être complet. La période dite de « la traversée du désert » était donc mal couverte. Aussi longtemps que le Général était à la tête du pays, il avait estimé ne pouvoir prendre aucune initiative pour publier les discours qu'il avait prononcés depuis 1958. Ils étaient d'ailleurs, comme chacun sait, largement reproduits par la presse, la radio, la télévision ou des organismes officiels tels que la Documentation française. D'autres le firent à sa place. Ce fut le cas d'André Passeron, journaliste accrédité auprès de l'Élysée par le quoditien *le Monde*. Actif et compétent, il avait rassemblé en deux volumes, parus en 1962 et 1966 sous le titre *De Gaulle vous parle*, un certain nombre de discours prononcés par le Général. En l'absence de tout autre ouvrage, ces livres constituaient un utile instrument de travail qu'on appelait d'ailleurs « le Passeron ». Ils présentaient toutefois, aux yeux du principal intéressé, un inconvénient majeur : la sélection des textes avait été réalisée par ce journaliste selon une manière de voir qui lui était personnelle. C'est, si mes souvenirs sont exacts, ce que le Général n'avait pas manqué de lui faire observer, non sans quelque ironie me semble-t-il, de lui avoir fait hommage, en 1966, d'un livre qui contenait ses propres œuvres. Or de Gaulle souhaitait que, sous réserve de quelques exceptions, soient publiés uniquement les discours qu'il avait préparés au préalable, c'est-à-dire en réalité écrits.

Pour toutes ces raisons, il fallait réaliser une véritable édition intégrale des interventions de De Gaulle depuis 1940, selon des critères clairs et rigoureux. Le Général paraissait l'avoir déjà dans l'esprit au début de l'année 1969, comme s'il pressentait qu'approchait le moment où il pourrait être amené à quitter le domaine de l'action directe pour entamer une nouvelle phase de sa vie. En février ou en mars – je ne me rappelle plus la date de façon précise, mais elle se situait après les déclarations faites à Rome par Georges Pompidou –, il demande au directeur de son cabinet d'établir la liste de toutes ses allocutions depuis mai 1958. Xavier de La Chevalerie, mon collaborateur Thierry Kaeppelin et moi-même examinons le problème. Nous sommes toutefois à quelques semaines du référendum d'avril. Le premier travail effectué reste donc inachevé; il ne sera pas pour autant inutile.

Dès la retraite du Général à Colombey, je comprends que le temps presse. André Passeron envisage de publier un troisième et dernier tome de la série *De Gaulle vous parle*, destiné à couvrir les années qui vont de 1966 au départ de De Gaulle. Sur le fond se pose un problème de principe : y a-t-il une propriété littéraire d'un homme d'État sur ses discours publics? J'étudie cette question avec Marcel Jullian et ses avocats. La réponse se trouve dans la loi du 11 mars 1957, qui stipule en son article 37 : « L'auteur seul a le droit de réunir ses articles et discours en recueil et de les publier, ou d'en autoriser la citation sous cette forme. » Il est vrai qu'il n'y a guère eu jusqu'ici de jurisprudence pour des hommes engagés dans la vie publique. Il va donc falloir la créer. Nous avons une certitude : le Général peut procéder lui-même à la publication de ses œuvres et empêcher qui que ce soit de le faire à sa place. Je communique ces indications par écrit au Général dès son retour d'Irlande.

Marcel Jullian se trouve dans l'incertitude la plus complète quant à ce que peut être la rentabilité commerciale d'une opération d'une telle ampleur et qui sort quelque peu de l'ordinaire. Il comprend cependant l'intérêt qu'elle présente pour l'auteur et pour le prestige de la

Librairie Plon. Il se déclare prêt à l'assumer. Je sais qu'on peut compter sur lui. Je suis également approché par Charles Orengo pour le compte de la maison Fayard.

A la fin du premier entretien que j'ai, le 8 juillet 1969, avec le Général qui vient de rentrer d'Irlande, je lui expose la situation. Il me donne son accord sur le principe. Il souhaite que ses discours soient publiés. Aucun doute ne l'effleure en ce qui concerne la législation. Ses textes publics font partie de son patrimoine littéraire au même titre que le reste de son œuvre. Il lui appartient, et à lui seul, d'en assurer la publication sous son contrôle et sous son nom. Il n'était pas intervenu dans ce domaine aussi longtemps qu'il était chef de l'État. Devenu simple citoyen, il entend faire valoir ses droits. Lorsque je lui dis qu'il faut se décider rapidement, je note chez lui une réticence. Je crois en comprendre la raison. Pour de Gaulle, publier ces discours, c'est, d'une certaine façon, mettre un point final à toute une partie de sa vie. Certes, il s'est fixé pour règle de ne plus jamais intervenir en public. Rien ne viendra donc en principe s'ajouter à son œuvre parlée. Toutefois, par sa présence, par la rédaction de ses Mémoires, il continue à compter dans la politique française.Il hésite donc à prendre toute décision pouvant donner l'impression qu'une page a été tournée à jamais et qu'il accepte de se couper définitivement du pays. A cet égard, la rédaction du dernier message qu'il avait adressé aux Français, le 28 avril 1969, est révélatrice. Comme il l'avait fait remarquer à Emmanuel Desgrées du Lou et à moi-même, il n'avait pas déclaré, après l'échec du référendum, qu'il n'était plus président de la République ou qu'il démissionnait; il avait utilisé une formule plus factuelle : « Je cesse d'exercer mes fonctions. » Il ne nous avait pas donné d'explication, mais il était facile de comprendre qu'il entendait garder intacte sa magistrature morale. Une seconde raison d'ordre plus technique pouvait également expliquer son hésitation. La publication de discours implique un lourd travail. Le Général en connaissait les exigences pour l'avoir lui-même assuré lors de l'édition par Berger-Levrault de ses *Discours de guerre*. Il craignait vraisemblablement qu'elle ne lui prît un temps qu'il souhaitait consacrer entièrement à la rédaction de ses Mémoires. Peut-être aussi entendait-il se réserver des occupations pour la période qui s'ouvrirait, une fois terminée l'œuvre qui lui tenait le plus à cœur, vers la fin de 1972, soit très exactement sept ans après sa réélection à la présidence de la République.

Je comprends ou devine toutes ces réactions. Compte tenu de leur nature, il m'est difficile de les aborder directement ou même de donner à entendre que j'ai pu aller aussi loin dans les arrière-pensées de mon interlocuteur. C'est ma première visite à La Boisserie et je n'ai pas encore établi avec mon hôte cette qualité de dialogue qui, par la suite, nous permettra de nous comprendre sans difficultés par la pratique d'un code non explicité, mais d'une grande sûreté. J'estime toutefois qu'il est de mon devoir d'insister. A la fin de notre conversation, je reviens donc à la charge. Je fais part à nouveau au Général de mes inquiétudes à l'idée de voir sortir des éditions réalisées hors de tout contrôle. Il est trop fin psychologue pour ne pas comprendre que j'ai pesé le pour et le contre. Trop tacticien pour ne pas sentir qu'il faut agir et occuper rapidement le terrain. Il me donne son accord pour que je fasse le nécessaire. Par une note du 11 juillet 1969, je lui rends compte que j'ai demandé à Plon et à Fayard de lui soumettre des propositions. Elles sont prêtes le 24 septembre 1969. Les conditions en sont à peu de chose près identiques. En réalité, par-delà la publication des *Discours*, le véritable enjeu est celui des Mémoires à venir. Comme l'on pouvait s'y attendre, le Général retient l'offre de la maison Plon. Il lui est en effet reconnaissant de son soutien en 1938 pour l'ouvrage *la France et son armée*. Dans le conflit opposant le colonel de Gaulle au maréchal Pétain, il avait fallu du courage et du caractère à Maurice Bourdelle, le directeur de l'époque, pour affronter le prestigieux militaire. Si bien que la vénérable maison de la rue Garancière s'était retrouvée très étroitement liée à la vie du Général. Ses archives étaient des plus intéressantes. J'y ai appris que l'ouvrage *la France et son armée* en préparait un autre qui, selon les propres termes de son auteur, « tâchera d'exploiter et de prolonger dans l'avenir ce qui ressort du premier », et qui n'a bien sûr jamais été écrit, les activités de l'auteur ayant pris le chemin que l'on sait. J'y ai parcouru de nombreuses lettres écrites par de Gaulle à propos de *la France et son armée* et des *Mémoires de guerre* : pour toutes ces raisons, la Librairie Plon lui tenait à cœur, d'autant plus que l'auteur appréciait Marcel Jullian, sa personnalité chaleureuse, foisonnante et roborative.

Le Général ayant fixé son choix, il faut passer à la réalisation. Depuis plusieurs mois, j'ai réfléchi aux multiples tâches à accomplir. Il convient tout d'abord de rassembler les textes et de les sélectionner. Pour la période qui va de 1940 à 1946, le travail a déjà été fait par le Général lui-même; il n'y a donc pas à y revenir. A partir de là se présentent les difficultés. Depuis toujours, le secrétariat privé du Général a travaillé dans l'ordre et avec méthode. Tous les manuscrits ont été soigneusement classés et répertoriés. Au fur et à mesure, les textes dactylographiés ont été rassemblés par les secrétaires privées du Général : Mlle Annick Mounier (Mme Pierre Juillet), Mlle Marie-Colette Jaulet (Mme Marcellin), Mlle Raymonde Lacombe (Mme Imperato), Mme Renée Mantrand, Mlle Claudine Hurard, Mlle France Gorny. Il s'agit presque toujours des frappes définitives des différentes interventions, celles que le service de presse utilisait pour établir ce qu'il était convenu d'appeler le « texte officiel » des allocutions ou des conférences de presse. Elles ont été réunies par année dans des reliures cartonnées. Ces volumes se révèlent particulièrement précieux, surtout pour la période de la traversée du désert, au cours de laquelle les allocutions du Général n'étaient pas toujours reprises par les journaux. Comparant ce classement à la liste des manuscrits, je relève quelques points faibles. Il manque – et c'est bien normal dans tout travail de cette nature – un certain nombre de discours que le Général a cependant rédigés. En sens inverse, s'y trouvent quelques allocutions que de Gaulle n'avait pas préparées à l'avance. Il me faut donc procéder à des recoupements méticuleux. Pourtant, l'essentiel de l'œuvre est là. Ma tâche en sera grandement simplifiée.

Le 29 août 1969, j'expose au Général comment se présente le problème. Il y a réfléchi de son côté. Comme toujours, ses instructions sont d'une extrême clarté. Il pose une règle fondamentale : sera publié tout ce qui a été écrit à l'avance. Il me le confirmera plus tard par une note manuscrite datée du 19 février 1970. On retrouve là l'une des idées directrices de toute son attitude en matière de déclarations et qu'il résumait dans la formule : « Je n'ai dit que ce que j'ai écrit. » Toutefois, il souhaite que certains textes improvisés, ou pas entièrement rédigés au préalable, soient publiés. Soit parce qu'ils ont acquis une notoriété telle que leur omission apparaîtrait comme une dérobade; c'est le cas de « Vive le Québec libre! ». Soit parce qu'ils ont valeur de symbole. Il veut en effet que figure dans les recueils au moins une allocution pour chacun des territoires ou départements d'outre-mer, qui font partie intégrante de la République et qu'il a tous visités. Soit enfin parce que certains textes, pour des raisons particulières, peuvent présenter un intérêt. Il me demande de lui faire des suggestions.

Le Général a également pensé à la répartition des discours en tomes. Il y en aura cinq. Le premier correspond à la guerre et ira jusqu'à janvier 1946. Le second couvre la période de 1946 à 1958, où il n'est plus aux affaires. Trois tomes seront consacrés à celle durant laquelle il a assumé le pouvoir, reprenant ainsi le découpage chronologique de ses *Mémoires d'espoir* : mai 1958 – juillet 1962; août 1962 – décembre 1965; janvier 1966 – avril 1969. Il utilise donc les titres qu'il a retenus pour ses Mémoires tout en les complétant, ce qui donne : *Avec le renouveau, Pour l'effort, Vers le terme*. Il allait de soi que le premier tome s'intitulerait *Pendant la guerre*. Le deuxième posait des problèmes plus délicats, et il envisageait plusieurs possibilités. Le 8 décembre, il m'écrit : « J'hésite entre *le Désert, l'Absence* ou *l'Attente*; j'incline pour *l'Attente*, c'est moins subjectif et moins péjoratif. » C'est effectivement ce dernier titre qu'il retiendra.

Dès l'automne 1969, j'entreprends de dresser une liste des textes par tome. J'y consacre une partie de mes soirées et la plupart de mes week-ends. Je soumets au fur et à mesure le fruit de mon travail au Général. Nous en discutons. Les textes pour lesquels existent des manuscrits ne soulèvent aucune difficulté. Ils seront tous publiés, à de très rares exceptions près. Il ne retient pas deux ou trois discours des campagnes électorales du RPF, car ils font double emploi avec ceux qu'il a prononcés quelques jours plus tôt. Ce sont là scrupules d'un auteur soucieux de ne pas se répéter. Mais il refuse aussi que soit publié le discours, pourtant préparé, qu'il a prononcé au Conseil d'État le 28 janvier 1960, pendant qu'Alger vivait la « semaine des barricades ». Il m'en dit la raison : « Le Conseil d'État s'est trop mal conduit à mon égard. » J'insiste; je cite le nom des membres de la haute juridiction qui ont été ses collaborateurs et dont je sais qu'ils lui sont chers : Georges Gallichon, Bernard Tricot, Pierre Racine, Jacques Boitraud, Bernard Ducamin, Marcel Pinet. Il reste inébranlable. Telle est donc la raison pour laquelle le Conseil d'État à la différence des autres grands corps de l'État, ne figure pas dans les *Discours et Messages*...

Pour les textes improvisés, je soumets des listes au Général. Je l'interroge notamment sur le discours qu'il a prononcé à Mostaganem, en juin 1958, et à l'issue duquel il a dit : « Vive l'Algérie française! » Comme on le sait, c'est la seule fois qu'il a utilisé cette expression. « L'avais-je rédigé? » me demande-t-il. Ma réponse est négative. Il clôt le débat : « Alors, appliquons la règle. » Elle ne souffrira que peu d'exceptions. J'ai déjà cité la brève et percutante intervention au balcon de l'hôtel de ville de Montréal en 1967. Le Général souhaite qu'on inclue, toujours dans le même esprit, les quelques phrases qu'il a prononcées en débarquant du *Colbert* à l'Anse au Foulon, le 23 juillet 1967. Ainsi que quelques allocutions ou toasts prononcés en diverses circonstances : réception offerte par le présidium et le gouvernement soviétiques, le 30 juin 1966; réunion de la colonie ecclésiastique à la villa

Bonaparte, à Rome, le 31 mai 1967; cérémonie organisée à Toulon, le 8 février 1968, en souvenir de l'équipage du sous-marin *la Minerve*, disparu en mer avec tout son équipage. Sur ma suggestion, il accepte que soit publiée l'allocution qu'il a prononcée lorsque l'ambassadeur de la Chine populaire lui remit ses lettres de créance, le 6 juin 1967. Il s'agit là d'une dérogation très particulière. Dans des cérémonies de cette nature, le Général ne rédige pas de texte à l'avance. Il improvise à partir des éléments de dossier préparés par le Quai d'Orsay. Ses paroles sont prises en sténographie. Revues par lui, elles sont ensuite transmises aux ambassadeurs par le conseiller diplomatique de la présidence. Le chef du service de presse ne les communique pas dans leur intégralité aux journalistes mais en donne seulement des extraits. De Gaulle a donc réservé à dessein un sort spécial à la Chine pour bien marquer l'importance qu'il attachait à la reprise des relations entre les deux plus vieilles nations de l'Europe et de l'Asie. Pour ce qui concerne les allocutions prononcées dans certains des territoires d'outre-mer, je me heurte à quelques difficultés. Si j'ai pu, non sans mal, retrouver les paroles prononcées par de Gaulle à Saint-Pierre-et-Miquelon, à Wallis-et-Futuna, à Papeete, en revanche, pour les Comores, malgré l'aide de Jean Mauriac, je n'ai pu mettre la main sur aucun texte dont je sois tout à fait sûr. Pour ne pas omettre un pouce du « pré carré », fût-il partagé avec un pays ami, j'ajoute le discours prononcé par de Gaulle à Port-Vila, capitale du condominium des Nouvelles-Hébrides.

Au fur et à mesure que le Général me donne son accord sur les listes que je lui ai soumises, je transmets directement à la Librairie Plon les textes tels qu'ils avaient été conservés par le secrétariat privé. De Gaulle ne les revoit pas. En revanche, je lui soumets ceux qui n'avaient pas été rédigés au préalable et dont il souhaite vérifier le texte. Travail auquel il procède le plus souvent devant moi, avec célérité, tant sa technique en ce domaine a atteint une grande aisance; biffant les répétitions; supprimant les chevilles qui se glissent lorsqu'un orateur improvise; rétablissant la ponctuation. Sous l'effet de cet élagage, le texte change d'apparence, tout en gardant sa signification. Il prend sa forme en un rien de temps, de la même manière que les dernières applications des mains du potier confèrent à l'argile en mouvement son ultime beauté.

Je sélectionne donc les textes. Huit cents discours ou allocutions sont retenus. Ils s'échelonnent sur presque trente ans d'histoire. Pour les Français qui ont atteint la quarantaine au moment de la publication, la période de la guerre n'est plus qu'un souvenir d'adolescence; les moins de trente ans connaissent mal l'action de De Gaulle de 1946 à 1954; la fin de la IVe République est intervenue alors que les jeunes gens qui approchent de leur majorité en 1968 ne s'intéressaient pas encore à la vie publique. Il convient donc de guider le lecteur à travers des périodes qui lui sont plus ou moins familières. Il faut aussi lier les discours entre eux pour recréer l'impression du mouvement historique dans lequel ils sont insérés. Enfin, pour les périodes lointaines, il se révèle indispensable de donner des précisions sur les événements ou les personnages aujourd'hui oubliés, mais qui jouèrent un rôle à l'époque. Des notes explicatives sont donc nécessaires. A qui confier une telle tâche? Que de Gaulle ait fait lui-même la présentation de ses textes pour ses *Discours et Messages* publiés par Berger-Levrault ne simplifie pas les choses; à son habitude, il a mis la barre à un haut niveau. Le temps presse. Je m'en ouvre à Jean Bécarud, bibliothécaire du Sénat, auquel me lie une amitié qui remonte à notre adolescence et qui n'a pas souffert de la manière parfois différente dont nous jugeons la vie politique. Sa réponse est immédiate: « A ta place, j'en parlerais à François Goguel. » L'historien est indiscuté. L'homme possède les qualités de cœur, d'intégrité, de dignité auxquelles le solitaire de La Boisserie attache du prix. De surcroît, ce haut fonctionnaire voit avec sympathie l'œuvre de De Gaulle, sans pour autant se départir de la rigueur de l'homme de science. Étant donné ses fonctions – elles font de lui le premier des collaborateurs de celui qui fut, en application de la Constitution, président de la République par intérim –, je crains toutefois que ma proposition ne le place devant un choix de nature à l'embarrasser. C'est mal connaître le courage et l'indépendance d'esprit de François Goguel. Quand je lui fais part du projet, il accepte d'enthousiasme. Reprenant à dessein une formule de Jean-Marcel Jeanneney, il me déclare : « Je suis toujours mobilisable au service de De Gaulle. » J'en parle au Général. Il approuve le choix. Le 5 novembre 1969 au matin, Hubert André pilotant comme d'habitude la DS, nous retrouvons François Goguel, qui, pour éviter toute indiscrétion ou supputation, nous attend tranquillement à l'arrêt de l'autobus 84, rue de Vaugirard, à quelques pas de son bureau et de son domicile près du jardin du Luxembourg. Nous prenons la route de Colombey. A La Boisserie, les deux hommes se mettent rapidement d'accord sur la meilleure manière de procéder. Les tomes qui correspondent aux époques où le Général était aux affaires – le premier, le troisième, le quatrième, le cinquième – seront précédés d'un simple aide-mémoire chronologique. C'est une solution raisonnable, puisque ces années ont été traitées par le Général dans ses *Mémoires de guerre* ou le seront dans ses *Mémoires d'espoir*. En revanche, un aide-mémoire historique ouvrira le tome II, qui couvre la période 1946-1956. François Goguel présentera chacun des discours, à l'exception bien entendu de ceux du tome I, puisque ce travail a déjà été effectué par le Général. En cas de besoin, il rédigera sur les événements ou sur les hommes des notes explicatives. Au déjeuner, l'atmosphère est excellente; les deux hommes s'estiment et, en spécialistes de la science politique, éprouvent un plaisir visible à converser.

Commence alors une période de travail intense. Le Général souhaite que tout soit achevé avant septembre 1970. Il envisage en effet de publier le premier tome de ses *Mémoires d'espoir* à l'automne. Nous avons donc à tenir les échéances d'un calendrier tendu. Éditer en moins de dix mois cinq livres dont le plus mince a 148 pages et le plus épais 677, ce n'est pas rien. Grâce à Dieu, Marcel Jullian connaît son métier; il anime une équipe peu nombreuse mais d'une belle efficacité. Il mène l'affaire tambour battant.

De mon côté, avec le concours de France Gorny, j'arrête les listes définitives des discours et les communique, accompagnées des textes, à François Goguel. Ces listes sont nos fils directeurs et serviront de table des matières aux ouvrages. Se pose au passage le problème des déclarations faites par de Gaulle dans plusieurs langues étrangères. Certaines doivent être imprimées dans des alphabets différents du nôtre : c'est le cas du turc, du polonais, du russe. Marcel Jullian en fait son affaire, avec l'aide de Constantin Andronikof, qui a été l'interprète de De Gaulle en anglais et en russe. De son côté, François Goguel déploie une activité inlassable. Un dialogue amical et fécond s'établit entre lui et le Général, qui apprécie la qualité des aide-mémoire qui lui sont soumis. Le 19 février, de Gaulle m'écrit à ce sujet : « Les notes de M. F. Goguel sont très claires et très utiles. »

De Gaulle, de son côté, revoit au fur et à mesure les épreuves que lui fait parvenir l'imprimeur Marc Hérissey. J'aurais voulu épargner à l'auteur ce travail fastidieux. Il lui faut relire 2 657 pages. Chacun imagine ce qu'une telle tâche représente; à la tension de l'esprit s'ajoute l'effort imposé aux yeux. Or je sais que, sur ce plan, le Général doit se ménager. J'ai toujours peur que sa vue ne vienne à faiblir. L'idée qu'il puisse un jour se trouver dans l'impossibilité d'écrire est préoccupante. Que deviendrait-il? Depuis 1948, sa vision est très diminuée; il s'y est habitué; il domine cette infirmité parce qu'il peut, avec l'aide de lunettes, lire et écrire. Si ce moyen de communication venait à lui manquer, l'intelligence resterait certes aussi lumineuse; mais comment pourrait-elle s'exprimer? Je l'imagine mal dictant ses livres. Son écriture progresse en effet dans un combat permanent avec les mots, et il lui faut « voir » son texte. S'il devait renoncer à la rédaction de ses Mémoires, le coup serait terrible. De tout cela, j'ai conscience. J'ai beau retourner le problème sous tous ses aspects, je ne trouve pas de solution. Du point de vue technique, seul le Général peut revoir les épreuves avec la compétence voulue, notamment pour la ponctuation. De surcroît, c'est une œuvre dans laquelle il s'engage personnellement; il lui faut vérifier lui-même qu'il n'y a pas d'erreurs dans ses textes et prendre connaissance du travail d'annotation de François Goguel. Il relit donc toutes les épreuves au fur et à mesure de leur impression. Le tome III lui est porté en Espagne, en juin 1970, pour que le calendrier soit tenu. Il accomplit cette tâche avec une rapidité étonnante. Il ne garde pas un tome plus d'une semaine. Il est peu de fautes d'orthographe, d'erreurs de ponctuation, de défaillances de la typographie qui lui échappent, comme peut en témoigner le correcteur de Plon.

Tout est donc prêt à la date prévue. Le premier tome sort le 21 avril 1970. Les autres suivront les 21 mai, 18 juin, 3 juillet, 18 septembre. De Gaulle fait hommage de son livre à un certain nombre de personnalités. Il a décidé qu'il dédicacerait seulement les exemplaires qu'il offre, et qu'il ne le ferait que pour le premier des cinq tomes. Tout naturellement, le choix des personnalités auxquelles il accorde cette marque d'attention est déterminé pour une bonne part par des références à l'époque de la France libre, pour laquelle de Gaulle garde une prédilection d'où la nostalgie n'est pas absente. Il n'oublie pas ses trois anciens Premiers ministres ni les académiciens, dont plus de la moitié reçoivent un ouvrage dédicacé. Il pense aussi à certains Goncourt.

Le Général ne fait pas de service de presse. Il se contente d'adresser une trentaine d'exemplaires dédicacés à des personnalités du monde du journalisme et de la presse, en témoignage de leur attitude pendant la guerre ou en souvenir de ce qui s'est passé après. Il a une attention particulière pour les journalistes étrangers avec lesquels il a toujours gardé contact depuis l'époque de la dernière guerre : Harold King, de l'Agence Reuter, le seul à qui de Gaulle donnait du « mon cher ami » dans les conférences de presse; Walter Lippman, de *Newsweek*; C. L. Sulzberger, du *New York Times*, que le Général recevait chaque année, même aux moments les plus difficiles des relations entre la France et les États-Unis. Voyant le Général signer tous ces ouvrages, je devine qu'il procède à la répétition générale d'un scénario qui se déroulera, avec davantage d'ampleur et une signification politique plus affirmée, lors de la sortie du premier tome de ses *Mémoires d'espoir*. Lorsqu'il étudie les listes qui lui sont soumises et choisit avec soin les termes de ses dédicaces, j'imagine qu'il pense à ce qui se passera en octobre.

Quel sera l'accueil réservé par le public aux *Discours et Messages*? Le 2 décembre 1969, lors de sa visite à Colombey pour la signature du contrat, Marcel Jullian informe le Général qu'il compte tirer au départ douze mille exemplaires. L'auteur trouve ce chiffre audacieux. Il m'en parle lors de notre entretien en tête à tête avant le déjeuner. Il est aisé de deviner son souci. Il ne souhaite pas aller au-devant d'un échec. Il redoute un accueil réservé; l'ouvrage qui va sortir porte sur une époque lointaine; il s'agit en réalité d'une simple réédition. Je lui donne mon point de vue : les acheteurs directement intéressés – hommes politiques, journalistes, historiens, chercheurs, bibliothèques – représentent un tirage de trois mille à quatre mille exemplaires. Au-delà, c'est l'inconnue. Toutefois, il s'agit de l'œuvre de De Gaulle. C'est le premier livre d'une série. De surcroît – c'est bien d'ailleurs ce qui le préoccupe –, des facteurs sentimentaux, émotionnels, peuvent jouer. Il est difficile d'en prévoir l'ampleur. Ma conclusion est néanmoins fort nette : le chiffre avancé par Marcel Jullian me paraît raisonnable. Au fond de moi-même – sans que je puisse dire si mon vœu personnel ne fausse pas quelque peu la rigueur de mon analyse –, je pense qu'il sera largement dépassé. Ayant rencontré André Passeron peu de jours avant dans les couloirs du Quai d'Orsay, je l'ai interrogé sur les tirages de son *De Gaulle vous parle*; il m'a indiqué que les ventes de chacun des deux tomes avaient dépassé les vingt mille exemplaires. Indication intéressante et de nature à rassurer. Je préfère ne pas la donner au Général pour ne pas provoquer en lui des espoirs qui pourraient être déçus.

Le succès de librairie est immédiat. D'une ampleur surprenante pour une œuvre à bien des égards difficile et d'une approche sévère. A l'évidence, des facteurs sentimentaux ont joué. De Gaulle le comprend. Dans sa solitude, c'est un premier baume sur la blessure ouverte par le référendum d'avril 1969 qui ne sera d'ailleurs jamais cicatrisée. Il me remercie d'avoir insisté pour que cette édition soit faite. Sur la page du livre qu'il m'offre, il rédige devant moi une dédicace qui me touche. Je le lui dis. Nous n'allons pas plus avant et nous changeons de sujet. Nous savons très précisément l'un et l'autre, bien que nous n'en soufflions mot, le fond de notre pensée. Le test pour l'accueil qui sera réservé aux *Mémoires d'espoir* est positif. De Gaulle vit toujours dans l'esprit et dans le cœur des Français. Il peut donc continuer à écrire dans la sérénité.

LES *MÉMOIRES D'ESPOIR*

« *Il faut intarissablement se passionner.* »

RENÉ CHAR.

Ainsi que le sait le lecteur, dès après son départ des affaires, la rédaction de ses Mémoires devient la préoccupation dominante de De Gaulle. Comme il me l'a souvent répété, il ne vit plus que pour expliquer son œuvre. En retour, son activité d'écrivain lui permet de surmonter l'épreuve du référendum perdu le 17 avril 1969. Le temps consacré à la rédaction, sa rigueur pour composer ses textes, les joies et les peines qui sont celles de tous les créateurs, le sentiment – dont il a une conscience aiguë – d'agir, par l'évocation du passé, sur le présent et l'avenir, lui épargent le calvaire du vieillard brisé qui aurait pu être son lot s'il n'avait eu le recours et le havre de l'écriture. L'écrivain Charles de Gaulle a sauvé par deux fois de Gaulle de la tentation du désespoir, qui avait toujours exercé sur lui une troublante fascination. Les *Mémoires de guerre* avaient assuré la survie, puis le retour de l'homme politique; les *Mémoires d'espoir* lui ont permis de garder sa dignité jusqu'à sa mort. Malraux n'a pas tort d'évoquer, à propos de la création littéraire de De Gaulle, l'effet de la drogue. C'est fondé dans la mesure où écrire offre une possibilité d'évasion dont on peut difficilement se priver une fois qu'on l'a acquise. Mais l'on ne saurait aller plus loin. De Gaulle ne s'égare pas dans un paradis artificiel ou imaginaire; par le moyen de l'écriture, il intervient, agit et reste présent.

Moins de deux semaines après le référendum, le Général me précise quels sont les premiers documents qui lui sont nécessaires pour son travail. Je vais le voir à Colombey pour la première fois depuis son départ de l'Élysée le 6 juillet 1969. L'essentiel de notre entretien porte sur ses Mémoires. Comme toujours, il ramasse sa pensée en quelques formules concises : « Je rédigerai mes Mémoires; je dirai comment je voyais les événements, comment je jugeais les hommes. Je ne le fais pas tellement pour maintenant, mais pour plus tard. » Il me précise ensuite les titres et le découpage qu'il pense retenir pour la période qu'il souhaite traiter : *le Renouveau,* mai 1958-juin 1962; *l'Effort,* juillet 1962-décembre 1965; *le Terme*, janvier 1966-avril 1969. Puis il me parle du premier tome. Il pense pouvoir me donner à lire en août le premier chapitre, dont il a entrepris la rédaction en Irlande. Comme je l'ai déjà mentionné, il veut aller vite et terminer les trois tomes avant la fin de 1972, date qui correspond à la fin de son second septennat. Puis il analyse les différences entre sa tâche d'aujourd'hui et celle du temps où il rédigeait ses *Mémoires de guerre*. La dimension et l'intensité des événements ne sont plus les mêmes, et il en a conscience. En 1954, il avait à décrire le rôle joué par la France de 1940 à 1945, alors que se produisait le plus grand des bouleversements militaires et politiques qu'ait connu l'espèce humaine. L'histoire du monde avait des accents d'épopée. Cette fois, la France sera davantage au centre du sujet; l'humanité connaît une période de paix; pas totale, certes, non sans nervosités ni conflits secondaires, mais telle que les affrontements majeurs se font par d'autres moyens que la guerre. La tonalité de son œuvre sera donc différente.

Je retiens de l'entretien que le Général va se donner à fond. Pour ma part, je devrai faire en sorte qu'il ne perde pas son temps. A chaque rencontre, je suis impressionné par sa volonté de s'en tenir au calendrier qu'il s'est fixé. Il travaille tous les jours, environ six ou sept heures; trois ou quatre sont consacrées à la rédaction proprement dite, les autres à prendre connaissance des documents que j'ai rassemblés à son intention, à compléter ses textes et à les revoir. Quand il part pour l'Espagne, en juin 1970, son manuscrit, qu'il a écrit deux fois, est prêt. Dès son retour, il entreprend le deuxième tome, dont deux chapitres sont rédigés lorsqu'il meurt. A mesure que son travail progresse, je discerne mieux son objectif. Il veut bien évidemment réaliser une œuvre destinée aux générations futures. C'est là son objectif principal. Toutefois, il entend aussi faire connaître son sentiment sur la vie française d'aujourd'hui, afin de répondre à certaines questions que peuvent se poser nos compatriotes. Dans les deuxième et troisième tomes, il aurait exprimé sa façon de voir sur la période qui a suivi son départ. On peut d'ailleurs en discerner les premiers signes dans *le Renouveau.* Le 12 mai 1970, avant de partir pour l'Espagne, il me lit le dernier chapitre du tome I, qui a pour titre « Le chef de l'État ». Vient le portrait de Chaban-Delmas. Le débit de De Gaulle ralentit lorsqu'il entame la dernière phrase. Il prend soin de détacher chacun des mots : « Tant que je dirige ce combat, je constate que son adresse va de pair avec son mérite sans estomper sa rectitude. » Puis il me regarde et, sur le ton de la complicité et de la confidence qu'il aime prendre dans ces cas-là, il ajoute : « Vous voyez, je prépare la suite. » Le 6 octobre 1970, après avoir lu le premier chapitre du deuxième tome, *l'Effort,* je dis à l'auteur ce que j'en pense. « Mon général, le ton est différent de celui du *Renouveau.* Je le trouve plus incisif. – Vous avez tout à fait raison, me répond-il ; le troisième le sera plus encore. Ce sera un réquisitoire des classes dirigeantes françaises. » Il prononce la phrase que j'ai citée : « Vous savez, en moins de trente ans, les élites françaises ont fait deux fois faillite : en juin 1940 et en mai 1968 », et de conclure : « Elles voulaient le départ de De Gaulle afin de se réinstaller au pouvoir ; elles y sont parvenues ; il n'empêche qu'elles sont condamnées si elles ne se renouvellent pas. »

Le Général savait d'expérience que la rédaction de Mémoires est un genre littéraire qui ne va pas sans ambiguïtés. N'avait-il pas constaté lui-même, dans *la Discorde chez l'ennemi,* à propos des souvenirs publiés par les principaux responsables allemands, civils et militaires, de la

Première Guerre mondiale : « S'il ne convient de tirer parti de ces écrits qu'en tenant très largement compte de l'esprit de justification qui les a dictés, il est possible, en les comparant les uns aux autres, en opposant les thèses qu'ils soutiennent, en groupant leurs affirmations et leurs négations, de discerner tout au moins les principales péripéties et de se former un jugement sur l'action des personnalités » ? Il a donc conscience de ne pas faire œuvre d'historien. Pas plus que ses prédécesseurs. Nul n'ignore l'admiration qu'il porte à Chateaubriand, les *Mémoires d'outre-tombe* sont un de ses livres de chevet. Il a lu plusieurs fois le *Mémorial de Sainte-Hélène*; médité sur les *Commentaires* de César; réfléchi au « testament » de Richelieu; parcouru les écrits de Churchill; je lui ai apporté à Colombey ceux d'Adenauer. Rédiger des Mémoires, c'est faire un plaidoyer *pro domo*. Mais il a la conviction que son dossier est solide. Avant d'entreprendre la rédaction, il a dégagé une vision claire des perspectives qu'il va dessiner, de l'ordonnancement des lignes de force, des thèmes à développer. Il a déjà pensé aux passages délicats : mai 1968, ses rapports avec Georges Pompidou. Il sait comment il les traitera. Il m'en a parlé dès le début.

Sa prodigieuse mémoire l'aide. Tout s'est gravé dans les lobes d'un cerveau organisé de façon surprenante. L'âge n'a nullement brouillé les sillons que le passé y a tracés. Tout paraît y vivre encore avec une étonnante fraîcheur : les événements; les hommes; les circonstances qui les ont rapprochés ou éloignés de lui; ses décisions comme les raisons qui l'ont poussé à les prendre; les obstacles qui ont souvent freiné, voire parfois empêché leur réalisation. Je suis chaque fois frappé de la connaissance qu'il a gardée des dossiers, dont certains datent de plus de dix ans. Sa mémoire ne se limite pas, comme ses adversaires donnaient à le penser, au « domaine réservé ». Il conserve un souvenir très précis de ses interventions dans l'économie, la finance, les affaires sociales, la recherche, l'éducation nationale. En bref, des affaires traitées par les conseils du gouvernement, élargis ou restreints. Il en va de même pour les voyages qu'il a effectués, les personnalités qu'il a rencontrées à cette occasion. Je crois qu'à la limite il aurait pu écrire sans l'aide d'aucun document d'archives, en n'omettant rien d'essentiel. Il veut néanmoins travailler avec la rigueur de l'historien et de l'homme de science. Il entend dresser le bilan de son œuvre et, chemin faisant, brosser pour plus tard une fresque de son temps. Il veut être certain de la qualité de l'information qu'il donne, comme du bien-fondé de son argumentation. C'est dans sa nature. Il sait aussi, et d'expérience, qu'on ne pardonne pas la moindre erreur à de Gaulle ; que tout ce qu'il avance sera passé au crible d'une critique animée bien souvent par d'autres mobiles que le seul souci de l'analyse objective.

Or il ne dispose pas d'archives à Colombey. L'essentiel de mon travail consiste à les rassembler pour lui. Je reçois sa première note au début de mai 1969, quelques jours seulement après son échec au référendum. Elle est laconique. Il souhaite que je lui rappelle :

> « 1. – Ce qui s'est passé dans la République (rappel chronologique) en mai, juin, juillet 1959.
>
> « 2. – Ce que j'ai dit et fait pendant cette période (documents) ; notamment mes interventions et entretiens entre le 15 mai et la fin de juillet. Mes déplacements, etc. »

Les indications que je lui fais parvenir à Colombey ou en Irlande sont destinées à la rédaction du premier chapitre, consacré aux « Institutions », dont la rédaction est pratiquement terminée le 8 juillet 1969, lors de ma première visite à La Boisserie.

Par la suite, le Général m'expose toujours au préalable ce qu'il envisage de faire pour chacun des chapitres, le plan qu'il entend suivre, les perspectives dans lesquelles il le situera, les sujets qu'il souhaite plus spécialement développer. Souvent, il me précise ses intentions par une note manuscrite ou par une lettre. C'est ainsi que, le 30 mai 1970, avant de partir pour l'Espagne, il me confirme par écrit les indications qu'il m'avait données oralement le 12 mai à La Boisserie sur les grandes lignes du tome II de ses Mémoires (ce document a été publié, en 1970, en annexe à *l'Effort*). Je vois donc toujours très clair dans ses préoccupations d'auteur. Il me demande toujours mon avis et il va de soi que je le lui donne. En cas de besoin, il me fait parvenir un message oral que me transmettent Xavier de Beaulaincourt, le colonel Desgrées du Lou ou le lieutenant-colonel d'Escrienne, qui assurent à tour de rôle la liaison hebdomadaire avec Colombey que j'ai baptisée la « Valise », car sa préparation me rappelle le rituel de la vie diplomatique qui, malgré l'usage du télégramme, reste encore rythmée par le départ des courriers. Parfois aussi, le Général me demande de l'appeler au téléphone. J'ai scrupule à le faire à partir de mon ministère ou de mon appartement, qui dépend de la présidence de la République. Il ne me paraît pas convenable de parler à de Gaulle sur les fils d'une administration. Je me rends donc à chaque fois au secrétariat de l'avenue de Breteuil, relié à La Boisserie par une ligne directe. Notre dernière conversation a lieu au début du mois de novembre 1970. Il souhaite que je lui apporte pour le 10, outre les documents diplomatiques nécessaires à la rédaction du troisième chapitre de *l'Effort*, un certain nombre de précisions de caractère économique, et notamment, le volume de la masse monétaire. Comme je dois avoir au Quai d'Orsay, le 10 novembre, des échanges de vues sur les questions asiatiques avec les spécialistes du département d'État américain, je lui demande de me rendre le 17 à La Boisserie et lui précise que je confierai à Xavier de Beaulaincourt les indications demandées. Il acquiesce bien volontiers et prononce ces mots – ils seront les derniers que j'entendrai de lui : « Nous nous verrons donc le 17, Blanc; au revoir. »

Le contenu des *Mémoires d'espoir* peut se classer en deux rubriques : d'un côté, les « chapitres-récits »; de l'autre, « les chapitres-bilans ». Dans les deux cas, la nature et le volume des documents de travail à rassembler à son intention ne sont pas les mêmes. On peut ranger dans la première catégorie cinq chapitre du *Renouveau* : « Les institutions », « L'outre-mer », « L'Algérie », « L'Europe », « Le monde »; ainsi que le premier chapitre de *l'Effort*. Pour les développements consacrés aux institutions, les éléments dont le Général a besoin ne sont pas très nombreux : il s'agit essentiellement de ses audiences, de ses déplacements, des réactions de l'opinion lors des référendums. Au sujet de la crise algérienne, après avoir consulté Bernard Tricot, je rassemble un certain nombre de documents essentiels : les échanges de correspondances de De Gaulle avec les divers représentants du gouvernement en Algérie; les instructions données aux envoyés et plénipotentiaires chargés d'assurer les premières prises de contact avec le FLN et, ensuite, de négocier avec lui; quelques relevés particulièrement significatifs du conseil pour les Affaires algériennes; enfin, ses « ordres », c'est-à-dire les décisions qu'il est amené à prendre dans une affaire qui déchire le pays et qui ne peut être dirigée qu'à son niveau. Dossier passionnant à beaucoup d'égards, et très révélateur de la technique du commandement que possédait de Gaulle. Pour les affaires diplomatiques, ma tâche me prend beaucoup de temps, mais elle est relativement simple; c'est un terrain que je connais assez bien et où le secrétariat privé a, là aussi, parfaitement accompli son travail. France Gorny et moi sélectionnons les lettres échangées entre de Gaulle et ses principaux correspondants, les comptes rendus de ses entretiens lui permettant de replacer les affaires dans l'éclairage de leur époque, les programmes détaillés de ses voyages à l'étranger et la liste de ses visiteurs. En cas de besoin, je trouve toujours le spécialiste du Quai d'Orsay qui peut me fournir la précision que je recherche, à une seule exception près, le service des archives, dont le directeur de l'époque me paraît ressasser de vieilles rancœurs.

Il en va tout différemment pour les chapitres-bilans. Le travail de recherche se révèle beaucoup plus difficile. Je dois en effet retrouver tout d'abord des relevés de décisions de conseils restreints, les échanges de correspondances entre de Gaulle et ses Premiers ministres, les notes préparées à l'époque par les conseillers techniques sur des affaires déterminées, ce qui est relativement aisé. Mais, pour nécessaires qu'ils soient, ces documents ne suffisent pas toujours. Il faut en effet faire le point de la situation pour des périodes qui correspondent au découpage chronologique tel qu'il a été retenu par le Général pour son œuvre. Alain Prate, qui a été à l'Élysée le dernier conseiller technique de De Gaulle pour les questions économiques et financières, et moi-même pour une plus modeste part, procédons à une véritable auscultation de l'économie et des finances françaises de 1958 à 1969. Notre souci est de fournir au Général des indications scrupuleusement vérifiées, afin qu'il puisse établir son argumentation sur des bases indiscutables. Nous disposons de tous les éléments du problème : les intentions du chef de l'État, telles qu'elles ressortent des délibérations des conseils du gouvernement, ses actions et décisions quasi quotidiennes, les résultats que donnent les statistiques intéressant la période 1958-1969. Au terme d'une analyse économique effectuée avec toute la rigueur que nous impose le devoir d'honnêteté à l'égard de nous-mêmes et de De Gaulle, nous aboutissons à des conclusions préfigurant très exactement celles qui seront tirées en 1972 par le rapport du Hudson Institute sur le remarquable développement de l'économie française. Celle-ci a été placée, de 1958 à 1969, sur le chemin de l'essor. Ce qui correspond au sentiment ressenti depuis toujours par le Général, intimement persuadé que s'est alors accélérée, dans l'appareil de production du pays, une mutation fondamentale riche de promesses pour l'avenir. Nous en parlons lorsque Alain Prate, sa femme et moi déjeunons à La Boisserie, le 2 octobre 1969. Prate et moi sommes une fois de plus frappés par l'aisance de notre hôte, par la puissance de ses synthèses, par la limpidité de ses développements sur des sujets quelque peu arides, voire difficiles, et par le don qu'il a de les mettres à la portée de tout le monde.

Beaucoup d'autres anciens collaborateurs sont également mis à contribution afin de bien éclairer le Général sur ce qui s'est passé dans les domaines les plus divers. Je ne peux les citer tous. Qu'ils sachent que j'ai toujours indiqué l'origine des informations à leur destinataire, et qu'il en a été très touché. Pour le chapitre « Le chef de l'État », concernant l'œuvre du gouvernement de Michel Debré, bien que le Général ne me l'ait pas demandé, je sollicite une audience de celui qui fut son Premier ministre de 1959 à 1962 et qui est devenu ministre de la Défense nationale de Georges Pompidou. Je suis reçu par lui à l'hôtel de la rue Saint-Dominique. Il me donne des conseils avisés pour orienter mes recherches et rédige une note saisissante de clarté et de passion contenue, dont le Général prend connaissance avec intérêt, me semble-t-il, mais sans prononcer le moindre mot.

L'auteur me demande toujours de tout vérifier avec le plus grand soin : les dates des événements, les noms et les prénoms – exigence qu'il n'est pas toujours facile de satisfaire lorsqu'il s'agit de personnalités étrangères –, les moindres détails. C'est ainsi qu'il croit se rappeler que Georges Cattaui lui a raconté un jour une conversation qu'il avait eue avec Hubert Beuve-Méry, à l'époque directeur du *Monde*. Celui-ci aurait dit : « De Gaulle est trop grand pour les Français »; son interlocuteur lui aurait répondu : « Mais pas trop grand pour la France. » Le Général me demande d'interroger Georges Cattaui – et lui seul, me précise-t-il (ce qui en dit long sur les sentiments qu'il portait à Beuve-Méry, avec lequel il avait en réalité rompu). Je téléphone à l'écrivain. Il n'a pas souvenir d'avoir eu un tel dialogue avec le directeur du *Monde*. Il croit se rappeler que Stanislas Fumet lui a dit avoir eu un tel échange de propos avec Beuve-Méry; il a pu en faire part à de Gaulle entre 1956 et 1958, rue de Solférino. Je propose donc au Général d'approcher Stanislas Fumet. Il refuse, préférant ne pas faire état des propos de Beuve-Méry du moment qu'il n'a pas la certitude qu'ils ont été tenus.

Pendant toute cette période, la préoccupation majeure de De Gaulle ne saurait se ramener à la seule création littéraire. Il possède bien son métier d'écrivain. Vis-à-vis de l'événement et de ses concitoyens, il a pris, sans nul effort, le recul voulu. La sérénité de l'âme y contribue. Son véritable problème est celui de la vieillesse. Il sait trop bien que l'âge peut ternir l'éclat de l'intelligence. Il a vu sombrer dans la sénilité le maréchal Pétain, qu'il admirait. Le déclin de Winston Churchill, auquel il portait un très réel attachement, l'avait peiné. Il utilisera d'ailleurs l'expression « lumière qui s'éteint » pour parler dans ses Mémoires de ce compagnon de la guerre qu'il avait vu pour la dernière fois à Londres en 1960 et accompagné, quelques années après, jusqu'à son tombeau. Il est trop lucide pour ne pas savoir que le vieillissement intellectuel consiste précisément à ne plus se rendre compte du fléchissement de son propre jugement. Comment oublier la journée que je passe à Colombey le 29 août 1969 ? Le Général m'a prié de venir tôt, car il souhaite me faire lire le premier chapitre du *Renouveau.* En dehors des membres de sa famille, je suis son premier lecteur. Son accueil est aussi bienveillant qu'à l'habitude. Je note pourtant chez lui une inquiétude assez semblable à celle qui l'étreignait dans les heures précédant ses conférences de presse. Cette fois, l'intensité m'en paraît plus forte. Comme quelques semaines plus tôt, il me parle de la différence qu'il voit entre ses *Mémoires d'espoir* et ses *Mémoires de guerre.* Une préoccupation nouvelle se fait jour dans son propos. « Presque vingt ans ont passé, me dit-il en substance ; il se peut que j'aie changé. Mon image, poursuit-il, n'a pas beaucoup à gagner à la publication de ce livre ; elle peut y perdre ; lisez et dites-moi ce que vous en pensez. » Il veut savoir en réalité si je pense qu'il est toujours égal à lui-même. Nous sommes dans le salon-bibliothèque qui précède son bureau. Il va chercher son manuscrit dactylographié par sa fille Élisabeth, me le tend et me fait asseoir dans le fauteuil de cuir à gauche de la cheminée. Il me demande si je veux fumer ; je lui réponds : « Pas pour l'instant, mon général. » Il quitte la pièce, puis revient, place à côté de moi une petite table, m'apporte des cigarettes, puis un cendrier, multipliant les attentions comme pour retarder le moment où il se retrouvera seul dans son bureau. Finalement, il s'y résout après m'avoir dit : « Eh bien, quand vous aurez terminé la lecture, venez me voir. »

Je prends connaissance des quelque quarante pages. Je les parcours une première fois, très rapidement. Je procède toujours ainsi lorsque j'examine un texte. Dès les premières lignes, je perçois la solidité et la beauté de l'écriture; je retrouve, dans toute son ampleur et sa concision, le style que je connais bien et dont je sens les articulations et le rythme. De telles impressions ne trompent pas. Je sais immédiatement que je pourrai rassurer le Général. C'est l'essentiel. J'effectue ensuite une seconde lecture plus attentive. Au passage, je prends quelques notes et relève plusieurs points que je me propose d'évoquer avec lui. Pour ne pas trop le faire attendre, j'essaie d'aller aussi rapidement que possible. Il me faut toutefois près d'une heure. Quand j'en ai fini, je frappe à la porte du bureau. J'entre. Le Général, qui était assis à sa table de travail, se lève. Je peux lire dans son regard tout le poids de l'inquiétude, mais aussi la volonté de savoir. Quelle rectitude de caractère! Quelle maîtrise de soi! Il ne biaise pas : « Alors, Blanc, qu'en pensez-vous? » Je lui réponds sans hésiter : « C'est très bon, mon général. » L'expression est sommaire, je l'avoue; mais j'estime que ce n'est pas le moment de se perdre dans les subtilités. J'ajoute : « C'est de la même veine que tout ce que vous avez écrit. » Je le sens rassuré. Autant par ce que je lui ai dit en quelques mots forcément simplificateurs que par l'expression de mon visage, qu'il n'a cessé de scruter depuis que j'ai ouvert la porte de son bureau.

« Mais encore? » poursuit-il, recourant à l'expression qu'il utilise lorsqu'il veut que son interlocuteur aille plus avant. Je lui fais part de mes appréciations. Il ne m'est pas facile de me livrer à un travail d'exégèse; je ne suis pas de ceux qui dissertent longuement sur un auteur, a fortiori lorsqu'il s'agit de De Gaulle. Je lui décris les impressions que j'ai éprouvées à la lecture. J'avance quelques critiques sur le plan du chapitre, sur certains enchaînements, sur tel ou tel jugement. Il ne les prend pas à la légère, en discute longuement, m'explique ses intentions. Sans conclure pour autant. Je m'apercevrai quelques mois plus tard, à la lecture du manuscrit définitif, qu'il a réfléchi à ce que j'avais cru devoir lui dire et en a quelquefois tenu compte. C'est le cas pour la toute première phrase du livre, que je n'avais pas trouvée très bonne dans sa première mouture et pour laquelle il a adopté une formulation nouvelle.

Ainsi s'établit entre l'écrivain et moi un dialogue singulier. Je n'en exagère pas l'importance pour lui. Pour ce qui me concerne, j'en mesure tout le prix. « Dites à Blanc de venir tôt; il y aura de la lecture » – c'est le message qu'il demandait à ses aides de camp de me transmettre quand il souhaitait que je me rende à Colombey pour prendre connaissance de ses textes. Le plus souvent, je lisais le manuscrit dactylographié et nous en parlions après; ce fut le cas pour de nombreux chapîtres du *Renouveau* : « Les institutions », « L'outre-mer », « L'Algérie », « L'Europe », « Le Monde »; et aussi pour le premier chapitre de *l'Effort*. Parfois, le Général me lisait son texte à haute voix. Il en alla ainsi pour « L'économie », lorsque j'étais venu le 2 octobre 1969 avec Alain Prate; pour « Le chef de l'État », le 12 mai 1970, avant son départ pour l'Espagne; et la dernière fois que je le vis, le 27 octobre 1970. Ce jour-là, nous avions beaucoup travaillé sur les questions économiques. Au moment où nous nous arrêtons, il me dit, avec cet air qu'il prend lorsqu'il veut se détendre, se laisser aller à la pente de l'ironie où il excelle, marquer à sa manière une attention : « Avant que vous ne partiez, je vais vous lire le portrait de Georges Pompidou... »

Les deux méthodes avaient leurs avantages et leurs inconvénients. A la lecture, dont je fixe le rythme à ma guise, il m'est plus facile de réfléchir et de me former une opinion. Lorsque de Gaulle lit lui-même ses textes, il y met une telle vie, ses talents d'acteur exercent une telle fascination qu'on en oublie facilement le fond des choses; dans ce cas, je m'efforce toujours de prendre au passage des notes qui me permettent ensuite de lui faire part de mes réactions. Alain Prate et moi gardons le souvenir de la lecture d'une revue de presse étincelante à propos de l'accueil réservé par les journaux au plan de redressement décidé dès le retour de De Gaulle au pouvoir en 1958. Elle était d'une ironie féroce pour les grands « spécialistes » en la matière. L'auteur la fit d'ailleurs disparaître de son manuscrit définitif. Personnellement, je l'ai regretté, car c'était un assez joli morceau. Il est vrai que le Général n'aimait pas les succès faciles. Sans doute avait-il estimé que les Français s'apercevraient bien un jour de quelle façon ils avaient été informés! Peut-être pensait-il aussi que ces « spécialistes » ne méritaient pas de passer à la postérité, fussent-ils gratifiés d'une volée de bois vert!

Presque toujours, il m'explique les raisons qui l'ont conduit à formuler ses jugements et me précise les intentions qu'il a voulu y mettre. Il me donne au passage des indications sur sa manière d'interpréter les événements. Que je lise ou qu'il me lise un portrait, il ajoute le plus souvent un commentaire à sa façon, toujours lapidaire. Je peux ainsi mieux comprendre le personnage qu'il décrit, saisir mieux le sens de certaines allusions. Il en va ainsi pour Georges Pompidou, Jacques Chaban-Delmas, John Kennedy et un certain nombre d'autres. Si bien que j'appréhende mieux la nature des jugements qu'il porte. Ce qui a été écrit n'en est pas modifié et ne perd rien de sa valeur. Toutefois, la perspective, s'élargissant, devient quelque peu différente. Il en va des portraits littéraires comme de toute œuvre d'art : l'éclairage compte. Je me doute d'ailleurs bien que de Gaulle ne s'adresse pas à moi pour ma seule édification personnelle. Mais pour que plus tard, le moment venu, en cas de besoin, j'en fasse état.

Toutes les fois qu'il amorce un thème de portée générale, il me parle aussi des développements auxquels il se livrera dans les tomes suivants. Comme nous passons en revue, au fil des pages, bien des aspects de la vie de notre pays, nos discussions abordent les sujets les plus divers. Tout au long de cet ouvrage, le lecteur a pu retrouver des traces de ces conversations au cours desquelles, à partir de ses propres textes, nous avons échangé des réflexions. Je me fais parfois l'avocat de certaines causes. Ce qu'il attend de moi, d'ailleurs, pouvant ainsi s'assurer qu'aucun aspect d'un problème n'a été laissé dans l'ombre. Comme je l'ai signalé plus haut, je plaide à plusieurs reprises la cause du Conseil d'État. Non sans un certain succès pour *le Renouveau.* La partie, pourtant, n'était que remise.

Dans *l'Effort*, il attaque de nouveau et à fond les magistrats du Palais-Royal. Évoquant l'arrêt Canal, par lequel la haute juridiction avait dissous la Cour militaire de justice en application des « principes généraux du droit », il me dit : « Le Conseil d'État défend ceux qui ont voulu assassiner de Gaulle. Il avance que c'est au nom des principes généraux du droit. Je veux bien. Mais alors, pourquoi est-il resté silencieux de 1940 à 1944 lorsqu'on faisait porter l'étoile jaune à des citoyens français avant de les déporter en masse ? » Il serait revenu dans la suite de ses Mémoires sur la haute juridiction, et je sais ce qu'il en aurait dit...

Que de souvenirs de cette époque ! En face de moi, de Gaulle, désireux de savoir s'il reste égal à lui-même, m'interrogeant avec autant d'humilité que de courage, alors que je perçois chez lui, à des signes infimes, ce fond d'angoisse qui, pour être inhérent à sa nature, reste à l'habitude toujours soigneusement dissimulé. Quelle image ! Mais aussi, et comme en contrepoint de ce doute le plus souvent masqué par la pudeur et contenu par l'orgueil, comment oublier l'ampleur sereine du regard, la rigueur du jugement, la sublimation de la politique en art supérieur, le tour épique qu'il sait donner à l'histoire comme à sa propre vie ? Quel maître à penser ! Habile à enseigner la rude mais combien indispensable leçon du pessimisme. Mais à tout moment, sa foi dans le pays et sa confiance en l'homme étaient si inébranlables que s'en dégageait un enthousiasme roboratif. Grand homme au sommet de sa vie, comme détaché du monde, multipliant pourtant les attentions à ceux qui l'approchaient, et sachant tout nuancer par son fascinant sens de l'humour. Parfois, pour que l'on puisse mieux travailler, il me faisait asseoir à côté de lui à son bureau, le plus souvent à sa droite. Le meuble n'était pas de vaste dimension. Quel spectacle devaient donner nos deux grandes silhouettes penchées sur des papiers, face au vaste paysage des forêts. Il s'agissait de revoir un texte. Ou bien, lorsqu'il n'avait pas à l'esprit les chiffres souhaités, nous les cherchions dans les notes que j'avais apportées ou dans l'ouvrage bleu consacré par le ministère des Finances au IVe Plan, publication bien connue de tous les spécialistes. Toujours il me posait des questions précises portant uniquement sur les faits : « Ceci, est-ce que je peux le dire? » Une fois, mi-sérieux mi-rieur, plantant vers moi l'index, il m'interroge à brûle-pourpoint : « Savez-vous faire les règles de trois? » Je lui réponds : « Oui », non sans quelque inquiétude, car je me demande sur quel terrain mon affirmation risque de m'entraîner. « Eh bien, vous allez me calculer les pourcentages de *oui* et de *non* au référendum d'octobre 1962. » Je sens remonter de mon enfance la terreur panique que tout élève, fût-il sérieux, éprouve, une fois ou l'autre, devant le tableau noir. Je fais donc mes opérations sous l'œil vigilant de cet instituteur d'une stature particulière. Je lui en donne le résultat. Jouant les maîtres d'école, il me demande : « Vous en êtes sûr? » Sur ma réponse affirmative, il sourit et confesse : « Il vaut mieux; car, pour moi, ces calculs électoraux ont toujours été un mystère. » J'avoue que, dès le lendemain, je faisais vérifier par un spécialiste de la science électorale que je ne m'étais pas trompé dans mes opérations.

Au mois d'avril 1970, la rédaction du tome I étant déjà très avancée, le Général me demande de lui proposer la liste des documents qui pourraient être publiés en annexes à ses Mémoires. Il me dit qu'il souhaite en effet procéder comme il l'avait fait pour ses *Mémoires de guerre*, dont chacun des trois tomes est accompagné de documents, discours, télégrammes, décisions, correspondances... Il a toutefois conscience du fait que le problème ne se pose pas, cette fois, dans les mêmes termes. « De 1940 jusqu'à la Libération, me fait-il remarquer, j'étais tout à la fois chef de gouvernement, responsable de la guerre, des affaires étrangères. J'en faisais beaucoup moi-même. Tout portait ma marque. De 1958 à 1969, je me trouvais placé dans une situation bien différente. Il y avait un Premier ministre; j'étais certes à l'origine de toutes les décisions importantes; mais le gouvernement avait son existence propre et il lui incombait d'assurer l'exécution. Tout ce qui s'est fait l'a donc été sous ma responsabilité, mais ma participation directe variait beaucoup d'un secteur à l'autre. Je voudrais publier mes actes et mes directives en matière gouvernementale. »

Je me mis au travail et communiquai le résultat au Général le 12 mai 1970 en lui montrant les pièces que j'avais rassemblées. Le problème n'était pas simple. Il soulevait des difficultés techniques tenant au regroupement des documents nécessaires. Mais, également et surtout, de principe. Pouvait-on en effet publier certaines délibérations du Conseil des ministres? Était-il possible de faire état, après des délais relativement courts, de documents diplomatiques? Le Général décida de reporter la publication des pièces annexes une fois terminée celle de ses Mémoires, c'est-à-dire à la fin de 1972. A chaque tome de ses Mémoires correspondrait un tome ou deux de documents. Il me donna instruction de faire dactylographier, au cours de l'année 1971, ses échanges de lettres avec les chefs d'État et de gouvernement, de mettre en ordre les comptes rendus de ses entretiens, d'étudier le problème des relevés des conseils restreints. En prenant ces décisions, le Général faisait preuve de sagesse. Peut-être aussi avait-il l'intention de garder des activités en réserve pour la période qui s'ouvrirait une fois terminée la rédaction de ses Mémoires. Après son décès, je rédigeai à l'intention du capitaine de vaisseau de Gaulle une note faisant le point sur cette question afin qu'il dispose de tous les éléments lui permettant de connaître ce qu'avaient été les dernières volontés de son père.

Les *Discours et Messages* en voie de publication, celle des documents annexes étant reportée à plus tard, de Gaulle pouvait se consacrer entièrement à la rédaction de ses Mémoires. De mon côté, dès l'automne 1969, j'avais réfléchi à la manière dont le livre pourrait être mis en vente. Le processus habituel – bonnes feuilles dans un journal, service de presse réalisé avant la sortie de l'ouvrage, publicité plus ou moins orchestrée – ne me paraissait pas satisfaisant, pour des raisons évidentes tenant à la situation très particulière de l'auteur. Quel journal choisir? Pourquoi, en effet, celui-ci plutôt qu'un autre? Au nom de quels principes allait-on donner aux privilégiés d'un service de presse la possibilité d'avoir connaissance de l'œuvre de De Gaulle alors qu'elle s'adresse à tous les Français? Fallait-il laisser le droit de présenter l'ouvrage à ceux-là mêmes qui avaient souhaité et accéléré le départ de De Gaulle et qui, je le constatais chaque jour, voulaient ternir son image à défaut de pouvoir la faire disparaître? J'en arrivai à la conclusion qu'il fallait « sortir » le livre comme une conférence de presse. C'est-à-dire le porter directement et massivement à la connaissance du public en faisant jouer la surprise et son effet de choc. Reste qu'un ouvrage doit être imprimé, relié, mis en place en librairie. Je ne savais pas si mon projet était réalisable. Le 2 décembre 1969, dans la voiture qui nous conduit à Colombey, j'en parle à Marcel Jullian. L'idée lui plaît. Il se fait fort de la mettre à exécution. Elle est loin de déplaire au Général, qui en accepte le principe quelques heures plus tard.

L'auteur remet son manuscrit à son éditeur le 10 juillet 1970. Le travail de composition des épreuves est entrepris immédiatement. Florentino Trapero commence à traduire le texte en espagnol pour les Éditions Taurus. Hermann Kusterer, interprète de la chancellerie fédérale, fait de même pour l'allemand. La date de la sortie a été fixée au 7 octobre. La veille, je passe la journée à La Boisserie. Le Général m'a demandé de venir tôt. En voiture, sur le chemin de Colombey, j'écoute Jean Ferniot à la radio. Il évoque la sortie des Mémoires pour la fin de novembre. Je suis rassuré. Du moment que ce journaliste toujours très bien informé n'a rien flairé, je pense que nous tiendrons notre pari. Pourtant, plus la date de la sortie approche, plus je redoute une fuite qui aurait pu jeter bas notre mise en scène.

Le Général, ce jour-là, travaille beaucoup. Il dédicace plus de trois cents exemplaires. A la différence des *Mémoires de guerre*, qu'il n'a jamais refusé de signer pour les Français et étrangers qui ont contribué à l'effort de la Libération et de la guerre, il a décidé, pour *le Renouveau*, de dédicacer uniquement les ouvrages qu'il offre. Il veut en effet éviter de se trouver submergé par un afflux de demandes. A qui fait-il hommage du *Renouveau* ? Aux personnalités internationales de premier plan, à sa famille, à ses trois anciens Premiers ministres - à qui il distribue fort équitablement du « bien amicalement ». A tous ceux qui sont cités dans son livre, à quelques exceptions près : Gaston Monnerville, qui avait accusé de Gaulle de « forfaiture », Jacques Soustelle et les généraux qui ont appartenu à l'OAS. Il n'oublie pas ses collaborateurs civils et militaires depuis 1958. Ni les membres de l'Académie française, à l'exception d'André François-Poncet, Pierre Gaxotte, Louis Leprince-Ringuet, Paul Morand, Marcel Pagnol, Louis Pasteur Vallery-Radot, Jules Romains, Jean Rostand. Il y adjoint tous les Goncourt, sauf Jean Giono, mon voisin de Manosque, dont de Gaulle constate : « Il s'est trop mal conduit avant et pendant la guerre. » Pour le monde de la presse et du journalisme, il reprend à l'identique la liste des destinataires de ses *Discours et Messages*.

Il joue sur un clavier subtil et diapré de formules magistralement hiérarchisées : « En témoignage de ma fidèle amitié »; « En bien amical souvenir »; « Bien amicalement »; « En bien cordial souvenir »; « Respectueusement »; « En souvenir ». Il emploie le plus souvent cette dernière formule pour les « adversaires » (c'est le cas de Pierre Mendès France) ou pour ceux qui se sont séparés de lui (tel, si je me souviens bien, Valéry Giscard d'Estaing). Souvent, il personnalise davantage. Notamment pour les académiciens et pour la plupart de ses collaborateurs. Nous faisons vite. Il me dit souvent au passage un mot sur les uns et sur les autres. J'en apprendrai beaucoup ce jour-là sur bien des gens. A voir défiler le Gotha du monde politique et en écoutant les réflexions du Général, je comprends mieux certains aspects d'une époque riche en événements de tous ordres. Il dédicace ainsi plus de trois cents ouvrages. C'est un après-midi harassant pour lui et... pour moi. A la tombée de la nuit, il accepte d'écrire quelques lignes sur une photographie destinée à Marcel Jullian. Il la date du lendemain 7 octobre, jour de la sortie du livre, et il souligne le chiffre 7 de deux traits. Pour finir, il me dédicace l'exemplaire qu'il m'offre.

Tout au long de la journée, j'ai noté chez de Gaulle une certaine tension. Moins forte, plus contenue que le jour où il m'avait donné pour la première fois à lire son manuscrit, mais pourtant très réelle. Le matin, après avoir lu le premier chapitre de *l'Effort*, nous avons parlé du changement de ton par rapport au précédent tome. Il en est naturellement venu à me parler de la presse. Il s'interroge sur l'accueil qu'elle réservera à son livre, comme sur celui du public. Tout écrivain se pose et se posera toujours de telles questions, renouant, tout aguerri qu'il soit, avec les grandes peurs et angoisses de l'enfance. Pour le Général, il ne s'agit pas seulement de littérature. Depuis son départ, il s'adresse pour la première fois à ses compatriotes. Il ne se fait guère d'illusions sur les réactions de la classe politique et il s'aprête à entendre les hurlements de la « meute » qu'il a fouaillée à vif. Que seront celles du pays dans ses profondeurs, les seules qui comptent pour lui ? De tout cela il ne me dit mot. Ce n'est pas la peine. Ce jour-là plus encore qu'à l'habitude, nous savons l'un et l'autre que nos pensées parcourent le même chemin. Au moment de partir, alors que j'essaie de trouver une phrase que je voudrais rassurante, le Général me dit, avant que j'aie pu la formuler : « Au fond, revenez samedi, Blanc, nous aurons à faire. » Nous sommes mardi. C'est la première fois qu'il me demande de me rendre à La Boisserie à un intervalle aussi rapproché. Rentrant à Paris en voiture, j'écoute la radio ; elle ne donne encore aucune indication relative à la sortie des Mémoires le lendemain matin. Tout au long du parcours, je ne peux m'empêcher de penser à ce que doit être la soirée de De Gaulle. Étrange et difficile vie que la sienne : quoi qu'il fasse, il ne trouve jamais le repos. Dans chacune des minutes qui passe mugit le grondement d'une tempête qui ne se calme jamais. En ira-t-il ainsi jusqu'à la mort ?

Le lendemain 7 octobre, tout se déroule comme prévu. La sortie du livre prend tout le monde de surprise. J'ai moi-même remis l'avant-veille à Jean Marin, président-directeur général de l'AFP – pour qui j'ai de l'estime et de l'affection – , un exemplaire de l'ouvrage; le secteur est donc couvert dès le matin grâce au talent de Jean Mauriac. Le Général fait la une de *France-Soir*. A destination de la province, les convois de livres sont partis par la route dès la veille au soir. Dans la capitale, dès 7 heures du matin, vingt camionnettes portant des panneaux « Charles de Gaulle – *Mémoires d'espoir* » quittent les entrepôts d'Ivry. Cent vingt mille exemplaires sont mis en place dans toute la France. A 8 h 30, les clients font déjà la queue devant les librairies. Dans le quartier paisible à l'ombre de Saint-Sulpice, la Librairie Plon est envahie. Pendant plus d'une semaine, une centaine de personnes attendront dans la cour du vieil immeuble d'être servies. Les standards téléphoniques sont bloqués; ils enregistrent pendant cette période cinq mille appels par jour. Les chauffeurs de taxi auxquels les clients demandent de les conduire rue Garancière les interrogent bien souvent : « C'est pour de Gaulle? »

Je passe la journée du 7 octobre à travailler au ministère des Affaires étrangères. Si je suis satisfait de la façon dont tout se déroule, je pense à l'avenir. Notre stratégie a été bonne. Elle présente toutefois un inconvénient majeur : nous ne pourrons pas y recourir une deuxième fois. Voilà plusieurs mois que je réfléchis à ce problème sans arriver pour autant à le résoudre. La mort de De Gaulle créera une situation telle qu'il ne se posera plus pour moi. En effet, son fils, et c'est bien normal, souhaite alors s'occuper lui-même de la gestion des œuvres de son père. Je le mets donc au courant de l'ensemble des affaires et des divers projets en cours. Il lui incombe désormais, en sa qualité de chef de famille, de prendre les décisions relevant jusque-là du Général. La publication des deux chapitres du tome II des *Mémoires d'espoir* est effectuée sous sa seule responsabilité, et il a eu entièrement raison de prendre cette décision. Je suis très heureux, pour ma part, que soit jointe au texte de De Gaulle la lettre qu'il m'avait écrite le 30 mai 1970 pour me donner le plan de *l'Effort*. Initiative qui conduira André Malraux à envoyer à Marcel

Jullian un billet qui se terminait ainsi : « Quelle bonne idée d'avoir donné la lettre qui suggère ce qu'eût été l'ensemble ! »

Le 10 octobre 1970 est un samedi. J'arrive tôt le matin à La Boisserie. J'y trouve un écrivain détendu et heureux. Je lui décris la situation, la bonne marche du livre. La réflexion des chauffeurs de taxi – « C'est pour de Gaulle ? » – n'est pas pour lui déplaire et l'amuse. Je brosse un tableau des réactions de la presse. Je ne lui apprends rien qu'il ne sache. Il a écouté les radios, lu les journaux et mesuré l'effet produit. Nous parlons des critiques. Il a sur sa table le numéro du *Monde* où se trouvent côte à côte deux articles, l'un de Pierre Viansson-Ponté, l'autre d'André Fontaine. Après avoir, au passage, décoché un trait acéré à l'auteur du premier, il s'étonne devant moi de la faible qualité du texte d'André Fontaine : « Il a toujours été un adversaire, et pas des moindres ; d'habitude, il montre davantage de finesse dans l'analyse. » Il arrive ainsi que les critiques soient là leur tour critiqués ! Il prend connaissance des premières lettres de remerciements qui sont arrivées, beaucoup de ceux qui ont reçu son livre dédicacé lui ayant déjà écrit pour lui faire part de leurs impressions. Il les lit attentivement. Il fait beau, le ciel est clair. Les fenêtres qui donnent sur le jardin sont entrouvertes afin de profiter de la tiédeur de l'arrière-été. J'entends comme un pépiement d'oiseaux. J'en situe vite l'origine : à ma grande surprise, de Gaulle sifflote. Très bas, comme pour lui-même. Le pays ne l'a pas oublié. On l'écoute. Sa voix continue à porter. Le dialogue avec les Français n'est pas rompu ; il se poursuit malgré la déchirure de son départ.

Quelles qu'eussent été les réactions du pays, de Gaulle aurait poursuivi la rédaction de ses Mémoires. L'accueil ayant été fervent, il ira de l'avant, l'esprit en paix, l'ombre du doute dissipée. Les personnes qui avaient acheté *le Renouveau* et qui, selon les constatations des libraires, n'étaient pas toujours leurs clients habituels, avaient répondu par un « oui » massif à la question que de Gaulle se posait à lui-même : « Est-ce que ça vaut la peine ? » En regard, les réactions de la « meute » n'avaient pas tellement d'importance. Très exactement un mois avant sa mort, il eut donc la joie de constater, pour la dernière fois, qu'il jouissait encore de cette adhésion du pays qu'il avait recherchée tout au long de sa vie. Il ne s'agissait plus seulement de politique. Pour un tel homme, tout de fierté et d'humilité, prisonnier volontaire de sa solitude alors qu'une soif ardente de communication ne cessait de lui brûler l'âme, ses Mémoires voulaient être beaucoup plus qu'un plaidoyer. Il leur assignait d'autres fins. Assurément, il partageait par pudeur le sentiment de Lautréamont que j'ai cité en tête de ce chapitre : « Si vous êtes malheureux, il ne faut pas le dire au lecteur. Gardez cela pour vous. » Mais n'avait-il pas lui-même écrit, le 18 juin 1969, à Dublin, sur l'exemplaire des *Mémoires de guerre* de l'ambassadeur de France en Irlande, Emmanuel d'Harcourt, compagnon de la Libération, la phrase de saint Augustin : « Vous qui m'aurez connu dans ce livre, priez pour moi » ?

CHAPITRE VII

La Création

« En l'homme, il y a la nature, le fragment, l'excès, l'argile, la boue, la folie, le chaos ; mais en l'homme, il y a aussi le créateur, le sculpteur, la dureté du marteau et la contemplation divine du septième jour. »

FRIEDRICH NIETZSCHE.

Au cours de nos premières conversations à La Boisserie, lorsque le Général parlait de lui-même à la troisième personne, j'avoue avoir été surpris. Cette façon de faire m'intriguait. Plus je passais d'heures avec lui, plus je constatais qu'il utilisait l'expression « de Gaulle » quand il voulait précisément se référer au personnage qu'il avait créé et qui, bien qu'il eût atteint en beaucoup de ses aspects et pour certaines périodes sa physionomie quasi définitive, devait être inlassablement adapté à la nouveauté des temps et des situations. A l'usage, j'ai d'ailleurs remarqué que cette façon de procéder était moins gênante que s'il avait utilisé la première personne. J'ai la conviction que si, un jour, quelque spécialiste du langage politique étudie la fréquence du « je » dans les propos des présidents de la Ve République, on risque d'avoir des surprises... Lorsqu'il parlait ainsi de lui, de Gaulle dépersonnalisait la conversation; c'était comme s'il s'agissait d'un tiers. Il pensait – c'est ainsi, en tout cas, que je le percevais – qu'il était le vecteur d'une richesse qui ne lui appartenait pas en propre; si bien que sa fierté se doublait d'une humilité franciscaine et qu'à aucun moment je n'ai décelé chez lui la moindre trace de vanité. N'en va-t-il pas ainsi chez beaucoup de créateurs? Lorsqu'ils écrivent leurs compositions, les plus géniaux des musiciens ne reconnaissent-ils pas, s'ils observent vraiment le processus d'élaboration de leur art, qu'ils les ont au préalable

« entendues » en eux ? Le peintre ou le sculpteur ne s'émerveille-t-il pas de voir sa main insuffler la vie par le dessin, le trait, la forme, la couleur, comme poussée par un instinct qui reste pour lui un mystère, alors qu'il en connaît pourtant la sûreté et la force ? Tout mathématicien sait qu'il porte dans son cerveau, surprenant cadeau reçu à sa naissance, un ensemble de chiffres, de raisonnements, d'interprétations qu'il lui suffit de formuler pour révolutionner la science de son époque. J'en ai connu un parmi les plus grands ; il m'entretenait de son génie avec une rafraîchissante simplicité. Il en allait ainsi du Général quand il parlait de « De Gaulle » à la troisième personne. On pouvait y entendre aussi la satisfaction d'avoir fait fructifier, sans commettre d'erreur majeure, le patrimoine reçu en partage.

Dans le prolongement de ces réflexions, il convient de relever que le Général a eu le privilège – unique dans notre histoire ? – de donner naissance à deux adjectifs issus de son nom : « gaulliste » et « gaullien ». Je crois n'avoir utilisé, jusqu'ici, ni l'un ni l'autre. Le premier exprime un engagement politique, son contour est flou. Il ne prend vraiment de consistance que par référence à une époque donnée. Aujourd'hui, il a toujours une signification qu'il appartient à chacun d'apprécier. Quoi qu'il en soit, cet adjectif est à géométrie variable. « Gaullien », en revanche, a conservé sa force et son éclat. Il est devenu un terme de référence. On l'utilise désormais pour qualifier en politique une certaine façon de concevoir et d'agir. Il est même considéré comme un compliment. Voilà encore un domaine où de Gaulle a été créateur, puisque son nom est désormais un point de référence.

Du plus modeste au plus puissant, chacun construit sa vie. Il appartient à tout homme et à toute femme de bien entendre l'accent et les exigences de sa musique intérieure, de trouver la partition à interpréter et de se garder de trop de fausses notes. Jouer juste et jouer vrai : tel est le double défi que chacun doit relever. Il y faut du jugement et de la volonté. Ce peut être le but et la grandeur de toute existence. Sur ce terrain-là également, de Gaulle ne se voyait pas différent des autres. Sauf que, pour avoir reçu beaucoup, il ne pouvait se satisfaire de résultats hors de proportion avec l'abondance de ses dons. A ceux qui l'approchaient, et malgré bien des aspects peu ordinaires, il offrait au soir de sa vie et au terme de son œuvre l'image apaisante de l'équilibre et de la mesure. Je percevais chez cet enfant des villes l'assise des socles terriens. Bien sûr, apparaissaient chez lui des éléments tenant à son exceptionnelle dimension humaine et historique. Mais ils me semblaient toujours se fondre dans un ensemble à l'échelle humaine. J'ai éprouvé une impression toute différente avec André Malraux : également hors du commun par bien des côtés, mais moins proche, et, de toute façon, moins fraternel dans la mesure où, sans probablement le vouloir, il donnait le sentiment de se mouvoir dans un monde d'idées et d'expériences à la hauteur duquel certains de ses interlocuteurs, dont j'étais, pouvaient éprouver quelque difficulté à se hisser.

J'ai déjà évoqué un déjeuner à La Boisserie auquel les Léon Noël avaient été invités, le 8 septembre 1970, quelques jours après la mort de François Mauriac. Le Général nous parle de l'illustre écrivain. En dérogation à la règle que je m'étais fixée, j'ai rapporté ses propos à Jean, son fils cadet. Les réflexions de De Gaulle sur le romancier qu'il admirait et sur le polémiste qui l'avait soutenu avec talent méritent d'être rappelées :

« Deux raisons ont poussé Mauriac vers moi, l'ont amené à notre entreprise. Un patriotisme ardent, avec lequel il ne transigea jamais et qui peut surprendre chez un homme plein de divergences, de finesse, de subtilité, d'une sensibilité aiguë, que la vie, sous toutes ses formes, sollicitait, qui frémissait au moindre appel, qui percevait tous les drames de l'homme. Dès le début, il avait compris tout ce que j'apportais à la France, et son soutien ne me manqua jamais. Car ce qui a été extraordinaire dans l'aide qu'il nous a donnée, c'est sa constance, qui a été pour moi d'un poids considérable. Mais il avait aussi le sens de la grandeur et c'est la deuxième raison de son adhésion. Dans le choix qu'il fit de se ranger à mes côtés et d'y combattre jusqu'au bout, son esthétisme joua un rôle important. Il avait compris toute la beauté qui se dégageait de l'entreprise et que, dans la politique comme dans l'art, la qualité se perçoit au premier coup d'œil. Son intuition lui avait laissé entrevoir que ce que nous faisions se situait à un niveau qui n'était pas ordinaire. L'artiste qu'il était retrouvait, par la sûreté de son jugement, le chemin que lui indiquait aussi son patriotisme. »

Ces propos montrent à l'évidence que de Gaulle portait sur lui-même et son action un jugement dans lequel l'esthétique avait sa part. Il possédait un style de vie et d'action et en avait conscience. Nul ne l'a d'ailleurs jamais discuté. Y compris ceux qui ne l'appréciaient pas.

Or l'action publique de celui qui, dès 1928, écrivait précisément « le style, c'est l'homme » se déroule sur plus de trente années. Elle trouve ses accents les plus puissants lorsque de Gaulle descend les Champs-Élysées, le 26 août 1944. Je n'y étais pas. J'en ai lu le récit dans les *Mémoires de guerre*. J'ai revu, récemment et à dessein, les films d'actualité de l'époque pour y examiner le visage du Général. Rayonnant, au sens littéral du terme, il reflète l'intensité de sa joie. Jamais plus je n'ai trouvé chez lui, soit dans des films, soit dans la réalité, une expression d'une telle force. Ses traits, à l'habitude empreints d'une dignité à la fois bienveillante et distante, ainsi que d'une froideur quelque peu calculée, paraissent pour une fois comme détendus par une illumination intérieure. L'homme qui marche de l'Étoile à la Concorde sous les applaudissements de la foule donne l'impression de traverser un rêve. En réalité, il vit la réalisation de celui qui l'a hanté quatre années durant. Il comprend qu'il est désormais – et sera pour toujours – le symbole de la Libération. Il se trouve à l'un des sommets de notre histoire et à celui de sa vie. Quand il quitte le pouvoir en 1946, il lui faut vivre avec sa légende. Même s'il l'avait voulu, comment aurait-il pu l'oublier? La route qu'il emprunte pour aller du centre de Colombey à La Boisserie ne porte-t-elle pas son nom? Au lendemain de la guerre, combien de villes, de villages l'ont honoré d'une de leurs places, rues ou avenues? Dieu sait pourtant s'il n'a rien fait pour encourager ces initiatives.

Quand il revient au pouvoir en 1958, il comprend fort bien que son retour aux affaires risque d'altérer la vision que l'on a de son personnage. Il est trop au fait de la vie des hommes d'État pour ignorer que les réussites sont rares en de tels cas : les Cent Jours n'ont rien ajouté à la gloire de Napoléon; le deuxième gouvernement de Churchill, de 1951 à 1955, a jeté une ombre sur le souvenir que nous gardons du vainqueur de la bataille d'Angleterre; le prestige d'Eisenhower brillait d'un éclat plus lumineux lorsqu'il commandait les armées alliées victorieuses de la Seconde Guerre mondiale que lorsqu'il présida aux destinées des États-Unis d'Amérique. Le Général sentait très bien, pour en avoir lui-même perçu l'effet tonique, que certaines époques confèrent un état de grâce et que ce privilège risque de disparaître si le cours des événements vient à changer.

Il lui a donc été nécessaire de rester égal à lui-même tout en s'adaptant. De laisser jouer sa personnalité tout en la maîtrisant. De travailler inlassablement sa « manière ». Vu ainsi, il s'éloigne de la plupart des hommes d'État et s'apparente aux créateurs dans le domaine de l'art. Comme eux, il analyse son style pour l'améliorer. Une fois le diagnostic politique effectué, le plan d'action est dressé, corrigé aussi impitoyablement que ses manuscrits. Son rôle est défini avec soin, tout geste préparé. Rien n'est laissé au hasard. Sauf une certaine marge d'interprétation pour le cas où il aurait à jouer à froid. S'établit ainsi entre l'élaboration de son personnage et celle de son œuvre un parallélisme si total qu'il est difficile aujourd'hui de séparer ces deux composantes de sa création politique. Entre ce qu'il fait et la manière dont il le fait, l'osmose est complète. Si bien qu'il était condamné, pour reprendre l'expression du Méphistophélès de Goethe, à une « perpétuelle création ». Ce à quoi il s'employa. Dans son action publique, il s'efforça toujours d'apparaître comme celui qui, inlassablement, savait se renouveler et innover. Bien que connaissant pourtant ses vues et disposant, de par mes fonctions, d'informations reçues de la source la plus directe, je dois avouer avoir été moi-même souvent surpris par sa capacité à créer « du de Gaulle ». On se rappelle la requête de Diaghilev à Cocteau : « Étonnez-moi »; c'est bien ce que l'on attendait du Général. Malheur à lui si la qualité de ses prestations avait faibli! Tant d'adversaires l'attendaient à ce tournant! Il tenait ainsi l'opinion en haleine, et pas seulement en France : n'importe quel journaliste étranger pourra le confirmer. Après chacun de ses discours, décisions, interventions, conférences de presse, bons mots ou attitudes, venait toujours un moment de surprise. Celle-ci dissipée, chacun, qu'il fût d'accord ou non, reconnaissait que ce à quoi on venait d'assister, c'était bien « du de Gaulle ». On ne l'acceptait ni absent de la scène politique ni médiocre dans sa prestation. C'est également une des raisons pour lesquelles la crise de mai 1968 fut dramatique pour lui : en utilisant pour la qualifier l'adjectif « insaisissable », il pensait au premier chef à la situation politique. Mais il parlait aussi en termes de création. Tout un temps, l'artiste qu'il était se trouva dans l'impossibilité d'improviser, de la même façon qu'un grand compositeur peut éprouver des difficultés à imaginer des enchaînements ou variations pour certains thèmes, l'écrivain à choisir le mot répondant parfaitement à son attente, le sculpteur à entrevoir la forme qu'il rêve pourtant d'insuffler au marbre ou à l'argile. Il parvint toutefois à prendre l'initiative par l'une de ses plus étonnantes trouvailles, sur laquelle on n'a sûrement pas fini d'épiloguer.

Pour apprécier la valeur des hommes d'État, il utilisait toute une série de critères : le caractère, l'ampleur de vues, l'habilité manœuvrière, le comportement moral. Il les jugeait aussi en artiste de la politique. A cet égard aussi, il se trouvait de plus en plus solitaire. Franco l'avait déçu. Parmi les survivants de la grande tourmente de 1940 à 1945, il lui restait encore à s'entretenir avec Mao. L'événement n'aurait eu aucune conséquence politique, du moins directe. Il se serait situé dans un autre domaine. On peut rêver à ce qu'aurait été la rencontre entre ces deux hommes, tous deux libérateurs de leur pays; tous deux concepteurs de desseins à long terme et de nouvelles

« dynasties »; écrivains l'un et l'autre; appartenant à des nations de très ancienne civilisation; partageant le goût de la méditation et de la stratégie qui la prolonge; virtuoses en leur art, sans perdre jamais de vue les dures réalités du combat politique. Sans compter qu'ils auraient l'un et l'autre essayé de se juger et de se jauger. Mais l'on ne peut qu'imaginer.

Quand le Général, de son observatoire de La Boisserie, regardait agir Georges Pompidou, il y mettait la froide objectivité du professionnel, sans aucune trace d'amertume. Il analysait la situation sous tous ses aspects, faisant entrer en ligne de compte les qualités et les faiblesses de son ancien Premier ministre, les conditions dans lesquelles il avait accédé au pouvoir, la situation internationale. Le regardant à la télévision, il maugréait, grommelait, parfois souriait. Je constatais que l'inquiétude pour l'avenir de son œuvre, qui le tenaillait, se nourrissait aussi des réactions du créateur. Il souffrait d'observer que, depuis son départ, le mécanisme du renouvellement et de l'imagination se grippait jour après jour dans notre pays et que la France en pâtirait. De Gaulle retiré à Colombey et suivant la vie politique à la télévision, c'était Michel-Ange observant l'un de ses élèves en train de poursuivre son œuvre sur les plafonds vertigineux de la Sixtine. Or il n'existe pas de « profil bas » pour une fresque de Michel-Ange, pas plus que pour une sonate de Beethoven ou pour une tragédie de Shakespeare. Enlevez au premier la puissance du dessin, au deuxième le perpétuel jaillissement des thèmes, au troisième la magie de la poésie où les mots paraissent avoir capté l'éclat du soleil et toutes les ombres de la nuit, que reste-t-il? De Gaulle le savait fort bien, car il en va de même en politique, particulièrement dans l'action diplomatique. Une conception d'ensemble parvenue à un niveau élevé de qualité peut en apparence se poursuivre; elle doit néanmoins être repensée et adaptée, au risque de s'anémier et de ne plus répondre aux nécessités du temps.

Créateur et artiste, assurément. Mais nullement esthète. La poursuite de l'art pour l'art n'était pas dans sa nature. L'hédonisme lui était étranger. Tout au long de sa vie, il n'a jamais perdu de vue l'intérêt national, toujours prioritaire à ses yeux. Dans le processus d'identification qui s'était toujours opéré entre la France et lui, il voyait son personnage comme un moyen dont il usait. Je n'ai jamais trouvé une seule circonstance où de Gaulle ait fait passer le souci d'affirmer son personnage avant celui de servir son pays. Le référendum d'avril 1969 n'était pas à ses yeux – il me l'a souvent dit – un procédé habile pour s'assurer une sortie dans la dignité. La consultation répondait à des impératifs d'ordre sentimental et politique. Il voulait poursuivre sa tâche tout en sachant, si le pays en décidait ainsi, que le poids en serait de plus en plus lourd. Sinon, il partirait. Tel était le fond de sa pensée. Cela posé, l'artiste était intervenu, donnant à son départ – et à la période qui s'ouvrit après – l'allure voulue pour que n'en souffrissent ni sa dignité ni l'idée qu'on se faisait de lui.

« De Gaulle artiste » possédait un sens inné des proportions. Pour la simple raison qu'il était homme de bon sens. Dans l'action publique, il se montra un bâtisseur qui avait à cœur de construire sur des bases durables. Sa conception de l'édifice relevait d'un très grand souci de mesure, les parties s'équilibrant les unes par rapport aux autres, sans oublier les indispensables contrepoids et arcs-boutants. Ancré dans la certitude que l'élégance des formes naît tout naturellement de l'accord entre un artiste et une matière, à l'opposé du don Quichotte sous les traits duquel ses adversaires le dépeignaient volontiers, son champ d'action n'était ni la poursuite de mirages ni la recherche fiévreuse et vaine de l'au-delà des apparences. Le matériau sur lequel il travaillait avait la densité, le poids, la viscosité, la charge émotionnelle de la vie en société : organisation des pouvoirs, action du gouvernement, conduite d'une politique étrangère, commandement des hommes, administration des choses. Dans chacun de ces domaines, je retrouvais son souci de créer des ensembles cohérents et de respecter les proportions. Bref, de bâtir solide et dans l'harmonie.

Il « cherchait son œuvre », pour reprendre l'expression

de Nietzsche. Sans sacrifier en rien l'intérêt national au plaisir égoïste, enivrant, au demeurant assez vulgaire, que procure l'usage du pouvoir. Seules comptaient à ses yeux les institutions établies, les crises surmontées, l'économie rénovée, l'indépendance chèrement acquise. En dépit des apparences, l'humilité était sa compagne de chemin. Son personnage l'intéressait, comment le nier? Quel est d'ailleurs l'homme, aussi modeste soit-il, qui ne partage pas une identique préoccupation? Si le Général avait modelé le sien par une attention de tous les instants et une rigueur d'officier d'état-major, s'il en avait assumé les conséquences au prix de sacrifices dont j'avais mesuré le poids, si, alors qu'il approchait de la fin, il continuait à l'observer avec détachement et lucidité – attitude dont peu d'hommes sont capables, tant il est facile de se jouer la comédie à soi-même –, c'était tout simplement parce qu'il croyait que les résultats engrangés, son style, les accents d'épopée qu'il avait su tirer d'une histoire combien douloureuse pour avoir été traversée par quelques-uns des plus déchirants de nos drames nationaux, en un mot, son œuvre, avaient de l'importance pour la France. Au soir de sa vie, comme j'ai pu le constater, il avait le sentiment d'avoir accompli sa destinée, marqué la vie de notre pays de son empreinte, de lui avoir légué une image dont la France pouvait tirer quelque fierté.

LA POÉSIE

« J'ai fait de vous des poètes. »
CHARLES DE GAULLE.

Je n'ai pas assisté à la scène. Elle m'a été racontée. Au cours d'une réception à l'Élysée, le Général bavarde avec un petit groupe d'officiers généraux. La plupart d'entre eux sont compagnons de la Libération. Tous ont participé, depuis 1940, aux combats de nos armées en Afrique, en Europe, en Indochine, en Algérie. Leur fidélité à de Gaulle a été totale. Elle n'a pas faibli lorsque l'affaire algérienne leur a posé, à eux comme à beaucoup d'autres, de cruels problèmes de conscience. Après tant d'épreuves surmontées, comme figés dans la gloire d'un passé qui commence à s'éloigner, ces hommes de guerre, en réalité des survivants, donnent, par la rectitude et l'héroïsme de leur comportement, l'impression d'être autant de vivantes images d'Épinal. De Gaulle, avant de s'éloigner d'eux pour rejoindre un autre groupe, les regarde puis, non sans un brin d'ironie, mais aussi avec une profonde affection, dit à voix basse : « J'ai fait de vous des poètes.... »

Le mot va loin. Peut-être jusqu'à l'essentiel. De Gaulle s'attachait à donner de la réalité parfois humble de la vie une image qui la dépassait et, d'une certaine façon, la sublimait. Il situait les événements et leurs protagonistes, les situations et leurs acteurs dans l'atmosphère d'une poésie à laquelle ne manquaient ni la force du souffle ni la séduction du merveilleux. Voyant l'histoire du monde comme une suite d'actions héroïques, il se mouvait à l'aise dans l'épopée. C'était dans sa nature. Son expérience avait développé des tendances qui préexistaient en lui. Les événements avaient fait le reste. Il pensait que la chanson de geste est vieille comme le monde et continue à toucher l'âme des peuples; que le quotidien a toujours besoin de sa ration de rêves et qu'il en ira ainsi aussi longtemps qu'il y aura des êtres humains, c'est-à-dire des imaginations à enflammer. On peut se rappeler à ce propos la phrase de Napoléon que de Gaulle cite à André Malraux, le 11 décembre 1969, alors que La Boisserie est sous la neige : « Je fais mes plans avec les rêves de mes soldats endormis. » Notre pays, il est vrai, dispose dans ce domaine d'une solide tradition nationale : la « Geste du Roi », « La France fille aînée de l'Église », « La France mère de la Révolution »... Si les deux grands hymnes révolutionnaires des temps modernes, *la Marseillaise* et *l'Internationale,* ont des paroles françaises, l'on ne saurait y voir le simple fait du hasard. Dans notre littérature court la rayonnante coulée de feu de l'incarnation épique. Elle constitue un versant de notre génie. Alors que l'autre nous porte vers la rigueur dans l'analyse, avec tout ce qu'elle a d'indispensable et de froid. Pour de Gaulle, peu importait la nature et l'intensité apparentes des événements. En matière de stratégie politique, il ne voyait pas de différence entre la guerre et la paix. Il appliquait ce principe à son art de gouverner. Après la France libre, une fois les drapeaux repliés et le silence tombé sur les champs de bataille où avaient péri tant de millions d'hommes, il ne change pas de registre. Retiré à La Boisserie, à défaut de pouvoir continuer l'épopée, il la raconte. Il revient au pouvoir en 1958 à la suite du drame que provoque la crise algérienne. Tout ce qu'il a en lui de profondément national en souffre; du point de vue technique, il s'y sent à l'aise et trouve les accents qu'il faut. Une fois ce problème réglé, il aurait pu s'installer dans la banalité ou les routines. De même après la crise de mai 1968. Dans les deux cas, eût-il été un homme politique ordinaire, il aurait pu durer. Il s'y refuse, s'efforçant au contraire de donner à tous les instants de la vie nationale la saveur forte des aventures partagées; de canaliser les ardeurs, et, en cas de besoin, de les susciter sur quelques thèmes simples : l'indépendance à recouvrer, l'économie à développer, le combat monétaire à mener, la participation à mettre en marche. Qu'une telle attitude présente des risques, il le savait mieux que n'importe qui. Notre peuple se fatigue vite de l'héroïsme, quitte à se sentir frustré dès qu'il n'a plus son lot de rêve et de gloire.

A propos de la fin de la guerre d'Algérie, il m'avait dit un jour : « Les Français voulaient retrouver leurs habitudes. Ils ne souhaitaient plus se battre ni lutter. Tout au contraire, dans la perte de l'Afrique du Nord, pour cruelle qu'elle soit, je voyais le début d'une nouvelle étape. Pouvait-on imaginer que de Gaulle aurait accepté une aussi terrible amputation s'il n'avait pas imaginé qu'elle pût entraîner un nouvel essor? Mais je sentais dans le pays une grande lassitude. C'est pour cela que j'ai appelé Pompidou. » Ces propos éclairent, me semble-t-il, le dialogue qu'André Malraux rapporte dans *Les chênes qu'on abat* et sur lequel on s'est interrogé. A la question de son visiteur sur ses rapports avec la France – « Avez-vous jugé le contrat rompu en mai 1968 ou, plutôt, lors de votre réélection, c'est-à-dire en 1965? » –, le Général avait répondu : « Bien avant, c'est pour ça que j'ai pris Pompidou. » En faisant remonter la « rupture » avec les Français à la nomination, en avril 1962, de son ancien collaborateur à la charge de Premier ministre, alors qu'elle a eu lieu en réalité en mai 1968, de Gaulle voulait tout simplement indiquer qu'il avait prévu dès ce moment-là un déphasage entre une opinion gagnée par la lassitude et sa volonté d'aller de l'avant. Il sentait bien que ses thèmes, son vocabulaire risquaient de moins mobiliser les Français, une fois les drames éloignés. Sans compter qu'il voyait s'opérer le rassemblement des forces décidées à s'opposer à lui. Ne m'avait-il pas dit, parlant du *Monde* : « Dès que j'ai ôté de la gorge de la France la poire d'angoisse qu'était l'Algérie, ce journal a été contre moi. » Il lui fallait dès lors prendre des précautions; Georges Pompidou en était une.

Que l'on ne s'y trompe pas : de Gaulle n'était pas victime de sa propre illusion lyrique. Il est vrai qu'il jouait mieux sur la composante épique de notre âme nationale que sur l'autre; jamais pourtant il ne perdait de vue les réalités. Le combat pour l'indépendance militaire, économique, scientifique, monétaire n'était pas une aventure mythique ou la poursuite de quelque chimère. Il y allait, à ses yeux, de la survie de la France. C'est bien pour cette raison qu'il voulait y entraîner le pays. Sans pour autant le traumatiser trop. Georges Pompidou – en cela, sa tâche différait radicalement de celle de Michel Debré, dont les « accents » en politique sont plus proches de ceux du Général – se trouvait placé exactement au point où l'imaginaire devait devenir réalité. Il lui appartenait d'assumer et de coordonner l'action du gouvernement et de rassurer une opinion publique inquiète, raidie, dont les nerfs étaient à vif. En bref, pour reprendre le mot du Général qui sonne à la fois comme un compliment et comme un reproche, sa mission était d' « arranger ». Le système fonctionna bien. Les deux hommes possédaient des dimensions complémentaires. Leurs esprits étaient situés sur des orbites si éloignées, la tonalité de leurs sensibilités politiques faisaient apparaître de telles différences qu'en réalité ils ne se heurtèrent jamais de front. A partir de 1966, cependant, de Gaulle commença à trouver que son Premier ministre freinait à l'excès ce qu'il y avait de novateur dans ses idées, ou, si l'on préfère reprendre le vocabulaire de la poésie, qu'il laissait s'affaiblir le souffle. Une fois le Général disparu, on perçut vite un changement profond de langage. La substance même de notre vie politique s'en trouva radicalement modifiée. Georges Pompidou avait la finesse voulue pour le percevoir. Il s'efforça – y mettant un acharnement qu'expliquaient le réalisme de son caractère, la nostalgie de l'époque passée et, me semble-t-il, une certaine mauvaise conscience – de dégager sa propre vision et de trouver les mots pour l'exprimer. Il n'y parvint pas. Pas plus qu'il ne réussit à transformer son existence en destin. Tant il est vrai dans notre pays que, défaut de pouvoir concilier l'indispensable imagination et l'exigence des réalités, la vie publique enferme rapidement dans le corset de la gestion ceux qui ne savent pas ouvrir les portes du rêve.

Il peut paraître étrange de constater que nous avons

senti passer le grand souffle lyrique de De Gaulle alors que nous abordions la phase nouvelle de la civilisation technologique de l'ère postindustrielle. Cette contradiction n'est peut-être qu'apparente.

Le 10 juillet 1970, Marcel Jullian et moi sommes à Colombey pour y recevoir le manuscrit du premier tome des *Mémoires d'espoir.* Au déjeuner, nous en venons à parler édition et tirages. Ces sujets, comme je l'ai souligné, passionnent le Général. On évoque le succès des romans d'espionnage. Alors qu'à l'habitude, pendant les repas, je prends rarement la parole, j'aborde un sujet qui m'est cher, encore qu'il n'ait rien de bien original. Je parle du besoin éprouvé par chacun de nous de se donner l'illusion d'une double vie. Dans un temps où toutes les existences finissent par devenir identiques, l'homme, s'il veut conserver son unité et préserver son identité, doit, pour se différencier des autres, avoir recours à l'imaginaire et à l'onirisme. Il lui devient indispensable de se voir différent de ce qu'il paraît aux yeux d'autrui. La mythologie des agents secrets et des espions répond d'une certaine manière à ce besoin. Le succès du roman d'espionnage est directement lié au développement de la société de consommation. Je développe mon idée. Sans doute devrais-je m'arrêter. Ceux qui accaparent la conversation m'irritent. A plus forte raison quand le maître de maison est de Gaulle. Mais je note qu'il m'écoute attentivement. J'ai appris à discerner lorsqu'il fait semblant de prêter l'oreille par courtoisie ou s'il s'intéresse vraiment aux propos échangés. C'est bien le cas ce jour-là. Il me le dit. Par la suite, c'est un sujet que nous reprendrons souvent.

Probablement avait-il lu Élie Faure. Il en possédait les œuvres dans l'édition complète en trois gros volumes dont la couverture claire se détachait sur les rayonnages de la bibliothèque, à gauche de la cheminée du salon. Une réflexion du critique d'art à propos de Napoléon m'avait frappé, tant elle me paraissait s'appliquer à de Gaulle : « Les peuples n'ont jamais été réellement gouvernés et les armées commandées que par des poètes actifs ayant la force et l'intuition lyriques. » Homme des implacables joutes diplomatiques, retoutable joueur qui calculait ses coups de longue main pour tirer le meilleur d'une donne souvent dérisoire, homme d'État qui savait tenir tête aux maîtres des plus grands empires que l'espèce humaine ait jamais connus, de Gaulle croyait, du fond même de sa faiblesse, voire de son désespoir, que l'homme ne vit pas seulement de pain et qu'il lui faut d'autres nourritures que celles de la terre; comme s'il reprenait à son compte l'affirmation de Ruskin : « D'une créature humaine vous pouvez faire un outil ou un homme; vous ne pouvez en même temps faire les deux. » Son objectif étant de rassembler le plus grand nombre possible de ses compatriotes pour un combat, il chercha à l'atteindre à sa façon, déployant une science consommée de l'entraînement des hommes et usant à merveille de son aptitude à saisir les rouages les plus intimes de la psychologie de ses contemporains.

Dans cette direction aussi, l'écrivain a aidé l'homme d'État. Sans la magie des mots, il lui eût été plus difficile d'ennoblir la réalité. Voyez ce que deviennent sous la plume de Chateaubriand la fin de l'Ancien Régime et la naissance d'un nouveau monde! Plus près de nous, il est impossible de réfléchir à la révolte arabe contre les Ottomans lors de la Première Guerre mondiale sans être influencé par T.E. Lawrence, même si l'on sait que, dans *les Sept Piliers de la sagesse,* il faut faire une large place aux phantasmes de l'auteur. La guerre d'Espagne n'a pas été ressentie de la même manière par Hemingway et par Malraux; ces deux auteurs-combattants lui ont conféré, chacun à sa façon, une grandeur sans laquelle elle nous paraîtrait aujourd'hui moins proche et, de toute façon, moins poignante. De Gaulle fit de même dans son action quotidienne. Tous ses discours, allocutions, conférences de presse, entretiens avaient une dimension poétique. Leur auteur voulait toucher la sensibilité par le recours à des expressions aux contours parfois indécis, mais qui, chacune à sa manière et par leur effet d'écho, accédaient aux zones les plus mystérieuses du subconscient collectif. Libération, participation, supplément d'ame, espoir, cher et vieux pays... Ces mots ne correspondaient pas seulement à des situations politiques précises; ils répondaient à d'autres besoins; ils mettaient en mouvement des forces souterraines puissantes. De Gaulle en appelait toujours à l'intelligence; il s'efforçait d'expliquer ses thèses, de clarifier les débats, de les mettre à la portée des plus humbles. Ses propos étaient parfaitement accessibles et compréhensibles. Pourtant, ils allaient toujours au-delà de la simple rationalité. Par le choix des termes, des expressions, de certains thèmes, il abordait d'autres rivages. Il n'oubliait jamais qu'un peuple, c'est aussi l'immensité d'une mémoire où rien ne meurt et où tout peut éternellement revivre de ce qui compose la richesse de paysages enfouis ou rêvés.

La « poétique des mots » se complétait d'une « poétique des gestes ». Élaborée dans la fraternité des combats, elle correspondait chez le Général à une préoccupation essentielle et plus durable. Parlant de l'organisation de sa Maison, j'ai évoqué les principes sur lesquels il l'avait établie; j'ai tenté de décrire l'état d'esprit qui y régnait et qui me paraissait inspiré de celui des ordres chevaliers. Il m'a toujours semblé que, par ce moyen, il avait voulu susciter une « idéalisation » des tâches, créer une atmosphère différente de celle de la routine administrative ou des ambitions rudimentaires, donner une coloration particulière à ses rapports avec chacun d'entre nous. Il en allait de même pour le « compagnonnage » de la France libre et de la Résistance. Un identique refus de subir, une aventure partagée, les dangers courus en commun, le souvenir des camarades morts au combat, abattus ou torturés, voilà qui créait des liens. De Gaulle les avait institutionnalisés et magnifiés. Avec une connaissance très sûre des règles du genre. Il avait créé l'ordre de la Libération, attribué aux meilleurs et dont la caractéristique était de ne plus recevoir de nouveaux membres. Dans la hiérarchie de ses fidélités, l'appellation « mon compagnon et mon ami » se situait au plus haut. Il avait toutefois une conception large de la notion de « compagnon ». Il en faisait application à tous ceux qui s'étaient rangés à ses côtés et avaient fait route avec lui. Mot étrange au demeurant, qui s'est chargé, au cours de notre histoire, d'une résonance particulière, puisqu'il évoque à la fois l'idée de la camaraderie et celle de la solidarité. Il vaut pour le monde des jeux et pour celui du travail. Il s'agissait en fait, pour de Gaulle, de marquer une appartenance à la même levée d'hommes, au même *ban,* pour reprendre le mot de Guéhenno, à une franc-maçonnerie de l'aspiration nationale. Il voulait signifier qu'une identique fraternité en unissait tous les membres. Que ce lien, quoi qu'il arrivât, était indissoluble. Il ne l'oubliait jamais, qu'il s'agisse des moments heureux ou difficiles. Dans la soirée du 28 mai 1968, c'est-à-dire la veille du jour où il recourt au coup de théâtre destiné à retourner la situation en sa faveur, ce chef d'État que certains veulent présenter en plein désarroi écrit à Alain Peyrefitte, qui vient de démissionner du gouvernement, une lettre manuscrite afin de le remercier de ses efforts pour le pays dans une période dramatique. L'ancien ministre de l'Éducation nationale m'a montré cette correspondance quelques semaines après la mort du Général. La prévenance du ton et la sérénité de l'écriture me rappelaient si bien son auteur que la lecture de ces lignes me bouleversa. J'ai dit aussi, donnant l'exemple de Georges Boris, qu'il a adressé à beaucoup de ses compagnons un ultime salut au moment où ils approchaient de la mort. Son souci étant assez semblable à celui du prêtre : ne le faire parvenir ni trop tôt ni trop tard. On peut s'en étonner, s'en émerveiller ou en sourire. C'est un fait, toutefois, qu'un certain nombre d'hommes – pas des moindres, et, souvent, pas des tendres – ont abordé le rivage inconnu de la mort en tenant dans leur main une lettre du Général. Les familles pourront témoigner de tout le réconfort qu'il leur apporta. De Gaulle avait ainsi établi, dans ses rapports avec ses compatriotes – car, par extension, il voyait dans tout Français un compagnon –, un rituel qui ajoutait aux témoignages de son respect à l'égard de tous, la dimension du romantisme de la fraternité. N'en va-t-il pas souvent ainsi dans la communauté des hommes ? Chaque Église, fût-elle rouge ou athée, a son propre code. Pour les communistes, le terme de « camarade » ne relève pas du seul vocabulaire ; il possède une charge émotionnelle dont il serait puéril de se moquer. De tous les slogans qui fleurirent en mai 1968, celui qui eut, me semble-t-il, le plus de résonance chez les étudiants fut précisément : « Libérez nos camarades ! » Il faisait apparaître une solidarité plus qu'il n'exprimait une revendication. N'est-ce pas pour cette raison qu'il porta ?

Le pays ne resta pas insensible aux appels lancés par ce chef d'État qui ne ressemblait à aucun autre. Dans *l'Arbre d'Eden,* Élie Faure a écrit qu' « une civilisation nouvelle[...] est un phénomène esthétique. C'est quelque chose de vivant. Ne tentez pas d'enseigner au peuple des formules mortes. Demandez-lui, bien au contraire, le secret des formes vivantes que recèlent ses profondeurs. » Il me semble que le Général s'ingénia – et réussit bien souvent – à trouver des formules vivantes. C'est pourquoi d'ailleurs ses compatriotes réagirent soit par l'adhésion, soit par le refus. Dans les deux cas, c'était une manifestation de la vie. Et il en va de la politique comme de l'amour : l'adversaire absolu est l'indifférence. Possédant le pouvoir d'ouvrir le chemin au rêve, de placer le monde des réalités sous un éclairage qui ennoblissait son apparence, de libérer les émotions, il en jouait, y mettant tout le sang-froid voulu, sans céder à la facilité ni se laisser aller à la sentimentalité. Si bien que l'image qu'il donnait était bien davantage celle de la rigueur, voire de la raideur, que celle de la sensibilité. Il voulait qu'il en soit ainsi. A Jean Ferniot, qui, à l'issue d'une audience, lui avait demandé à brûle-pourpoint : « Et des sentiments, qu'en faites-vous ? » le Général avait répondu du tac au tac : « Les sentiments, on s'en sert. » C'est vrai qu'il en faisait une arme. Mais il s'attendait à ce qu'on découvrît un jour que le langage de ses appels au pays correspondait à la réalité de sa nature profonde et à sa façon de sentir.

Tout le monde ne goûtait pas cet art poétique. La droite voyait son perpétuel adversaire depuis 1940 faire appel à la continuité nationale, aux valeurs de la tradition, aux vertus de l'enracinement. Son complexe de culpabilité se doublait de celui de frustration. La gauche ne l'appréciait pas davantage. A son sujet, de Gaulle s'était d'ailleurs trompé. Lorsqu'il avait reçu à Colombey, à l'automne 1958, le chancelier Conrad Adenauer, il lui avait brossé un portrait de la France telle qu'il la voyait. Il lui avait aussi beaucoup parlé des Français. Si les souvenirs que j'ai gardés de la lecture des comptes rendus sont exacts, il avait tenu sur les milieux de la gauche des propos qui peuvent ainsi se résumer : « Elle est profondément nationaliste. Elle croit que le pays a une mission à accomplir, un message à apporter. Elle me comprendra et me soutiendra. » Le Général pensait à l'esprit révolutionnaire qui, à partir de 1789, avait soufflé la tempête sur le vieil ordre établi de l'Occident, au romantisme républicain d'un Hugo, d'un Michelet, d'un Gambetta, au rêve naïf et généreux du bonheur pour tous qui anima l'élite de la classe ouvrière tout au long du XIXe siècle et s'exprima, pendant quelques mois, lors de la Commune de Paris, puis tout au long de la IIIe République. Il savait qu'il existait dans cette partie de la société française une vivante tradition d'espoir et de générosité; un langage et des thèmes qui parlent à l'imagination; des héros dont le souvenir fait encore vibrer la sensibilité, un monde de sentiments d'où le merveilleux n'était pas absent et dans lequel de Gaulle se trouvait parfaitement à l'aise. Il pensait pouvoir se l'attacher. Il se rendit vite compte que la social-démocratie, tout au moins celle qui venait de l'ancienne SFIO, n'était plus qu'un syndicat de gestion. Parlant de son action à l'extérieur, il m'avait dit un jour : « La gauche française non communiste s'est fourvoyée en n'appuyant pas ma politique étrangère. Elle voudra un jour la reprendre à son compte. Peut-être sera-t-il trop tard. » Le Parti communiste, de son côté, ou du moins ses dirigeants, sacrifiaient en dernier ressort à un système de valeurs différent. Il reste que le pouvoir des mots et la puissance des thèmes exercèrent leur force d'attraction, malgré le poids des appareils, et qu'une partie de l'électorat de gauche se retrouva en lui et vota en sa faveur.

Quelle aventure! Et quel style! Jamais le moindre fléchissement ni dans le ton ni dans le souffle. Il s'agissait pourtant d'une perpétuelle création, d'un effort sans cesse repris. Et c'est moins facile qu'on ne le croit de se tenir à une certaine hauteur, de hisser les événements, les crises, les drames au niveau voulu, d'éviter les ruptures de rythme sans jamais se laisser aller à la facilité! La moindre fausse note eût jeté bas tout l'édifice. C'est pourquoi la crise de mai 1968 fut lourde de conséquences. Dans une épopée construite selon des règles strictes, qui possède sa tension interne et dont le ton est soutenu, voilà que firent intrusion tous les éléments contraires. Je ne parle pas là du fond des choses, ou, si l'on préfère, des aspirations. Mais du style. Celui de la « fête » – le mot étant emprunté par ses parrains, non sans une ambiguïté voulue et fort habilement entretenue, au vocabulaire de la joie comme à celui de la drogue. Or un pays peut difficilement se donner un spectacle de deux manières aussi radicalement opposées. Il doit choisir. Ou alors ne plus avoir de visage. De Gaulle voulait conserver celui auquel il tenait. Lorsqu'il utilisa, à dessein et à plusieurs reprises, le terme de « chienlit », il pensait essentiellement à ces foules déambulantes ou couchées qui parlaient interminablement sans savoir très bien ce qu'elles voulaient. Il est de fait que s'opposèrent, pendant un mois, deux mondes, partageant d'une certaine façon et paradoxalement les mêmes espoirs de libération de l'homme, mais ne les exprimant pas dans la même langue et ne les vivant pas de la même manière. Dans cette optique, mai 1968 avait également pour de Gaulle un côté « insaisissable ». Mais n'en fut-il pas de même pour le pays? Lors de l'élection présidentielle de 1974, j'ai constaté, sans en être surpris, que, du côté de la gauche, on puisait plus volontiers dans l'arsenal poétique de De Gaulle que dans celui inspiré de l' « esprit de mai ». Ayant à l'esprit la réflexion de De Gaulle sur les socialistes et sa politique étrangère, je ne pouvais toutefois m'empêcher de penser que cette amorce de conversion venait peut-être bien tard...

Je ne partage pas entièrement l'opinion d'André Malraux lorsqu'il affirme que le gouvernement des hommes a radicalement changé depuis la révolution industrielle. De nos jours comme autrefois, gouverner, à moins de recourir à la force, consiste à maintenir ouvert et vivant un dialogue. De Gaulle avait créé son langage. Nul ne peut nier aujourd'hui qu'il parlait à ses compatriotes et qu'à sa manière il les écoutait. Ce qu'on imagine mal, c'est combien il avait besoin de se réchauffer lui-même le cœur. Ces appels qu'il lançait au pays et dans lesquels il déployait la richesse de sa sensibilité, les trésors de sa culture, la magie de mots choisis avec soin, il se les adressait aussi à lui-même. Pour lutter contre la tentation du nihilisme, chasser l'obsession de la légende du roi des Aulnes, écarter enfin le vertige de l'abdication, il lui était nécessaire de s'écouter, aussi étrange et surprenant que cela puisse paraître. S'il relisait souvent ses propres écrits, c'était certes pour juger avec le recul du temps la qualité de ses textes, vérifier la sûreté de son coup d'œil, voire analyser les raisons de ses erreurs; mais il éprouvait aussi très fortement le besoin d'entendre le rythme de ses phrases, de suivre le déroulement de leurs thèmes, de se replonger dans son propre univers, de redécouvrir la splendeur de ses mots. J'imagine que certains grands artistes se nourrissent ainsi de leurs propres œuvres en vue d'en féconder de nouvelles, tout en repuisant sans cesse aux sources de leur inspiration.

A la question qu'il m'avait posée bien des fois : « Les Mémoires, à quoi bon les écrire ? » je ne lui répondais jamais toute la vérité. Je lui disais : « Les Français les attendent », ce qui était vrai. J'ajoutais : « L'étranger également. » Comme il avait l'air d'en douter, je lui avais montré un jour une dépêche de notre ambassadeur à Singapour, à qui le Premier ministre Lee Kwan Yew avait dit en 1970 : « Il faut absolument que de Gaulle écrive ses Mémoires. » Pour autant, je ne découvrais pas entièrement mon sentiment, car je ne pouvais en effet lui dire : « Il faut aussi que vous les écriviez pour vous-même. » Je ne pensais pas seulement au fait que leur rédaction lui fournirait une raison de vivre, ce qui était déjà en soi suffisant. Ni seulement à la continuation de l'œuvre. Mais que, grâce à ce travail, il resterait persuadé jusqu'à son terme qu'il continuait à posséder le don de la création poétique, auquel il attachait un tel prix et qui lui était un indispensable viatique.

LA SCÈNE

« Une bonne tragédie doit être regardée comme l'école la plus digne des hommes supérieurs. Sous un certain point de vue, elle est au-dessus de l'Histoire. »

NAPOLÉON (à Goethe).

A observer le Général agissant en sa qualité de chef de l'État ou évoluant dans le cercle de sa famille, je ressentais deux impressions qui, pour être diverses dans leur nature, se complétaient. J'avais bien en face de moi une personnalité bâtie à partir de toutes ses particules soudées. En même temps, il m'apparaissait que tout geste, toute attitude étaient calculés, chaque parole prononcée au moment choisi, accompagnée de l'intonation voulue. Jamais je ne relevais chez lui la moindre trace d'effort, la plus légère des dissonances, le plus minuscule des signes pouvant donner à penser que son comportement fût artificiel. Bien au contraire, le naturel, la solidité, l'authenticité du personnage se trouvaient renforcés par une maîtrise absolue de lui-même, au point que, face à cette création permanente, je ne pouvais faire le partage entre ce qui relevait du don et ce qui dépendait de la volonté. Quel nouveau paradoxe!

Il était toujours en scène. Au centre d'une représentation permanente dont il fixait lui-même le thème. A y bien réfléchir, cette manière d'agir était un moyen parmi d'autres de sa stratégie d'ensemble. Après avoir dégagé une idée de manœuvre établie sur le principe de l'anticipation, sachant la part qu'il voulait y prendre, il était normal qu'il en déduisît la meilleure façon d'y parvenir. Si bien que la notion de « rôle » ne se dissociait pas dans son esprit de celle de « dessein ». Il est donc « vu » tour à tour, voire tout à la fois, comme « libérateur », « rénovateur de la République », « décolonisateur », « héraut de l'indépendance », « David contre Goliath », ou, si l'on préfère la transcription qu'il en donnait lui-même avec humour, « Tintin ». Tous ces rôles finissaient par composer, en se surajoutant, ce personnage unique, « de Gaulle », dont le Général parlait à la troisième personne. Comme sa stratégie, son « théâtre » était soigneusement élaboré à l'avance. Les deux, d'ailleurs, se complétaient au point qu'il se révélait parfois difficile de départager ce qui revenait à l'homme d'action et à l'acteur. Les deux mots, au demeurant, n'ont-ils pas la même racine?

Dès lors, on peut procéder à l'analyse de De Gaulle comme on le ferait d'un auteur de scénarios. Que de soins il apporte à leur préparation! Quelle minutie dans le détail! Lorsqu'il revient au pouvoir à la suite de la crise de mai 1958 à Alger, les enchaînements sont si précis, les décisions tellement ajustées qu'on ne peut que constater a posteriori qu'il avait parfaitement prévu la manière dont se dérouleraient les événements. Il en va de même lorsqu'il organise sa retraite après l'échec du référendum de 1969. Dans les jours mêmes qui suivent son départ, il nous explique quel sera son comportement, auquel, sans doute, il avait réfléchi depuis longtemps. Pour ce dernier acte, qu'il souhaitait réussir, car il s'agit d'une abdication républicaine, il dessine une esquisse rigoureuse. Le cadre : La Boisserie. Les acteurs : un tout petit nombre de personnes, dont aucune n'a la moindre responsabilité dans les équipes gouvernementales. Sa conduite : le silence et la rédaction de ses Mémoires. Un geste négatif, phénomène chez lui assez rare : ne pas se trouver en France pour l'anniversaire du 18 juin (1969, l'Irlande; 1970, l'Espagne; avec la Chine en perspective pour 1971). Il laisse un seul point ouvert, car il ne dépend pas de lui seul : la nature des relations qui s'établiront, pendant cette période, entre lui et le pays. On retrouve une technique aussi poussée de la prévision scénique et du cadrage dans le cérémonial de ses obsèques, décidé en 1952, lorsqu'il se trouvait au creux le plus profond de son découragement. Nous ne connaissions pas ses intentions. Nous pensions tous qu'il « jouerait » sobre. Évoquant l'éventualité de sa mort, n'avait-il pas dit en 1969 à Xavier de La Chevalerie, qui m'avait rapporté le propos : « J'ai laissé des instructions; je veux que les choses se passent simplement. » Je n'imaginais pas pour autant qu'il avait fixé avec une telle rigueur et en quelques phrases brèves les conditions à respecter pour atteindre son objectif. Tout était défini par son testament. La mise en scène n'était pas bloquée pour autant. Elle gardait sa part d'inconnu et de mystère. Quelle serait la participation de la foule? Comment l'événement serait-il ressenti en France et dans le monde? Quel en serait l'impact à la télévision – encore balbutiante dans notre pays lorsque, en 1952, il rédige ses volontés? Comme au théâtre, la réponse appartenait au public. Je pourrais multiplier les exemples. Je parle surtout de ceux que j'ai vécus, qui m'ont impressionné par la place faite à la préparation scénique et par le souci du Général de respecter le déroulement de la pièce tel qu'il l'avait prévu.

Personne ne peut être totalement maître de la scène. L'événement bouleverse souvent le plan le plus savamment mûri, le découpage le plus rigoureux. La surprise peut jouer. Ce fut le cas en mai 1968, où de Gaulle eut, en termes de théâtre, à jouer « énorme » pour reprendre son public. La qualité de certaines heures peut également inciter ceux qui les vivent intensément à l'improvisation. L'ardeur des foules massées en juillet 1967 tout au long du « Chemin du Roi » explique l'intervention de De Gaulle : « Vive le Québec! Vive le Québec libre! » On en a beaucoup parlé. Nul ne doute aujourd'hui qu'avant de prendre la route de la « Belle Province » le Général souhaitait aider les Québécois; qu'il irait aussi loin que nécessaire. Le « Québec libre » était inscrit en filigrane dans tous les discours qu'il avait préparés et qui ne furent pas tous prononcés, puisqu'il ne se rendit pas à Ottawa. Sans doute, quand il embarqua sur le *Colbert*, ne pensait-il pas qu'il irait jusqu'au point de rupture avec Ottawa. Il n'avait pas exclu pour autant cette possibilité. Il avait laissé le jeu ouvert. Il m'a dit, comme il l'avait fait publiquement lors d'une conférence de presse, avoir été ému jusqu'au fond de l'âme par tout ce qu'il avait ressenti depuis son arrivée sur les rives du Saint-Laurent, par une aussi éclatante affirmation de fidélité à une origine et à une culture, par une volonté aussi clairement exprimée de préserver une identité française – cet adjectif étant utilisé par lui pour qualifier l'appartenance à une civilisation plus que pour marquer une nationalité. L'émotion peut être créatrice, surtout si elle vient corroborer les conclusions d'une analyse rigoureuse. L'homme qui ne pardonnait pas à Louis XV d'avoir, en signant le traité de Paris, abandonné aux Anglais l'Amérique du Nord et l'Inde pouvait-il ne pas répondre à l'attente aussi clairement exprimée d'un peuple? C'est dire qu'il ne regrettait en aucune façon l'improvisation à laquelle il s'était livré à partir du balcon de l'hôtel de ville de Montréal.

Auteur de scénarios, il eut beaucoup de ces trouvailles qui permettent à un metteur en scène-acteur de tirer le meilleur parti de son propre personnage. Il avait mis au point l'étrange cérémonial des conférences de presse. De la salle des fêtes de l'Élysée, plus second Empire que permis, donnant à penser qu'elle avait été construite pour y monter des représentations d'opérettes, il fit un des hauts lieux de la tragédie politique mondiale. Le « spectacle » – tout le monde le connaît bien pour l'avoir vu à la télévision – ne manquait pas d'aspects surprenants. Sur une estrade, de Gaulle. A sa droite, le gouvernement. A sa gauche, la Maison. Entre lui et les ministres, une petite table où je m'installais en ma qualité de chef du service de presse, seul, avec le chef de l'État, à être tourné vers les spectateurs. En face, sur des chaises dorées, le public, c'est-à-dire les journalistes, extraordinairement attentifs. Le spectacle est bien rodé, les rôles bien répartis. Un certain nombre des « officiants figurants » ont déjà des indications sur ce que de Gaulle va dire : Le Premier ministre, le ministre des Affaires étrangères, tel ou tel ministre, et, pour l'Élysée, le secrétaire général, le directeur du cabinet, le chef du service de presse. Chacun pourtant ne sait pas forcément tout ; si bien que, pour eux aussi, l'effet de surprise peut jouer. Les représentants de la presse, également « officiants-figurants », n'ignorent pas que les questions et les réponses ont presque toutes été « préparées ». Nous sommes donc d'une certaine façon au théâtre. Lorsqu'elle est de qualité, la représentation peut acquérir une force plus intense que la vie elle-même. Et ce fut toujours le cas. J'admets volontiers qu'il ne s'agissait pas vraiment d'une conférence de presse. C'était différent, et en tout cas inimitable. Ceux qui ne l'appréciaient pas pouvaient se rassurer : c'est un genre qu'on ne reverrait pas se produire de sitôt avec une telle qualité.

Dans ses voyages en France et à l'étranger, de Gaulle, chef d'État, voyait l'occasion de prendre contact avec la foule pour entendre son langage et observer le pays visité afin d'en mieux percevoir la réalité profonde. Dans ces occasions, de Gaulle metteur en scène voulait que le public pût voir « de Gaulle ». C'est pourquoi il tenait à utiliser des voitures découvertes, à parler en public et à la télévision. Du moment que ces conditions étaient remplies, le reste lui importait peu. Il souhaitait surtout que la foule fût à même de réagir avec spontanéité, n'appréciant guère les mouvements de populations trop préparés, les rassemblements artificiels, la pompe excessive de certaines cérémonies. Il voulait qu'un véritable lien s'établît entre lui et « ses » publics. A la manière des comédiens ambulants, il utilisait les lieux qu'il trouvait. Estimant que c'était son personnage qui donnait son importance à la pièce, le décor lui apparaissait comme un élément accessoire. D'où l'intérêt qu'il portait à la place qu'il occupait sur la scène, c'est-à-dire au strict ordonnancement du protocole, dont la raison d'être consiste à ranger acteurs et figurants très exactement là où ils doivent être. Dans la mesure d'ailleurs où elle est art du positionnement, l'étiquette remplit une tâche d'essence théâtrale à la dimension de toute une société, ainsi que le montrent jusqu'à la caricature les estrades des fêtes officielles à Moscou et Pékin. C'est pourquoi le Général ne souffrait pas la moindre fausse note. Son agacement à l'encontre de Georges Bidault remonte probablement au mois d'août 1944, lorsque ce dernier avait émis la prétention d'être au plus près de lui dans le cortège descendant les Champs-Élysées. De Gaulle y avait mis bon ordre. Il serait trop simple de voir là une simple réaction d'orgueil, voire de vanité. L'homme du 18 juin savait bien qu'en face de lui Georges Bidault ne pesait et ne pèserait pas lourd; la suite l'a d'ailleurs montré. Il s'agissait en fait de bien autre chose. Le président du Conseil national de la Résistance gâchait une scène, alors qu'Alexandre Parodi, délégué général pour la France occupée, sut très exactement trouver sa place aux côtés du libérateur et entra ainsi dans l'imagerie de cette grande journée. Ambassadeur au Maroc en 1957, j'ai eu l'honneur de commencer sous son autorité ma carrière diplomatique et j'ai pu apprécier sa fermeté et son courage, qui n'excluaient en rien une bienfaisante et timide douceur.

Le Général avait décidé de se placer résolument sous les feux de la rampe, de tenir la scène et d'interpréter les rôles qu'il avait imaginés. Encore lui fallait-il avoir la capacité de ne pas lasser l'auditoire. Cet homme froid, toujours soucieux de garder son quant-à-soi, révéla un prodigieux tempérament d'acteur. Sa technique a varié, s'affirmant au fil des années. L'homme qui revient au pouvoir en 1958 pour trouver dans la télévision un moyen d'expression où il excella se meut assurément avec plus d'aisance que le chef de la France libre. Dès le début, il possédait pourtant tous les attributs du « monstre sacré » : la présence, la sûreté dans le maintien, l'intonation de la voix, ce pouvoir d'établir un contact avec son public, tout particulièrement avec celui de la télévision, invisible, varié, impalpable, et pourtant d'une importance capitale. On peut revoir de vieilles bandes de films d'actualités, écouter les disques de discours enregistrés voilà plus de trente ans; c'est toujours du « de Gaulle », de même qu'on retrouve Gérard Philipe sous la fraîcheur de l'adolescent du *Diable au corps*, la folie de Caligula ou le panache de

Rodrigue. Le don qu'il possédait pour observer les gens apportait à l'acteur une aide sans prix. Il voyait bien les attitudes, savait, tel le caricaturiste, déceler aisément les défauts, saisir le trait comique ou ridicule. Il s'observait d'ailleurs lui-même sans la moindre complaisance. Il réussissait assez bien les imitations. Un jour, à La Boisserie, après avoir regardé les actualités télévisées, nous avions parlé, avant de passer à table, de l'action du gouvernement de Jacques Chaban-Delmas, de la désaffection de l'opinion, quelque peu lassée par le retour à des jeux dont elle avait perdu le goût: soudain il se mit à chantonner un couplet qu'il avait entendu la veille à la télévision : « La politique, j'en ai ras le bol... » Sa mimique était tellement drôle que j'en fus sur l'instant abasourdi. Je le soupçonne d'ailleurs d'avoir conservé une sorte de penchant pour les spectacles aussi faciles que naïfs des comiques troupiers ou des artistes du café-concert. Nullement par vulgarité : elle lui était étrangère. Sans doute par attachement à sa vie militaire et à tous les souvenirs qui s'y rattachaient. Peut-être tout simplement pour se défendre. De surcroît, il avait conservé, en dépit de tout et jusqu'au soir de sa vie, une fraîcheur d'âme qui, parfois, revenait à la surface de son personnage et lui donnait un air d'adolescence qui surprenait et charmait.

Comme tous les acteurs, il travaillait sa technique. A la différence de la plupart des hommes d'État, il le faisait tout seul. Il s'écoutait. Il avait ainsi modifié au cours des ans la raucité martelée de sa voix et une sorte de chevrotement qu'il avait perçu pour avoir écouté et entendu son excellent imitateur Tisot. Il revoyait, attentivement et plusieurs fois, les retransmissions de ses discours à la télévision. Le problème de l'acteur l'intéressait. Au cours d'un déjeuner à La Boisserie, il avait beaucoup interrogé Marcel Jullian, en train de tourner un film avec le très bon comique que fut Bourvil, sur la façon dont on s'y prenait. Combien de fois fallait-il recommencer les mêmes scènes? Comment les comédiens réagissaient-ils à ces répétitions infinies? Quelle était la latitude laissée à l'interprétation personnelle du comédien? Sans répit, il cherchait de nouveaux effets pour ses allocutions, ses conférences de presse et ses entretiens. Dans ce domaine non plus, il ne laissait guère de place à l'improvisation. L'importance de l'enjeu ne le permettait pas. L'affirmation peut paraître étrange aujourd'hui; pourtant, il est indiscutable qu'à plusieurs reprises – en mai 1958 lors des insurrections militaires d'Algérie, en mai 1968 – le destin du pays a dépendu pour une part de la qualité de sa voix, des intonations qu'il y mit, du procédé de scène auquel il eut recours pour toucher et gagner le public. Lorsqu'il disait à Jean Ferniot : « Les sentiments, on s'en sert », ce n'était pas seulement le politique et le poète qui parlaient, mais également l'acteur. Si bien qu'il jouait comme il écrivait, possédant bien son métier, le stylo à la main ou sur les planches. Dans les deux cas, c'était le résultat d'un immense labeur.

Il n'avait, si j'ose dire, que deux costumes de théâtre : son uniforme – la petite tenue du général de brigade – dans lequel il a été enterré; ses complets gris foncé ou bleus, qui se ressemblaient tous. Je ne l'ai jamais vu vêtu autrement, même dans l'intimité campagnarde de La Boisserie. Ses chemises étaient toujours d'une blancheur immaculée, sans jamais la moindre rayure. D'une panoplie aussi courte, il savait tirer des effets savamment calculés. Qu'on se rappelle son apparition à la télévision en uniforme lors du putsch d'Alger. Voilà une trouvaille qui ne fut pas sans importance! Il en allait de même pour ses voyages officiels à l'étranger, où il débarquait toujours en « brigadier », quitte à se changer dès que possible pour donner une allure plus civile à son personnage. Dans des occasions pourtant plus modestes, il sacrifiait à ce qu'il considérait comme important. A l'occasion des fêtes de Noël, il recevait les enfants de tous le personnel de l'Élysée; il s'arrangeait toujours pour arriver à la salle des fêtes dans l'obscurité. Mais, avant de rejoindre ses jeunes invités autour de l'arbre de Noël, il avait revêtu son uniforme pour leur offrir l'image historique de De Gaulle et leur laisser ce souvenir. Une fois la cérémonie terminée, il se changeait à nouveau pour regagner son bureau du premier étage.

Éprouvant les joies de l'acteur, il en partageait aussi les angoisses. Il avait le trac. Il connaissait bien cette grande peur qui, avant leur apparition en public, étreint les comédiens au point parfois de les paralyser. Il était impossible de ne pas s'apercevoir qu'avant ses interventions, sous le masque de la froideur et de la maîtrise, courait chez le Général le grand frémissement de l'inquiétude. Pour raccourcir l'épreuve et ne pas avoir trop à attendre, il enregistrait le matin ses allocutions destinées à être diffusées le soir. Il ne pouvait procéder ainsi pour ses conférences de presse, qui avaient lieu à 15 heures. La matinée lui paraissait longue. Il me convoquait toujours, parfois à plusieurs reprises. Moins, semble-t-il, pour me donner des instructions, puisque l'affaire était en route et que la partie allait se jouer dans quelques heures, que pour bénéficier du réconfort d'une présence.

Quel plaisir de le voir à l'œuvre! Mes fonctions voulaient que j'assiste à l'enregistrement de toutes ses allocutions radiodiffusées ou télévisées. C'était, comme je l'ai dit, presque toujours le matin – à l'exception des discours du 30 mai 1968 et du 24 novembre 1968, qui, d'ailleurs, ne furent pas télévisés. Le voilà dans la salle des fêtes de l'Élysée, devant un faux décor, sous la lumière crue des projecteurs, dans l'atmosphère quelque peu irréelle des caméras et des techniciens qui s'affairent. Le responsable de l'ORTF – Jean Cécillon, qui, de son autorité placide et efficace, dirigea, en collaboration avec mon camarade de collège le réalisateur Alexandre Tarta, pratiquement tous les enregistrements de De Gaulle – procède à l'essai de voix, puis donne le signal d'usage. Le Général, jusqu'ici concentré, silencieux, un peu tendu, commence. Du coup, tout change. L'acteur se donne à fond; les intonations, les points forts, les gestes, la colère, l'autorité, la tendresse, l'humour, les clins d'œil, la complicité qu'il excelle à établir entre lui et la multitude des auditeurs qui ne le verront que le soir, tout passe, tout porte. Chacun écoute. Les techniciens eux-mêmes, qui l'ont pourtant vu si souvent, sont toujours pris par l'éblouissant numéro. L'examen de leurs réactions permet de juger, sans grand risque d'erreur, de ce que sera l'effet de l'allocution sur le public. Quand le Général s'arrête, le charme se rompt. Nous sommes à nouveau dans la salle des fêtes et devant le faux décor. L'orateur est toujours silencieux. On le sent détendu. Le reste n'est que formalités. Dans un coin du grand salon aménagé en petit studio, on procède au visionnage de l'enregistrement en présence du Général. C'était un spectacle que de voir de Gaulle silencieux, l'œil critique et froid, se regardant, comme dans un miroir, aux prises avec un auditoire invisible! La séance terminée, le Général serre la main de tous les techniciens présents et repart, accompagné de son aide de camp et du chef du service de presse.

Au cœur de la crise de mai 1968, le 24, lorsqu'il enregistre l'allocution qui ne parvint pas à renverser la situation, le Général est absolument identique à lui-même, sa maîtrise intacte, son jeu aussi magistralement dominé qu'à l'habitude. Il ne donne aucun signe d'un quelconque désarroi; il est impossible de relever chez lui la moindre trace d'abattement. Nous comprenons que l'allocution ne portera pas; mais dans l'orateur incisif, fier, tirant le meilleur parti d'une technique au maniement difficile, rien ne permet d'accréditer la thèse d'un homme à la dérive que certains, à l'époque, s'efforcent de répandre aux fins que l'on imagine. Tous ceux qui ont assisté à la scène ont pu le constater aussi bien que moi.

Il était extrêmement rare qu'il se révélât nécessaire de reprendre tout ou partie de l'enregistrement, tant le métier de l'orateur était grand. Pour ma part, je n'en ai vécu que deux expériences. La première, à la demande de Michel Droit, qui souhaitait reformuler une de ses questions lors d'un entretien télévisé. La seconde, le 24 novembre 1968, lorsque le président de la République prononce une courte allocution radiodiffusée pour exposer les raisons du maintien de la parité du franc. La télévision n'étant pas concernée, la prise de son est effectuée dans le bureau du Général, qui, dans ce cas-là, lit son texte. J'avais oublié de penser à la pendule : celle-ci se met à égrener les coups de 5 heures au beau milieu du discours destiné à être retransmis à 7 ou 8 heures. Il fallut tout recommencer après avoir, bien sûr, arrêté la pendule...

La conférence de presse posait à l'acteur des problèmes d'une autre nature. Elle ne se déroule pas dans l'atmosphère de froideur et d'irréalité quelque peu abstraite de l'enregistrement pour la télévision. Le Général ne s'y livre pas à un exercice solitaire devant des ombres. Il a en face de lui un public de connaisseurs dont presque tous les visages lui sont familiers. Avant que l'événement ne commence, le bruit qui monte de la salle révèle une attente un peu crispée, comme retenue. Le Général arrive par l'entrebâillement d'un rideau. Le silence s'établit. Le bruit des caméras n'en altère pas la densité. De Gaulle s'asseoit. De ma petite table située à sa droite, je le vois de profil, face à l'auditoire qu'il recherche et redoute le plus au monde. Peu d'amis; quelques admirateurs; beaucoup d'adversaires. Il sait, selon le vieux proverbe chinois, qu'une « étincelle peut mettre le feu à toute la plaine ». Où trouverait-il matière plus inflammable? Les questions sont posées. S'il ne les connaît pas toutes, il s'attend à la plupart d'entre elles. Il répond à celles qui sont imprévues par des boutades où il laisse, un temps, jouer ses magnifiques talents d'improvisateur, et j'ai toujours regretté qu'il ne le fasse pas plus souvent. Puis il vient à l'essentiel : les développements qu'il a soigneusement préparés par écrit pendant plus d'un mois et dont il dévoile le contenu. Entre lui et l'auditoire le courant passe, dans le sens que revêt cette expression empruntée par le théâtre au langage de la physique. Sans jamais disparaître, il s'accroît, perd par moments un peu de son intensité, se tend à nouveau avec une force et des inflexions renouvelées, à la manière des variations d'un thème musical. On se trouve vite audelà de la politique, encore qu'elle soit pourtant le centre et la raison d'être de ce singulier dialogue. Au vrai, l'action se joue à plusieurs degrés, et chacun des protagonistes le sait. Le Général a deux préoccupations. La première est de bien laisser fonctionner sa mémoire – il parle souvent plus d'une heure – afin de pouvoir donner à son texte, par le ton, par le rythme, par l'amplitude de la voix, par la qualité du geste, la puissance de choc voulue, et d'en renforcer la portée sans en dénaturer l'esprit. Il lui faut tenir son public en haleine jusqu'au bout par de savantes passes, et, au bout du compte, le captiver. La seconde est de bien « sentir » l'auditoire, de deviner à travers ses réactions, son étonnement, sa surprise, parfois ses rires, toujours son admiration, ce que sera l'impact de ses déclarations sur l'opinion mondiale. Chaque fois, c'est pour lui un moyen de se tester. Je suis persuadé – je l'ai déjà relevé – que de Gaulle aurait quitté le pouvoir s'il avait eu des défaillances de mémoire ou s'il avait compris qu'il ne « passait » plus. En d'autres termes, c'était un de ses critères, peut-être le plus sûr à ses yeux, pour vérifier que son intelligence ne souffrait pas des atteintes du temps.

Ceux qui l'écoutent ne l'ignorent pas. Ils sont là parce que leur métier est d'informer, de capter la nouvelle à sa source. Ils veulent aussi vérifier de leurs propres yeux – ce dont ils n'ont pas souvent l'occasion – si le vieux sorcier n'a pas perdu de son pouvoir, s'il sait toujours utiliser les sortilèges, déployer la magie du rite qu'il a créé, instiller dans le balancement de ses phrases les philtres de l'envoûtement. A chaque fois ils sont pris au jeu – certains d'entre eux brûlent pourtant de ne plus l'être –, emportés malgré eux par la force du courant. J'ai aperçu des adversaires notoires tout étonnés de se voir applaudir à la fin de la conférence; comme j'avais pu observer, dans mon enfance, des radicaux de bonne souche, libres-penseurs de conviction, se surprenant eux-mêmes à faire d'instinct le signe de la croix lorsqu'un mariage ou un enterrement les conduisaient, en dépit de « leurs idées » à pénétrer dans notre vieille basilique. Le jeu de l'acteur prenait tous ces spécialistes de la communication d'une manière si totale que, bien souvent, dans les conciliabules suivant la « cérémonie » dans la cour de l'Élysée, ils passaient tout un temps à échanger leurs impressions, à essayer de se mettre d'accord sur ce qu'ils avaient entendu, tant leurs interprétations pouvaient être contradictoires. Je passais toujours quelques instants avec eux pour recueillir leurs premières réactions. Après la conférence de presse du 27 novembre 1967, un journaliste anglo-saxon affirmait en anglais à l'un de ses collègues : « Il n'a rien dit de nouveau », alors que Jean Daniel, à quelques pas – et c'était lui qui avait raison –, faisait au même moment la réflexion suivante : « Cette fois, il a cassé tous les pots. » J'allais ensuite porter ces indications de tendance à la connaissance du Général. Je trouvais chaque fois un homme détendu et manifestement soulagé. Pour ce qui le concernait, il avait accompli sa tâche. Il savait que l'heure du départ n'avait pas encore sonné.

Se maintenir à un tel niveau de qualité n'est pas une tâche aisée. Se trouver toujours au centre de la vie d'un pays et de celle du monde, sous des millions de regards séduits ou exaspérés; être toujours égal à « de Gaulle » sans pour autant figer son style; étonner sans choquer; répondre à toutes les attentes en évitant de recourir à des moyens faciles; en bref, à longueur d'années, rester à la hauteur voulue en donnant une impression d'aisance qualifiée souvent de souveraine, cela exige de la volonté et du métier. Il possédait ces deux atouts. Pour s'en convaincre, il suffisait de le voir à l'Élysée ou dans ses déplacements, maître de maison attentif, accueillant ses invités, donnant à chacun son titre, ajoutant la formule de politesse que son interlocuteur brûlait d'entendre; d'une courtoisie d'autrefois envers les femmes – elles m'ont toujours paru touchées de recevoir l'hommage d'égards que notre monde ne leur marque plus guère; un peu décalé dans ses manières par rapport à notre époque de plus en plus indifférente aux usages; accentuant à dessein son désir de montrer son appartenance à un autre temps, quitte à rappeler d'un mot, d'un geste, d'une intonation, qu'il savait vivre dans le sien et n'était pas prisonnier de son personnage.

Lors de la réception dont j'ai parlé au début de cet ouvrage, donnée à l'Élysée en l'honneur des personnalités du monde des arts et des lettres, il y a parmi les invités tous ceux qui comptent dans l'univers du spectacle. Ayant André Malraux à ses côtés, le Général les accueille après que le chef des huissiers – la plus belle voix d'aboyeur sur la place de Paris – a fait retentir leur nom. Devant toutes ces célébrités dont le métier consiste à tenir un rôle et qui, en cette occasion, paraissent souvent intimidées, parfois quelque peu empêtrées, voire émues – comment oublier le visage du regretté Fernandel, à la fois ravi, touché, au bord des larmes et envahi, quand il fut présenté au chef de l'État, par un trac vertigineux qui le fit bafouiller –, de Gaulle sort un jeu éblouissant; il distribue du « maître » avec une prodigalité nullement dépourvue d'humour; trouve le mot qui remplit d'aise; module ses effets en fonction de la vanité ou de la modestie de chacun; multiplie les artifices de la scène devant ces hommes et ces femmes de théâtre, décontenancés et admiratifs. Sans vulgarité. Ni la moindre trace de condescendance. Bien au contraire, son intention étant au fond de leur montrer que s'établit entre eux et de Gaulle la fraternelle complicité des enfants de la balle.

Certes, comme pour les gens de théâtre, beaucoup de ses prestations étaient parfaitement rodées. Lors des voyages en province, pour les réceptions dans les préfectures et la présentation des notables, il connaissait son affaire. Il jouait « facile ». Sa seule préoccupation consistait à n'oublier personne et à bien écouter ceux qui méritaient de l'être. Il en allait de même à l'Élysée. Cependant, il n'« interprétait » jamais de la même façon. N'est-ce pas d'ailleurs l'esprit même du théâtre que de renaître tous les soirs, à la fois identique et différent? Il ne se répétait jamais. Lorsqu'il faisait à la même personne la même réflexion plusieurs fois, c'était expressément voulu. Il entendait lui signifier qu'elle n'était pas considérée à ses yeux comme négligeable, mais qu'un blocage s'était produit dans leurs rapports et que, pour ce qui concernait de Gaulle, l'affaire était entendue. Ce fut le cas pour Hubert Beuve-Méry, le directeur-fondateur du *Monde*.

Cet aplomb sur la scène a servi de Gaulle. Dans les périodes de crise, elle lui a apporté un précieux soutien. De lourdes préoccupations peuvent assaillir un homme d'État; la vie pourtant doit continuer, avec son lot d'obligations. Il lui faut recevoir, paraître, accueillir des invités, des interlocuteurs. Bref, être en représentation – encore un mot du vocabulaire du théâtre ! Tel l'acteur qui, malgré les drames de sa vie, accomplit sa tâche quotidienne, à force de volonté, soutenu par l'amour de son métier. Encore faut-il que la technique suive. De Gaulle donnait l'impression de se mouvoir sans difficulté dans ces moments où doit s'effectuer un véritable dédoublement de la personnalité. Pour citer un exemple de la vigueur physique du Général, j'ai donné quelques indications sur une journée du voyage officiel qu'il avait accompli en Roumanie en mai 1968. Le climat politique dans lequel se déroule ce déplacement est mauvais ; les nouvelles en provenance de Paris, alarmantes. Les synthèses claires et complètes téléphonées régulièrement par Xavier de La Chevalerie à Bernard Tricot, qui me les dicte au fur et à mesure, font ressortir la gravité de la situation. Le Général en est gravement préoccupé. A la fin de son séjour, après l'enregistrement de son allocution destinée à la télévision roumaine, je le vois quelques instants : « Alors, Blanc, qu'est-ce qu'on dit ? » Je lui parle des réactions suscitées par son voyage à Bucarest. Très vite, il me coupe : « C'est ce qui se passe en France qui m'intéresse. » Comme on peut l'imaginer sans peine, les développements de la crise étaient au centre de ses pensées. Il présente pourtant à ses interlocuteurs et aux foules qu'il rencontre le visage habituel de De Gaulle. Sa maîtrise de soi reste totale. Au point que moi-même, pourtant conscient de l'ampleur de ses inquiétudes, n'en ai pas discerné sur son visage le moindre signe. C'est longtemps après que j'appris qu'il avait très mal dormi.

Il lui arrive de se mettre en colère et de s'emporter. Dans ce domaine aussi, il est très difficile de déterminer le rôle joué par le tempérament et la place à réserver au calcul. Il change, très vite et comme sur commande, de registre, de physionomie, de vocabulaire, en fonction de la situation ou de la nature de ses interlocuteurs successifs. J'ai dit que le général Massu racontait assez bien dans ses livres de souvenirs une colère terrible de De Gaulle. J'imagine sans peine le Général recevant, quelques minutes après, le visiteur suivant et faisant preuve d'un calme olympien. Souvent, lorsqu'il dévoile ses états d'âme, l'imagination et l'ardeur épiques aidant, il brosse à son interlocuteur un tableau apocalyptique de ses préoccupations, l'acteur exprimant à merveille la vision du dramaturge. Pour autant, le calcul n'est jamais absent de ce genre d'exercice. Dans ces cas, de Gaulle veut bien souvent amorcer une manœuvre d'intoxication, provoquer une réaction, ou, plus simplement, exorciser ses propres phantasmes. C'est pourquoi l'interprétation de son comportement, en ces occasions, se révèle parfois difficile. A ne pas tenir compte de son habileté consommée à jouer, on risque le contresens ou, pis encore, le non-sens. Je pense au général Massu et aux récits qu'il a donnés de ses conversations avec de Gaulle, à Baden-Baden, en mai 1968.

Entre un tel « auteur-metteur en scène-acteur » et son public ne pouvaient que s'établir des rapports d'un genre assez exceptionnel. Le théâtre ne relève pas seulement du spectacle. Dans la mesure où il suscite réflexions et réactions, il est une discipline d'éveil. Tout spectateur ayant vu le drame d'Antigone est moins disposé à subir. Nul ne peut prétendre sortir du théâtre – j'entends celui qui compte – absolument identique à ce qu'il était avant que ne s'allument les feux de la rampe. L'éducateur qu'était de Gaulle a utilisé l'art de la scène pour faciliter son entreprise de pédagogie politique. Il a accéléré le mûrissement des prises de conscience, incitant chacun à mieux découvrir sa propre vérité. Jamais il n'a imposé ses conceptions de l'extérieur en exerçant une pression. Créant les conditions d'une aventure collective, il a amené ses concitoyens à partager ses vues sur bien des problèmes. Sans hésiter parfois à recourir au théâtre de provocation, comme ce fut le cas avec le Royaume-Uni. Sur ce point, on trouve un curieux parallélisme avec les tendances et les audaces les plus modernes.

En France et à l'étranger, le Général eut toujours un public. Il suffit de voir combien ses prestations étaient couvertes par la presse nationale et internationale. De Gaulle regardait au-delà de l'Hexagone, bien qu'il ne perdît jamais de vue notre pays. La politique qu'il avait imaginée pour la France était conçue à l'échelle du monde. Sa technique de la mise en scène également. Beaucoup de ses gestes, de ses attitudes, de ses mots ne peuvent se comprendre sans tenir compte de son intention de les destiner à un auditoire planétaire. C'est un fait, dont, sur l'instant, les Français n'ont pas mesuré l'ampleur, qu'il avait créé l'un des personnages les plus en vue dans la communauté des hommes de son temps. Il suffisait de noter l'intérêt qu'il suscitait autour de lui, où qu'il allât. Avec tous les avantages qu'une telle position procure, et aussi les dures contreparties qu'elle entraîne. Il avait une réputation à tenir. Voilà pourquoi, du temps qu'il était aux affaires, son silence eût été un reniement. Dans ce domaine-là également, il était condamné à une « perpétuelle création ».

Jusqu'à sa mort, il sut répondre à de telles exigences. Sa dernière mise en scène ne fut pas la moins étonnante. Il avait beaucoup parlé; il se tait. Alors qu'il avait été terriblement présent, au risque de disparaître, il se retire du monde. On ne le voit plus. Il ne dit plus rien. Pourtant, le pays tend l'oreille. Le Général, de son côté, ressent le besoin lancinant d'avoir un public; le succès de ses livres lui apporte l'assurance, où il puise un grand réconfort, qu'il dispose toujours d'un auditoire. Cette tragédie de l'absence fut son dernier rôle; assurément le plus ardu, puisqu'il devait le jouer dans la tristesse de la solitude et tirer de son silence la plupart de ses effets de scène. Il s'y donna à fond, de toute sa volonté tendue, sans le moindre fléchissement. Il savait que l'image qu'il laisserait de lui dépendait pour une grande part de la qualité de son ultime création et de la manière dont il interpréterait la dernière scène du dernier acte.

[illegible] pour la France [illegible] échelle du monde. [illegible] Henri [illegible] ne peuvent se comprendre sans [illegible] intention de les [illegible] dont sa [illegible] qu'il [illegible] les personnages de ce [illegible] qu'il [illegible]

[illegible] Dans ce [illegible] perpétuelle création.

[illegible] en quoi [illegible] le moins du monde. Il [illegible] On ne devait [illegible] pour [illegible] le [illegible] de ses livres [illegible] toujours [illegible] Cette [illegible] de l'absence [illegible] le plus tard, [illegible] dans la tristesse [illegible] volonté [illegible] est pour [illegible] [illegible] la [illegible] de son œuvre [illegible] interprétation, [illegible] la dernière [illegible]

L'IMAGE

« Avec l'âge, l'art et la vie ne font qu'un. »

GEORGES BRAQUE.

Lorsqu'il m'avait donné à lire le manuscrit du premier chapitre de ses Mémoires, le Général, comme je l'ai déjà rapporté, dissimulait mal son inquiétude. Faisant allusion à ses *Mémoires de guerre*, il m'avait dit : « Presque vingt ans ont passé, il est possible que j'aie changé ; mon image n'a pas beaucoup à gagner à la publication de ce livre ; elle peut y perdre. » Ces propos exprimaient le souci le plus lancinant parmi ceux qui assaillaient de Gaulle. L'âge avait-il porté atteinte à ses qualités d'écrivain ? Je l'avais rassuré sur ce point. A y regarder de près, la formulation qu'il avait utilisée révélait aussi qu'il ne perdait pas de vue son « image ».

Dès le début de sa vie, il s'était fixé pour règle de développer sa personnalité en application de règles qu'il avait lui-même dégagées. Pour les connaître, il suffit de relire *le Fil de l'épée*, où sont rassemblées des réflexions sur le comportement du chef militaire. Écrites dans les années 30, ces pages donnent, aujourd'hui encore, les meilleures clés pour qui veut essayer de ne pas se perdre dans les dédales d'un caractère aussi complexe. Les principes qui s'en dégagent vont toutefois très au-delà de la technique du commandement des troupes ; ils répondent à des exigences à la fois morales et esthétiques. S'y retrouvent étroitement mêlées les exigences de la discipline et la recherche de la beauté. Il s'agit d'un code de règles à appliquer dans le domaine de l'action politique, assurément le plus redoutable pour qui l'aborde animé par un tel état d'esprit. Il s'était lancé le singulier défi de vouloir laisser de lui une image où se fondissent, sans dissonances ni ruptures, le penseur, le chef de guerre, le politique, l'écrivain, le moraliste, l'acteur, le metteur en scène et, unissant tous ces aspects, la personne qu'il aspirait à être.

Pourquoi avait-il ainsi, jour après jour, « travaillé » son personnage? Sans doute parce qu'il avait reçu en partage le goût de la rigueur et l'exigence du style. Jeune officier, il avait mesuré l'importance de cette ascèse pour qui veut être entraîneur d'hommes. Il avait fait ensuite application à la politique de préceptes conçus pour l'art de la guerre. Précurseur, alors qu'on le disait traditionaliste, il avait bien appréhendé les nécessités des sociétés modernes, où les peuples, sous l'effet conjugué de la démocratie et des grands moyens d'information, veulent participer de plus en plus à l'action publique et se sentir associés aux gigantesques parties qui se jouent sous la menace de l'anéantissement nucléaire, le responsable politique étant pour eux le reflet de leurs aspirations et le garant de leur survie. D'où la nature particulière des liens qui s'établissent entre un peuple et ses gouvernants. Ceux-ci doivent apparaître sur les écrans de télévision; jour après jour, ils sont ainsi regardés au fond des yeux par des millions et des millions de personnes et soumis en permanence à l'observation d'une multitude toujours en éveil. Il s'agit de joutes auxquelles chacun participe pour s'identifier et s'opposer au prince du jour. « Personnalisation » ou « personnification » du pouvoir? Peu importe le mot! Reconnaissons que le phénomène est singulier, à première vue au moins, dans une époque qui se veut rationnelle. Certains y voient un retour au « primitivisme ». Sans doute n'ont-ils pas entièrement tort. Force est de constater toutefois que la vie politique actuelle a besoin de « visages ». La vogue du *poster* n'est pas le fait du hasard. Les aspirations de la jeunesse du monde et des minorités souffrantes se sont retrouvées un temps dans les portraits de Che Guevara. Il est probable que le « mythe Kennedy » n'aurait pas résisté longtemps à l'épreuve des réalités; nul ne peut nier qu'il a existé et qu'une partie de l'Amérique s'est rassemblée dans le rêve de la « Nouvelle Frontière » qu'il avait fort habilement suscité et astucieusement personnifié. Sans parler des millions de photographies quelque peu fardées de Mao qui fleurirent à une certaine époque dans le monde entier pour y représenter une aspiration aux contours peu précis, du moins en Occident. Tout se passe donc partout comme s'il fallait éclairer le grisâtre anonymat de nos fourmilières par le chatoiement du vitrail et l'éclat des enluminures. Plus l'histoire se veut précise, mesurable et proche du réel, plus ceux qui la font relèvent d'une certaine façon du monde de l'imagerie populaire, dont la télévision est le plus important des vecteurs.

Le Général avait bien pressenti cette évolution et en avait tiré avantage. Car – et je reprends à dessein un terme emprunté à la publicité – il possédait d'entrée de jeu une « image de marque ». Il lui avait suffi d'en préciser quelques contours et d'affirmer les règles de son utilisation. Ce faisant, il regardait aussi au-delà de l'action politique quotidienne. Spécialiste de l'histoire, il estimait que les peuples, pour survivre, doivent posséder des souvenirs. Ces derniers étaient le fruit de mystérieuses alchimies qu'opère la lente maturation des siècles dans les profondeurs du subconscient collectif. Il éprouvait quelque pitié pour les nations qui n'avaient pas derrière elles une longue durée pour les conforter. Il savait aussi combien est douloureuse la situation de celles qui sont dans l'obligation de faire silence sur tout ou partie de leur passé. Que cette « difficulté d'être » ne concerne pas seulement les sentiments et crée une gêne en politique. Il savait que l'Allemagne n'avait pas fini de porter le poids des crimes perpétrés en son nom par Hitler. Il faudrait encore des années avant que le temps ait fait définitivement son œuvre et qu'elle puisse se retrouver en paix avec elle-même et avec les autres.

Pour ce qui concerne la France, il n'est peut-être pas inutile d'essayer, à ce propos, d'aller au fond du problème. De Gaulle, mieux que personne, savait que le pays avait sombré en 1940. Que la défaite avait été l'aboutissement d'un long processus d'affaiblissement national. Qu'une partie de la France, et pas la moindre, puisqu'il s'agissait de la très grande majorité de ses classes dirigeantes, s'était déshonorée. Il n'aimait guère en parler; sauf pour expliquer que l'attitude de certains à son égard ne pouvait s'éclairer que par référence à cette époque. Pourtant, il m'a dit un jour que ce qui s'était produit en France de 1940 à 1944 lui avait causé une souffrance presque indicible, tant il en avait ressenti de l'humiliation. Après plus d'un quart de siècle, il en éprouvait toujours un insurmontable chagrin. C'était de propos délibéré, m'avait-il expliqué, qu'il avait mis l'accent sur l'épopée de la France libre. Aux souvenirs de la honte, il s'était efforcé de substituer une autre image, destinée à rétablir la dignité du pays et à garder intacte l'espérance de ses enfants. Il ne travaillait pas pour sa propre gloire, qui n'en avait d'ailleurs nul besoin. Il voulait laver la France du péché de renoncement auquel elle avait succombé. La notion de Résistance, la création de l'ordre de la Libération, la cérémonie du mont Valérien, la rédaction de ses *Mémoires de guerre*, les dédicaces qu'il donnait à tous ceux qui avaient participé à la Libération, qu'ils fussent Français ou étrangers, n'avaient pas seulement été des moyens de mener un combat et d'en entretenir la flamme. Ils répondaient à sa volonté d'effacer la honte et d'écrire une histoire à laquelle le pays puisse se référer sans rougir. Bien qu'il en eût été l'instigateur, l'ardent artisan et, du point de vue de la gloire, le principal bénéficiaire, il ne disait ou n'écrivait jamais, quand il parlait de la France libre : « C'est ce que j'ai fait de meilleur », mais : « C'est ce que *nous* avons fait de meilleur. » S'il eut à insister sur son rôle, c'était moins pour imposer son personnage que pour sauvegarder l'unité des diverses forces qui avaient contribué à la libération du pays, et y associer tous les Français de bonne foi. Il m'avait précisé, comme il l'avait fait avec beaucoup d'autres – et c'était un de ces cas où il parlait de lui à la troisième personne : « Sans de Gaulle, il y aurait eu des résistances; il n'y aurait pas eu la Résistance. »

C'est bien pourquoi, tout au long de sa méditation sur

notre histoire, certaines figures l'intéressaient plus que d'autres. Son inclination le poussait, je l'ai dit, vers les hommes ou les femmes du « sursaut national », dont il se sentait très proche. Il les jugeait en stratège; analysait la façon dont ils avaient utilisé le terrain sur lequel ils manœuvraient et les moyens dont ils disposaient. Il faisait aussi entrer en jeu d'autres systèmes de références. Il essayait de mesurer l'ampleur de la trace laissée par certains des plus illustres de nos compatriotes dans notre mémoire collective : Saint Louis, par la rectitude de sa vie; Jeanne d'Arc, par sa pureté, sa fraîcheur d'âme, son ardeur à se battre; Henri IV, le seul de nos anciens rois dont la sépulture fut épargnée lors de la profanation de la basilique de Saint-Denis par la foule révolutionnaire, car elle savait que ce monarque avait été soucieux du sort des plus humbles de ses sujets; Napoléon, pour avoir apporté à notre pays une gloire dont l'éclat brillait encore et prolongé l'œuvre de la Révolution qui avait, entre autres, ouvert la voie de la méritocratie; la Commune, car, malgré ses limites, ses outrances, son irréalisme, elle exprimait une forme de générosité et portait en elle l'espérance. A la galerie imaginaire des portraits des hommes et des femmes illustres qui, à ses yeux, avaient compté, il désirait ajouter le sien.

Il le fit à sa façon. Il ne souhaitait pas que son image fût fixée ou figée. Il n'aimait pas qu'on le photographie. Bien sûr, il était « mitraillé » à longueur de journées. J'utilise ce terme militaire, car le Général l'avait employé lors de la formation du gouvernement Couve de Murville, alors qu'on procédait dans la salle des fêtes de l'Élysée, selon la tradition, à la « photo de famille » du nouveau cabinet. Sans doute parce qu'il fleurait bon la IVe République, où on l'utilisait souvent, ce cérémonial agaçait de Gaulle. Il s'y prêtait toutefois d'assez bonne grâce. Après que les hommes de l'art eurent multiplié les prises de vues, le chef de l'État s'adressa à eux pour leur dire, mi-affectueux, mi-bougon : « Eh bien, vous avez assez mitraillé, merci beaucoup. » Il avait été obligé de poser pour les clichés officiels du président de la République; il s'était exécuté sans affectation ni recherche de l'effet. Il ne voulait pas pour autant de « portrait » de lui. D'une certaine façon, il n'avait pas tort, car, bien que prodigieux acteur, il posait mal devant l'objectif. Les quelques tentatives effectuées par les services d'information de la France libre pendant la guerre, ou par *Paris-Match* lors de la sortie des *Mémoires de guerre* en 1954, avaient abouti à autant d'échecs. Grand fauve, il n'était vraiment lui-même qu'en liberté, et il le savait. Après mai 1968, Cartier-Bresson était venu me voir pour exprimer le souhait de faire un portrait de De Gaulle. Il estimait qu'il n'en existait pas de bon. Pour ma part, je trouvais assez fidèle le cliché popularisé par *Paris-Match*, où le Général est en uniforme. Je préfère toutefois celui qu'il dédicaçait volontiers et qui, je crois, a été pris à Montréal en 1967, quelques heures après l'historique intervention au balcon de l'hôtel de ville. Dans l'expression des yeux, je retrouve la distance et la douceur, la perspicacité et la bienveillance qui me frappaient toujours quand je travaillais avec lui. Je comprenais pourtant ce que voulait dire Cartier-Bresson, brandissant à l'appui de sa suggestion le vieil appareil Leica avec lequel il a produit un si grand nombre de chefs-d'œuvre. J'imaginais sans peine ce qu'un tel artiste aurait pu tirer d'un tel sujet. Xavier de La Chevalerie et moi-même en parlâmes au Général. Sans succès. Je revins à la charge auprès de lui. Il me répondit : « A quoi bon? Je suis vieux, je suis laid. » Cette remarque me décontenança à un point tel que je ne sus que répondre. Finalement, cédant à nos instances, de Gaulle accepta le principe de laisser travailler le célèbre photographe une demi-heure dans son bureau. Nous étions à la veille du référendum de 1969; le projet ne fut donc jamais réalisé.

« Je suis vieux, je suis laid. » Cet étrange aveu peut surprendre. Il n'en révèle que mieux la lucidité avec laquelle de Gaulle se voyait. Il se rendait parfaitement compte des aspects à vrai dire surprenants de sa silhouette. De son embonpoint. De son nez. De ce qu'il y avait de fragile, de gauche et de puissant dans son grand corps, tout à la fois filiforme et volumineux. Bref, de tout ce qui faisait le bonheur des caricaturistes. Or, jeune officier, il portait l'uniforme non sans un brin de coquetterie. En civil, s'il ne recherchait aucun effet d'élégance, il s'habillait avec soin. Il s'entourait de collaborateurs ayant de la tenue. J'imagine qu'il a dû souffrir souvent de son « enveloppe » physique, qui correspondait d'ailleurs mal à sa personnalité. Pourtant, il ne tricha jamais. Lors de ses enregistrements à la télévision, il acceptait un maquillage à la condition qu'on ne le discernât pas avant ou après son intervention. L'idée que ses collaborateurs ou les techniciens de l'ORTF pussent voir de Gaulle fardé était pour lui inacceptable. Dans le même esprit, il refusa de porter pour cette occasion des chemises teintées, qui font apparaître le visage des orateurs moins blafard. Il s'en tenait à celles, toujours blanches, qu'il portait d'habitude. Acteur, bien sûr; mais pas cabot! Il se présentait donc au pays avec son teint, qu'il avait parfois cireux, avec ses rides, avec ses paupières souvent rougies. Il ne demandait rien aux cameramen. Ni de le prendre par-dessous, pour dissimuler sa calvitie; ni de chercher le meilleur angle de son profil. Les Français pouvaient donc le voir tel qu'il était dans la vie quotidienne, portant les mêmes vêtements, montrant le même visage, faisant les mêmes gestes, naturel, vivant.

Il ne souhaitait pas non plus que le souvenir qu'on garderait de lui se matérialisât. Nulle part, je crois, on ne lui a érigé de statue. Mme de Gaulle a refusé qu'on fasse un moulage du visage de son mari sur son lit de mort, donnant ainsi une preuve supplémentaire de sa très sûre compréhension des exigences de celui qui avait été le fidèle compagnon de sa vie. Je m'interroge encore sur ce qu'auraient été les réactions du solitaire de La Boisserie devant l'immense croix de Lorraine plantée après sa disparition sur la crête de Colombey. Probablement teintée d'humour. Évoquant l'éventualité de l'érection d'un tel monument, n'avait-il pas dit à André Malraux : « Il appellera les lapins à la résistance... » Le cercueil en bois de chêne, l'église du village, le cimetière paroissial s'inscrivaient mieux dans sa manière. Tout le monde sait qu'il n'insista jamais pour que des rues ou des places portassent son nom. Cet aspect de la célébrité l'amusait plutôt. Il avait dit un jour à Emmanuel Desgrées du Lou : « Après ma mort, *ils* vont être bien ennuyés. *Ils* voudront donner mon nom à l'une des avenues de Paris. A laquelle? Et comment l'appeler? Avenue de-Gaulle, avenue Charles-de-Gaulle, avenue du Général-de-Gaulle?... » Puis il avait ri. La décision du conseil municipal de Paris d'associer son nom à celui de l'arc de triomphe de l'Étoile l'aurait touché. Nullement parce qu'il s'agit de l'un de nos monuments les plus prestigieux, mais parce que lui serait allé droit au cœur le fait qu'un accord unanime se soit dégagé à cette occasion au sein de l'assemblée parisienne, car, dans notre vie nationale, de tels phénomènes ne se produisent pas si souvent! Pas davantage avait-il préparé de longue main une réalisation qui pût paraître particulièrement représentative de son passage au pouvoir. A ses yeux, son œuvre constituait un tout, un ensemble composé de réussites et d'échecs, comme toutes les entreprises humaines. Il ne voyait pas pourquoi il aurait associé son personnage à l'un de ces projets d'architecture, d'urbanisme, de technologie, d'équipement, de culture, qui, de nos jours, sont l'équivalent des palais et des cathédrales d'autrefois et qui portent souvent le nom de leur instigateur. Pour lui, la création ne se divisait pas plus que la grandeur.

En réalité – on retrouve là le moraliste –, il voulait aussi, et sans doute au premier chef, que son personnage reste associé à celui d'un comportement, ou, si l'on préfère, à une attitude devant la vie. Il ne lui suffisait pas d'avoir participé à l'histoire et d'avoir accompli sa tâche. Son travail de créateur lui serait apparu incomplet s'il ne s'était aussi étendu à l'homme qui avait porté le surprenant destin qui fut le sien. Cette exigence l'avait toujours habité. Qu'elle ait été d'essence religieuse ou morale, peu importe. Il s'efforça d'y répondre. La politique sépare, et chacun peut juger à son goût l'action d'un homme public. Il en va différemment lorsqu'il s'agit d'apprécier la dignité d'une vie. Sur ce point, de Gaulle espérait qu'une fois disparu, il pourrait rassembler ses compatriotes, ce qu'il n'avait pas pu toujours faire de son vivant. Voilà l'une des raisons pour lesquelles il s'était fermement tenu en main et avait consacré les efforts de toute une vie à être exemplaire. Il aimait ce mot. Mais il l'employait très rarement. J'ai souvenir qu'il le fit lorsqu'il dédicaça sa photographie à Jean Ducret, le responsable de la sécurité présidentielle.

Se vouloir « exemplaire », c'était d'abord se montrer à tous tel qu'il était. Chez de Gaulle, personne n'a jamais vu l'envers du décor. Son personnage ne présentait aucune faille. De son chauffeur à ses pairs, tout le monde en pouvait constater l'authenticité et l'unité, bien que l'angle de vision et l'acuité du regard pussent être différents. Sur le même sujet, il disait à chacun la même chose. Seuls pouvaient différer le langage qu'il utilisait, les mots et les tournures retenus, la charge d'émotion, de poésie, d'humour qu'il excellait à mettre dans ses conversations en fonction de ses interlocuteurs. Avec ses aides de camp, il utilisait parfois le vocabulaire dru des militaires. Avec moi, il fut toujours aussi direct sur le fond, mais tint toujours à marquer que j'étais un fonctionnaire du ministère des Affaires étrangères, ce qui donnait à ses propos, réflexions et confidences une grande tenue de langage et une saveur d'une rare qualité. Lorsqu'il s'adressait à sa famille, il avait son propre système de correspondance. Toujours me frappait le fait que la substance de ses conversations paraissait tirée du même bloc.

Lorsqu'il s'agissait des égards, il veillait à ne jamais rien omettre. Pas plus une lettre au pape que le cigare qu'il offrait au garde républicain Hubert André à chaque voyage à Colombey. Celui-ci les gardait avec soin et les offrait pour Noël aux membres de sa famille. J'ai dit qu'il n'oubliait jamais de marquer son attention à ses collaborateurs, à ses compagnons, à tous ceux qui l'avaient approché, aussi divers qu'ils pussent être, de Maurice Thorez à René Pleven. Il y mettait tant de rigueur, de précision, une connaissance si aiguë des perspectives historiques que son action quotidienne, une fois replacée dans son ensemble, faisait apparaître une forme élaborée de comportement qui frisait la perfection. D'autant plus qu'il agissait de la sorte quelles que fussent les circonstances. J'ai raconté plus haut qu'après l'enregistrement de sa dernière allocution au pays, le 25 avril 1969, je l'avais accompagné à son bureau et que, lorsque nous étions arrivés devant la porte, il s'était effacé pour me laisser passer le premier. Un tel geste offre un exemple de sa courtoisie vis-à-vis de ses collaborateurs. Fait à un moment pareil, il démontre aussi un surprenant contrôle de soi. Quand, le 28 mai 1968, comme je l'ai également rappelé plus haut, il écrit à Alain Peyrefitte, il veut, par sa lettre, manifester de la sympathie à un ministre démissionnaire. On peut y voir aussi la volonté de De Gaulle de prouver qu'au moment le plus grave de la crise, à la veille du coup de théâtre dont il ne sait pas très bien lui-même qu'elle en pourra être l'issue, il n'a rien perdu de ses moyens et garde intacte la maîtrise de lui-même et de son personnage.

A tout moment et sur tous les sujets, il était très attentif au souvenir que la France garderait de lui. Avec quelle subtilité n'a-t-il pas défini ses rapports avec Georges Pompidou après le référendum d'avril 1969! Il ne fait rien ni pour l'aider ni pour le gêner avant son élection. Il veut ainsi laisser le pays se décider en toute liberté. Tout m'incite à penser qu'il vote pour lui. C'était d'ailleurs bien dans sa manière de faire déposer son bulletin de vote en faveur de son ancien Premier ministre par sa fidèle servante. Cela dit, seule celle-ci connaît la vérité... Il le félicite pour son succès par un message public. Toutefois, dans le secret de la correspondance privée, il ne lui cache pas sa manière de voir. La lettre du 30 avril 1969 comporte un jugement : « Par vos propos de Rome, vous avez contribué à nous faire perdre le référendum », assorti d'une prédiction : « Vous serez quelque peu gêné dans votre personnage. » Le mardi 27 octobre 1970, je suis à La Boisserie tôt le matin. Nous travaillons toute la journée. En fin d'après-midi, l'heure du retour à Paris approche. Mon hôte est détendu; il en va ainsi toutes les fois qu'il a le sentiment d'avoir bien rempli sa tâche quotidienne. Malicieux et amusé, il me dit : « Avant que vous ne partiez, je vais vous lire le portrait de Georges Pompidou. » Il prend son manuscrit et commence la lecture du texte tel qu'il a été publié dans *l'Effort*. Il lit lentement. Détachant les mots importants à ses yeux. Soulignant de la voix les passages ironiques – et il n'en manque pas – sans se livrer à aucun commentaire. Arrivé au bout, comme à son habitude il m'interroge : « Alors, qu'est-ce que vous en pensez ? » J'hésite un moment. Veut-il que je lui parle du Georges Pompidou d'aujourd'hui ? Ou que je lui donne un avis purement technique sur la qualité littéraire du portrait ? J'opte pour cette dernière hypothèse et lui réponds : « On croirait voir le Georges Pompidou de 1962. » Ma dérobade amuse le Général. Il sait très bien ce que je pense ; que, de mon côté, je vois clair dans ce qu'il pense ; que nous n'avons pas grand-chose à ajouter. Il laisse tomber ces mots pour clore la conversation : « Vous savez, Blanc, Georges Pompidou n'a pas été correct. » Il faisait bien entendu allusion au manquement à l'amitié et à la fidélité dans lesquelles il voyait un élément fondamental de la qualité des rapports entre les hommes. Il découvrait du même coup une déchirure de l'âme. Tout en la gardant pour lui et pour la seule information de quelques proches dont il connaissait la discrétion. Il s'agissait à ses yeux, et pour le moment, d'une affaire personnelle entre lui et son ancien collaborateur. L'aurait-il évoquée dans la suite de ses Mémoires ? Je ne dispose d'aucun élément sûr qui me permette d'apporter sur ce point une réponse, sauf qu'il m'avait dit un jour, en me lisant les chapitres de *l'Effort* : « Vous voyez, je prépare la suite. » Il lui aurait toutefois été difficile, me semble-t-il, de ne pas en traiter lorsqu'il aurait expliqué les conditions dans lesquelles il avait décidé d'en appeler au pays par le référendum de 1969. Il avait voulu en tout cas soigneusement préparer l'avenir. A preuve, la teneur de la lettre qu'il avait adressée à Georges Pompidou le 30 avril 1969 ; sa remarque sur le livre de Louis Vallon, *l'Anti-de Gaulle*, où il avait employé l'expression intéressante : « Ce qu'il dit n'est pas faux », donnant à entendre que les accusations de l'auteur de l'ouvrage, pour fondées qu'elles lui parussent, n'étaient qu'un élément d'un problème plus vaste; sa réflexion, enfin et surtout, après la lecture du portrait de Georges Pompidou, et dont il a probablement fait part à d'autres. Il laissa donc certains jalons permettant de reconstituer ce que fut son état d'âme tout au long de ce qui m'apparaît comme un drame de l'amitié trahie.

Au total, la conduite de De Gaulle est d'une grande dignité. Pas de rancœur! Pas d'amertume! Une immense déception, douloureuse mais muette. Il respecte le choix de la nation tout en prenant ses distances par rapport à celui auquel il a ouvert en 1962 la voix royale pour accéder au pouvoir républicain. Il lui laisse intacte la possibilité de servir le pays, alors qu'il avait compris, dès après l'élection de 1969, que l' « effet sacralisant » de l'investiture populaire ne jouerait pas suffisamment. Georges Pompidou garde sur ses seules épaules la responsabilité de légitimer sa conduite depuis mai 1968 par la qualité des services qu'il rendra à la France. L'homme qui avait proclamé à Rome en 1969 qu'il avait un « destin national » se trouve donc placé par de Gaulle face à l'Histoire, qui « juge l'arbre à ses fruits » et n'absout que les gagnants. Le Général, quant à lui, observe et ne dit mot.

Sur ce point-là comme sur beaucoup d'autres, de Gaulle jouait de main de maître pour s'assurer la complicité de l'avenir. Il pensait qu'au fur et à mesure l'idée que l'on se faisait de son personnage se compléterait. Il en avait volontairement accentué, de son vivant, les aspects les plus altiers, voire abrupts : son côté « connétable »; les aspérités d'un caractère à angles nets; la hauteur du regard, donnant parfois une impression de condescendance; la grandeur insupportable aux médiocres; l'austérité de la morale; la froideur de la logique; manifestant, s'il le fallait, un sens de la justice et du châtiment que rien ne pouvait fléchir. Nul moins que lui ne fut démagogue. Il accepta d'apparaître comme étant bâti uniquement à partir de matériaux durs qui permettent l'audace dans l'architecture, au risque de lui conférer une apparence de froideur. Il s'efforça de ne jamais donner l'impression d'hésiter, de chercher sa voie, d'être gagné par le doute ou troublé par des scrupules de conscience. Pour toutes ces raisons, il avait supprimé dans le premier manuscrit de ses *Mémoires d'espoir*, comme se le rappelle le lecteur, le cri venu du fond de son désespoir : « Et que Dieu me prenne en pitié. » Il s'était depuis bien longtemps enfermé dans une solitude quasi totale. Il parlait peu de lui. Sous réserve du cas de Mme de Gaulle, je doute qu'il ait une seule fois exprimé longuement à un proche l'intensité des drames vécus et l'âpreté des combats menés pour se hisser à la hauteur des circonstances et de ses aspirations. Dois-je dire que je souhaiterais me tromper, car un tel témoignage serait sans prix pour percer les zones de mystère qui subsistent dans un personnage chez qui de nouveaux aspects peuvent toujours apparaître. La science des portraits lui étant familière, il s'attendait à ce que le sien soit un jour complété. Une fois les passions apaisées, les regards retrouveraient l'indispensable clarté. On découvrirait des aspects moins explorés de son caractère : la sensibilité; la tendresse; la bienveillance; la chaleur des réactions d'une âme vibrante, que la pudeur n'arrivait pas toujours à masquer; la bonté que voilait, tout en la révélant, la froideur calculée de son humour; une générosité à la mesure de son ardeur. D'autant qu'il avait préparé le chemin. Dans ses écrits, ses discours, ses propos, voire ses boutades, il avait laissé percer quelques lueurs. Au fil des ans viendraient s'ajouter les témoignages de ceux qui l'avaient approché. Je me disais bien souvent : « Il a eu beaucoup de collaborateurs; il leur faisait confiance; il leur a souvent parlé de ses réactions. Quelle moisson d'éléments et de faits nouveaux! » Marguerite Yourcenar prête à l'empereur Hadrien le constat suivant : « Dans l'ensemble, j'ai été étrangement bien servi. Le respect de ce petit groupe d'amis et d'employés a survécu, les dieux savent comment, à l'intensité brutale des voyages; leur discrétion a été plus étonnante encore, si possible, que leur fidélité. Les historiens de l'avenir auront fort peu d'anecdotes à récolter sur moi. Ce que le public sait de ma vie, je l'ai révélé moi-même. Mes amis m'ont gardé mes secrets, les politiques et les autres... » Le Général, j'en suis persuadé, ne partageait pas le sentiment d'Hadrien. A la différence de l'empereur venu d'Ibérie pour commander Rome et qui parcourut d'étranges chemins, il n'avait rien à cacher. Bien au contraire. Que de fois m'avait-il dit, parlant de « ses adversaires » : « Ils ne veulent pas comprendre; ou alors, s'ils ont compris, ils travestissent la vérité. » Je percevais, à l'âpreté de sa voix, la profondeur de son découragement comme de sa révolte; j'y voyais la preuve qu'il ne redoutait pas une connaissance plus approfondie de ce qu'il avait vraiment été, et qu'au contraire c'était là le plus ardent de ses vœux.

Il en va de la psychologie des hommes comme des fouilles archéologiques. Quelques fragments permettent de reconstituer le plan des villes enfouies et d'imaginer la vie qui les anima. Pour de Gaulle, plus les jours passent, plus nous disposons de messages. Certains peuvent paraître fragmentaires, voire contradictoires. Il peut se révéler difficile, tout au moins pour l'instant, d'en replacer certains dans un tout cohérent. Toutefois, jour après jour, la fresque commence à se percevoir mieux dans son ensemble et dans son mouvement, cependant que des détails se précisent. N'avait-il pas d'ailleurs laissé derrière lui – et, me semble-t-il, en utilisant là aussi et de façon experte son talent pour la mise en scène – toute une série de points de repère?

Il est aisé d'illustrer ce propos par des exemples d'une grande diversité. Lorsque le Général passait la fin de la semaine à Paris, il se faisait souvent conduire en voiture à travers la capitale, fort discrètement, pour y observer le développement de l'agglomération, auquel il s'était toujours vivement intéressé. Il alla ainsi voir à plusieurs reprises les travaux destinés à réaliser le transfert des Halles à Rungis, à dégager les Invalides, à rééquilibrer la banlieue est, à terminer le boulevard périphérique, à aménager le nouveau quartier de la Défense. Nul n'était au courant de ces déplacements. De Gaulle ne les faisait pas publier dans les gazettes. L'artiste avait ses secrets et ses satisfactions.

Louis Joxe, qui avait passé la nuit à La Boisserie avant

de s'envoler vers Alger où l'attendait une mission périlleuse, a raconté que de Gaulle s'était levé à l'aube et, en robe de chambre, lui avait préparé lui-même le café du matin, accomplissant ainsi un geste fraternel destiné à réconforter un compagnon à l'orée d'une difficile épreuve. Lorsque ses aides de camp descendaient à La Boisserie, de Gaulle insistait pour porter leur bagage jusqu'à l'étage ; le soir, avant de se coucher, il allait souhaiter une bonne nuit à ces jeunes officiers, dont il savait qu'ils veillaient sur lui avec un inaltérable dévouement. Sait-on qu'il répondait fidèlement à chacun des messages que lui envoyait à tout propos un ancien collaborateur dont la raison vacillait ? Détails, diront certains. D'autres dénonceront le calcul. Je leur ferai la réponse suivante : pour élaborer une technique aussi raffinée des rapports entre les hommes, il est indispensable d'avoir reçu en partage autant de générosité que de sensibilité. A qui veut l'appliquer sans défaillance, il faut une grande maîtrise de soi et une volonté qui ne fléchit pas. Au total, on ne peut y mettre autant de discrétion sans une noblesse naturelle de l'âme. La rencontre de toutes ces qualités offre à mes yeux l'aspect le plus attachant de ce surprenant créateur.

Il voulait laisser de lui une image qui se compléterait et s'enrichirait à l'avenir. Encore fallait-il qu'elle fût dès le départ dessinée pour affronter l'épreuve du temps, riche de l'immensité de l'imprévisible. Il savait qu'il courait des risques. Il n'écartait pas le danger d'apparaître démodé ou dérisoire, de perdre tout relief et d'émerger du passé sous le masque froid d'une époque à jamais défunte. Il avait trop réfléchi aux problèmes de la création politique, morale ou artistique pour ne pas savoir que sa pérennité relève pour une bonne part du mystère. La phrase qu'il avait dite à André Malraux révèle à la fois un espoir et une crainte : « Un homme de l'Histoire est un ferment, une graine. Un marronnier ne ressemble pas à un marron. » Un espoir : celui de voir son personnage continuer d'exister en se renouvelant et en s'enrichissant à toute nouvelle interprétation. Une crainte : que surgisse un monde si différent dans sa nouveauté que son message devienne intraduisible ou indéchiffrable.

Image, œuvre, message. Ces mots finissent par se rejoindre dans l'unité même de leur créateur. Il s'était efforcé de mettre tous les atouts de son côté. Si, comme Shakespeare l'a écrit dans *Hamlet*, « une once de vice met toute la noblesse d'un être en péril par son scandale », de Gaulle n'avait rien à craindre, gardé qu'il était par la dignité et l'intégrité de sa vie. Son œuvre était là pour attester son rôle en tant qu'homme d'État ; il avait par deux fois sauvé le pays, jeté les bases d'un renouveau, assuré la naissance d'une dynastie républicaine et créé un style de gouvernement. Il avait eu le privilège d'être l'un de nos grands écrivains. Couronnant le tout, il laissait aux Français et à beaucoup d'autres un souvenir qui ne cessait de se nourrir et de s'enrichir de toutes les alluvions de l'Histoire. Il lui avait fallu du génie et de la ténacité pour affirmer et compléter son image ; la moindre erreur dans le trait, le plus léger fléchissement dans l'exécution, la plus infime des dissonances auraient altéré l'ensemble. Dans la lettre adressée à sa femme dont j'ai déjà extrait une phrase, Mao cite une correspondance d'un philosophe de la dynastie des Han : « Ce qui est haut plie aisément. Ce qui est blanc se salit facilement. Plus la chanson est difficile, moins il y a de gens capables de la chanter. Lorsque la renommée est grande, il est ardu de s'en montrer digne. » Voilà qui explique en termes simples combien il peut se révéler malaisé de continuer à vivre sur les hauteurs, une fois parvenu à une certaine altitude. J'avais la certitude que de Gaulle avait relevé ce défi. Sa mort avait scellé son existence en y mettant la grandeur voulue. Sa création politique et littéraire était terminée. Je comprenais pourtant que son image allait, au fil des ans, prendre sa dimension définitive. Savoir qu'il en avait eu l'assurance avant de mourir, comme je l'avais compris lors de mes dernières visites à Colombey, m'apportait une bienfaisante sérénité.

CHAPITRE VIII

12 novembre 1975

« Les peuples et les individus, la folie et la sagesse, la guerre et la paix, tout vient et s'en va comme la vague, et la mer demeure. »

BISMARCK.

Voilà cinq ans, la foule qui avait assisté aux obsèques commença sa lente procession vers le caveau où venait d'être enseveli de Gaulle. Elle le fit avec une lenteur extrême. L'étroitesse de l'allée du cimetière ne permettait pas à plus de deux personnes de s'avancer de front. Or chacun souhaitait se recueillir quelques instants devant le tombeau de pierre blanche que surmontait une croix.

La place de Colombey était entièrement envahie par une multitude pratiquement immobile, d'où se dégageait une impression de recueillement et de patience infinis. Le soleil s'était couché. Mais, le temps étant clair, il faisait encore jour. Les cloches sonnèrent le glas; identique à celui du beffroi de la basilique d'Apt, que j'avais si souvent entendu dans mon enfance. Les participants affluaient de toutes les rues. La place du village, telle une étendue marine, était parcourue à intervalles réguliers par des mouvements aussi mystérieux que ceux d'une marée lente. Le Général m'avait dit un jour : « Les peuples et les individus, la folie et la sagesse, la guerre et la paix, tout vient et s'en va comme la vague, et la mer demeure. » Nous avions parlé de ce qu'il avait fait ou tenté de faire pour le pays. Pour conclure nos développements – c'était une méthode à laquelle il recourait souvent –, il avait cité cette phrase d'une splendeur quelque peu sibylline, dont je sus quelques années plus tard qu'elle était de Bismarck. Elle exprimait à merveille la confluence, chez lui, du pessimisme et de l'espoir; le parallèle qu'il établissait presque malgré lui entre les mouvements de l'Histoire et ceux de l'océan, dont les perpétuels changements n'altèrent en rien la permanence; peut-être aussi l'intuition non formulée, dans les profondeurs de son subconscient, que tout vient de l'élément marin et que tout finit toujours par y retourner.

Mon tour est venu de m'avancer dans le cimetière; j'ai foulé le gravier de l'allée entre des tombes modestes où avaient été déposées les innombrables gerbes de fleurs destinées au Général. Arrivé devant la dalle où deux noms étaient inscrits – Anne de Gaulle, 1928-1948; Charles de Gaulle, 1890-1970 –, je me suis immobilisé; très peu de temps, une seconde peut-être; j'ai incliné la tête et j'ai continué mon chemin. La tristesse et la sérénité qui m'avaient gagné depuis trois jours ne perdaient rien de leur intensité, et je ressentais toujours la même paix de l'âme. Devant le mystère de la mort, et malgré la déchirure qu'elle provoquait, je comprenais combien la conception de l'Asie et celle du catholicisme relevaient de la même sagesse. Les rites de Colombey, bien que différents dans leur application, relevaient du même esprit que ceux de la rue des Morts à Singapour, telle que je l'avais visitée à mon retour d'Extrême-Orient, et qui, je crois, n'existe plus aujourd'hui. Les ultimes adieux aux êtres chers agonisants ou déjà morts se faisaient dans des restaurants donnant sur la rue. Les familles prenaient leur repas, parlaient, jouaient au mah-jong auprès du bat-flanc où reposait, comme endormie, la dépouille mortelle. Dans la rue, les passants se pressaient entre les boutiques des commerçants ambulants. Les bruits montaient de la foule, de ses conversations, de ses marchandages, et composaient un fond sonore d'une gaieté ininterrompue où dominaient les sons aigus. La vitalité de cette multitude, ses rires aux tonalités haut perchées, ces coulées d'hommes, de marchandises, d'odeurs, de coloris, de sons, la face des visages modelés par des millénaires et adoucis par une complicité immémoriale avec la sagesse, n'étaient rien d'autre que le symbole de l'éternité de la vie. La mort paraissait familière sur les visages des disparus, presque amicale.

Dès la sortie du cimetière, la fraternité de la multitude m'a de nouveau envahi. L'idée de retrouver ma fille aînée, qui devait se trouver quelque part dans le village, m'est venue à l'esprit. J'ai parcouru plusieurs ruelles. Sans succès, bien sûr. Je me suis aperçu que, pour la première fois, je voyais de Colombey autre chose que l'itinéraire conduisant de la place de l'Église à La Boisserie, sur la ligne de crête du village, que j'avais parcouru tant de fois. A ce signe, je compris qu'une nouvelle période commençait. Les trois dernières années avaient été réglées avec une répétition extrême par un metteur en scène hors pair et d'une grande rigueur. Il en irait différemment désormais.

Errant dans le village, essayant de découvrir un accès qui me permît de me diriger vers la place, cherchant toujours à apercevoir ma fille, je pris conscience, pour la première fois, qu'il ne serait pas inutile d'écrire ce qu'avait été pour moi cette période, et comment j'avais cru, sinon comprendre, du moins entrevoir la psychologie de De Gaulle. Jusque-là, en effet, je pensais être appelé à apporter sur tel ou tel point le témoignage de l'expérience que j'avais vécue. Au soir de cette journée, alors que l'obscurité commençait à tomber, il m'apparut que je devais entreprendre un travail aussi complet que possible. Ce ne serait qu'une contribution parmi d'autres. Peut-être permettrait-elle de mieux cerner le personnage et d'apporter quelque lumière sur l'époque où il avait vécu.

Je parvins à me frayer un passage jusqu'à la maison du service de sécurité. Je montai au premier étage. De la fenêtre, on dominait la petite place de l'Église, noire de monde et d'où émergeait la colonne insolite du monument aux morts, dont la blancheur de la pierre se détachait d'autant mieux que la nuit commençait à tomber. Le préfet Dijoud était là. Je lui fis compliment pour la façon dont tout s'était passé. Je lui présentai aussi mes regrets pour le petit incident qui, la veille, s'était produit à l'hôtel de la préfecture de Chaumont. Pierre Lefranc, Jean d'Escrienne et moi-même étions venus voir le représentant du gouvernement pour mettre au point certaines dispositions; au cours de notre conversation, l'officier supérieur responsable de la gendarmerie dans le département, qui était venu se joindre à nous, s'était fâché. Depuis la veille, j'éprouvais quelque remords d'avoir froissé le préfet et un officier qui faisaient leur devoir avec conscience. J'étais satisfait de pouvoir régler cette affaire au soir d'une journée aussi empreinte de dignité.

Il faisait nuit. Je retrouvai Jean d'Escrienne. Nous prîmes en voiture la route de Paris. Nous écoutâmes les nouvelles à la radio. Aux Champs-Élysées, sous une pluie battante, plusieurs centaines de milliers de personnes montaient vers l'arc de triomphe de l'Étoile pour déposer des fleurs sur la dalle du Soldat inconnu. Pour la troisième fois, de Gaulle rassemblait les habitants de Paris sur la voie triomphale.

Dans les jours qui suivirent, j'eus beaucoup d'affaires à régler. Je mis Philippe de Gaulle au courant des différents problèmes relatifs à la gestion de l'œuvre littéraire de son père, qui relevaient désormais de sa responsabilité : situation des droits d'auteur, contrats en voie de réalisation, tant en France qu'à l'étranger, différents projets qui étaient plus ou moins avancés. Comme je l'ai déjà indiqué, je lui remis une note sur les dernières volontés de De Gaulle pour ce qui concernait les pièces annexes de ses *Mémoires d'espoir*. A dire vrai, j'éprouvais quelque regret de ne plus m'occuper de ces affaires auxquelles j'avais fini par m'attacher. Mais mon métier de diplomate m'avait appris à accepter avec sagesse ces sortes de déchirements.

Il fallait aussi m'occuper de mon avenir. J'aurais été heureux de prendre quelque distance vis-à-vis des activités habituelles d'un diplomate et de m'occuper de problèmes plus concrets; en tout cas moins directement liés à une politique dont je comprenais, pour avoir entendu ce qu'en disait le Général et y avoir réfléchi moi-même, qu'elle nous conduisait vers de grands changements et, bien souvent, à des impasses. En bref, je voulais « souffler » pendant quelques années, continuer à servir l'État, mais ailleurs qu'au Quai d'Orsay. Ce désir n'était pas facile à exaucer. J'avais perdu le contact avec les milieux où tout se décide. Il n'est pas inutile de noter que, de tous les hommes qui avaient approché le Général – et Dieu sait si j'en avais connus –, un seul, Alain Peyrefitte, me manifesta une marque d'intérêt. Il m'invita à déjeuner. « Bien que je ne sois plus membre du gouvernement, me dit-il, je suis à votre disposition si je puis faire quoi que ce soit. » Je lui répondis que j'en étais touché. Partout ailleurs, chez tous ceux qui avaient été faits par de Gaulle, ce fut l'indifférence absolue. Il était évidemment hors de question que je demande quelque intervention que ce soit. Outre que ce n'est pas dans mes habitudes, les « barons » avaient choisi une voie qui n'était pas la mienne, et je ne voulais rien leur devoir. Restait le chef de l'État. C'était, bien sûr, Georges Pompidou; mais le pays, en l'élisant, en avait fait le dépositaire de la continuité nationale. Je lui fis dire par le général Alain de Boissieu et par mon collègue Jean Bernard-Raimond, conseiller diplomatique de l'Élysée, qui me témoigna toujours sa confiance et son amitié dans cette pénible période, que je serais heureux de continuer à servir l'État pendant quelques années ailleurs qu'au ministère des Affaires étrangères. Je n'obtins aucune réponse, ce qui ne me surprit pas. D'une certaine façon, je m'y attendais. Le président de la République se doutait bien que je savais ce que de Gaulle pensait de lui. Or il n'acceptait les anciens collaborateurs du Général qu'après qu'ils aient clairement fait acte d'allégeance. Ceux qui refusaient de se rallier étaient à ses yeux des adversaires. Il estimait que je me rangeais dans cette catégorie. Dans un domaine qui aurait été mineur s'il n'avait impliqué indirectement de Gaulle, la preuve était administrée qu'il se comportait en partisan, nullement en chef d'État. Au bout du compte, l'homme n'était pas sans talent; la noblesse de l'âme lui manquait. Il en avait conscience. Le spectre de la grandeur le hantait. Reconnaissons néanmoins qu'à défaut de vivre avec style il s'efforça de mourir dignement.

Quoi qu'il en soit, dès le début de 1971, j'en vins à la conclusion qu'il fallait me tirer d'affaire tout seul. C'était d'ailleurs mieux ainsi. Je ne devrais rien à personne. Mon ami Jacques Viot, directeur du personnel du Quai d'Orsay, que je voyais régulièrement, était très au courant de la situation. Nous déjeunions fréquemment ensemble, et, après le repas, nous faisions souvent une promenade autour des Invalides. Je lui avais fait part en toute confiance de mes préoccupations. Au printemps, il me fit savoir que, très probablement, le poste de conseiller culturel à notre ambassade à Londres serait vacant à la fin de l'été; il comprenait qu'il ne s'agissait pas là de responsabilités correspondant très exactement à mon âge ni à mon expérience; j'y serais toutefois relativement indépendant, à l'écart de la vie diplomatique habituelle. J'acceptai.

Au début de mars 1971, une longue mission m'avait conduit dans le Sud-Est asiatique, en Australie et en Nouvelle-Zélande. Loin de Paris, replongé dans cet Extrême-Orient que je retrouvais avec joie pour y avoir passé des années heureuses et m'y sentir à l'aise, j'avais eu le temps de réfléchir. Dès mon retour, je me mis à mon travail de rédaction. Je voulais aller aussi vite que possible. N'ayant pris aucune note, je courais en effet le risque, si je tardais trop, de laisser se scléroser mes souvenirs. S'agissant d'une tentative de portrait, il me fallait en fixer rapidement toutes les lignes avant qu'elles ne s'estompent ou ne s'altèrent. Tout alla pourtant moins vite que je ne l'aurais voulu. J'avais mes activités au Quai d'Orsay. A l'automne 1971, nous partions en famille pour Londres, où il fallut nous installer. J'écrivais pendant les week-ends et lors de nos vacances en Suède et en Corse. Dès la fin de 1972, j'avais terminé un premier manuscrit. Il était loin d'être définitif; l'essentiel pourtant s'y trouvait. Je n'envisageai pas d'aller plus avant. Georges Pompidou était président de la République, le pays l'avait choisi pour assumer la responsabilité de la France. Il eût été incorrect, de la part d'un fonctionnaire, de publier un texte qui puisse gêner, fût-ce de façon mineure, le déroulement de sa mission. C'est également la raison pour laquelle, quoi qu'il m'en ait coûté parfois, je refusai par principe de participer à des émissions de radio ou de télévision consacrées au Général ou à écrire le moindre article à son sujet. Au moment du voyage de Georges Pompidou en Islande, en 1973, j'avais la certitude que le président de la République ne terminerait pas son septennat. Je me remis donc au travail pour procéder à une seconde rédaction. Il s'agissait cette fois d'un travail de composition et de forme. Il se trouve que c'est pour moi celui qui prend le plus de temps. Dès le décès de Georges Pompidou, en avril 1974, je mis la dernière main à mon texte; il était terminé à la Noël 1974, à l'exception du présent chapitre.

Fallait-il le publier? Se posait une question préjudicielle : celle de la qualité de mon travail. Je choisis quelques lecteurs : ma femme, dont le jugement sûr m'a toujours éclairé; des amis de longue date : Michel Ameller, Gilles Lapouge; ou plus récents, mais également de bon conseil : Frédéric Grendel, Georgette Elgey, Bernard Tricot. En dépit de quelques réserves sur la forme, notamment de la part de Gilles Lapouge, tous me rassurèrent. Restait le problème de fond : celui de l'opportunité politique. Sur ce point-là, j'hésitais. Mes amis aussi. Mon témoignage était tourné vers le passé. A la réflexion, cependant, tout n'était pas si simple. L'époque n'avait peut-être pas aussi complètement basculé dans l'Histoire que je pouvais le penser. Bien des plaies étaient encore vives. Mieux valait peut-être laisser le temps faire son œuvre quelques années encore. Au printemps 1975, j'en parlai longuement avec mon ami Michel Ameller. Il inclinait à la prudence. Après mûre réflexion, je décidai de reporter la publication à plus tard. Toutefois, par honnêteté vis-à-vis du lecteur, je décidai d'en déposer le texte chez mon notaire. Bien que les sept premiers chapitres aient été terminés en 1974, l'ouvrage serait daté de la Noël 1975. Cette décision m'apporta une grande tranquillité d'esprit. J'avais conscience d'avoir rempli la mission que les événements m'avaient impartie.

Souvent, travaillant sur ce texte, je me suis rappelé le lendemain du référendum du 27 avril 1969. Nous devions quitter l'Élysée avant midi, heure à laquelle de Gaulle avait décidé qu'il cesserait ses fonctions. M. le président du Sénat devenait chef de l'État par intérim. Vers 11 h 58, je pris ma serviette, jetai un dernier regard sur mon bureau et gagnai la sortie du palais en traversant la cour d'honneur. J'avais encore présentes à l'esprit les paroles prononcées par Bernard Tricot quelques instants auparavant, lorsqu'il nous avait réunis dans la salle des fêtes pour une brève cérémonie d'adieu; il avait trouvé les mots justes et le ton qui convenait; à plusieurs reprises, j'avais craint que, sous l'effet de l'émotion, sa voix ne se brisât; beaucoup des participants cachaient mal leur tristesse; des gardes républicains pleuraient... Je pensais au Général. Au milieu de la cour d'honneur, un journaliste s'approcha de moi. Je ne le connaissais pas. Il me posa une question dont j'ai oublié la teneur. Je lui répondis : « Laissez les morts enterrer les morts. » Il eut l'air quelque peu étonné. Avant de franchir le perron qui donne sur la rue du Faubourg-Saint-Honoré, je dis au revoir aux gardes républicains; tout étant en ordre, je me retrouvai dans la rue et rentrai chez moi à pied. J'éprouve encore aujourd'hui la même impression de calme.

De nouvelles fonctions m'ont été confiées au mois d'août 1975 : la direction de l'École nationale d'administration. J'ai été quelque peu surpris que le choix du chef de l'État et de son gouvernement se soit porté sur moi. La tâche, toutefois, mérite que l'on s'y donne à fond. Ce que je fais. Elle présente pour moi l'avantage de me tenir éloigné des péripéties de la vie publique. Je m'en félicite. Quand on prépare des moissons qui lèveront dans plusieurs années, le quotidien perd de son intérêt; seule compte la durée profonde. De Gaulle n'avait-il pas dit à Malraux : « Un homme de l'Histoire est un ferment, une graine... »?

J'ai été amené, au fil de ces pages, à parler de moi. C'était uniquement pour aider le lecteur à mieux situer de Gaulle, personnage central de cet ouvrage. Je me suis efforcé de limiter ma présence autant que faire se pouvait. Œuvrant sur ce livre qui m'a demandé beaucoup de travail et de peine, j'ai souvent regretté de ne pas posséder mieux le métier d'écrivain. Arrivant au terme du dernier chapitre, à défaut de ressentir la satisfaction de l'artiste, j'éprouve celle du devoir accompli. Une seule préoccupation m'a habité : dire ce que je crois être la vérité. Tout en admettant parfaitement que d'autres puissent la voir de façon différente, voire opposée.

En cinq ans, le monde a changé. De sinistres ombres planent sur la vie économique de la planète. On se révoltait en 1968 contre la société dite de consommation ; voilà qu'on redoute aujourd'hui de la voir disparaître. Il se peut que, cette fois encore, le pire soit évité. Il ne sera pas écarté pour autant s'il n'est pas porté remède aux abus de la politique américaine en matière monétaire. L'emprise des États-Unis et de l'URSS sur le monde s'est affermie. Le poids de la Chine n'est pas encore assez lourd pour en neutraliser les effets. L'Europe ne comptera que du jour où elle apparaîtra comme un ensemble de pays indépendants soucieux de s'affirmer en tant que tels ; c'est-à-dire que nous sommes encore loin de l'objectif. Rien n'est réglé au Moyen-Orient. L'équilibre de l'Asie du Sud-Est s'est radicalement modifié. Le pétrole aide certains pays auxquels il apporte des richesses fabuleuses, mais la plupart des nations prolétaires n'entrevoient pas encore les lueurs de l'espoir.

Chez nous, le panorama n'est plus le même. On a pu assister dès 1969 au retour de la « classe politique ». A ce propos, j'avais cité au Général, qui avait souri, une formule du prince de Hohenlohe, extraite du passage de ses Mémoires consacré au départ de Bismarck : « Chacun désormais se sent un personnage, tandis qu'avant, tous étaient rapetissés et comprimés ; ils se gonflent maintenant comme des éponges dans l'eau. » Il est vrai aussi que de nouvelles forces se font jour dans les entreprises, les syndicats, les partis, les Églises. Ce qui crée dans notre paysage politique de singuliers contrastes. Notre société paraît plus que jamais à la recherche d'une nouvelle assise où puissent s'harmoniser le besoin atavique de sécurité de notre peuple et la vivacité quelque peu fiévreuse de son intelligence, qui le pousse au changement. J'ai bien souvent le sentiment que nous vivons un intermède. Beaucoup de ceux qui ont travaillé aux côtés de De Gaulle ont oublié, pour reprendre le mot d'Élie Faure à propos de

Montaigne, qu'il « n'était pas venu pour établir la vérité, mais pour la chercher ». La gauche paraît vouloir parfois reprendre en partie à son compte les messages d'un homme qu'elle avait combattu avec âpreté. Le nouveau président de la République est allé s'incliner l'an dernier devant le tombeau de celui dont il avait contribué à accélérer le départ, remplissant ainsi un vœu que Valéry Giscard d'Estaing, ministre des Finances, n'avait pu mettre à exécution il y a cinq ans jour pour jour. Qu'en retenir, sinon que de Gaulle portait en lui toutes les dimensions de la France ? Mais il lui fallait tout son génie pour leur donner une cohérence qui, bien souvent, nous fait défaut aujourd'hui.

Depuis sa mort, j'ai beaucoup voyagé : en Europe, en Asie, en Amérique. J'ai été frappé de voir combien la mémoire de De Gaulle était respectée, même par ceux qui n'avaient pas apprécié sa politique. J'ai constaté les égards qui m'étaient marqués quand mes interlocuteurs apprenaient que j'avais approché le seul homme d'État français depuis 1940 à avoir véritablement acquis une dimension planétaire ; je savais bien que ce n'était pas à moi qu'ils étaient destinés. J'ai compris que de Gaulle s'identifiait à la France, mais que, d'une certaine façon, il la dépassait. Si bien que, depuis son départ, notre pays, pourtant plus riche et plus fort sous bien des aspects, ne pèse plus le même poids.

J'ai pu mesurer la justesse de la réflexion de Voltaire : « L'amitié d'un grand homme est un présent des dieux. » Pas seulement pour ce que le Général m'a appris en politique. Quel maître il était pourtant ! Pas seulement pour les satisfactions d'une qualité rare que procurait à tout moment l'observation de ce prodigieux créateur auquel on aurait pu faire application de l'affirmation de Nietzsche : « Le grand style naît lorsque le beau remporte la victoire sur l'énorme. » Pas seulement pour l'exemple que donnait la rigueur de sa vie. Mais aussi et peut-être surtout parce qu'il apportait une réponse aux questions que tout homme méditant sur l'Histoire ou sollicité par l'action ne cesse de se poser. L'humanité est-elle une termitière régie par les lois implacables d'un déterminisme glacé et, à la limite, terrifiant? Sommes-nous emportés par l'inexorable flux de l'affrontement des classes? L'individu n'a-t-il aucune prise sur son destin personnel et collectif? La liberté est-elle une illusion? L'existence de De Gaulle me permettait de répondre catégoriquement *non* à toutes ces interrogations qui n'avaient cessé de me hanter depuis l'adolescence. Sans lui, l'histoire de notre pays eût été bien différente de ce qu'elle fut; comme l'auraient d'ailleurs été celle de l'URSS sans Lénine et Staline, celle de la Chine sans Mao, celle de la Révolution sans Bonaparte. Le Général m'avait en quelque sorte rassuré sur la réalité même de la liberté, sur la valeur de l'effort, sur l'existence d'une justice. Tel était bien l'essentiel de ses messages; comme il l'aurait dit lui-même : « Cela valait la peine de l'avoir entendu. » Sans compter qu'à plusieurs reprises il m'avait montré, sans jamais en parler, mais par ses actes, que, par-delà le désespoir, il croyait à la fraternité.

Ses dernières méditations penchaient vers l'inquiétude. Il craignait que les nations de l'Europe, pour lesquelles la France devait être à la fois un exemple et un atout, malgré la richesse de leurs passés, l'intelligence de leurs fils, leur capital de valeurs, la diversité de leurs héritages, les virtualités de leurs jeunes générations, ne s'abandonnent au moment même où le monde avait plus que jamais besoin de tout ce qu'elles représentaient. Il savait qu'une fois les derniers géants disparus s'ouvrirait l'ère des gestionnaires; que l'imagination céderait la place aux habitudes, ce qui revient à dire, en politique, aux puissances établies; que les ressorts se détendraient. On aborderait une phase plus molle. Celle où les civilisations, faute de se garder, peuvent devenir mortelles. Curieusement, d'ailleurs, et bien que, pour le présent et pour l'avenir, il eût toujours placé l'idée nationale au centre d'impulsion de la vie politique, le Général me paraissait voir de plus en plus les problèmes du futur en termes de grands ensembles, de communautés de langue, de pensée et de croyance. Il estimait que le monde anglo-saxon avait atteint son apogée; que la latinité, après avoir souffert de la révolution industrielle, remontait la pente; il appelait de tous ses vœux le développement de la péninsule Ibérique et de la Grèce. Dans cette optique, son voyage au Québec prenait une dimension particulière; la « Belle Province » était, dans l'Amérique du Nord de langue anglaise, l'unique terre où s'affirmait la latinité; elle pouvait lui servir de base pour un renouveau. Vue dans de telles perspectives, l'Europe ne pouvait être qu'une pyramide à trois faces : l'une, anglo-saxonne et protestante; la deuxième, latine et catholique; la troisième, enfin, slave et orthodoxe. L'Europe des Six lui apparaissait comme une ébauche, dans la mesure où elle s'ouvrirait sur une plus grande Europe équilibrant bien ses composantes; il n'y voyait qu'un carcan si son objet, avoué ou dissimulé, consistait à souder à nouveau, cette fois pour toujours, le Vieux Continent aux États-Unis. Il pensait que la France avait un rôle majeur à jouer pour assurer cette libération. Afin de la mener à bien, il voulait que notre pays soit exemplaire et, en tout premier lieu, entièrement maître de ses mouvements. Par quelque côté qu'on abordât le solitaire de La Boisserie, on finissait toujours par déboucher sur la lutte pour la liberté.

Souvent, à l'entendre évoquer ce calme apparent des eaux où il pressentait que se rassemblaient pour plus tard les forces des tempêtes à venir, je pensais au vœu de l'empereur Hadrien tel que le formule Marguerite Yourcenar : « Je veux entrer dans la mort les yeux ouverts. » Jusqu'au bout, comme tout au long de sa vie, la lucidité accompagnait chez lui le rêve, la pensée se nourrissait de toutes les richesses de l'imagination sans perdre de sa sûreté, la réflexion sur l'homme rejoignait la volonté d'agir sur le monde. Pessimiste, certes, mais toujours soutenu par l'espoir, par sa foi dans le pays, par la certitude que de nouveaux printemps fleuriraient sur notre vieille terre. Il avait confiance. Nul ne pouvait se prétendre son héritier; ce qui revenait à dire que chacun d'entre nous pouvait l'être. A ses yeux, la politique était d'abord une réflexion; il avait fourni un certain nombre de thèmes. Elle lui apparaissait aussi comme l'art suprême de l'activité des hommes; il avait défini une méthode. Cet acquis était déjà bien assimilé. On pouvait même être assuré qu'il ne disparaîtrait pas complètement. Les individus peuvent avoir la mémoire courte; celle des peuples est plus fidèle, et rien ne se perd dans leurs profondeurs.

Le 8 juillet 1969, j'avais dit au Général l'intérêt que je voyais à ce qu'il fît publier ses discours. Il était détendu, car nous avions bien travaillé : « A quoi bon? m'avait-il répondu. L'essentiel est de les avoir prononcés. Ils se trouvent çà et là, dans les journaux, les ministères, les bibliothèques, à la Documentation française » – il ponctuait chacun des endroits qu'il énumérait d'un geste de la main droite, celle où il portait son alliance, et, à chaque fois qu'il citait l'un des lieux où pouvaient être consultés ses textes, le ton de sa voix montait légèrement. Je vis dans ses yeux l'expression que j'y discernais toutes les fois qu'il paraissait découvrir, au-delà du temps présent, un monde où il était le premier à accéder et dont, par un réflexe de pudeur contenue, il entretenait son interlocuteur avec une douceur et une simplicité particulières qui le rendaient si proche et si fraternel. Il poursuivit : « Un jour, dans dix ans, dans cent ans, un adolescent en lira un, puis un second, puis un troisième... » Il s'arrêta un instant puis, après quelques secondes d'un silence où passait toute la puissance du rêve et de l'espoir, il conclut : « Et tout recommencera... »

Noël 1975

Table

Cet ouvrage a été réalisé sur
Système Cameron
par la SOCIÉTÉ NOUVELLE FIRMIN-DIDOT
Mesnil-sur-l'Estrée
pour le compte des Éditions Fayard
le 24 avril 1990

35-57-8317-01
ISBN 2-213-02545-2
Dépôt légal : mai 1990
N° d'édition : 7269
N° d'impression : 14324

Imprimé en France

35-8317-6